Pioneering Portfolio Management

An Unconventional Approach to Institutional Investment
(Fully Revised and Updated)

机构投资 的 创新之路

修订版

David F. Swensen

大卫·F.史文森 著

张 磊 杨巧智 梁宇峰 张惠娜 杨 娜 译

楼继伟
张 磊
作序

中国人民大学出版社
·北京·

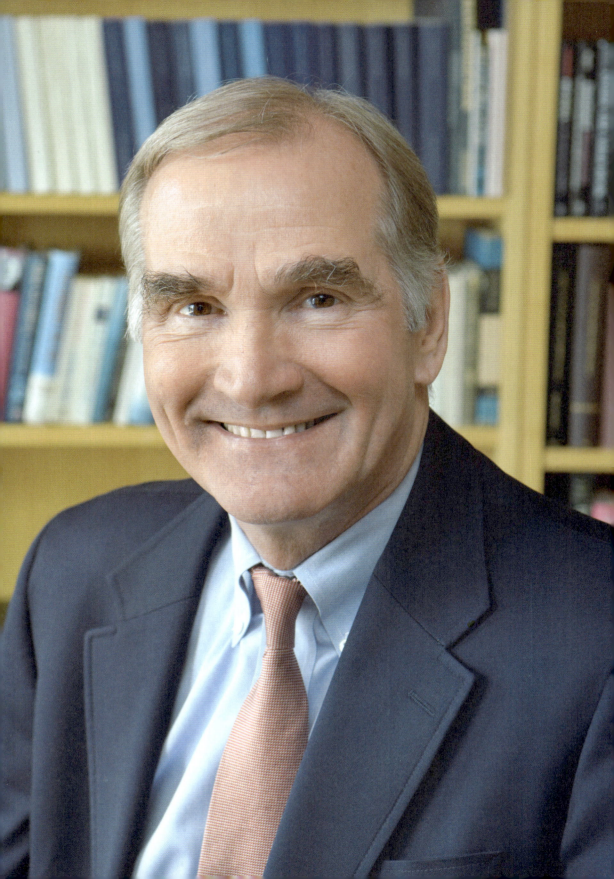

本书作者大卫·F.史文森（右）和本书主译之一张磊（左）

作者介绍

大卫·史文森是耶鲁大学的首席投资官，他管理着耶鲁大学高达 230 亿美元[*]的捐赠资产。在他领导的 20 多年里，耶鲁大学捐赠基金（简称"耶鲁基金"）创造了近 17% 的年均收益率，这在同行中无人能及。大卫·史文森早年在耶鲁大学获得了经济学博士学位，目前带领 20 人的投资管理团队在耶鲁大学位于纽黑文的校园内工作。

大卫·史文森 1985 年加入耶鲁大学，之前曾在华尔街工作 6 年，3 年在雷曼兄弟公司，3 年在所罗门兄弟公司。当时他的主要工作是开发新的金融技术。在所罗门兄弟公司，他构建了第一个掉期交易。

除了本书，大卫·史文森还是另一本畅销投资书《非凡的成功》（*Unconventional Success*）的作者。

大卫·史文森在同行和竞争对手中享有极高的声望。世界上最大的投资管理公司之一先锋集团（Vanguard）的创始人约翰·博格尔（John Bogle）评价说："大卫·史文森是这个星球上仅有的几个投资天才之一。"哈佛管理公司前首席执行官杰克·迈耶（Jack Meyer）说："大卫·史文森是我们这一行里最强的。"摩根士丹利前投资策略官巴顿·毕格斯（Barton Biggs）说："大卫·史文森是机构投资领域的沃伦·巴菲特。"普林斯顿大学教授伯顿·马尔基尔（Burton Malkiel）说："大卫·史文森是真正的投资领导者。"

2007 年，大卫·史文森因其对耶鲁大学的突出贡献获得了莫里杯。同年，他还获得了霍普金斯学校颁发的霍普金斯奖章。2008 年，他获得了母校威斯

---

* 2016 年 9 月，该数字为 254 亿美元；2019 年 9 月，该数字为 294 亿美元。——译者注

康星大学的荣誉博士学位，并成为美国社会科学研究院的研究员。

大卫·史文森还是美国教师退休基金会（TIAA）和布鲁金斯学院的受托人，是剑桥大学投资委员会的成员。他担任顾问的机构包括奥巴马总统的美国经济复苏顾问委员会、康涅狄格州和马萨诸塞州州政府、纽约证券交易所以及多个教育研究机构和慈善基金。

在耶鲁大学，大卫·史文森长期教授本科生投资学课程。

推荐序

楼继伟

2007年3月，我奉命组建中国投资有限责任公司（以下简称"中投公司"），随后高级管理团队陆续到位，经过半年的紧张准备，中投公司终于在2007年9月29日正式成立。从公司组建开始，我就要求每一位高级管理团队成员都要认真学习、研究大卫·史文森先生所著《机构投资的创新之路》。我之所以这样要求，原因在于这本书是我见到的阐述机构投资管理的首选之作，是大卫·史文森先生及其团队管理耶鲁基金以来取得卓越业绩的实践总结。通过严谨的组合管理模式，他们使得耶鲁基金经受住了市场波动的多次考验，其他机构投资者也纷纷效仿耶鲁基金的资产配置和组合管理模式。中投公司的使命决定了它必须逐步发展成为积极的组合投资管理者，而这本书介绍的框架仅适用于那些有资源、有毅力去攀登高峰，并力争获得风险调整后的超额收益的投资者。

中投公司作为主权财富基金，与捐赠基金有很多相似之处，从性质上看，中投公司实质上就是一家超大型的捐赠基金。

首先，两者都只面对单一客户，获得的资金可用于长期投资。中投公司的投资资金是自有资本金，来自超额外汇储备，捐赠基金的投资资金来自各界对教育机构的捐款，都可进行长期配置，致力于追求长期的、风险调整后的合理收益，资产配置和投资运作的时间窗口可以放得更长远，都不必过度关注短期收益及其波动。

其次，两者都要在年度收益与长期价值间寻求平衡。中东、挪威等传统主权财富基金的资金来自自然资源收入，目的是实现国家财富的代际转移，属于财富积累型主权基金，没有短期资金支付压力。而中投公司具有一定特殊性，成立中投公司时主要考虑两个因素：一是近年来中国外汇储备持续快速增长，从经济结构和人口结构看，在相当长一段时间内外汇储备仍会持续增长，因此，需要分流一部分超额外汇储备进行多元化投资。二是宏观调控面临回收偏多流动性的压力，但缺乏有效的对冲手段。结合上述两个方面，中国政府最终决定由财政部发行特别国债置换央行部分外汇储备、使用外汇资产成立中投公司的思路。财政部发行 15 500 亿元人民币特别国债，每年需要支付 683 亿元人民币利息，因此，中投公司隐含着要承担特别国债利息支出的义务，一个重要经营目标就是年度分红争取高于 683 亿元人民币。大学捐赠基金也有年度支出目标，为教育机构的日常运营预算提供资金来源，耶鲁基金最近一个财年提供了耶鲁大学年度预算资金的 45% 左右。因此，两者进行资产配置时都要在年度收益与长期价值间寻求平衡，并充分考虑投资资金流动性和年度分红需要。

一个有利因素是汇金公司并入了中投公司。虽然由于汇金公司控股的国有商业银行改革后收益较好，在财务上减少了境外投资短期收益压力，但从中长期看，随着控股机构资产规模的扩大，以及补充资本摊薄收益效应的显现，汇金公司的收入贡献将逐步下降。然而，这毕竟为中投公司进行积极配置提供了较好的时间缓冲。

最后，两者都是商业化运作机构，对外投资没有任何政治目的，不寻求控制行业或企业，投资主要是追求财务收益。此外，两者一般都要定期接受外部审计，都保持一定的透明度。

当然，中投公司和捐赠基金两者也有一些不同之处。一是中投公司管理资产的规模比一般捐赠基金大得多。如果中投公司按照捐赠基金那样配置相同资产比例到另类资产，会受到市场规模限制，也不易找到符合条件的优秀外部管理人。二是中投公司只能进行境外投资，不能投资境内人民币市场，而捐赠基金往往以投资本国市场为主，可投资自己熟悉的企业和产品，具有信息优势。三是中投公司货币汇率风险问题突出。捐赠基金的主要投资目标是保证按本币计价的资产的购买力，而中投公司的会计单位虽是美元，理论上虽然不承担人民币升值的汇率损失，但由于每年股东分红要覆盖 683 亿元人民币特别国债利息，因此，实际上承担了汇率损失。这也要求中投公司要设置一个货币基准，该货币基准的变动与人民币汇率的变动接近。四是捐赠基金管理的是教育机构的资金，本身没有太多概念，而中投公司背后是强大的中国，是全球经济增长最快的国家，有庞大的国内市场，因此，中投公司可利用中国概念，直接进行受中国因素影响的海外投资项目，开展一定比例的直接投资。当然，中投公司也会受到更多的外部关注。

以上异同之处决定了，大卫·史文森先生提出的机构投资理论与实践，同样适合中投公司这个大型机构投资者，但中投公司在进行资产配置时较难做到如耶鲁基金那么积极，因为我们对国外金融市场的熟悉程度要差一些，投资团队的经验也还不足，同时资产再平衡和货币再平衡的压力也更大。借鉴了大卫·史文森先生和耶鲁基金的有益经验，目前中投公司已初步形成了符合自身特点的战略资产配置方案和投资管理模式。

大卫·史文森先生所著新版《机构投资的创新之路》，在前一版的基础上增加了更多的案例，也更加强调积极战术资产配置调整的作用。在 2008 年全球金融风暴中，被动投资者遭受到较大冲击，而那些及时进行战术性配置调整的积极管理者的损失则相对少一些，更好地应对了危机的冲击，这说明了在动荡的环境下进行积极的战术资产配置调整的重要性。在危机中，私募股权投资（PE）基金、对冲基金等一些非传统投资资产的表现较差，不同管理人业绩表现大相径庭，资产的低流动性也给投资者造成了很多额外困难。总之，此次危机给传统的投资管理理论带来了一些新的挑战。站在新的起点，我们应该重新审视不同资产类别之间的相关性，认真分析资产的收益和风险特性，着力完善资产配置构建模型和实施策略，加强风险预警、监控和应对工作。同时，以资产配置和再平衡为核心的投资管理模式在方向上依然是正确的，机构投资者应该坚持这一点。当然，更重要也更难做到的是如何根据外部市场环境变化，及时进行动态资产再平衡和货币再平衡。

目前，中国的机构投资者和基金管理行业刚刚起步，在投资理念和投资策略等方面还存在诸多有待完善之处。《机构投资的创新之路》一书全面、系统地对机构投资者的投资理念、资产配置、组合管理、业绩评估、风险控制等进行了深入研究和探索，对中国投资管理行业的发展具有重要借鉴意义。"他山之石，可以攻玉"，希望更多的投资者能够从书中汲取有益经验。

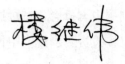

译者序:"守正用奇"
——论耶鲁基金的投资哲学

高瓴资本 张 磊

1999年,在耶鲁大学读书的我,从不放过任何一次勤工俭学的机会。从本科生经济学助教到汉语陪聊,来者不拒。一个偶然的机会,我去一座不起眼的维多利亚式老楼参加耶鲁大学投资办公室的面试,不想竟有幸师从了大卫·史文森先生,自此与投资结下了不解之缘。

在我加入耶鲁大学投资办公室时,美国资本市场正如火如荼地上演着一场非理性繁荣的大戏。同学、朋友大多活跃于华尔街,从事衍生品投资等热门项目。而我的第一份任务,竟然是分析无人关注的森林(timber)和其他实物资产(real asset)。然而正是这貌似简单的实物资产给了我关于投资产品本质的启蒙:风险及内生收益。现在想来,虽然少了那些在资本市场中摸爬滚打练来的立竿见影的招招式式,却独得了长期投资理念及风险管理的意识,并对投资的组织构架及资产配置有了更深刻的认识。

作为一个远自东方而来的年轻学子,我近距离地参悟了西方机构投资的教父——大卫·史文森——的投资实践,惊喜地发现史文森的投资哲学其实可以用老子的思想一语概括,那就是:以正治国,以奇用兵。或曰:守正用奇。

先说"守正"。"正"首先体现在投资管理者的品格上。史文森在书中用大量的篇幅论述了受托人应该如何服务于受益人的需要以及代理问题发生的根源、表现及应对。在当今的资本市场上,价值链的分割和金融工具的滥用导致信息极不对称,投资管理机构与最终受益人的利益严重背离,代理问题成为这次金融危机的罪魁祸首。相比之下，史文森无视外面的高薪诱惑，数十年如一日地为耶鲁大学工作，体现了一个受托人"正"的境界。耶鲁大学在对外部经理的选择上，也把品格作为第一位的标准，这有力地保障了耶鲁大学的利益。史文森在书中以大量的反面案例对业界的代理问题进行了不留情面的剖析和痛斥，令人印象深刻。他的疾恶如仇、直言不讳也着实令人钦佩。

"正"还体现在投资原则上。耶鲁大学投资模式的一个显著成就是构建了一套完整的机构投资流程和不受市场情绪左右的严谨的投资原则，包括投资目的的设定、资金的进出、资产负债的配比、资产类别的划分及配置、投资品种和投资工具的选择、风险控制、基金经理的选择等。史文森所强调的基本理念是：追求风险调整后的长期、可持续的投资收益，投资收益由资产配置驱动，采用严格的资产再平衡策略，避免择时操作。恪守这样的投资准则可以使投资者在瞬息万变、充满机会和陷阱的资本市场中克服恐惧和贪婪，抓住投资的本质，获得合理的收益。以风险这个在金融危机后被谈到麻木的概念为例，大多数人的标准是看投资收益的波动方差。而我从第一天起就被要求看到数字背后的本质而忽略那些从"后视镜"中所观测到的标准差：到底是什么样的自上而下的基本面和自下而上的基本面在驱动收益的产生及其波动性？又有哪些因素会使预期的资本收益发生偏差？这些基本面因素背后本质上有哪些相关性及联动性？从史文森那里我理解了只有把本质的基本面风险看清楚，才有可能赢到投资收益实现的那一天。这就是所谓的"管理好风险，收益自然就有了"。（Focus on the downside and upside will take care of itself.）

再谈"用奇"。在"守正"的基础上，史文森在具体资产类别及投资策略上绝对是"用奇"的典范。他是一个本质上怀疑"羊群效应"的人，喜欢并鼓励逆向思维，在每一个新投资策略形成后总是先去理解与传统市场不同的收益驱动因素及内生风险。历史上，大多数机构投资者会把资产集中于流通股和债券这样的传统资产类别。而史文森则认为，越是市场定价机制相对薄弱的资产类别，越有成功的机会。基于对市场的深刻洞察，耶鲁基金先于绝大多数机构投资者进入另类资产市场：1973 年开始投资杠杆收购业务，1976

年开始投资风险投资基金，20 世纪 80 年代创立绝对收益资产类别。另类投资为先觉者耶鲁基金带来了硕果累累的收益，也因此越来越为机构投资者所重视。史文森在对外部投资经理的选择上也不走寻常路。他欣赏那些有创新精神的基金经理，鼓励他们的术业专攻和逆势而为。他摒弃那些追求规模、明哲保身、“宁可循规蹈矩地失败，也不要独树一帜地成功”的投资机构。

在耶鲁基金支持下创建的高瓴资本，在短短的四五年中便发展到了 35 亿美元的资产规模，并取得了 56％的成立以来的年均复合收益率，在亚洲各国及其他新兴市场国家多有建树。这是践行“守正用奇”的投资理念的结果。

目前国内出版的投资书籍，内容大多是教股民择时和选股。而对于一个机构投资者来说，首先要做的是资产及负债的配比分析，其次要做的是资产配置和风险管理。据我们所知，机构投资中约 90％的绝对收益来自资产配置，而有助于指导机构投资的资产配置和风险管理的著述非常有限。2002 年，我和几位好友把大卫·史文森这本书的第一版介绍到中国，当时中国的机构投资方兴未艾，一些西方的投资理念就连很多业内人士也闻所未闻，很多关键的专业词汇甚至没有对应的中文。今天，中国的机构投资已经发展得蓬蓬勃勃，各种基金应运而生。在我们这个日新月异、充满机会的国家，每天都有无数投资建议扑面而来，各种投资学说在市面上盛行。在开放的中国，在网络时代，人们可以接触到大量投资信息，而在我看来那些质朴而有力、历经时间考验的投资理念却往往被芜杂和浮躁所淹没，去芜存菁、化繁为简的“守正”在今天尤为重要。我非常感谢我多年的好友杨巧智、东方证券研究所的梁宇峰、张惠娜、杨娜和我一起完成艰苦的翻译工作。我们非常荣幸能把史文森的这本书带给大家。

原版序言

查尔斯·埃利斯

史文森所著的《机构投资的创新之路》一书自问世以来已被公认为是讲解机构投资管理的最好一本著作，这一点我个人也非常认同。史文森以通俗易懂的语言，为我们阐释了近三十年来，特别是最近二十三年来他本人的研究成果、亲身经历和所感所想。多年来史文森和他的耶鲁基金团队被公认为是创新变革的先锋，并取得了一系列令人瞩目的成就。史文森以卓越的成就向人们证明了自己是当之无愧的世界范围内最伟大的投资专业人士之一。

现在请大家坐稳，因为下面我要向你们介绍耶鲁基金令人震惊的成绩：

一是受益于史文森管理的耶鲁基金取得的优秀的投资收益，过去二十多年中流入耶鲁大学的资金平均每日净增近 300 万美元。

二是耶鲁基金为耶鲁大学的日常运作提供了强大的支持，基金每年为耶鲁大学做出的贡献在总预算中所占的比例从 1985 年的 10％增加至 2009 年的 45％，而且是在大得多的预算基数上。

三是按照撰写本书时的购买力标准计算，史文森创造的投资收益中，单是高出同类大学捐赠基金平均收益的部分，已比其他任何一位捐赠人都要"慷慨"好几倍。[①]

四是在过去的二十三年中，史文森、迪安·高桥（Dean Takahashi）以及他们的同事所创造的附加值（超出同行平均水平的部分）达到惊人的 165 亿美元。

---

① 唯一超过史文森的例外是沙特阿拉伯国王阿卜杜拉，最近他出资 200 亿美元捐建了阿卜杜拉国王科技大学。

五是在校长理查德·莱文（Richard C. Levin）富有智慧和创造力的领导下，财力雄厚的耶鲁大学一直是世界高等学府的佼佼者，志在为全人类造福。耶鲁大学的校友和朋友受到史文森出色的投资管理和莱文的卓越领导力的鼓舞，也向世人证明了他们为耶鲁大学及耶鲁大学的未来所做出的捐赠是多么的慷慨。

我在这里将耶鲁大学投资管理的突出优势归纳为以下七点：

一是长期投资收益率十分突出。

二是长期投资收益率保持在稳定的高水平。

三是在不利的市场情况下，组合结构方显"英雄本色"。尽管进攻型组合战绩也很出色，但主动型防御应该作为永远的主旋律，包括组合结构上的防御性、基金经理选择上的防御性以及与基金经理关系管理上的防御性。

四是无论是在挖掘创新型资产类别方面还是在挖掘优秀的基金经理方面，耶鲁基金都做到了独辟蹊径，行事果断。

五是从耶鲁基金到整个耶鲁大学的财务管理，始终坚持创新、积极、稳健。

六是耶鲁大学投资办公室一直以组织高效、团队协作著称，这一点的确令人羡慕。

七是耶鲁大学投资办公室与众多外部基金经理的和谐关系，为耶鲁基金增加了不少优势，包括在招聘新的基金经理方面。

正是这些优势成就了耶鲁基金，继而成就了耶鲁大学为公众服务的能力。

史文森本人虽然以独到见解著称，但他也善于吸收运用其他思想者的经典智慧。例如，他提到凯恩斯（John Maynard Keynes）曾经批评资产受托人（fiduciaries）"宁可循规蹈矩地失败，也不要独树一帜地成功"。在这方面史文森本人是个极好的反例。当年捐赠基金管理委员会的鲍勃·巴克（Bob Barker）曾经在向福特基金做出的报告中指出：从理论上讲，捐赠基金站在长远立场上应该倾向股票投资。史文森及耶鲁基金的成功无疑为这一点做出了最好的注解。此外，书中还或直接或间接地提到不少大师的经典观点，例如托宾（Tobin）、马科维茨（Markowitz）、萨缪尔森（Samuelson）、夏普（Sharpe）、巴菲特（Buffett）、布莱克（Black）、斯科尔斯（Scholes）、罗斯（Ross）、立波威茨（Liebowitz）、李特曼（Litterman）等。

实践是检验真理的唯一标准，史文森将抽象的学术理论与投资市场的现实很好地结合在一起，使书本上的知识"活"了起来。史文森本人也是一位出色的教师，他将自己思想和实践的精华融入这本书中，希望读者能够同样认识到严谨的逻辑在投资中的重要性——既做到使一切化繁为简，又避免因过于简化而做出冲动的投资决定。

耶鲁基金长期的超高投资收益自然吸引了大家的注意，特别是很多投资项目的创新与成功；但是仔细分析会发现，耶鲁基金成功的奥秘不在于连续五年、十年甚至二十年的持续高收益，而在于贯彻始终的防御、防御还是防御。（正如对于房地产而言，成功的奥秘无外乎地段、地段还是地段。）

读者也许会有这样的疑问：耶鲁基金的收益率如此之高，怎么可能是依靠防御呢？还记得长期投资的至理名言吗？"如果你损失了50％，只有再获得100％的收益才能抹平。""如果投资者可以避免重大的损失，高收益就是水到渠成的事情了。"相信资深投资者都有这样的体会：对收益最重要的不是成功的大小，而是不要犯大的错误。只要避免出现大的灾难，一切就没有问题。（正如对司机来讲，最重要的是不要出严重的交通事故。）

值得注意的是，耶鲁基金不仅常年保持优异的业绩，而且越是艰难的环境，越是激烈的竞争，耶鲁基金的表现反而越好，这也证明了史文森将防御永远放在第一位的正确性。虽然在投资理念上强调防御，但史文森和他的团队处处不忘采取主动进攻，无论是挑选基金经理还是挖掘新的资产类别的投资机会。耶鲁大学的经验再一次证明在自由与活跃度高的市场中，最好的防御绝不是僵化或者谨慎，而是在投资过程的每一个环节动用所有资源，该出手时就出手。

耶鲁基金构建组合时的宗旨就是保证即便有一天"暴风雨"来临（一定会发生，但何时发生无法预测），组合仍然能够平稳渡过，并保证在所有资本市场都能找到有效边界。耶鲁基金将过去多年的市场经验通过蒙特卡洛模拟融入组合构建过程中以取得最佳非协方差结果，尽量避免市场整体的困境给组合造成的损失。

耶鲁基金将主动型防御的投资理念贯彻于投资与管理的各个环节，取得了一系列创新性成功。例如：突破传统思维进行资产配置；在每一个资产类别中形成创新性投资逻辑；采取逆向思维投资于当时不受市场热捧的投资机会；在遵循一定招聘程序的情况下大胆启用名不见经传的基金经理；经过培训后敢于给年轻人机会；与外部投资经理建立更为合理的新型关系；将捐赠基金的管理与高等院校的财务管理有效结合。

耶鲁基金在构建组合和制定投资策略时非常注重压力测试，总结起来有三个独特之处：第一，所有预期收益一定要经过各种"噩梦般的"情景假设；第二，投资委员会每年召开一次专项会议，对组合的每个方面进行考察辩论，他们相信，只有经得起反复测试的结论才值得被持续、有力地推行，这一点已成为传统；第三，无论是选择基金经理还是配置资产，为了保证投资策略的顺利实施，一定要时刻参考被市场屡屡验证的历史经验，争取把潜在的风险和困难在发生之前就果断地排除。

耶鲁基金对外部投资经理的成功选择不仅为组合提供了更强的防御性，也为基金的超高收益加了不少分。选择基金经理时一定要避免两点：不要聘用近期业绩表现最好的基金经理；不要解聘近期业绩达到底部的基金经理。耶鲁基金一直以来追求的是长久的有约束力的"婚姻"关系，而不是短暂的"约会"。耶鲁基金一般会选择事业刚刚起步的基金经理，这样可以将基金经理的激励机制与耶鲁基金的长远发展目标更好地结合起来，而且基金经理可以获得不断被加码、不断被赋予重任的满足感，而对耶鲁基金来讲，也可以保证外部投资经理关系的稳定性。

耶鲁大学挑选为其进行投资的机构时格外严格，可能有以下几个原因：第一，耶鲁大学投资办公室的管理人员本身经验丰富而且时刻把握市场动态；第二，对候选机构的尽职调查非常深入；第三，耶鲁大学有一套成熟的选用标准：候选人投资的技巧高低，候选机构的组织是否连贯，投资策略是否清晰，收费和激励机制是否合理，最重要的是人品和职业道德是否过关。

这也许就是很多投资机构争相为耶鲁大学打理捐赠资产的原因：耶鲁基金是既"难搞"又理想的客户，耶鲁基金会对这些机构的投资策略、组织结构、公司治理机制、收费机制进行全面的评估，并很快给出反馈意见。史文森和他的管理团队本身能够敏感地捕捉全球市场动态和新的投资机会并做出高效的决策，并且总是能够在第一时间与最好的新投资经理进行合作。如果说有什么不好的，那就是每年有太多候选机构得到的答案是"否"。

耶鲁基金对每家候选机构都会进行详细的尽职调查，包括历史业绩、投资理念、决策过程以及每位高级管理人员的相关情况，总之是对候选机构的优劣势进行透彻的分析。投资委员会成员会很负责地阅读这些资料，通常是长度为15~20页的深度报告，以便在每季度的投资委员会会议上对相关情况进行讨论。

在耶鲁大学，投资委员会会议就像是一场研讨会，主持人是同为耶鲁大学博士背景的莱文和史文森。（其实两人还有些不为人注意的共同点，比如他们都对机构经济学深感兴趣，获得这一领域的博士学位并因此发展出特殊的友谊；又如都热爱体育运动，而且喜欢带领自己的球队在赛场上有风度地一较高下。）投资委员会成员的选任标准一般为：对耶鲁大学怀有感情，适合在小团队工作，在各自的投资领域是专家，最重要的是有判断力和洞察力，能够对投资经理提供有效的督导。

千里之堤，毁于蚁穴。最好的防守不仅仅是避免出现重大失误，同时要通过严谨的流程规避看似很小的失误。任何一家保持高水平业绩的投资机构，一定是在关键岗位选对了人。耶鲁基金拥有一支高素质的投资团队，每位成员除了是各自领域的专家之外，更重要的是他们在做出定性决策（而非可以精确测量的定量决策）时仍然能够保持客观。无论是选择合作的基金经理还是管理与外部基金经理的关系，投资团队的所有成员都能够做到尽心尽力，因为他们都认同捐赠基金设立的初衷：一切为了更好地为大学服务。

作为本书的读者，我们都应该感到庆幸。正是史文森毫无保留的分享，让我们有机会通过他独特、严谨而又易懂的表达方式理解他的投资理念。作为多年来一直"坐在前排的观众"，我得以有机会近距离了解耶鲁基金的成功历程，但正是由于我对耶鲁大学和史文森本人的了解，我知道以他谦虚的作风，很多重要的因素在他看来也许不值得单独提取出来作为成功的必要因素，所以还是让我这个近距离观察者来一一解密吧。

　　第一，尽管耶鲁基金的业绩非常出色，当然也吸引了几乎所有人的目光，但是我们前面分析过，所有创新决策和大胆投资的基础都是"防御"。耶鲁基金创造性地投资于非传统资产类别，并且敢于将资金交给名不见经传的投资机构，这一切的基础就是经过严格测试的组合结构以及防御型投资决策过程。

　　第二，在我看来，比出色的投资业绩更值得称道的应该是耶鲁大学的投资文化。在耶鲁大学投资办公室，所有工作人员相互尊重，正是这样的情感纽带将众多有才干、有责任心的投资人才凝聚在一起，建立了卓越的投资团队。走近他们，特别是如果你像我一样有机会与世界各地的投资团队共事一段时间，你就会发现耶鲁大学的团队文化是多么难得。聚集了如此多明星基金经理的耶鲁大学投资办公室既严谨客观，又不失"人情味"。在这里你看不到办公室政治的影子，也没有排名的钩心斗角，有的只是全身心的倾听和理解。

　　第三，这种业务上的尊重与生活中的友谊还深深地影响着耶鲁大学的数百位外部投资经理。耶鲁大学的投资文化不仅使外部投资经理在本机构的工作中获益，而且不断地激发他们新的思考和洞见，并把这些宝贵的洞见源源不断地传递给耶鲁大学。

　　第四，作为耶鲁大学的资产受托人，史文森和他的投资团队时时处处为其客户着想。史文森深深地明白捐赠资金在高等院校预算中的贡献越来越大，因此稳定的现金流非常重要。鉴于大学属于人力集中型机构，持续的支持非常重要，耶鲁基金最近还提高了每年的支出比率（spending rate），修改了支出制度，同时调整了组合结构以提升稳定性。作为资产受托人，耶鲁基金将自己的长期责任看得很重。带着这样的理念，耶鲁基金主动对高等院校教学楼摊销折旧的评估方式进行了改进，将此前带有误导性的账面数据变成了对财务管理很有意义的参考因素，效果可谓皆大欢喜。无论从定性还是定量的角度进行评估，史文森和他的投资团队为耶鲁大学的最佳利益所做出的贡献均远远超出他们被要求做到的。

　　第五，也是耶鲁基金获得成功的最重要因素，依然是人。首先从公司内部来讲，凡是到过耶鲁基金办公室的人，除了感受到这里严谨的投资操作过程外，印象最深刻的就是开放的组织架构和开心的工作氛围。这种文化在提高工作效率的同时降低了员工流动率。多年来史文森和高桥将耶鲁基金打造成投资经理的摇篮，培养出的人才不仅在耶鲁基金创造了佳绩，也向麻省理工、鲍登、卡耐基、普林斯顿和洛克菲勒等捐赠基金输出了领导力量，并且耶鲁基金团队本身的任期在业内也属最长。

耶鲁基金在业内还有一个"最"，即人脉关系网最广。遍布世界各地的人脉关系网也是耶鲁基金取得成功的重要因素。每一位本身就已经非常优秀的投资经理周围都有很多同行可以分享有价值的见解和信息。史文森本人就是最好的例子，他以极大的个人魅力和出色的投资能力，像一块磁铁一样吸引着周围的人。更加难得的是史文森是乐于助人的楷模。很多人都主动向史文森提供信息和见解，这样既还了他的人情，又能够被史文森视为有价值的人，这是何等的满足！

第六，达尔文的进化论告诉我们，所谓的适者生存、物竞天择，并不是取决于生物本身的能力，而是取决于社会的喜好与取舍。在投资领域，永远是钱比好的投资经理多。手持大量资金的客户总会追逐出众的投资经理，希望将自己的资产交给他们打理。投资经理有选择自己喜欢和敬佩的客户的自由，正如他们都喜欢与史文森打交道一样。尽管耶鲁基金的标准和要求都很高，但很多业绩一直非常出色的投资经理都希望与史文森或他的团队合作，而史文森的鼓励和支持增加了他们为耶鲁基金创造佳绩的可能。

第七条成功秘诀与史文森本人有关。无论做人还是做事（作为耶鲁大学捐赠资产的首席投资官，史文森本人依然战斗在投资的第一线），他都追求精益求精。史文森的目标不只是不断改进耶鲁基金的管理，而是改进所有大学捐赠基金的投资与管理。经过多年的创新、试验、规范，史文森将多年的投资管理以及整合捐赠基金管理和机构财务管理的经验在本书中与所有人分享。他鼓励更多的人投身到大学捐赠基金投资的伟大事业中来，在取得个人职业成就感的同时，为世界上一流的高等学府和慈善机构提供更强的财力支持。

一路走来，史文森为文化教育机构所做出的杰出贡献无人能比，更可贵的是，他还在不断地将自己的思路完善并发扬光大。所以我想说，史文森，这事做得不错。

目　录

第 1 章

绪　论

　　1999 年初，当我为本书第一版撰写绪论时，耶鲁基金开创的投资策略已经创造出了卓越的业绩，用绝对收益和相对收益来衡量均如此。但是，这一投资策略尚未在恶劣的市场环境中一试身手。事实上，在截至 1998 年 6 月 30 日的 10 年中，耶鲁基金的年均收益率为 15.5%，比标准普尔 500 指数同期 18.6% 的收益率低 3 个多百分点。由于耶鲁基金的业绩逊于国内股票这一当时表现最好的资产类别，许多怀疑主义者开始质疑，我们致力于开创一个充分分散化、以股权为导向（equity-oriented）的组合这一艰巨的任务是否明智。

　　在本书第一版出版后的几年中，耶鲁基金开创的资产配置策略的价值得到了充分验证。从 1999 年到 2000 年初的牛市行情中，耶鲁基金取得了惊人的业绩。在截至 2000 年 6 月 30 日的一年中，耶鲁基金的收益率高达 41.0%，大大超过捐赠基金同期平均 13.0% 的收益。但是，耶鲁基金的投资策略真正面临考验是在 2001 年和 2002 年。当时，互联网泡沫破灭，上市股票崩盘，而耶鲁基金却取得了分别为 9.2% 和 0.7% 的正收益，而同期捐赠基金的平均收益率分别为 -3.6% 和 -6.0%。简而言之，以股票为导向的投资策略是耶鲁基金取得强劲业绩的驱动力，分散化投资是耶鲁大学实现资产保值的法宝。

　　从市场角度来看，2008 年初耶鲁基金的地位与 1999 年初不可同日而语。在截至 2007 年 6 月 30 日的 10 年内，耶鲁基金 17.8% 的收益率大大超过标准普尔 500 指数 7.1% 的收益率。此前 20 年的收益比较也是如此，耶鲁基金的收益率为 15.6%，远远超过同期标准普尔 500 指数 10.8% 的收益率。事实上，耶鲁基金的崛起吸引了众多投资者的目光。随着越来越多的投资者认可并效仿耶鲁基金，耶鲁基金的投资策略不再像以前那样被人们视为初出茅庐时期激进的尝试，而是逐步成为主流、明智的投资方法。

尽管投资者纷纷效仿耶鲁基金的组合管理理念，但该基金的业绩仍遥遥领先于同行。在截至 2007 年 6 月 30 日的一年中，耶鲁基金的收益率为 28.0%，超过所有参与 2007 年剑桥协会（Cambridge Associates）《年度高等学府投资收益调查分析》（*Annual Analysis of College and University Pool Returns*）的教育机构。更引人注目的是，以 5 年期、10 年期和 20 年期的业绩衡量，耶鲁基金仍在这一群体中领先。耶鲁基金开创的组合管理理念在理论和实践中均能发挥作用。

衡量耶鲁基金管理是否成功的一个最重要的指标，是它是否有能力为耶鲁大学的教育使命提供资金支持。1985 年我初到耶鲁时，捐赠基金对耶鲁大学的预算贡献是 4 500 万美元，占学校收入的比例为 10%，处于一个世纪以来的最低水平。捐赠基金对耶鲁大学 2009 财年预算的贡献大约为 11.50 亿美元，占学校收入的 45%，这在很大程度上归功于出色的投资收益。高质量的投资管理策略的确能够产生重大影响！

一、机构投资者和个人投资者

当我撰写第二本书《非凡的成功》时，我将其要义归结为"明智的个人投资框架"，旨在区别以机构投资者为重点的《机构投资的创新之路》。事实上，我当时在描述目标读者时出现了差错。现在我已经认识到，投资界中最重要的区别不是区分个人投资者和机构投资者，而是区分有能力进行高质量积极投资管理的投资者和无力为之的投资者。很少有机构投资者有能力投入大量资源对组合进行积极管理并创造出风险调整后的超额收益，能做到这一点的个人投资者较之更少。

对那些擅长积极管理的投资者和无力为之的投资者而言，适合他们的正确投资策略恰恰相反。积极型投资经理在投资国内股票和外国股票等传统资产类别时有机会超越大盘，这一点是大家所熟知的。除此之外，更重要的是，擅长积极管理的投资经理还有机会通过绝对收益、实物资产和私人股权等另类资产来构建低风险、高收益的组合。投资传统资产类别时追求超越大盘的策略，或者将组合资产配置到另类资产类别中，这些做法都是积极投资管理的游戏，其代价高昂。只有那些擅于此道的投资者参与这场游戏才是明智的，对任何三心二意的参与者而言，进行积极投资管理注定要失败。

积极投资管理要么成功，要么失败，不存在中间地带。《非凡的成功》一书介绍了低成本的被动投资管理策略，这一策略适用于绝大多数没有时间、资源和能力进行高质量积极管理的机构投资者和个人投资者。而本书中介绍的框架仅适用于那些有资源、有毅力去攀登高峰，并力争获得风险调整后的超额收益的投资者。

二、捐赠基金管理的范畴

在许多人看来，捐赠基金管理高深莫测，正因为如此，它吸引了无数天才人物投身于此项工作中。他们负责管理机构资产，投资时限可以用世纪来衡量，其目的是通过资产投资的收益来支持高等学府的教学与研究工作，使其基业长青。这项工作充满了挑战，投资管理人需要付出巨大的心血和智慧。

捐赠基金的吸引力主要来自它的慈善目的，除此之外，投资这一行业本身的特性也是其魅力所在。机构基金管理行业人才济济，他们天赋极高而且上进心极强。这一行业提供了无限的产品，能够帮助基金实现委托人目标的只有其中的一部分。因此，捐赠基金管理者的工作无异于沙里淘金，去挖掘真正的珠宝，这种激动人心的"淘金"经历正是该行业吸引基金经理之处。

要做出正确的决策，投资者所需要的知识是无止境的。成功的基金经理要想开发出高明的投资策略，不仅需要掌握金融理论，还要洞悉人类的心理特点，深谙历史发展之道，并且通晓世事的来龙去脉。许多顶级的基金经理都承认，他们已经完全被这一领域的博大精深所折服了。

本书从宏观入手，首先讨论了捐赠基金的宗旨以及机构组合的目标。明确清晰的投资理念是制定资产配置战略的基础，资产配置战略是投资决策的核心，它决定了向各种投资机会配置的资产的比重。

在介绍了组合的基本框架之后，本书继续探讨了成功实施投资项目过程中的一些关键细节，并进一步介绍了有可能阻碍实现投资目标的现实因素。接下来，"传统资产类别"和"另类资产类别"两章简要介绍了各种资产类别的投资特征和其中的积极管理机会。紧接着，本书概述了资产类别管理的相关问题。最后，本书收入了本人关于构建有效的决策程序的一些思考。

上述各个章节将投资过程直线铺开，但现实中组合管理并非这么简单。事实上，组合管理过程非常复杂，要做出正确的资产配置决定，既需要自上而下地把握各种资产类别的特征，又需要自下而上地评估各个资产类别的投资机会。由于收益、风险以及相关性等定量指标不能全面地反映问题，优秀的投资者必须对特定的投资品种有基本的定性把握，来弥补纯粹统计数据的缺陷。另外，对投资机会进行自下而上的分析能提供重要信息，这些信息能帮助投资者评估各类资产的吸引力，因此，明智的投资者在评估可供选择的组合时，必须考虑自下而上的因素和自上而下的因素，不可偏废。本书没有花费过多笔墨来分析基金管理的复杂性，而是采取从宏观到微观的逻辑顺序，首先分析资产配置决策中所涉及的方方面面的问题，之后重点讨论特定组合的管理。

三、严密的投资框架

本书反复强调三个主题。第一个主题是，在采取投资行动时，必须遵循并严格执行严密的分析框架，并且细致深入地考察特定的投资机会。在所有投资决策中，大到宏观的资产配置，小到具体证券的选择，组合经理要想取得成功，都必须在与普遍观点发生分歧时坚定自己的选择。如果组合经理对自己的选择信心不够坚定，就可能随随便便、出尔反尔，就可能低价卖出高价买入，从而遭受双重损失。只有依靠完善的决策程序做出正确的决定，组合经理才能坚定信心，才能在市场狂热之时卖出股票获得超额收益，在市场绝望之际发掘投资价值。

要建立严密的分析框架，受托人需要全面把握委托机构面临的资金挑战，并根据机构的具体特点来评估这些挑战。在很多情况下，受托人不能准确把握某一委托机构的特定需求，而是效仿其他类似投资机构的组合结构。在另外一些情况下，受托人在评估单个投资策略时，往往根据采取同一策略的其他投资者的身份、地位而非该策略本身的价值做出决定。受托人"效仿老大"的做法会将委托机构的资产置于巨大的风险之中。

严格执行投资决策可以确保投资者的收益和成本与机构的投资政策相符。尽管众多的投资行为都需要审慎监督，但是，维持投资政策中的资产配置目标是监督工作的重中之重。许多投资者花费大量的时间和精力来构建组合，但组合一经建立便疏于维护，结果导致组合跟随大市随波逐流。事实上，组合建立后，投资者需要进行大量的再平衡操作，买进低配的资产，卖出超配的资产，最终使各项资产的配置接近目标水平。可见，如果受托人不能严格维持组合政策中的资产配置目标，他们就无法实现机构组合的预期目标。

在管理投资项目的过程中，投资决策必须以周密的分析为基础。投资管理行业竞争激烈，因为这一行业是个零和博弈行业，也就是说，赢家赚取的利润恰恰是输家的损失。因此，大到投资政策的制定，小到具体证券的选择，周密的分析都是保证投资活动获利的唯一基础。

四、代理问题

本书的第二个主题是代理问题（agency issue），它的普遍存在影响机构投资目标的顺利实现。代理问题是指，代理人从个人利益而非委托人利益出发做出投资决策，从而危及基金管理的方方面面。它主要包括但不限于：基金受托人希望在任期内对投资委员会产生影响，员工希望提高工作的安全感，组合经理为获取稳定的管理费收入而牺牲投资业绩，公司管理人员为了私利而挪用资产等。由于基金受益人与基金管理人之间存在利益冲突，基金的预期收益与实际收益之间往往存在偏差。*

基金委托人的目标与代理人行为之间的矛盾导致公司治理层面的问题发生，最终使投资决策不能服务于捐赠基金的长期利益。个人往往注重眼前利益，因此会过分强调基金在短期内获取最大利润。另外，基金受托人为了维护自己的权威，避免异议的出现，会拘泥于传统的投资理念。因此，许多投

---

* 这实际上是法人治理机制在基金管理中的体现。——译者注

资委员会中都充斥着短期化倾向与妥协气氛，他们往往选择主流机构的投资策略，而错失通过长期逆向投资获取更高收益的良机，结果投资业绩平平。

上述问题出现的根源是外部投资经理与机构投资者之间的利益冲突。机构追求的是风险调整后的收益最大化，外部投资顾问追求的则是稳定的管理费收入。由于许多极具吸引力的投资机会往往不能提供稳定的、可预期的现金流，于是分歧产生。基金管理公司为了保持稳定的现金流，往往聚集规模庞大的资产，采取追随市场基准收益的投资策略，投资标的范围广泛，结果导致精力分散。虽然受托人试图通过合理的激励机制来减少与外部投资顾问之间的利益冲突，但是，不管激励机制考虑得多么充分，基金管理人员与资本提供者之间存在利益冲突这一客观事实都是无法改变的。

大部分资产类别中的投资工具都带有一定的代理人风险，其中，公司债券是一个比较极端的例子。结构性问题导致公司债券作为组合的一部分时问题丛生。公司管理层利益与股东利益通常一致，但与公司债券持有人之间存在严重的利益冲突，因此，在几乎所有的利益冲突中，公司债权人都注定要遭殃。不过，在股票投资方面，尽管公司管理层与外部股东之间利益大致趋同，但代理问题依然没有消失。在所有的股权投资中，不管是上市公司的股权，还是未上市公司的股权，公司管理层都会不时地做一些对个人有利而直接损害股东利益的事情。为解决这一问题，投资者要尽量寻求那些将股东利益置于首位的管理层，而避开那些将公司看作是个人提款机的掌权者。

从投资管理过程的方方面面中，我们都可以看出机构基金与代理人之间的利益冲突。因此，充分把握代理问题的广度和深度将为基金经理构筑第一道防护墙。基金受托人要以健康的怀疑态度来评估每一位投资活动参与者，这样才有更大把握避免或减轻委托人和代理人之间严重的利益冲突。

五、积极投资管理的挑战

本书的第三个主题是积极投资管理策略面临的挑战。积极投资管理是指利用市场错误定价机会来超越大盘的策略。实施这种策略面临严峻的挑战，因为无论是择时策略还是证券选择，都是在高度竞争的环境中进行的。在这种竞争中，大部分参与者都是输家。由于上市有价证券的定价效率高，采取积极投资管理策略的投资者面临巨大的障碍。

尽管流动性较差的非公开交易市场提供了许多被错误定价的产品，但是这一市场上投资者的境遇并不一定好于高流动性的公开市场上的投资者，因为在很多情况下，私人股权基金高额的费用负担抵消了风险调整后的收益。无论在公开交易市场上，还是在非公开交易市场上，积极投资管理策略经常都不能实现预期收益。

虽然积极投资管理策略面临巨大障碍，但是绝大部分市场参与者还是选择了这种失败者的游戏。就像沃伯根湖（Lake Wobegon）的居民都相信自己的孩子比一般的孩子要聪明一样，所有投资者都认为他们的积极投资管理策略一定能够带来优异的业绩。然而残酷的现实表明，总体而言，积极型投资经理参与的是一个"负和博弈"，因为就总和来看他们必然会输掉博弈成本，包括管理费、交易佣金与中间商买卖差价。* 那些试图超越大盘的投资者的总损失正是华尔街分得的蛋糕份额。

实施积极投资管理策略的机构还面临另一障碍——人才。要实现优异的投资业绩，就需要沙里淘金，对各种投资选择进行比较和筛选，从中发现"黑马"。能胜任这项工作的，非慧眼识珠者莫属。对大部分机构而言，雇用如此高素质人才的成本实在难以承担。如果机构投资者退而求其次，在追求积极投资管理策略的同时却在雇用人才方面大打折扣，结果只能是将机构资产推进巨大的风险中。相对于那些愿意付出大量资源力求超越大盘的竞争对手而言，这些机构只不过是在"为人作嫁"，让自己损失的真金白银成为赢家纵横市场的猎物。

即使具备了足够的高素质人才，积极投资管理策略也仍然要求投资机构杜绝机构的官僚性，但很少有机构能够解决这一问题。建立并维持不同寻常的投资框架需要一定的勇气和忍耐力，毕竟在世俗的眼光中，那些非传统的组合是非常鲁莽的。如果投资机构缺乏勇气维持逆向投资的头寸，它们很可

---

* 作者此处指出采用积极投资管理策略的基金经理们的业绩总和是一个"负和博弈"，而不仅是一个"零和博弈"，因为虽然他们的业绩总和为零，但从中又产生出一些管理费、佣金等费用，所以减去这些费用后成为"负和交易"。——译者注

能在困难时期屈服于传统观念的压力，高价买入，低价卖出，结果导致名利双失。

虽然本书中所介绍的投资知识是针对教育机构捐赠基金的，但其中的投资思想却适用于所有的金融市场参与者。更重要的是，本书将有助于读者了解积极投资管理策略获得成功所需的特殊条件。投资者要认清自己，通过深入分析判断自己是否具有积极管理的能力，并根据对自己的认识在投资过程中有所为、有所不为，从而提高投资成功的概率。

通过对本书的学习，金融专业的学生可以掌握实际的投资技巧，了解大型机构基金管理中的思维方式。基金经理必须全面、准确地把握金融工具，不仅要能够利用现代金融技术严密地进行定量分析，而且要能够从行为科学的角度做出定性判断。基金管理跨越了多个学科，必将引发众多市场观察者的兴趣。

第2章

捐赠基金的目的

    教育机构将捐款积累起来，成立专门的捐赠基金，可用于多种目的。第一，捐赠基金能够增强教育机构的自主性。高等学府维持一定规模的捐赠基金，作为相对独立的收入来源，能够增强其自主性，降低对政府拨款、学费收入以及校友资助的依赖。第二，捐赠基金能够提高教育机构收入的稳定性。捐赠基金可持续的支出规模越大，机构收入的稳定性越强，就越有利于实施长期规划、增强机构实力。第三，捐赠基金有助于创造优越的教学与科研环境。由于大学院校的学费水平大体相同，机构的捐赠基金规模越大，其收入增量越多，就越有利于创造优越的教学与科研环境。

    机构如果缺乏长期稳定的资金来源，就只能靠临时收入来应付日常支出，但是资助者往往要求在机构管理中有自己的话语权，这无疑限制了机构未来的发展能力。政府给大学院校拨款时往往会附加大量使用限制，而这些限制往往和教育机构寻求财务支持的初衷相矛盾。校友或社会人士的资助通常也会或多或少附带明确或隐含的条件，其中一些条件可能与机构的意愿不一致。在机构发展早期，任何一类收入来源对机构的存亡都有重大意义，因此，处于这一发展阶段的机构也往往容易受到外部收入来源附加条件的制约。

    大学在运营中经常需要进行长期投入。例如，授予教员终身教授职位意味着这些教授的合同期可能长达数十年，他们的薪酬实质上是大学的一种长期债务。如果以临时性的资金来源来支付这类长期债务，必然会使大学及相关个人面临现金流中断的风险。而捐赠基金的长期性恰好与终身教授职位的长期性相匹配。

    机构内部有些成员对捐赠基金使命的理解往往只着眼于当前的需要。在校学生一般希望增加当前支出，期望用更多的支出来减轻学费负担并提高教育质量；院系教师则希望有更多的资金来支持高层次的学术活动；而管理者则希望通过提高收入流量来挣脱预算约束；一些捐赠人希望提高捐赠基金的支出比率，以此来减轻机构筹措日常必要资金的压力。因此，受托人常常处于两难境地：既希望能够支持机构当前的项目，又要为后代履行资产保值增值的义务。

大学院校是社会上历时最悠久的机构类型之一，它们秉承独立的精神和教书育人的使命，薪火相传，为提升人类社会生活的质量做出了不可估量的贡献。在这一过程中，捐赠基金功不可没：它们增强了教育机构的独立性，提高了其财务稳定性，助其创造优越的教学环境。

第一节　保持独立性

募集捐赠资产并建立基金有利于保持机构的自主性，因为机构如果依靠非长期性资金来源来支持日常运营，将容易受到资金提供者的附加条件的制约。例如，当利用政府拨款来支持某一特定的科研项目时，整个大学的学术活动都常常会受制于政府规章制度的约束，甚至连那些与拨款的实际受益人没有直接关系的部门和活动也要受到影响。同样，教育机构如果依靠捐赠资金来支持日常开支，它们会发现捐资者通常也会要求对学校的活动施加一定的影响。即使学校主要依靠学费收入来支持科研与教学活动，它们也常常会为了吸引更多的学生而被迫追随当前社会风尚，导致独立性大大降低。当学校的运营资金主要来源于外部拨款与学费收入时，外部影响尤为明显。

诚然，教育机构应当遵守政府政策、考虑捐赠人的意愿和学生的需求。但是，这些因素有时会分散校方的精力，使学校不能全力以赴地追求目标。不过，在建立捐赠基金后，学校就可以在满足各方需要的同时又不会受制于他们。

捐赠基金的捐赠人通常会对资金的使用附加条件，要求基金为特定目的提供长期资金支持。在个别情况下，这些要求与机构的发展目标相背离，比如捐赠人可能要求支持一个早已被学者们抛弃的学科。不过，在更多的情况下，捐资人要求所捐资金完全用来服务于机构的核心目标，比如教学活动或者经济资助。虽然在最初制定捐赠条款时捐赠人对所捐资金的用途施加了较大影响，但是一旦建立基金，捐赠人的影响就逐步减弱了。

　　机构如果过度依赖短期收入来源将会受制于众多限制因素，而机构如果可以从捐赠基金中获取长期稳定的收入，将能为大学提供预算支持，将有更大可能保持较高的独立性、学术研究自由度和管理自主性。

耶鲁大学与康涅狄格州的案例

　　18 世纪初，耶鲁大学尚处于幼年时期，其早期成长曾受惠于康涅狄格州的法律和资金支持。1701 年 10 月，康涅狄格州议会通过了五位牧师的提议，决定成立一所高等学府："在上帝的保佑下，年轻人将在这里接受人文科学和自然科学的教育，他们将是教会和世俗国家的后备军。"此后，州政府对耶鲁大学提供各种支持，包括拨给土地、提供专项拨款用于建设与维修校园建筑物、授权发行债券以及对牧师、教师、学生实行税收豁免。布鲁克斯·马瑟·凯利（Brooks Mather Kelley）在《耶鲁的历史》（*Yale：A History*）一书中估计："在整个 18 世纪，康涅狄格州的资助占耶鲁大学所接受的全部捐助的一半以上。"[①]

　　但康涅狄格州对耶鲁大学的支持也是有条件的。例如，1755 年，州议会以战时支出为名否决了对耶鲁大学的年度拨款计划，而其实质是为了报复耶鲁大学，因为时任耶鲁大学校长托马斯·克莱普（Thomas Clap）就宗教在大学中的地位这一问题与议会持相反意见。1792 年，作为继续给予财政支持的交换条件，康涅狄格州州长、副州长与六位州议员成为耶鲁大学的董事会成员。州政府指派代表的存在导致董事会经常发生矛盾和争吵，争论的焦点涉及教职员工的宗教信仰、州议会改革学校弊病的权力等。

　　直到 1871 年，州政府取消了对耶鲁大学的支持，州政府指派代表的制度才被取消，此时供职于耶鲁大学的最后六位州议员从学校撤离。[②] 六位州议员留下的空缺席位由耶鲁校友会选举出的人员担任，从此学校董事会才真正掌握了控

---

① Brooks Mather Kelley, *Yale：A History* (New Haven：Yale University Press, 1974).

② 州长和副州长依然留在耶鲁大学内，但如今他们已经不能实际参与大学的管理了。

制权。耶鲁大学的经历是当时全美国趋势的一面镜子。随着南北战争的结束，达尔文主义与自由放任思想盛行，人们不再认为州政府应当在资助私立教育发展中扮演主要角色。历史学家弗雷德里克·鲁道夫（Frederick Rudolph）曾经说过："资助大学教育曾经是政府的传统职责，曾对高等教育的发展发挥了重要作用，但是现在却变得不那么重要了，甚或阻挠了教育的发展。"耶鲁大学是幸运的，州政府的资助撤出后，取而代之的是校友与社会人士有组织的资助。[1]

历史上，政府官员以进入耶鲁大学管理委员会为条件向学校提供资助的例子充分表明：学校如果过度依赖外部资金来源，将导致控制权的丧失。虽然耶鲁大学是一个比较极端的例子，它处于州政府直接控制下长达 80 年之久，但是许多其他有关外部影响的问题正在不断挑战着受托人的智慧。在管理教育机构的过程中，如何平衡加强机构控制力与满足资金提供者的合理要求之间的关系，仍是一个富有挑战性的问题。

联邦政府支持学术研究的案例

在私立教育机构的发展过程中，依赖政府资助的利与弊始终存在。20 世纪 60 年代美国研究型大学的地位上升，许多学者将其归功于这一时期联邦政府加大对高等院校研究活动的支持力度。但是，政府支持也产生了负面影响，大学管理的灵活性普遍下降，这种情况在 20 世纪 70 年代逐步凸显。

通过对研究型大学的深入考察，休·格雷厄姆（Hugh Graham）与南希·戴蒙德（Nancy Diamond）认为：联邦政府对研究活动的支持导致"政府过多地卷入教育机构中、过分强调专门的研究，政府对私人部门进行监管的趋势开始出现"。[2] 20 世纪 60 年代末 70 年代初，联邦政府的监管缓慢但稳步渗透到高等院校的各个方面：大学教职员工的雇用、提升与解聘以及研究工作、招生、有毒废物的处理、人类和动物研究、残疾人权益、管理者的工资

---

[1]　Merle Curti and Roderick Nash, *Philanthropy in the Shaping of American Higher Education* (New Brunswick, N. J.：Rutgers University Press, 1965)；Frederick Rudolph, *The American College and University：A History* (Athens：University of Georgia Press, 1962).

[2]　Hugh Davis Graham and Nancy Diamond, *The Rise of American Research Universities* (Baltimore：Johns Hopkins University Press, 1997).

与薪水、养老金和福利政策、大型设备的购置与管理、资料保管、体育运动的推广、资金筹集和某些课程的设置等。总之，政府的影响无所不在。[①]

政府对高等院校的监管导致教育机构成本增加、官僚主义作风盛行。哈佛大学校长德里克·博克（Derek Bok）指出：20 世纪 70 年代中期，为了满足政府相关监管规定，哈佛大学员工需花费 6 万多个小时的劳动，成本增加将近 830 万美元。这组数据被广为引用。1980 年的一项研究表明：为满足联邦政府监管规定所需要的成本占教育机构总预算的 7%～8%。[②]

此外，政府的支持导致高等院校管理层自主性降低，对学校管理构成巨大威胁。在《1974-1975 年校长报告》（*Report of the President for 1974-1975*）中，耶鲁大学校长金曼·布鲁斯特（Kingman Brewster）这样说道："近几年的历史警告我们，大学里只要有一项活动依赖政府资助，必然会使整个学校都受制于众多的限制条件，这将削弱学校教职员工和受托人掌握学校命运的能力。"

教育机构如果拥有规模较大的捐赠基金，那么，在接受外部资助时，捐赠人的附加条件虽然会对机构政策造成影响，但这种影响通常较小，不会对机构的自主性构成威胁。捐赠基金对教育机构的财力支持越雄厚，教育机构就越有能力谢绝附加繁杂和苛刻条件的外来资金，也越有能力通过谈判改变对自己不利的一些规定。相反，如果一个教育机构没有相对独立的收入来源，外来资金的提供者就有可能以此作为要挟，从根本上改变这个机构。

桥港大学的案例

20 世纪 90 年代初，桥港（Bridgeport）大学陷入严重的财务困境中，在苦苦挣扎之后，为了生存，它不得不放弃独立性。20 世纪 70 年代，该校繁荣时期学生人数曾多达 9 000 人，而到 1991 年，学生人数已不足 4 000 人。招

---

① Hugh Davis Graham and Nancy Diamond, *The Rise of American Research Universities* (Baltimore: Johns Hopkins University Press, 1997).

② Howard R. Bowen, *The Costs of Higher Education: How Much Do Colleges and Universities Spend per Student and How Much Should They Spend?* (New York: McGraw Hill, 1980). See also Graham and Diamond, *Universities*, p. 97.

生日益困难导致学校财务状况江河日下，学校被迫考虑采取极端措施。不过，尽管处境十分窘迫，1991 年 10 月，桥港大学最终还是放弃了来自世界和平教授学会（Professors World Peace Academy）的 5 000 万美元的资助，因为该组织是牧师文鲜明（Sun Myung Moon）领导的统一教*的下属机构。为了保持独立性，学校理事会毅然决定从学校 90 个学位中缩减近三分之一，并向法官请求从有限的捐赠基金中拨款为教职员工发放工资。

1992 年 4 月，在山穷水尽之际，学校理事会突然改变了方针，将学校的控制权拱手让与世界和平教授学会，目的是在五年内获取 5 000 多万美元的资助。随着统一教控制学校董事会，具有 65 年发展历史的桥港大学被赋予了新使命："成为所有有志于实现国际和平与理解的大学的基地。"①

三年后，桥港大学授予文鲜明牧师名誉学位，尊他为"宗教领袖与具有真正精神力量的人"。② 文鲜明牧师在大学校园期间，声称自己可以解决中东问题和朝鲜半岛冲突。他说："尽管整个世界竭其所能置我于死地，但是此刻，我昂立于世界之巅。"③《纽约时报》评论道，这些言论又为批评家提供了更多证据来证明"一个曾经备受世人尊重的学校"为了获取资金而将其控制权拱手让与一个"自封为救世主的宗教狂"。

桥港大学的终结是由多种因素所致，但是，假如学校当初有相当规模的捐赠基金，它也许可以保持其独立性。正是由于缺乏稳健的财务基础，桥港大学的命运才历经如此坎坷，学校各方的痛苦自然不言而喻。

高等院校的外部资助者往往会提出一些要求，这些要求可能影响机构的行为。在极端情形下，外部捐助者甚至要求彻底改变机构的基本特征。由此可见，捐赠基金对机构提供的支持力度越大，机构就越有能力独立地追求自

---

* 统一教，英文名为"Unification Church"，全称为"世界基督教统一神灵协会"（Holy Spirit Association for Unification of World Christianity，简称 UC）。由韩国人文鲜明于 1954 年创立。一些国家和地区将其认定为邪教。——译者注

① Denise Lavoie, "School Year Begins with New Unification Church Affiliation," *Associated Press*, 28 August 1992.

② *New York Times*.

③ Joseph Berger, "University of Bridgeport Honors Reverend Moon, Fiscal Savior," *New York Times*, 8 September 1995.

身的发展目标。

第二节 增强稳定性

捐赠基金可以为教育机构的预算提供稳定可靠的现金流，有助于维持机构运营的稳定性。非长期性资金来源有可能随着政府政策的调整、捐赠人意愿的改变与学生偏好的转移而波动、减少甚至消失。捐赠基金则有助于降低教育机构收入的波动程度，以便学校实施长期计划，增强其长期发展能力。

耶鲁大学与乔赛亚·威拉德·吉布斯的案例

在耶鲁大学历史上，曾多次出现当期收入波动导致预算紧张的问题。很多时候，耶鲁大学都是在赤字状况下运营的，以致员工被迫放弃部分工资。在极端的情况下，耶鲁大学的著名学者都有可能入不敷出。以被尊为"耶鲁大学历史上最杰出的学者"——乔赛亚·威拉德·吉布斯（Josiah Willard Gibbs）为例，1871 年，这位以物理学和工程学研究举世闻名的学者被聘为无薪数学物理学教授。耶鲁大学在聘书上说："并非我们对您缺乏敬意，而是因为耶鲁大学实在太穷了。"1880 年，约翰斯·霍普金斯大学试图以年薪 3 000 美元从耶鲁大学挖走吉布斯教授。

当时，在耶鲁大学教授、著名的地质学家和矿物学家詹姆斯·德怀特·达纳（James Dwight Dana）的力劝下，时任耶鲁大学校长诺厄·波特（Noah Porter）承诺为吉布斯教授提供年薪 2 000 美元的工资，并保证今后资金一旦到位立即为其加薪。在致吉布斯的一封信中，达纳请求他继续留在耶鲁大学。达纳在信中说："我毫不怀疑约翰斯·霍普金斯大学希望得到您的声望与服务，也许您正在考虑接受他们的邀请，毕竟耶鲁大学尚未采取任何措施来授予您捐赠教席教授*的荣誉，而且没有财力和进步的迹象来鼓舞教授、吸引更

---

* 捐赠教席教授是企业赞助的一种形式，是大学职称中的最高级别，是对学校也是对捐赠教席教授本人的学术和教学水平的认可，象征着一种荣誉。——译者注

多勤奋好学的学生。但是，无论如何，我仍然希望您能够与我们并肩作战。耶鲁基金正在建立，您的价值必将在不远的将来得到认可……约翰斯·霍普金斯大学可以没有您，但我们不能。"①

最终，吉布斯教授以其杰出的成就获得了耶鲁大学著名的贝克莱（Berkeley）研究员奖金。这一奖金由约翰·贝克莱（John Berkeley）于1731年捐赠成立。他将位于罗得岛州新港市的96英亩农场捐赠给耶鲁大学，用农场收入作为该奖金的资金来源。获此奖金支持的杰出耶鲁大学毕业生还有达特茅斯学院第一任院长埃利埃泽·惠洛克（Eleazer Wheelock）和第一位获得博士学位的美国人尤金·斯凯勒（Eugene Schuyler）等。

如今，对学者们而言，捐赠教席在很大程度上被视作赋予有杰出贡献教员的荣誉，而在吉布斯的年代，这不仅是荣誉，更重要的是财力保障。即便是在今天，长期财务稳定的教育机构依然在吸引与保留人才方面享有优势。

斯坦福大学的案例

在有些时候，经营捐赠基金的作用不仅限于为教育机构提供稳定的年度财务支持。在严重的经济困难时期，机构如果拥有大规模的捐赠基金，可以通过提高捐赠基金的支出比率来缓解困难、渡过难关。如果机构的长期资金来源不足，它所遭受的财务困难会更加直接。

1991年，斯坦福大学失去了来自联邦政府的一大笔财务支持，原因是学校与联邦政府之间就后者赞助的一个研究项目的费用偿还问题发生了争吵。有人指控斯坦福大学向政府索要的费用超过研究项目本身的花费，目的是将多余的资金用于偿还建造一艘72英尺长的维多利亚游艇和太浩湖畔避暑设施的相关费用，这一指控曾轰动一时。② 由于丧失了来自政府的拨款，1992年斯坦福大学出现了高达3 250万美元的赤字，约占其收入的3%。

---

① Lynde Phelps Wheeler, *Josiah Willard Gibbs* (New Haven: Yale University Press, 1951): 91 - 92.

② Leonard Curry, "Congressional Hearing Puts Stanford Officials on Hot Seat," *The Orange County Register*, 14 March 1991.

　　随后，斯坦福大学预计接下来三年的亏损将达 1.25 亿美元。面对困难局面，大学管理层试图"开源节流"。其中，"开源"计划中的一个要点是要将捐赠基金的支出比率从 1993 年的 4.75% 提高到 1994 年的 6.75%。也就是说，在斯坦福大学的过渡期间，捐赠基金预计将增加 5 800 万美元的资金支出用于支持学校的正常运转。

　　通过提高捐赠基金的支出比率、降低费用和增加借款等多种措施，斯坦福大学的财务状况重归稳定。1995 年，随着大量财政预算盈余的出现，斯坦福大学将捐赠基金的支出比率降到 5.25%，接近最初 4.75% 的常规水平。[①]通过大幅提高捐赠基金的支出比率，斯坦福大学成功地将突发性大规模资金损失对学校造成的破坏降至最低。

　　但是，用长期资金来弥补短期赤字是要付出代价的。在斯坦福大学大幅提高捐赠基金支出比率后的五年内，由于投资收益强劲，捐赠基金的资产价值增长了一倍以上。事后分析，如果斯坦福大学当初将捐赠基金的支出比率保持在 4.75% 的常规水平上，通过筹集低成本的借款来弥补预算赤字，效果会更好一些。从以上分析中我们可以看出，提高捐赠基金的支出比率将导致长期性资金规模缩小，从长期来看，必将加大最终成本。

　　总而言之，捐赠基金稳定可靠的资金支出有助于增强教育机构的稳定性。在正常情况下，捐赠基金规模越大，越有利于提高机构收入的质量，机构就越有可能更大限度地依靠自身收入来保障正常的教学与科研活动。在出现严重的财务困难时，捐赠基金可以起到缓冲作用，机构可以通过提高捐赠基金的支出比率或者以捐赠基金为担保通过对外借款来解决突发性财务问题。捐赠基金支出的大量资金还可以营造出宽松的日常预算环境，增强机构应对财务困难的能力。

---

　　① 与最初的 4.75% 相比，0.5% 的增量是为了"支持学校基础设施建设"，见《1995 年斯坦福大学年度财务报告》(*Stanford University Annual Financial Report*，1995)。

第三节　创造优越的教学环境

捐赠基金可以帮助教育机构创造优越的教学环境。一般而言，当其他条件相同时，教育机构的捐赠基金收入越多，越有利于吸引优秀的学者，提供尽可能优良的设施，并且可以支持开创性研究。尽管雄厚的财力并不能直接转化为教育成果，但更多的资金的确有利于教职员工、管理层与受托人建设高水平的教育机构。

一、捐赠基金与教育机构的质量

捐赠基金的规模与教育机构的质量密切相关。一项针对主要的私立研究型院校的调查表明：大学的捐赠基金规模越大，它在《美国新闻与世界报道》（*U. S. News and World Report*）杂志上教育机构中的排名就越靠前。[①] 尽管人们对《美国新闻与世界报道》的大学排名争议不断，但争论的焦点是各个院校的具体排名。我们将主要的研究型大学分为四个档次，将类似的院校归为一档，这样可以淡化人们对伯仲叔季具体顺序的关注。这种四大档分类法显示，捐赠基金规模的大小与院校质量的高低密切相关。

由于州政府支持的公立高等院校的预算问题与私立院校有很大差异，因此，本次研究将这类院校排除在外。例如，与私立院校相比，政府拨款在公立院校的发展中扮演着十分重要的角色。如果政府希望把社会各界对教育机构的支持维持在特定水平，那么在这类机构所获取的捐赠收入发生变化时，政府就会相应增减拨款来抵消捐赠收入的变化。在捐赠基金大幅增加时，政府的资助可能相应缩减；而在捐赠基金来源减少时，政府可能加大支持力度。公立院校的投资与支出等预算问题与私立院校有根本不同。

主要研究型大学的学费收入惊人地相似。2004 年的一项调查表明：排名

---

① 这项关于捐赠基金规模与机构质量之间关系的调查结果没有公开发表，其依据是耶鲁大学投资办公室所进行的研究。

在前 20 位的研究型大学的本科生学费基本上都在 19 670～32 265 美元的范围内，消去最高值和最低值，基本都在 24 117～29 910 美元的范围内，差别并不大。而排名前五位的研究型大学的本科生学费则大致在 28 400～29 910 美元的范围内，差异更小。由此可见，在排名靠前的高等院校中，学费差距并不大，至少对外公布的标准如此。

主要的私立院校都经营庞大的企业。2004 年，它们的收入从 7 400 万美元到将近 28 亿美元不等，平均达 7.22 亿美元。在这 61 家教育机构中，有 11 家机构的收入水平甚至可以与《财富》杂志 1 000 强公司相媲美。①

学费收入是研究型大学的主要资金来源，占收入的比例超过 48%。拨款大约占 25%，投资收入大约占 13%，捐赠大约占 8%，其他收入的占比不到 6%。

对教育机构的质量进行排名是一项十分艰巨的工作，因为仅用一个数字来归纳十分复杂且具有多面性的教育机构是非常困难的。尽管如此，《美国新闻与世界报道》对大学院校每年一度的排名仍为社会各界所普遍采用。

要十分准确地对大学进行区分和排名几乎是不可能的，因此排名必然引起广泛争论。在排名过程中，《美国新闻与世界报道》评估了教育机构的学术声誉、学生保有率、人力资源、招生质量、财力、毕业率以及校友捐赠率等指标。② 通过对 SAT 考试成绩*、班级规模、毕业率等指标的综合考虑，该杂志对大学院校进行排名。虽然具体的排名顺序引发了许多争议，但是其直观性还是很明显的。

我们按照学术地位将大型私立大学分为四档，比较各档院校的财务与质量数据，这样能够淡化排名顺序，减少一些干扰因素，有利于重点考察投资收入与机构质量之间的关系。表 2-1 对各档院校进行了比较。

---

① "The Fortune 1,000 Ranked Within Industries," *Fortune*, 28 April 1997.

② "Best Colleges 1998," *U. S. News & World Report*, 1 September 1997. 《美国新闻与世界报道》对 29 所大学中的 28 所予以排名。由于洛克菲勒大学不授予学位，因此不在该排名范围内。

* SAT 考试指的是学习能力倾向测验，为美国大学本科标准入学考试。——译者注

表 2-1 捐赠基金规模与高等院校质量高度相关

（截至 2004 财年的数据）

档次	院校	捐赠基金的平均规模（百万美元）	学生人均享有的捐赠基金（美元）	院校的平均历史（年）
前三名	哈佛大学 普林斯顿大学 耶鲁大学	14 934	1 255 667	310
第一档	布朗大学 加利福尼亚理工学院 哥伦比亚大学 康奈尔大学 达特茅斯学院 杜克大学 哈佛大学 约翰斯·霍普金斯大学 麻省理工学院 西北大学 普林斯顿大学 斯坦福大学 宾夕法尼亚大学 华盛顿大学 耶鲁大学	6 053	529 573	196
第二档	波士顿学院 布兰德斯大学 卡耐基·梅隆大学 西储大学 埃默里大学 乔治城大学 里海大学 圣母大学 纽约大学 莱斯大学 塔夫斯大学 芝加哥大学 罗切斯特大学 南加州大学 范德比尔特大学 威克弗里斯特大学	1 802	189 379	143

续表

档次	院校	捐赠基金的平均规模（百万美元）	学生人均享有的捐赠基金（美元）	院校的平均历史（年）
第三档	仁斯利尔理工大学 贝勒大学 波士顿大学 克拉克大学 福特汉姆大学 乔治·华盛顿大学 佩珀代因大学 南方医科大学 圣路易斯大学 斯蒂文斯理工学院 雪城大学 杜兰大学 迈阿密大学 乌斯特理工学院 叶史瓦大学	569	61 517	137
第四档	美国天主教大学 德雷克塞尔大学 霍华德大学 伊利诺伊理工大学 洛约拉大学 马凯特大学 东北大学 得克萨斯基督大学 丹佛大学 塔尔萨大学 代顿大学 太平洋大学 圣迭戈大学 旧金山大学	324	43 429	123
平均		2 181	205 703	150

　　资料来源：Moody's Investors Service.

　　从表 2-1 中我们可以看出，教育机构的质量与捐赠基金的规模之间呈现出较高的相关性。第一档机构的捐赠基金规模平均超过 60 亿美元，而最后一档机构的捐赠基金规模平均只有 3.24 亿美元。从第一档到第四档，机构的捐赠基金规模明显呈现出阶梯状下降趋势，表明捐赠基金资产规模与机构成就之间存在直接联系。

　　另一个指标是考察每个学生人均享有的捐赠基金规模，这一指标也说明了同样的问题。第一档大学中每名全日制学生人均享有的捐赠基金规模约为53万美元，第二档大学约为19万美元，第三档大学为6.1万美元，最后一档大学则只有4.3万美元。由此我们也可以看出捐赠基金规模与教育机构质量之间关系密切。

　　对于不同的机构，投资收入占机构预算的比例差异十分明显。从表2-2中我们可以看出，对于第一档机构，投资收入占总收入的比例高达19.1%，而对于第四档机构，投资收入仅占总收入的6.8%，这一比例仅为前者的1/3。

表2-2　高质量机构的投资收入在总收入中的占比高

（截至2004财年的数据）

档次	院校	平均总收入（百万美元）	学费收入	拨款	捐赠	投资收入	其他收入
前三名	哈佛大学 普林斯顿大学 耶鲁大学	1 736	19.7%	23.5%	6.0%	31.2%	8.6%
第一档	布朗大学 加利福尼亚理工学院 哥伦比亚大学 康奈尔大学 达特茅斯学院 杜克大学 哈佛大学 约翰斯·霍普金斯大学 麻省理工学院 西北大学 普林斯顿大学 斯坦福大学 宾夕法尼亚大学 华盛顿大学 耶鲁大学	1 463	24.5%	37.7%	8.4%	19.1%	8.1%

续表

档次	院校	平均总收入（百万美元）	学费收入	拨款	捐赠	投资收入	其他收入
第二档	波士顿学院 布兰德斯大学 卡耐基·梅隆大学 西储大学 埃默里大学 乔治城大学 里海大学 圣母大学 纽约大学 莱斯大学 塔夫斯大学 芝加哥大学 罗切斯特大学 南加州大学 范德比尔特大学 威克弗里斯特大学	733	45.2%	25.9%	9.0%	14.5%	5.4%
第三档	仁斯利尔理工大学 贝勒大学 波士顿大学 克拉克大学 福特汉姆大学 乔治·华盛顿大学 佩珀代因大学 南方医科大学 圣路易斯大学 斯蒂文斯理工学院 雪城大学 杜兰大学 迈阿密大学 乌斯特理工学院 叶史瓦大学	422	58.9%	19.0%	6.9%	9.4%	5.8%

续表

档次	院校	平均总收入（百万美元）	学费收入	拨款	捐赠	投资收入	其他收入
第四档	美国天主教大学 德雷克塞尔大学 霍华德大学 伊利诺伊理工大学 洛约拉大学 马凯特大学 东北大学 得克萨斯基督大学 丹佛大学 塔尔萨大学 代顿大学 太平洋大学 圣迭戈大学 旧金山大学	271	64.5%	16.2%	8.1%	6.8%	4.3%
平均		722	48.2%	24.7%	8.1%	12.5%	5.9%

资料来源：Moody's Investors Service.

　　因为高质量的教育机构一般规模较大，收入总额较高，因此，投资收入占比较高实质上意味着投资收入的实际数额要远高于低档次院校。在第一档机构中，捐赠基金对学校运营提供的资金平均达 2.74 亿美元，而在第四档机构中只有 1 700 万美元。

　　学生所交纳的学费是对投资收入的补充。机构的质量越高，预算收入对学费收入的依赖程度就越低。第一档机构的学费收入占总收入的比例为24.5%，第四档机构则达到 64.5%，差距高达 40%。由此可见，低质量机构对学费收入的依赖度相当高。不过，按人均计算，第一档机构人均学费收入为 26 800 美元，第四档机构为 19 400 美元，相差并不大。由此可见，捐赠基金规模较大的机构可以利用其财力营造更优越的教学环境。

　　拨款与机构质量之间的关系也同样密切。在第一档机构中，拨款占总收入的比例高达 37.7%，而在第四档机构中，这一比例降至 16.2%。和投资收入的情况类似，由于第一档院校的收入总额高、拨款占比大，因此，拨款的实际数额巨大，这为学校的研究活动提供了有力支持。

每年捐赠金额占收入的比例一般在 6.9%～9.0% 的范围内，各档次院校之间没有明显的特征。尽管在第一档院校的收入中，当期捐赠资金所占比例较小，但这些大学每年接受的捐赠资金的实际数额超过了其他所有教育机构接受的捐赠资金的数额之和。

虽然捐赠基金的规模与教育机构质量之间关系密切，但是其中的因果关系仍不清楚。是因为高水平的教育机构可以吸引更多的捐赠资金，从而形成自我强化的良性循环，还是因为庞大的捐赠基金可以帮助教育机构提高自身水平，从而取得一流的成就？无论因果关系的方向如何，可以肯定的是，机构的财力越雄厚，就越有能力吸引高素质的人才，改善校园设施，为营造良好的教育环境提供有利条件。

第四节 结 论

捐赠基金可以帮助教育机构实现许多目标：保持独立性、增强稳定性与创造优越的教学环境。高等教育机构对社会的最大贡献是：为社会各阶层提供自由开放的论坛供人们交流和碰撞思想，而不必受传统观念的约束与束缚。但是，高等院校如果过分依赖外部资金来源，其附加条件往往会对自由辩论的气氛形成限制，迫使学者屈从于社会习俗。

对历史悠久的教育机构而言，建立捐赠基金可以最大限度地增强教育机构的经营独立性与财务稳定性。教育机构保留一定规模的长期性资金，有助于受托人摆脱政府干预，拒绝捐赠人不合理的要求。大规模的捐赠基金还可以帮助学校管理层减轻金融危机等外部因素带来的破坏性影响，帮助学校顺利摆脱财务困境。

对成立不久的教育机构而言，捐赠基金在某些时候甚至能够决定机构的生死存亡。在截至 2007 年 6 月的 10 年中，一百多家授予学位的教育机构被迫关门，这一数字占美国高等教育机构总数的 3%。① 捐赠基金规模较大的机构有财力应对财务困难和经营困境。有时，即使少量的捐赠基金也会产生重大意义。

捐赠基金为学校提供资金支持，在学校建造一流学府的过程中添砖加瓦。捐赠基金规模大的机构资金实力更为雄厚，更有利于营造优越的教学环境。由此可见，捐赠基金成就了高等院校的卓越品质，在高等教育的发展中发挥着重要作用。

理解建立捐赠基金的目的是构建组合的第一步。受托人只有了解捐赠基金存在的原因，才能准确地把握具体的投资目标，为制定基金的投资政策与资产配置策略打下基础。

---

① The National Center for Education and Statistics, *Directory of Post Secondary Institutions*, 1987-1997, vol. 1.

投资目标和支出目标

捐赠基金经理有两大目标：第一，保持资产的购买力；第二，为教育机构的日常运营预算提供大量的资金来源。这两个目标本身是相互冲突的，但是，如果受托人能够通过制定合理的投资和支出政策成功解决两者之间的冲突，那么教育机构就能够持续从捐赠基金中获得资金来支持教学研究项目。如果能够同时实现资产保值和提供稳定的预算支持这两个目标，受托人就可以实现捐赠基金积累的宗旨：保持教育机构的独立性、增强稳定性和创造优越的教学环境。

本杰明·富兰克林（Benjamin Franklin）曾有名言：只有死亡和纳税是人生中的确定性事件。对捐赠基金经理而言，却并非如此，因为多数教育机构都努力造福千秋万代，而且捐赠基金一般都享受税收豁免。由于高等教育机构长期存在，教育捐赠基金管理成为投资界最具吸引力的职业之一，基金经理既要实现资产长期保值，又要满足教育机构当前经营的大量资金需求，其挑战是不言而喻的。

首先，保持资产购买力是一代代捐赠基金经理需要为之奋斗的长期目标。成功的捐赠基金有能力持续向教育机构提供一定水平的财力支持，使其成为名副其实的永久性资产。要实现捐赠基金资产的长期保值，就需要追求较高的收益率，而这必然伴随着相应的基本面风险和市场波动风险。

其次，为教育机构的日常经营提供稳定的流动资金是捐赠基金的中期目标，这是由教育机构预算周期较短的特点决定的。由于教育机构不能轻易缩减教学研究项目，它们需要依赖捐赠基金相对稳定的支出来维持日常运作。捐赠基金要提供稳定的资金支出来满足教育机构日常运作的需要，就必须降低基金组合的波动性，而这意味着在降低风险的同时也降低了预期收益水平。

　　高风险、高收益的投资策略适合资产保值增值的目标，而低风险、低收益的投资策略能更好地为教育机构的日常经营预算提供稳定的资金来源，两者之间存在冲突。支出政策正是为了解决这一冲突而制定的，其目的是限制捐赠基金组合波动向机构预算传导。此外，支出政策要权衡捐赠基金资产保值和为日常经营预算提供稳定的流动资金这两个目标的相对重要性，明确说明机构更注重实现哪个目标。从这个意义上讲，是支出政策决定了捐赠基金在多大程度上满足当前之需、在多大程度上服务于未来之用。

第一节　投资目标

　　耶鲁大学已故的经济学教授詹姆斯·托宾阐述了受托人在投资问题上的原则：

　　　　捐赠基金的受托人是资金未来的守护者，他们要力求避免当前需求过度膨胀，他们的使命是实现"代际平等"，保证每一代人平等享有捐赠基金的支持。拥有捐赠基金的教育机构的受托人假定学校将永远存在，因此他们需要制定可持续的基金支出比率。……用术语表示就是说：受托人的时间偏好为零，也就是他们对当前支出和未来支出并无偏好。

　　　　捐赠基金支出的首要前提是：捐赠基金未来有能力继续支持现在所支持的一切活动。这一前提表明：当前的支出水平不应该因为预期捐赠资金的注入而提高。只有在新注入的捐赠资金扩大了基金的规模后，可持续的支出水平才能相应增加，所支持的活动范围才能因此扩大。[1]

---

　　① James Tobin，"What Is Permanent Endowment Income?" *American Economic Review* 64，no. 2 (1974)：427 - 432.

　　托宾关于"代际平等"的思想与捐赠基金的双重目标一致，即在保持资产购买力的同时为机构预算提供稳定的流动资金。通过保持通货膨胀调整后的资产规模，机构未来将有能力"支持现在所支持的一切活动"。通过为机构运营提供稳定的流动资金，捐赠基金将能够持续一贯地支持教育机构的各项活动，避免所提供的流动资金中断对学校教学和科研活动造成干扰。

一、捐赠资产与捐赠基金

　　在捐赠时，捐赠人总是希望向指定的活动提供永久性支持。如果基金经理仅能保持捐赠资产的名义价值，那么通货膨胀将在不知不觉中吞噬资产的实际价值。耶鲁大学历史最悠久的捐赠基金是蒂莫西·德怀特（Timothy Dwight）教授基金，它始建于 1822 年，一直致力于支持教学和研究，原始资产略微高于 27 000 美元。到 2007 年，由于物价水平在过去 185 年间上涨了 27 倍多，此时，资产规模为 27 000 美元的捐赠基金的支出显然要比当年同等规模捐赠基金的支出逊色许多。尽管在德怀特教授基金存续期间，其资产规模增长超过 18 倍达到将近 500 000 美元，但是经通货膨胀因素调整后，它目前的价值仍低于资产规模目标近 1/3。尽管耶鲁大学在 21 世纪初仍能得到该基金的支持，但是扣除通货膨胀因素后，它所提供的支持能力已经远不如 19 世纪初了。受托人原则上一般只要求维持捐赠资产的名义价值，而事实上只有维持捐赠资产的实际价值（扣除通货膨胀因素），捐赠资产才能实现对机构的长期支持。[①]

　　托宾明确提出新增捐赠资产要"扩大基金的支持范围"，这一原则对捐赠基金的受益人至关重要。一些机构将新增的捐赠资产用于支出活动，使消费水平等于捐赠基金组合的预期实际收益率加上新增的捐赠资产。1974 年，哈佛大学在制定支出政策时假定"大学的支出增长将超过长期通货膨胀率约 2

---

　　① 截至 2007 年 6 月 30 日，已经有 48 个州和哥伦比亚特区接受了《机构基金统一管理法案》（UMIFA）。该法案的第二章强调，机构必须履行保持捐赠资产历史价值水平的义务。有些州还增加了保持资产购买力之类的条款。2006 年，美国统一各州法律全国代表大会建议通过《机构基金统一谨慎管理法案》（UPMIFA），该法案明确建议各州在制定相关法律时考虑机构基金购买力保值问题。截至 2007 年 6 月 30 日，已经有 12 个州根据 UPMIFA 制定相关法律。

个百分点"。[1] 然而，其再投资率目标只能抵消一般的通货膨胀水平，却无法覆盖大学开支增长超出通胀率的那部分。显然，要确保未来捐赠基金能够支持与过去相同的活动，基金资产规模增长率就要和大学开支增长率（而非一般的通胀率）保持同步。因此，哈佛大学的再投资率无法满足学校的支出目标。为了维持捐赠基金的购买力，哈佛大学最终确定的目标是：通过积累充足的新增捐赠资产来弥补一般通货膨胀率与大学开支增长率所形成的资金缺口。由此可见，哈佛大学明确地利用新增捐赠资产来弥补通货膨胀给捐赠基金带来的损失。[2]

然而，如果教育机构用新增捐赠资产来弥补通货膨胀对资产价值的侵蚀，那么捐赠基金将无法支持更多的教育活动。比如，如果一只用于支持经济学院教席教授的基金购买力下降，就通过新设立基金来支持一名法学院的教席教授，那又怎么可能弥补经济学院的损失呢？因此，从微观的角度来看，捐赠人有权期望每一只捐赠基金都能永远保持资产购买力。

二、权衡当前之需和未来之用

如果基金经理的目标仅仅是保持组合的购买力，这不困难。投资者只需要将资产投资于美国财政部发行的抗通胀债券（TIPS）[3]，就可以获得政府担保的、超越通胀率的收益率。然而，遗憾的是，大学开支的通胀率超出了一般物价的通胀率，将消耗从 TIPS 中获得的增量收益，因此，机构几乎不能留下任何实际收益。如此单一的资产运作无法满足机构的需要，这种只具有稳定购买力的资产对教育事业的贡献微乎其微。

捐赠基金要为教育机构的运作提供大量稳定可靠的营运资金。仅仅做到这一点在中短期内也并不困难，基金经理可以通过持有波动较小、收益相对

---

[1]　Harvard University, *Managing Harvard's Endowment* (Harvard University, 1990).

[2]　尽管哈佛大学 1974 年的支出政策存在漏洞，但是实践中哈佛大学的支出水平仍保持在比较谨慎的水平，与可比机构接近。

[3]　"TIPS" 是 Treasury Inflation Protected Securities 的简写，又称通胀保值债券。除了拥有一般国债的固定利率息票外，TIPS 的面值会定期按照 CPI 加以调整，以确保投资者本金与利息的真实购买力。

稳定的组合来实现这一目标。这样，机构预算的制定者在预测支出时也有合理的把握。然而，低风险通常意味着低收益，这样的组合难以为机构提供大量流动资金，也难以实现资产保值的目标。只强调对当前运营的稳定支持容易发生"寅吃卯粮"的现象，虽然取悦了当代受益人，却损害了未来受益人的利益。

因此，捐赠基金经理必须在资产保值和支持机构运营这两个目标之间进行权衡。如果基金经理偏重捐赠资产的保值，那么组合价值的剧烈波动将导致捐赠基金难以向机构预算提供稳定的流动资金。如果基金经理强调向机构预算提供大量稳定的流动资金，那么基金资产的购买力会受到影响。

我们来考虑两种极端的支出政策。一种极端是以保持资产购买力为中心，基金每年的支出完全依赖于组合所获得的实际收益。假设某一年名义投资收益率达到10％，而通货膨胀率仅为4％，那么捐赠资产的6％将可用于大力支持学校的运营部门，另外4％将用于再投资以抵消通货膨胀的影响、保持捐赠基金的购买力；如果下一年投资收益率降至2％而通货膨胀率上升至7％，那么机构将面临严重的问题。为了对冲通货膨胀对基金的影响，基金需要7％的再投资，但是由于它只有2％的收益，基金经理无法弥补5％的差额，他们总不能要求学校的运营部门退还5％的资产用来保持组合的购买力。因此，捐赠基金至多只能取消当年支出，并寄希望于未来几年能够增加实际收益来抵补资产上一年实际价值的损失，并能够继续向机构提供财力支持。从经营预算的角度来看，强调保持购买力高于一切的支出政策是不可行的。

另一种极端的政策是要求捐赠基金为机构预算提供稳定的流动资金，要求每年扣除通货膨胀后的支出数额保持固定。在短期内，该政策能保证捐赠基金为机构预算提供的流动资金扣除通货膨胀后保持绝对稳定。在正常的市场条件下，这种策略不会对捐赠基金造成损害，但是，当市场条件恶化时，它会导致基金亏损。在股票和债券市场深陷熊市并且通货膨胀率居高不下时，不考虑资产价值的支出政策可能会对捐赠基金造成永久性损害。

支出政策要求受托人既要为机构的未来实现捐赠资产保值，又要为当前受益人提供资金支持，同时权衡这两个目标的相对轻重。合理的支出政策能够减少支出稳定性目标与保持资产购买力目标之间的冲突，使捐赠基金有更大可能在满足当前之需的同时又能满足未来之用。

第二节　支出政策

为了缓解捐赠资产保值和支出稳定性这两个目标之间的矛盾，机构需要制定合理的支出政策。合理的支出政策在确定捐赠基金当年的支出目标时，既要考虑上期支出，也要考虑当期的资产价值，前者是决策者依赖的基础，后者能使支出政策敏感地反映市场波动的影响。

一、耶鲁基金的支出政策

耶鲁基金的支出政策是由经济学家詹姆斯·托宾、威廉·布雷纳德（William Brainard）、理查德·库帕（Richard Cooper）和威廉·诺德豪斯（William Nordhaus）共同制定的。这一政策在制定捐赠基金当年的支出目标时，既考虑上一年的支出水平，又考虑捐赠基金上一财年末的市场价值。耶鲁大学的支出原则是：特定一年的支出包括两个部分，第一部分等于上年支出额的80％，第二部分等于上一财年末捐赠基金的市场价值乘以长期支出比率所得金额的20％。两部分相加之后根据通胀率进行调整得出当年的目标支出水平。既然前期的支出水平取决于捐赠基金以往的市场价值，那么当前的支出可以通过过去的市场价值来表示。具体的方法是：按时间顺序排列过去年份捐赠基金的价值，并分别赋予其权重，权重大小按时间顺序呈降幂排列，年份越久远，当年基金的价值在计算中所占的权重就越小。

图3-1显示了分配给过去年份捐赠基金价值的权重（忽略通货膨胀因素）。用权重乘以相应年份的捐赠基金价值，然后相加便可得出当年的支出水平。请注意，年份越久远，当年捐赠基金价值在计算中所起的作用就越小，年份越近，影响就越大。相比之下，如果采用4年算术平均方法，将会给最近4年的数据分别分配25％的权重。

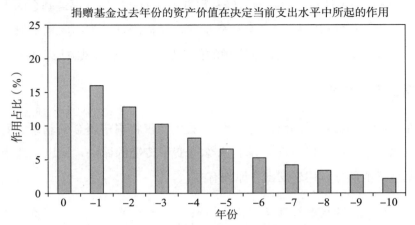

图 3-1　耶鲁基金的支出政策在使大学预算免遭市场波动中的作用
资料来源：Yale University Investments Office.

　　投资风险资产难免造成捐赠基金价值的波动，为了减少它对经营预算的影响，支出政策采取了多年平均的方法，使机构的教学和研究活动免受忽高忽低的预算支持的困扰。合理的支出政策能减轻组合波动带来的后果，使基金经理能够投资高风险、高收益的项目，同时还可以避免机构出现预算亏空的不利局面，可谓一举三得。

　　耶鲁基金的支出原则卓有成效地平滑了捐赠基金对大学预算的支持力度，大大增加了投资政策的灵活性。在计算中，如果采用简单的算术平均方法，会轻易放弃年代久远的数据，而倾向于采用最近几年的数据。因此，耶鲁大学并未采取这种方法，而是给各个年份的捐赠基金价值赋予权重，权重大小按时间久远程度呈降幂排列，这样，捐赠基金资产价值某一年份的异常波动就不会在确定当前支出水平时产生过大影响。这种方法的平滑作用大大减少了投资收益波动对机构经营预算造成的冲击，也允许组合采取更为激进的策略，以期获取更大的收益。

　　耶鲁基金在制定支出政策时赋予上年支出水平 80% 的权重，赋予当前目标支出水平 20% 的权重，这是在支出稳定性和资产保值这两个目标之间进行权衡之后做出的选择。每个机构会根据自身情况做出不同的选择，而且，随着时间的推移，同一家机构也会对上述两个目标进行调整。事实上，随着耶鲁基金在学校总收入中的占比从 20 世纪 80 年代中期的 10% 上升到 21 世纪初的 1/3，学校更加注重捐赠基金对经营预算支持的稳定性。耶鲁基金的支出政策赋予上年支出的权重从 70% 上升至 80%，从而降低了支出大幅下滑对学校预算造成破坏的可能（当然，这样做的代价是资产保值的风险加大）。

二、其他支出政策

在 20 世纪的绝大部分时间里，大多数机构仅将捐赠基金的利息、股息和租金收入用于支出。1965 年，耶鲁大学改变了传统的做法，提出"适当地将捐赠基金增值部分"用于支出，原因有二：

> 首先，传统做法难以平衡当前支出和未来支出。……其次，当把上述收入作为满足当前需要的唯一途径时，由于这些年来需求不断增长而且将继续增长，投资政策将被迫追求当前收益。第二次世界大战以来的市场表现证明，过分追求当前收益将丧失很多潜在的获利机会。[1]

由于担心资本金受到侵蚀，一些机构主张以投资的现期收益来决定支出政策。可是，正如耶鲁大学所言，现期收入和资本增值的区别十分容易受到人为的操纵，因此这种主张难以成为制定支出政策的基础。

试想一下，有折价债券、平价债券和溢价债券三种债券，其中，折价债券又称零息债券。三种债券对利率变动的敏感性相当，那么对支出水平的影响是否也一样呢？答案是"否"。如表 3-1 所示，尽管三种债券的投资特征极为相似，但对采用以当期收入来决定当期支出政策的机构来说，其对支出的影响大不相同。零息债券不提供任何当期现金流；平价债券有 6% 的票息收入；而溢价债券有 12% 的票息收入，远超市场平均水平。因此，持有低息债券将导致当期支出较少而捐赠基金未来资产价值较高，而持有高息债券将导致当期支出较高而捐赠基金未来资产价值较低。幸运的是，目前采取当期收入决定当期支出政策的机构要比 20 世纪 80 年代少得多，当时大约有 1/5 的

---

[1]　Yale University，*Report of the Treasurer*，*1965-1966*，ser. 62，no. 19（New Haven：1966）：6-7.

教育机构都采取这种支出政策。[①]

表 3-1　类似债券提供的现金流差异惊人

（三种不同类型债券的息票率、久期、价格和收益率比较）

债券种类	息票率（%）	久期（年）[a]	价格（美元）	收益率（%）
零息债券	0	10	55.4	6
平价债券	6	10	100.0	6
溢价债券	12	10	166.5	6

a. 零息债券的到期期限是 10 年，平价债券的到期期限是 15 年，溢价债券的到期期限是 18.5 年。

目前，70% 的教育机构都采用以捐赠基金资产价值移动平均数的一定百分比来确定支出水平的政策。在支出政策中，考虑捐赠基金以往年份的价值有利于保证支出的稳定性，因为往期价值在一定程度上决定了前一年份的支出水平。同时，在支出政策中考虑现期的资产价值则有利于保证支出水平与市场状况挂钩，避免支出水平脱离捐赠基金资产价值而造成损失的可能性。

有的机构将捐赠基金上一财年末市场价值的一定百分比作为下一年度的支出比率，结果导致组合的波动直接影响到预算水平。相反，也有一些机构将前一年支出的一定百分比作为当年支出的标准，这种政策会因忽略当前市场状况而危及资产保值。

还有一些机构逐年确定支出比率，或者根本就没有明确的支出政策。这种做法看似合理，但不能像严谨的支出政策那样规范机构的财政行为。由于缺乏明确的支出政策，预算平衡极易受到操纵。支出委员会可以通过改变支出水平来达到预算平衡、预算赤字或预算盈余的目的，从而控制机构的预算状况，而与此同时，财政纪律被搁置一旁。

三、目标支出比率

目标支出比率在平衡当代利益和未来利益中发挥至关重要的作用。如果支出水平与投资收益不相符，捐赠基金的未来价值既可能增加也可能减少。如果当前支出过多，捐赠基金的未来价值将降低，但当代学者将受益；反之，

[①]　参见全国大专院校行政事务官员理事会（NACUBO）的调查。数据来源于剑桥协会对捐赠基金的各种研究。

如果当前支出过少，捐赠基金的未来价值将上升，未来学者将得到更多的资助。因此，捐赠基金经理要选择一个与基金组合相适应的支出比率，以便更好地实现当前需求和未来责任之间的平衡。

教育机构捐赠基金的目标支出比率相差极大，低的仅为 0.1%，而高的竟达 15.5%。超过 70% 的机构将目标支出比率定在 4%～6% 的范围内，其中 1/6 的机构选择了 5% 的目标支出比率。① 制定适当的目标支出比率主要依据以下三个因素：组合的风险收益特征、支出政策的结构、在提供稳定的预算支持和实现资产保值这两个目标之间受托人更偏重哪一个。

我们通过对投资政策和支出政策的分析得出了以下结论：教育机构捐赠基金的支出比率一般都超过捐赠基金创造收益的能力。耶鲁大学投资办公室进行的一系列模拟实验显示：从中期来看，普通的捐赠基金提供的预算支持发生破坏性下降的概率是 20%。更糟糕的是：从长期来看，捐赠基金丧失一半购买力的概率大约为 40%。② 以上高概率均表明，组合的预期收益与目标支出比率之间不协调。由此可见，如果教育机构的捐赠基金管理难以满足其核心目标，该机构就应当考虑降低支出水平或提高预期收益水平。

普通的捐赠基金无法实现预定目标的概率相当高，相比之下，有合理的投资政策和支出政策的捐赠基金成功实现目标的可能性相当高。例如，耶鲁大学一直以来制定并执行明确、规范的投资政策和支出政策。目前，学校预计捐赠基金支出水平发生破坏性下降的概率为 5%（远低于普通捐赠基金 20% 的概率）、购买力损失的概率为 15%（远低于普通捐赠基金 40% 的概率）。由此可见，卓有成效的投资政策和支出政策大大提高了捐赠基金成功的概率。

总之，捐赠基金的支出政策平衡了两个相互冲突的目标，既保证为大学运营提供大量稳定的资金来支持当代学者，又能实现资产保值从而为未来的学者服务。受托人面临的挑战是要不断评估投资目标和支出政策，使它们能

①　在 2006 年 NACUBO 的调查中，有 335 个机构表示正在使用目标支出比率。
②　根据 2006 年 NACUBO 公布的数据，模拟过程假设收益率与捐赠基金的平均资产配置目标水平的收益率保持一致，以基金价值 5 年移动平均制定的支出比率为 5%。中期的支出下降是指 5 年中实际价值下降 25%。评估购买力保值水平的时间期限是 50 年。

够满足上述两个目标。受托人在选择投资政策时，要同时运用组合构建工具和支出政策，使投资政策既能够满足捐赠基金管理的核心目标，又能够根据机构需要有所侧重。

第三节　购买力评估

保持购买力意味着每一份捐赠资产都要有能力持久"支持某些活动"。这意味着，捐赠基金在扣除支出金额后，其资产规模的增长必须至少与高等教育行业的通货膨胀率保持一致，并随着新增捐赠资金的投入而不断扩大。

教育机构要想衡量自己是否有能力持续购买高等教育专用的商品和服务，就需要准确地把握高等教育行业面临的通货膨胀率。因为高等教育机构的支出与消费者个人支出及整个经济体的支出差别较大，个人消费支出的通货膨胀率（消费者物价指数）或整个经济体的通货膨胀率（GDP 平减指数）并不适用于高等教育机构。

高等教育物价指数（HEPI）是完全根据教育机构的成本测算的，它赋予工资和其他人力成本较高的权重。高等教育物价指数显示：在过去的 46 年中，教育成本每年的增速要高出国民生产总值实际增速约 1.4 个百分点。教育机构劳动生产率增长缓慢是造成这一现象的主要原因，因为教育是一个劳动密集型行业，所以其效率的提高往往伴随着教学质量的下降。举例而言，采用视频技术来代替教师上课会提高生产率，但会降低教学效果和教育体验。同样，扩大班级规模能够提高生产率，但同时无疑会降低教育质量。只要国民经济其他部门生产率提高的步伐快于教育行业，高等教育成本的增长就会比一般通货膨胀率高出一定的百分点。

耶鲁基金的购买力

图 3-2 显示的是 1950—2006 年间耶鲁基金的购买力水平。这项分析从 1950 年的数据开始，因为在这之前校方缺乏关于捐赠、支出和投资收益的准确记录。在 20 世纪的大多数时间里，财务报表只记录了金融资产的账面

价值，几乎没有反映资产的市场价值。只有对每笔金融交易进行单位会计处理，机构才能够对各种资金流入和流出加以区分，这个优点虽然使单位会计法在 20 世纪 70 年代早期得到了广泛的认可，但也增加了对早期数据解释的难度。

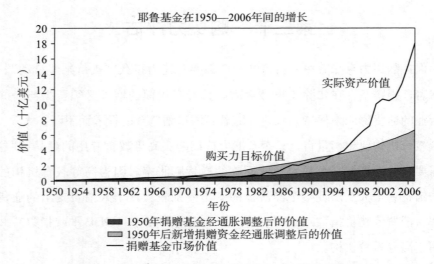

图 3-2　耶鲁基金的价值远远超过 1950 年的购买力目标

资料来源：Yale Financial Statements. Higher Education Price Index data from Research Associates of Washington.

上述购买力分析以 1950 年的捐赠基金资产价值为起点，在随后的年份中，按当年的通胀率对上一年的资产价值进行调整，从而得出一系列购买力目标价值。因为新增的捐赠资金能够支持机构"扩大活动范围"，因此，每年的购买力目标价值中要加入当年新增的捐赠资金。当然，在随后的年份中，新增的捐赠资金也要按上述过程对通胀因素进行调整。

请注意，新增捐赠资金对捐赠基金至关重要，2006 年的目标价值中约3/4来自 1950 年以来的新增捐赠资金。换句话说，假如过去 56 年中没有新增捐赠资金，那么 2006 年耶鲁基金的价值大概只有实际价值的1/4。

通过比较捐赠基金的购买力目标价值与实际资产价值，我们可以看出捐赠基金在多大程度上实现了保持购买力的目标。截至 2006 年 6 月 30 日，耶鲁基金的购买力目标价值为 67 亿美元，而市值已经达到 180 亿美元，耶鲁基金成功地实现了资产保值增值的目标。① 但这一过程并非一帆风顺，在有些年份，耶鲁基金的处境相当困难。

20 世纪 50 年代，耶鲁基金在资产增长和保持购买力这两个目标之间大体实现平衡。到 1959 年，基金出现大约 17％的盈余。在 20 世纪 60 年代的大多数时间里，两个目标基本保持平衡。但是，随后不断增加的通胀压力开始波及捐赠基金，并造成严重问题。20 世纪 70 年代，金融市场危机肆虐，通胀率高企，耶鲁基金遭受重大损失。到 20 世纪 70 年代末，资产规模已低于目标价值 56％。到 1982 年，耶鲁基金跌至低谷，其资产价值仅为购买力目标水平的 42％。幸运的是，20 世纪 80 年代的大牛市扭转了 70 年代的糟糕局面。到 1994 年，耶鲁基金重新达到 1950 年资产规模按通胀进行调整并且加入新增捐赠资金后的目标水平。截至 2006 年 6 月 30 日，由于投资收益强劲，基金的资产规模相对于目标水平出现超过 170％的盈余。

近年来，耶鲁基金的购买力急剧增长引起了许多质疑。有人质问：耶鲁大学的受托人是不是倾向于将基金用于支持未来学者，而牺牲了当代人的利益？尽管人们对最适宜的支出水平这一问题争论不休，但目前资产的增长是强劲的市场表现和有效的支出原则共同作用的结果。如果未来市场下跌，捐赠基金将能为耶鲁大学提供一个缓冲地带。

对于那些久经风浪的市场评论员而言，实际购买力和目标价值之间出现剧烈波动毫不稀奇。1982 年，耶鲁基金与目标水平相比出现了将近 60％的赤字，24 年后，组合出现了 170％的盈余。尽管市场波动总会导致机构财富发生增减变化，但聪明的组合经理会根据长期资本市场走势来安排投资和支出。在评估资产的购买力是否得到保持时要考虑市场波动的积极结果和消极结果，并把它放在一个较长的时间框架中予以考虑。

当意外获得丰厚的投资收益时，人类本能的反应是将这笔财富消费掉。但是，如果市场一旦表现强劲就相应地提高支出比率，可能会给捐赠基金带来长期损失。主要原因如下：首先，如果机构在"丰年"提高支出比率，可

---

① 事实上，耶鲁基金增长中的一大部分来自投资收益。在过去的 20 年中，相对于其他高等院校捐赠基金的平均业绩，耶鲁基金大约增长了 124 亿美元。

能会把本该用于补充"歉年"的缓冲资金消费掉。其次，支出水平具有一定的刚性，提高后很难再降低，这会减少经营支出的灵活性。如果在市场繁荣时期提高支出比率，那么，在市场萧条时期，机构将面临双重困境：既没有缓冲资金来缓解财务困难，又要承受预算基数增加的负担。

维持目标支出比率是机构财政纪律的核心，因此，有责任心的受托人不会轻易改变目标。理智、冷静的基金经理不会因近期投资业绩强劲而盲目地增加支出，而是会审视过去的好运气未来能否持续，以便未雨绸缪，应对未来的不时之需。只有当机构的投资政策和支出政策发生根本性好转时，受托人才能改变目标支出比率。

人们要用长远的眼光来评估捐赠基金是否维持了购买力。在投资损失惨重的年份降低支出比率或者在投资收益丰厚的年份提高支出比率的做法均不可行，均会伤害教育事业。如果在熊市中削减教学科研项目，在牛市中扩张教学科研项目，那么，教育机构将遭受无谓的波动，捐赠基金将无法缓冲金融市场价格波动对大学正常运行造成的影响。有责任心的受托人往往并不注重市场变动引起的资产价值短期波动，相反，他们总是坚决地保护资产的长期购买力。

第四节　支出的可持续性评估

捐赠基金管理者致力于为教育机构提供大量、可持续的资金支持。为了保证在任何时候都可以"支持相同的活动"，捐赠基金每年的支出增长率至少要达到受捐赠机构所消费的商品和服务价格的实际上涨率。当新增捐赠资产"扩大支持的活动范围"时，基金支出的资金必须相应增加以便能够持续支持新增加的活动。

与保持资产购买力的长期目标不同，为教育机构提供大量、可持续的资金支持是捐赠基金的中期目标。因为捐赠基金支出的巨大波动会破坏教育机构预算的稳定性，所以，捐赠基金经理要努力支出基本稳定的资金来支持教育机构的运营。

耶鲁基金的支出

图 3-3 显示的是对支出持续性的分析结果，与图 3-2 中的购买力评估结果相对应。这项分析以 1950 年基金的支出水平作为基数，随后每年的目标支出水平增长幅度等于当年的通货膨胀率加新增捐赠资金的支出比率。为了便于分析，我们假定新增捐赠资金的支出比率为 4.5%，与耶鲁大学的长期支出比率保持一致。

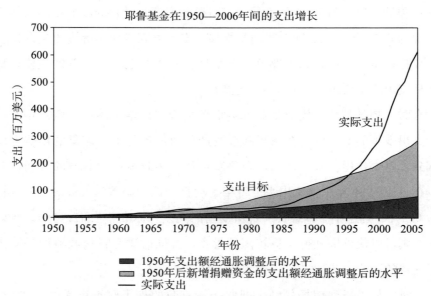

图 3-3　耶鲁基金支出水平增长超过了通货膨胀率

资料来源：Yale University Financial Statements. Higher Education Price Index data from Research Associates of Washington.

通过对过去 56 年的支出加以分析可以发现，耶鲁基金每年都成功地增加或维持了名义支出水平。然而，经通胀调整后，每年的支出水平参差不齐。20 世纪五六十年代，耶鲁基金连续 20 年达到经通胀调整后的支出目标，但是，从 20 世纪 70 年代开始，耶鲁基金的实际支出水平落后于恶性上升的通胀率。从 20 世纪 80 年代中期开始，支出迅速增长并超过通胀率，逐步弥补了实际支出与经通胀调整后的支出目标之间的缺口。但是，尽管 20 世纪八九十年代支出增长强劲，但直到 1996 年，耶鲁基金的支出水平才再次超过经通胀调整后的目标支出水平。

到 1994 年，耶鲁基金的购买力达到了 1950 年资产加新增资产的购买力水平，两年后，即 1996 年，耶鲁基金的支出水平才达到相应的目标，这两年的时滞主要归因于支出政策的平滑机制所起的抑制作用。虽然从 20 世纪 80 年代早期开始到 90 年代末，耶鲁基金增值速度很快，但支出原则中使用的移动平均法使基金的支出增长低于资产增值的速度。

平滑机制的效果在 2006 年的支出水平上表现得更为明显。当时耶鲁基金的总值为 152 亿美元（截至 2005 年 6 月 30 日），如果按照 5.25％ 的目标支出比率，预计支出应为 7.99 亿美元（忽略通胀因素），但 2006 财年的实际支出水平仅为 6.18 亿美元。随着时间的推移，支出原则将使实际支出逐渐向目标水平靠拢，也就是说，如果耶鲁基金维持当时 152 亿美元的资产规模，那么几年后支出水平就可以达到 7.99 亿美元。

有时，捐赠基金当代的受益人会抱怨基金支出增长落后于资产增长，但是，支出政策的平滑机制在减弱基金资产价值波动对支出流量的影响方面确实起到了重要作用。事实证明，耶鲁基金的支出政策在抑制波动方面卓有成效。在过去的 56 年中，支出水平每年变动百分比的离差（dispersion）（标准差为 6.9％）远远小于基金资产价值变动的离差（标准差为 12.4％）。有效的支出原则可以使机构进行风险较高的投资，并同时避免投资收益波动对机构预算支持的影响。

有时，如果遇到市场暴跌，即便是最有效的支出政策也无力保护资产。20 世纪 70 年代，捐赠基金提供稳定预算支持的政策就曾遭遇惨败。当时，美国国内股票和债券的收益率都低于通胀率，在这种环境下，基金经理无计可施。尽管 20 世纪 70 年代初实际支出水平高于经通胀调整后的 1950 年目标水平，但是到 1980 年，实际支出水平不到经通胀调整后的目标水平的一半。面对 20 世纪七八十年代恶劣的市场环境，耶鲁基金只能努力保持名义支出水平，而这在当年通胀率高企的环境中是远远不够的。尽管 1980 年后名义支出水平开始上升，但目标水平上升更快。到 1984 年，实际支出水平达到低点，仅为目标水平的 44％。

以五年时间作为各自单独但彼此并不独立的时间区间来看，耶鲁大学在 1971—1981 年间所经受的实际支出水平六度下降超过 25％。实际支出水平严重下降表明，在这段时间内捐赠基金提供稳定预算支持的努力完全失败了。

捐赠基金投资与支出政策成功与否，最终体现在它是否能够提供大量稳定可靠、可持续的资金来支持机构的运营。也许有时市场环境会影响基金实现目标，但是，如果投资者推行明智的资产管理和支出政策，将有利于实现资产保值目标与提供大量、稳定的预算支持目标之间的平衡。

第五节 基金会的投资目标

基金会和教育机构捐赠基金有一些共同之处。与教育机构捐赠基金一样，基金会一般也享有税收优惠，并持久存在。然而，对许多基金会而言，持久存在只是一种选择而非义务。如果基金会的使命是支持紧急的项目，譬如为某种急性传染病的研究提供资金，这时基金会的受托人可以决定动用所有资金以便尽快实现目标。即使基金会没有承担紧急项目，受托人也有权选择按一定速度使用基金资产直至耗尽。

基金会和教育机构捐赠基金也有一些不同之处。捐赠基金经理一方面有权决定组合配置、管理捐赠资产，另一方面负有制定支出政策、规定捐赠资产的义务。由于受托人可自行制定投资政策与支出政策，其灵活性更高，更有可能实现机构的目标。

在管理方面，基金会和教育机构捐赠基金一样，受托人也享有较高的灵活性，能够完全控制资产配置政策。但是，在支出方面，基金会用于支持慈善事业的支出至少要达到资产的 5％，否则就要面临高额税率的惩罚。这种强制性的最低支出要求意味着，基金会面临的投资问题与教育机构捐赠基金经理面临的投资问题相去甚远。

捐赠基金分配的资金为教育机构提供了大量支持，当它陷入停顿时，教育机构可以用其他收入来源来补充预算。捐赠基金分配的资金通常只占教育机构经营预算的一小部分，在多数研究型大学的支出中，其占比平均大约为12.5％。[1] 对于大多数教育机构而言，捐赠基金分配的资金大幅减少会给它们

---

① 参见表 2 - 2。

造成困难但不至于威胁其生存。

相比之下，基金会几乎完全依靠投资收益来支持运营。2006 年，在 10 家最大的资助型基金会（grant-making foundation）中，有 8 家的总收入几乎完全来自投资收益。尽管基金会在增减其所资助的项目方面比教育机构更灵活，但是基金会也需要维持相对稳定的资金流以避免经营中断，特别是当某些资助项目延续多年时，资金流的稳定性尤显重要。由于基金会高度依赖投资收益，因此，管理人在构建组合时要以低风险资产为主。

相比之下，大学经常会得到校友和社会各界的资助，这些新增的捐赠资产是支持学术项目的重要资金来源。在市场不景气时，新增的捐赠资产可以弥补捐赠基金对大学预算支持的不足。在市场景气时，新增的捐赠资产可以帮助大学扩大支持项目的范围。随着时间的推移，新增捐赠资产的累积效果将对大学产生重要作用。

新增捐赠资产的影响

通过考察哈佛大学捐赠基金、耶鲁大学捐赠基金和卡耐基基金会在 20 世纪的经历，我们可以更深刻地了解新增捐赠资产的重要作用。位于华盛顿的卡耐基基金会是安德鲁·卡耐基（Andrew Carnegie）的众多慈善事业之一，它主要是用于资助天文学、植物学、胚胎学、全球生态学和土壤科学等学科最前沿的研究工作。该基金会成立于 1902 年，资产规模为 1 000 万美元，在 1907 年和 1911 年先后两次增加资产 200 万美元和 1 000 万美元。卡耐基基金会 2 200 万美元的资产规模与 1910 年哈佛大学 2 300 万美元的资产规模不相上下，远远高于耶鲁大学 1 200 万美元的资产规模。

在过去的近一个世纪中，卡耐基基金会资产增长超过了通货膨胀。截至 2006 年 6 月 30 日，其资产规模已经达到 7.20 亿美元，原资产规模经通胀调整后为 4.90 亿美元，实现了一定幅度的增长。但是，最初规模与之接近的哈佛大学捐赠基金这时已经达到 292 亿美元，耶鲁基金也有 180 亿美元，都远远超过了卡耐基基金会。投资目标与支出政策差异的确可以部分解释这一现象，但缺少持续的新增捐赠资产流入是卡耐基基金会远远落后于哈佛大学捐赠基金和耶鲁基金的最根本原因。

基金会的受托人总会面临一系列相互冲突的目标，既要提供稳定的运营收入，又要保证基金会持续存在，还要达到税务部门规定的最低分配要求。由于没有其他外部收入来源，基金会容易受到投资收益恶化的影响。要维持短期资金支出的稳定性，基金会需要投资于波动性较低的组合；而要维持资产的长期购买力并且保持较高的支出比率，基金会只能选择风险更高的组合，以期获得更高的收益。通常，基金会选择低风险投资，以期为所支持的项目提供稳定的资金来源。结果，基金会的支出比率往往不按照资产保值的要求来设计，这意味着，从长期来看，随着购买力的下降，大多数基金会的作用将减弱。

尽管捐赠基金和基金会表面上有许多相似之处，但它们在许多重要方面都存在差异，包括对支出的控制、所支持的项目对基金分配的依赖程度，以及能否持续获得外部新增资金等。虽然两者在投资特征上有不少相同之处，但它们之间的区别导致这两种基金的目标存在显著差异。这一现象再次强调了仔细考虑投资基金与机构目标之间关系的重要性。了解基金的宗旨以及制定相关的机构目标是基金管理过程的重要起点。

第六节　异议观点

在学术界，对于一些重大问题，总是众说纷纭，莫衷一是。对于捐赠基金，争论的焦点总是代际问题，即如何权衡当代利益与未来利益：当代受益人总是认为基金的支出水平未能给大学运营提供足够多的支持。

耶鲁大学法学院教授亨利·汉斯曼（Henry Hansmann）对建立捐赠基金的适当性提出了质疑，不过，他提出的问题超越了基金支出比率领域本身。1998 年 8 月 2 日接受《纽约时报》采访时汉斯曼表示："一个外行人可能会认为私立大学的主业就是运作大量的投资资产，教育经营不过是它们的副业，它们可以随意扩张或紧缩教育项目来缓冲投资收益。"[①] 他认为受托人追求的

---

① Karen W. Arenson, "Q&A. Modest Proposal. An Economist Asks, Does Harvard Really Need $15 Billion?" *New York Times*, 2 August 1998.

"真实目标"是积累一家规模庞大并且不断增长的基金，教育经营是对无限制积累金融资产的束缚。管理者和员工之所以寻求捐赠资金，是希望得到工作保障和良好的校园环境，并且减轻工作量，而捐资校友们关注的是名誉资本，希望分享富足的教育机构所带来的荣耀。

在《大学为什么需要捐赠基金》一文中，汉斯曼用 20 世纪六七十年代的经历来支持自己的观点。他认为："20 世纪 70 年代的金融危机"给高等教育带来了损害，因为"对私立教育的需求下降，政府对大学的支持停滞，能源成本急剧增长。"[1] 汉斯曼认为：大学纷纷发现自己正受到收入减少和开支持续增长的巨大压力。他评论道："几乎没有什么证据表明大学把捐赠基金主要作为经营预算的后备缓冲。"[2]

一、耶鲁基金的缓冲作用

汉斯曼的观点其实根本站不住脚，只需要分析捐赠基金对他的雇主——耶鲁大学——的作用就足以证明这一点。在 20 世纪 60 年代的繁荣时期，耶鲁基金利用支出政策抑制了支出的过度增长；在 20 世纪 70 年代的萧条时期，捐赠基金则帮助耶鲁大学缓冲了财务困境。在整个 20 世纪 60 年代，耶鲁基金平均每年支出 4.4％用于支持学术项目。尽管预算支持强劲、投资收益突出，但这段时期耶鲁基金的支出水平仍然坚守长期可持续原则。

相反，20 世纪 70 年代，为了部分抵消经济不景气的冲击，捐赠基金将支出比率提高到年均 6.3％的水平。尽管当时为了支持大学预算，耶鲁基金的支出比率高得难以持续，但耶鲁大学在这十年中还是年年出现赤字。"逆势而为"的政策使捐赠基金损失惨重，尽管有大量新的捐赠资产注入，但 1968—1982 年间，耶鲁基金资产的购买力还是下降了超过 60％。

历史纪录表明，耶鲁大学运用捐赠基金减轻了严重的收入波动对学校预算造成的负面影响。20 世纪 50 年代、60 年代、80 年代和 90 年代，耶鲁大学

[1] Henry Hansmann, "Why Do Universities Have Endowments?" *PONPO Working Paper* No. 109, Program on Non-Profit Organizations, Institution for Social and Policy Studies, Yale University, January 1986, 21.

[2] Ibid., 23.

的运营环境整体平稳，所以耶鲁基金的支出比率基本稳定在 3.8%～4.4% 的范围内。相比之下，在赤字比较严重的 20 世纪 70 年代，耶鲁基金的支出比率大幅提高，1971 年达到根本不可持续的 7.4% 的高位。如果 20 世纪 70 年代没有捐赠基金的大力支持，耶鲁大学的经营将会更加困难，甚至可能会对学校本身造成长期损害。

历史表明，耶鲁大学利用了捐赠基金来缓冲经济困难对学术项目的影响，除此之外，学校的支出政策本身也把预算稳定性的目标放在了突出位置。耶鲁大学每年的支出等于经通胀调整后的上年支出水平的 80% 加上上一财年末捐赠基金经通胀调整后的市场价值乘以长期目标支出比率所得金额的 20%。耶鲁大学非常重视预算的稳定性，十分注重运用捐赠基金来减轻金融波动所造成的冲击。

二、支出政策的两个极端

支出政策的两个极端分别是强调保持支出稳定和强调基金资产保值。在这两个极端中，耶鲁大学的支出政策更强调保证捐赠基金为大学运营提供稳定的资金支持。如果大学更看重基金积累而非教育发展，那么支出水平就要与资产保值的目标一致。举一个极端的例子，如果机构只注重维持捐赠基金的资产规模，就会只支出投资收益中高出通货膨胀率的部分；反过来，如果学校只注重保证捐赠基金支出水平的稳定性，那么支出水平将会随通货膨胀率的上升而上升，丝毫不会理会基金资产市场价值的波动。

图 3-4A 显示了这两种极端的支出政策下的支出模式，其中所采用的收益率是 20 世纪六七十年代的市场收益率。图 3-4A（a）模拟了保持实际支出水平不变情况下的支出状况，图 3-4A（b）模拟了强调资产保值情况下支出的显著波动。如图所示，如果以保持基金购买力为唯一目标，那么，按照模拟结果，在超过半数的年份中基金都无法为学校运营提供任何资金支持。

图 3-4B 显示了极端的支出政策对捐赠基金规模的影响。如图 3-4B（a）所示，如果执行保持支出水平稳定的政策，捐赠基金的实际价值将发生剧烈波动。相反，如图 3-4B（b）所示，如果执行只重视保持捐赠基金购买力稳

定的政策，基金的资产价值就会表现相对平稳。

如图 3-4A（a）和图 3-4B（a）所示，强调捐赠基金提供稳定的经营预算支持的政策只有在良好的金融市场环境下才能成功发挥作用。图中用 20 世纪 60 年代和 70 年代数据模拟的结果截然不同恰恰证明了这一点。

20 世纪 60 年代，投资者获利丰厚，股票和债券的年收益率分别达到7.8％和 3.5％，而与此同时，每年的通货膨胀率只有 2.5％。因此执行稳定的支出政策对基金的影响并不大，购买力下降大约只有 10％。

进入 20 世纪 70 年代以后，经济与金融形势发生了急剧变化，通货膨胀率高企，各种证券表现极其糟糕，结果捐赠基金组合的收益一塌糊涂，严重地威胁教育机构的运营。此时，每年的通货膨胀率高达 7.4％，比国内股票收益率（5.9％）、债券收益率（7.0％）和现金资产收益率（6.3％）都高，投资者简直陷入走投无路的境地。模拟结果表明，如果在 1970 年组合坚持执行保持支出水平稳定的政策，那么到 20 世纪 70 年代末该组合的购买力损失将超过 60％。

如图 3-4A（b）和图 3-4B（b）所示，如果执行只注重保持捐赠基金资产规模的政策，捐赠基金在 1960—1979 年的 20 年中有 12 年无法提供任何经营预算资金，这说明片面强调资产保值是不可行的。即使是在市场环境良好的 20 世纪 60 年代，如果执行该政策，捐赠基金在 10 年中也仍有 3 年无法为学校运营提供任何预算支持。在市场环境恶劣的 20 世纪 70 年代，如果执行该政策，捐赠基金在 10 年中将只有 1 年能够为学校提供部分预算支持。即便如此，保持资产规模稳定的政策也没有达到预期效果，因为基金的购买力在这一时期下降了将近 24％。

如图 3-4A（c）和图 3-4B（c）所示，耶鲁大学的支出政策更接近于保持支出水平稳定的政策。与其他教育机构一样，在 20 世纪 70 年代市场萧条时期，为了提供资金支持耶鲁大学的学术项目，耶鲁基金遭受了严重的资产损失。难以持续的高支出比率使资产的购买力下降超过 40％。耶鲁大学的做法推翻了汉斯曼关于维持捐赠基金价值占据了支配地位、教育活动的扩张与收缩仅是为了缓冲基金资产规模的论点。

保持支出水平稳定的政策（模拟）有助于基金持续提供经通胀调整后稳定的预算支持
1960—1979年间的支出量，支出量为基金市场价值的5%，并按通胀率调整

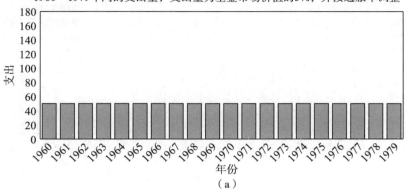

（a）

保持捐赠基金购买力稳定的政策（模拟）不能为机构提供可靠的预算支持
1960—1979年间的支出量，支出量为投资收益中超出通胀率的部分

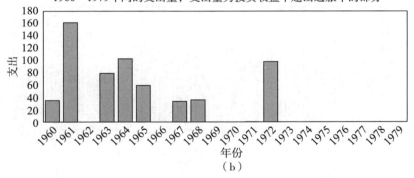

（b）

耶鲁基金的支出政策为大学提供了稳定的预算支持
1960—1979年间的支出量，耶鲁基金的实际支出政策

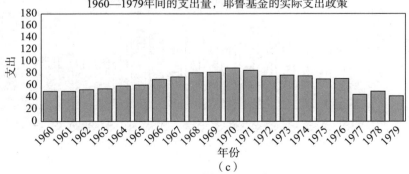

（c）

图 3－4A　极端支出政策下捐赠基金支出资金量的比较

保持支出水平稳定的政策（模拟）侵蚀了经通胀调整后捐赠基金的市场价值
1960—1979年间捐赠基金的市场价值，支出量为市场价值的5%，并按照通胀率调整

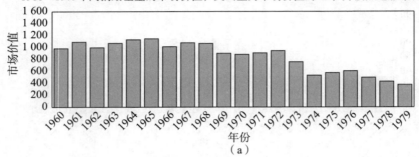

（a）

保持捐赠基金购买力稳定的政策（模拟）有利于保护捐赠基金的资产价值，并能对冲通胀影响
1960—1979年间捐赠基金的市场价值，支出量为投资收益中超出通胀率的部分

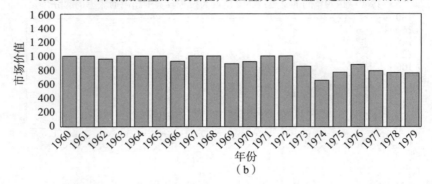

（b）

耶鲁基金的支出政策注重提供稳定的预算支持，但要以资产保值为代价
1960—1979年间耶鲁基金的实际市场价值

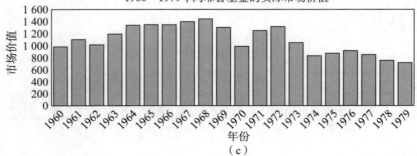

（c）

图3-4B　极端支出政策下捐赠基金市场价值的比较

第七节　结　论

投资政策和支出政策服务于教育机构积累捐赠基金的根本目的是提高稳定性、增强独立性和创造一流的教育机构。如果实现了资产保值的长期目标和保证稳定预算支持的中期目标，高等院校就满足了经济学家詹姆斯·托宾对捐赠基金的要求——"能为每代人都提供相同的支持"。[1]

捐赠基金受托人面临的挑战是如何权衡相互矛盾的两个目标——资产保值和支持机构的当前运营。支出政策可以通过明确指出资产保值和提供稳定的预算支持这两个目标的相对重要性解决这两个目标之间的矛盾。在决定基金能否实现平等支持各代人的目标中，目标支出比率的作用至关重要。如果支出比率过高，当代学者受益较多；如果支出比率过低，未来学者受益较多。

捐赠人总希望能够为指定的活动提供长期支持，要求基金经理无论何时都能保持购买相应商品和服务的能力。教育机构的通货膨胀率超过了一般物价水平的上涨，因为高度依赖人力资源的教育机构通常难以在保证质量的前提下提高生产率，这增加了保持基金购买力的难度。新增捐赠资产并不能缓解这种压力，因为资金注入的同时也扩大了机构需要支持的活动范围，从而扩大了需要保值的组合的规模。

不同类型基金的管理人在提出和制定目标的过程中都能受益匪浅，也会据此得出各异的结论。即使像捐赠基金和基金会这样如此相似的两类机构，机构性质的不同也会导致两者的目标相去甚远。在各自不同的经营环境下，基金经理需要制定适合本机构的投资目标来适应本机构特有的优势和局限。

投资目标是基金管理过程的重要基础，是评估各种投资政策与支出政策的最终标尺。投资目标影响构建组合的原则，是基金经理的重要行动指南。投资者在投资过程中应将制定组合目标置于核心地位，并以能否满足机构目标为标准来评价资产配置和支出政策的优劣。

---

[1]　Tobin, "Endowment Income," 427.

第 4 章

投资理念

　　成功的投资者总是遵循连贯一致的投资理念，并自始至终将其应用到组合管理过程的每个环节。成功的投资理念经得起时间的考验，对投资活动洞察深刻，并且已经上升为一种持久的职业信仰。在面对市场时，投资者的核心信念是如何找到能够实现机构目标、获取投资收益的最有效的方法。

　　常用的组合管理工具主要有三种，即资产配置、择时和证券选择，它们是创造投资收益的主要动力。投资者在构建组合的过程中自行决定这三种工具的相对重要性，使其发挥各自的作用，为组合收益做出应有贡献。

　　资产配置是构建组合的第一步，它包括选择并定义用于构建组合的各种资产类别，以及决定各资产类别在组合中的比重。在机构的组合中，典型的资产类别包括国内股票、外国股票、固定收益及绝对收益类投资、实物资产和私人股权。组合政策描述的正是基金中配置各资产类别的目标比重。

　　择时是指通过短期内偏离长期资产配置目标来获利的一种投资策略。例如，假定一只基金的长期资产配置目标是股票和债券投资各占 50%，但是，当基金经理认为当时股票价格相对便宜而债券价格相对昂贵时，他会将股票投资比重提高到 60%，将债券投资比重降低到 40%。这种通过提高股票比重、降低债券比重而获取的收益归功于择时策略。

　　证券选择是指对单个资产类别进行积极管理。积极型基金经理在构建组合时不会像被动型投资经理那样完全忠实地复制市场。当一个组合的资产配置状况与市场整体不同时，其投资收益的一部分要归功于积极组合管理策略。例如，在一个特定的组合中，对美国股票这一资产类别进行证券选择所产生的收益将是该组合中美国股票收益与国内股票整体收益 [以威尔希尔 5 000

（Wilshire 5000）指数等为基准］的差额。

一、资产配置的作用

许多投资者都信奉一个金融法则，即合理的资产配置决策决定投资收益，择时和证券选择的作用是次要的。在 2000 年发表的一项研究结果中，罗杰·伊博森（Roger Ibbotson）和保罗·卡普兰（Paul Kaplan）考察了多篇关于资产配置对投资收益贡献的研究论文。他们评论说："平均而言，资产配置政策对组合收益的贡献略超出组合的总收益。"这意味着证券选择和择时对投资收益没有任何实质性贡献。[1] 伊博森和卡普兰总结道："长期来看，基金投资收益的变化中大约 90％可以归因于资产配置政策的变化。"[2] 这一结论无疑再次印证了资产配置决策的核心作用。

资产配置决定投资收益，投资者经常认为这是一个不言自明的道理，然而事实并非如此。伊博森和卡普兰的研究描述的是投资者行为，而非金融理论。试想一下，如果有这样一个特殊的组合，它仅由一只股票组成，并且执行买入并长期持有的策略，那么这一组合的收益就主要取决于证券选择的结果。此外，对那些短线交易债券期货的投资者来说，择时决定了他们的投资收益。

很明显，机构组合通常包含不止一只股票，而且很少采用短线炒作（day-trading）的投资策略。实际上，机构投资者持有广泛分散化的组合，并且尽量避免择时操作，因此资产配置决策便成为决定组合收益的最重要因素。由于准确择时和选择合适证券的难度相当大，投资者通常避免频繁调换组合，并且进行分散化投资。因此，资产配置决策是组合管理的合理基础，也是投资收益的最大决定因素。

对组合的决策者来说，首先他们要认识到投资者应自行决定资产配置、择时和证券选择三者的相对重要性。有见识的投资者不会被动地将资产配置奉若神明，而是把这三个因素均作为重要、独立的投资收益来源。他们在投资理念中阐述资产配置、择时和证券选择三者各自的作用，投资管理过程的

---

[1] Roger G. Ibbotson and Paul D. Kaplan, "Does Asset Allocation Policy Explain 40, 90, or 100 Percent of Performance?" *Financial Analysts Journal* 56, no. 1 (2000): 32.

[2] Ibid., 29.

基本特征也在这一过程中形成。

资产配置是投资过程的核心环节，是投资者进行投资决策的稳定基础，并且符合长期政策目标。把资产配置决策作为投资管理的重心，择时和证券选择决策的重要性也将随之减弱，投资业绩对易变、不可靠因素的依赖程度也将降低。

在组合中选择合适的资产类别至关重要，这在很大程度上决定了投资的成败。为了选择合适的资产类别，投资者需要重点分析各种资产的功能特征，并考虑它是否能为组合带来收益或者是否能够降低组合的风险。偏重股权投资可望提高潜在收益，而追求分散化投资则可望降低风险。对长期投资者而言，资产配置决策是他们各项工作的重中之重。

稳健的长期投资者在资产配置中要体现股权偏好和分散化投资的基本原则。历史经验和金融理论都证明，股权投资的收益比债券投资高。因此，追求高收益率的投资者自然会倾向于配置大量的股票资产。同时，由于将组合资产集中配置于一种资产类别的风险较高，谨慎的市场参与者要采取分散化投资策略。在偏重股权投资的同时维持适度的分散化是构建组合的基础。

二、择时的作用

查尔斯·埃利斯（Charles Ellis）认为，择时是一种失败的投资策略。"没有任何证据表明，机构有能力持续在市场低迷时进入，在市场高涨时退出。在预期市场即将发生异动时在股票和债券、股票和现金之间转换的策略成少败多。"[1]

择时操作使组合的特征偏离资产配置政策的预定目标，从而不可避免地使风险及收益与预期不符。如果择时投资者不看好股票市场，他们将降低股票仓位，增加现金头寸，那么组合面临的风险将下降，但长期预期收益水平也将随之下降。由于这样的择时策略降低了组合的预期收益，采用该策略的投资者择时成功的概率必须大幅超过 50％ 才能最终取得投资成功。不过，对于那些拥有大量现金头寸以期见机而行、超越大盘的投资者而言，市场上的

---

[1]　Charles D. Ellis, "Winning the Loser's Game," *Timeless Strategies for Successful Investing*, 3d ed. (New York: McGraw Hill, 1998): 11.

投机气氛、交易成本以及交易对市场产生的影响都将成为他们取得成功的障碍。

如果择时投资者增加高风险资产的配置、减少低风险资产的配置，整个组合的风险水平将被提高，那么基金受托人必须考虑组合的风险水平超过预定目标的做法是否可行。如果高风险组合符合机构的目标，那么基金经理应该考虑采用这种组合。如果高风险使基金受托人感到不安，那么出于谨慎考虑，受托人应该拒绝那些哪怕只是临时增加风险的行为。稳健的投资者应避免择时策略。

三、证券选择的作用

在有效市场中，如择时之类的积极投资管理策略往往会降低投资者的整体收益。就相对收益而言，证券选择也同样是一个零和博弈。例如，IBM 的股票（其他任何上市交易的股票也一样）在美国股票市场上所占的市值比例是确定的、可以测量的，因此一些投资者超配 IBM 的股票必然导致其他投资者低配 IBM 的股票。超配 IBM 股票的积极型基金经理在建仓的过程中，其交易行为将对市场产生影响，并且产生交易成本。与之相对应，低配 IBM 股票的积极型基金经理同样也将对市场产生影响，并同样产生交易成本。然而，他们中间只有一方会是正确的。按照 IBM 股价相对于市场的变动，成功一方获得的收益恰恰等于失败一方遭受的损失。但是，积极型投资者要为这一零和博弈付出高成本，总体来说，他们的损失等于交易成本、管理费用和市场影响。

在低效市场上，积极投资管理可以产生巨大的潜在收益。事实上，在非公开交易市场上，被动地复制基准收益是不可能的。比如，在风险投资、杠杆收购、房地产、森林、石油和天然气市场上，即使可以获得这些市场的基准收益，投资者还是偏好于运用更加有选择性的组合管理方法。长期历史记录显示，总体而言，流动性较差的资产类别的投资收益比风险较低的公开市场证券略逊一筹。

资产定价效率与积极投资管理的机会多少之间存在负相关关系。被动投资管理策略适用于有效市场，如美国国债市场。在高效市场上，市场基准收益就是投资收益，积极投资管理很少能够创造出超额收益。不过，在低效市场上，如私人股权市场，市场基准收益水平对投资者最终的业绩影响很小，投资业绩最终依赖于对投资品种的选择，因而积极投资管理策略大有用武之地。

市场参与者如果愿意接受非流动性资产，将有机会获得风险调整后的超额收益。通常，高流动性资产的市场价格较高，因此严谨的投资者可以避免投资于价格过高的高流动性证券，而选择不为市场密切关注的、流动性较差且价格相对较低的资产来获取投资收益。

此外，价值导向的投资策略能够大大提高证券选择决策获得成功的可能性。投资者可以通过购买那些价格低于公允价值的资产来获得价值，也可以通过利用非同寻常的技能改善公司经营来创造价值。价值导向的投资者享有较大的安全边际，但冒进的投资者却没有。

不同资产类别中积极投资管理的机会存在差异，这是组合管理过程的重点之一。投资者重点投资于具有较多积极投资管理机会、定价效率低的资产类别可以大大提高成功的可能性。合理接受非流动性资产并采取以价值为导向的投资策略是一个明智、谨慎的组合管理方法。

投资者在构建组合时，自觉或不自觉地要对资产配置、择时和证券选择这三种工具各自的作用做出选择。坚实的组合管理框架以资产配置决策为基础，偏重股票资产投资并保持组合适当的分散化。由于择时策略通常难以取得成功，而且会导致组合的特征与目标产生偏差，因此严谨的投资者总是避免择时。对证券选择而言，尽管屡战屡胜的难度非常大，但是它有可能增加投资收益。合理地接受低流动性资产、采取价值导向的投资策略，投资者可以大大提高他们取得超额收益的可能性。

第一节　资产配置

一、股权偏好

由于投资风险较高的股权类资产可以产生较高的收益，所以许多成功的

长期投资者都对股权类投资情有独钟。高收益有助于实现基金保持购买力的
目标，并且可以持续为机构运营提供预算支持。事实上，只有提高投资收益，
基金实现资产保值和为机构提供运营支持这两大目标之间的矛盾才能得到
缓解。

　　金融理论认为接受更高的风险可以带来更高的预期收益，罗杰·伊博森
和雷克斯·辛克费尔德（Rex Sinquefield）所搜集的历史数据也恰恰支持了这
一论断。表 4-1 列出了投资于美国各种资产的财富乘数*以及通货膨胀倍数。

表 4-1　从长期来看，股票投资收益最为出色

（美国各类资产的财富乘数和通货膨胀倍数，从 1925 年 12 月到 2005 年 12 月）

资产类别	财富乘数
通货膨胀倍数	11 倍
美国短期国债	18 倍
美国长期国债	71 倍
公司债券	100 倍
大盘股	2 658 倍
小盘股	13 706 倍

资料来源：Ibbotson Associates，*Stocks，Bonds，Bills and Inflation：2006 Yearbook*.

　　表 4-1 的数据表明，如果 1925 年底将 1 美元投资于美国短期国债并将所
有收益都进行再投资，那么到 2005 年 12 月 31 日，这 1 美元将增加到 18 倍，
即为 18 美元。乍一看，18 倍的投资收益似乎还算令人满意，但是由于通货膨
胀会吞噬大约 60％的增长，经通胀调整后的投资收益就显得黯然失色。其实
短期国债的低收益不足为奇，因为至少从两个方面来说，它的风险接近零。
首先，投资者几乎不会面临任何信用风险敞口，因为美国政府也许是世界上
信用最高的机构。其次，短期国债还能够对冲通货膨胀的影响，因为它的收
益密切跟随物价波动。由于短期国债具有低风险、抗通胀的优点，其实际收
益水平非常低，因此，对于那些追求较高实际收益（经通胀调整后的收益）

　　＊ 财富乘数衡量的是各类资产 2005 年底的价值是其 1925 年底价值的倍数，反映了不同资产类别
的长期收益。——译者注

的机构投资者来说，短期国债并非合适的投资工具。

再看风险略高于短期国债的长期国债。如果 1925 年底将 1 美元投资于长期国债，那么到 2005 年底，这 1 美元将会增加到 71 倍，即为 71 美元。长期国债与短期国债同样享有很高的信誉，但是它的实际收益却具有较高的不确定性。以伊博森与辛克费尔德的研究中所采用的 20 年期国债为例，在购买这种债券时，投资者面临长达 20 年未知的通货膨胀风险；如果持有期小于到期日，不仅实际收益率而且名义收益率也会频繁波动。较高的风险为长期国债带来了较高的收益，但它仍然不是那些追求较高实际收益的机构投资者的理想选择。

除政府债券外，另一种投资选择是公司债券。如表 4-1 所示，在过去的 80 年中，公司债券的财富乘数为 100 倍，远远高于无信用风险的长期国债（71 倍）。其中超额收益部分是对公司债券的信用风险和赎回风险①的补偿。从本质上讲，高级别公司债券是一种混合型投资工具，除了具有债券的特征外，它还具有部分类似股权的风险和期权性（optionality）风险。

短期国债投资的 18 倍财富乘数、长期国债投资的 71 倍财富乘数和公司债券投资的 100 倍财富乘数是贷款的收益率。相对而言，贷款是低风险资产。就短期国债和长期国债而言，它们享有美国政府的完全信用担保，美国政府保证及时还本付息。就公司债券而言，债权人拥有对公司资产的优先索偿权。也就是说，公司在向股东分配利润之前必须先向公司债权人支付本息。

很明显，作为剩余价值的索取者（residual claimant），股东比债权人面临更大的风险。在极端情况下，当公司无力偿还债务时，股东也许会一无所获。尽管存在这些风险，或者说由于这些风险的存在，从长期来看，美国股票的表现远远优于债券的表现。

再来看股票。如果 1925 年底将 1 美元投资于普通股，那么，如表 4-1 所示，在过去的 80 年中，这 1 美元将会增长到 2 658 倍。与谨慎的短期国债投资 18 倍的财富乘数和长期国债投资 71 倍的财富乘数相比，风险相对较高的

---

① 赎回风险是指债券发行人在到期日之前按固定价格赎回债券导致投资者收益降低的风险。通常利率下降（债券价格上升）时发行人会赎回公司债券，这样公司可以通过发行新的低息债券来以新还旧，降低融资成本。因此，一般来说，当发行人赎回债券时，债券持有人往往会遭受一定损失。

股票投资的财富乘数高达 2 658 倍，其中差别竟是如此之大。

股票投资的长期收益随风险的增加而增加。当投资者愿意承担更高风险从而投资于小盘股时，同样 1 美元的投资会增加到 13 706 美元。这一收益对其他类别资产来说简直是天文数字。尽管人们对伊博森与辛克费尔德的研究中小盘股收益的测算方法存在争议，但我们仍然可以从中窥见，承担更高的股权风险的确可以带来更高的长期收益。

虽然伊博森和辛克费尔德的研究中采用的 80 年数据已经得出了令人信服的结论，但是，如果我们考察更长时期的数据，股票收益的优势将更为明显。沃顿商学院教授杰里米·西格尔（Jeremy Siegel）在《股市长线法宝》（*Stocks for the Long Run*）一书中考察了 1802—2001 年间各种资产的投资收益。结合伊博森最近几年的研究，我们可以把西格尔的研究时间段进一步扩展到 2005 年。从中可以发现，在从 1802 年到 2005 年这两个多世纪里，投资于美国股票的 1 美元可以增值到 1 030 万美元，而同期 1 美元的短期国债投资只能增加到 4 800 美元。如表 4－2 所示，从长期来看，股票投资的收益远远高于国债。

表 4－2　从长期来看，股票投资可以产生令人惊叹的收益

（美国各类资产的财富乘数和通货膨胀倍数，从 1802 年 12 月到 2005 年 12 月）

资产类别	财富乘数
通货膨胀倍数	16 倍
短期国债	4 800 倍
长期国债	19 500 倍
大盘股	1 030 万倍

资料来源：Ibbotson Associates, *Stocks*, *Bonds*, *Bills and Inflation*：*2006 Yearbook*；Jeremy Siegel, *Stocks for the Long Run*（New York，2002）；Bloomberg.

另外，在这一期间黄金投资的财富乘数仅为 27 倍，不仅远远低于低风险的短期国债，而且仅能勉强抵消同期 16 倍的通货膨胀，热衷于黄金投资的投资者定会感到失望。

以上分析均表明，长期投资者可以通过投资于高风险、高收益的股票而非国债或公司债券来实现财富最大化。这个结论看似显而易见，但仍需进一

步解释。

仅仅关注美国证券市场收益的研究会遗漏一些重要信息。最近，威廉·格茨曼（William Goetzmann）和菲利普·乔瑞（Philippe Jorion）对其他国家投资者收益的研究削弱了长期投资者优先投资于股票的信心。[1] 他们的研究显示：20世纪初，俄罗斯、法国、德国、日本和阿根廷市场交易活跃，但随后这些市场都曾因种种原因一度中断，"这些原因包括政治动乱、战争和恶性通货膨胀等。很显然，在有关资本市场的长期研究中，这些市场所占比重相当小，影响较小。即使是美国、英国等最稳定的股票市场也在第一次世界大战期间被迫关闭了几个月"。[2] 仅仅关注美国市场长期投资收益的研究忽略了一个事实：在国外市场上，投资者的业绩逊于美国投资者，有时甚至非常糟糕。

投资者偏好股权类投资或许仅仅是由有限的地域投资经验所致，除此之外，存活者偏差[3]（survivorship bias）也会夸大股票投资的历史收益。一项研究表明："美国股票市场5％的实际长期收益率是非常罕见的，其他国家股市的收益率通常比美国低3％。"如果这一结论导致投资者对长期股权投资的收益预期降低，那么股权偏好投资策略的可行性将大打折扣。

总的来说，不仅历史经验表明，长期组合更偏重股权投资，而且金融理论也告诉我们，高风险伴随着高收益。尽管未来股票投资收益未必像美国股票历史收益那样丰厚，但是股权偏好的投资策略依然适用于长期投资者。

二、分散化投资

尽管关于市场收益的研究表明，较高的股票敞口可以为长期投资者带来收益，但是相关的风险却很少为人们所关注。过分集中于单一资产类别会给整个组合带来巨大风险。幸运的是，分散化投资为投资者提供了一种强有力

[1] William N. Goetzmann and Philippe Jorion, "A Century of Global Stock Markets," *Journal of Finance* (forthcoming).

[2] Stephen J. Brown, William N. Goetzmann, and Stephen A. Ross, "Survival," *Journal of Finance* 50, no. 3 (1995): 855.

[3] 当样本数据中不包括已经消失的市场（或投资基金、单只证券）时，存活者偏差现象就会发生。由于低收益、高风险市场（或投资基金、单只证券）中的投资往往比高收益、低风险市场（或投资基金、单只证券）中的投资更容易失败，因此仅包含存活者的样本数据总是会高估实际收益，而低估实际风险。

的风险管理手段。通过分散化投资，投资者将组合资产分散到对市场因素反应不同的各种资产类别中，构建一个更加有效的组合。在给定的风险水平下，充分分散化的组合的收益高于未充分分散化的组合的收益。反之，在收益水平相同时，充分分散化的组合面临的风险较低。现代组合理论的首倡者哈里·马科维茨（Harry Markowitz）认为：分散化投资可以在不牺牲预期收益的情况下降低风险水平，对投资者而言，相当于是一顿"免费的午餐"。

耶鲁基金和雄鹰银行的案例

耶鲁基金在早期历史上曾因组合过度集中产生了灾难性后果。19世纪初，耶鲁基金错误地把大量资金投资于一家银行——雄鹰银行（Eagle Bank），结果，雄鹰银行后来倒闭，耶鲁基金投资的资产几乎全部付之东流。这次失败的投资经历导致耶鲁大学几乎破产，它所造成的严重后果一直持续了数十年。这一案例充分说明了集中投资的巨大风险。

事情是这样的：1811年，耶鲁大学的财务主管詹姆斯·希尔豪斯（James Hillhouse）和他的一些著名同事——如伊莱·惠特尼（Eli Whitney）、威廉·伍尔西（William Woolsey）和西米恩·鲍德温（Simeon Baldwin）——成功地获得了创立纽黑文雄鹰银行的特许执照。当时纽黑文地区经济健康发展，商人阶层不断壮大，但只有一家银行为之服务。雄鹰银行把扶持工商业发展作为自己的目标，在成立之初便获得了公众的高度信任。

雄鹰银行的第一任总裁威廉·伍尔西是一名经验丰富、头脑精明的商人和银行家。他先前曾经在纽约做过蔗糖投机交易商、硬件商和商业银行家，后来回到纽黑文地区。考虑到雄鹰银行由伍尔西掌舵，而且其创始人也是纽黑文的优秀市民，耶鲁大学的财务人员毫不怀疑雄鹰银行的安全性，而且向康涅狄格州申请了特殊分配额度，允许其投资于雄鹰银行的资金规模超过投资于单一银行股票的法定限额（5 000美元）。事实上，耶鲁基金的投资不仅远远超过了法定限额，而且基金受托人还通过举债实现投资杠杆化。1825年，除了少数市政项目的股票外，耶鲁基金的其他资产都投资于雄鹰银行。

不幸的是，耶鲁大学对雄鹰银行的信心只不过是一厢情愿的美好愿望。

1825 年，总裁伍尔西返回纽约进行商业活动时，他提拔了乔治·霍德利（George Hoadley）继任雄鹰银行总裁一职。霍德利毕业于耶鲁大学，是一名执业律师，同时也是纽黑文市市长。当时，雄鹰银行的其他创始人因公务缠身而无暇监督霍德利。1825 年 9 月，霍德利以未完全要求抵押的形式贷出雄鹰银行几乎所有资金。此后，整个泡沫破灭了，雄鹰银行宣布破产。耶鲁大学因此损失了 21 000 多美元，捐赠基金总价值骤降至 1 800 美元，学校尚未偿还的债务总额高达 19 000 多美元，校长杰里迈亚·戴（Jeremiah Day）被迫进行紧急融资。雄鹰银行的倒闭给纽黑文市带来了灾难性打击，其经济从此加速陷入萧条。乔治·霍德利羞愧至极，移居俄亥俄州克利夫兰市，在那里担任法官一职度过余生。

克拉克基金会和雅芳公司的案例

尽管耶鲁基金过度集中的投资发生在 19 世纪初，但类似情况至今仍然存在。美国十五大基金或基金会中，有两家——利里基金（Lily Endowment）和斯达基金会（Starr Foundation）——几乎将所有资产均投资于单只股票，另外一家——罗伯特·伍德·约翰逊基金会（Robert Wood Johnson Foundation）——投资于单只股票的资产远超过总资产的 50%，还有一家——安妮·凯西基金会（Annie E. Casey Foundation）——投资于单只股票的资产超过总资产的 25%。这些基金或基金会的受托人并没有意识到，他们过去集中投资的良好收益在一定程度上归功于好运气，而且已经接近强弩之末，因此，他们继续因循过去的成功经验，将资产集中投资到单一证券中。成也萧何，败也萧何，许多曾经因集中投资而大获成功的机构，最终也因同样的原因失败、被人遗忘。许多投资于单只股票的基金或基金会最终为其过分集中的投资策略付出了代价。

有时，即使投资者花大力气进行分散化投资，其结果也可能会令人失望。20 世纪 70 年代初，埃德娜·麦康奈尔·克拉克基金会（Edna McConnell Clark Foundation）的受托人决定减少所持雅芳（Avon）公司的证券头寸（克拉克基金会是由雅芳公司出资成立的）。他们决定出售雅芳公司的部分股票，将所得资金交给外部投资管理公司来管理，以达到分散化投资的目的，从而减轻对雅芳公司的过分依赖。这个决定的时机非常好，因为当时正值大盘成长股的大牛市，雅芳公司和其他一些"漂亮 50"[①]（Nifty Fifty）公司的股价已上涨到前所未有的高位。

克拉克基金会的受托人选择了当时最强大的资产管理公司摩根大通为其管理组合。摩根大通效仿以往行之有效的策略，迅速将克拉克基金会的资产分散投资到其他一些高质量成长型股票中，结果，由于克拉克基金会的这种分散化投资只是在"漂亮 50"股票之间进行，所以，后来成长股泡沫破灭时，克拉克基金会丝毫未能因分散化投资而幸免于难。

耶鲁大学集中投资于雄鹰银行的案例和克拉克基金会投资于"漂亮 50"公司股票的悲惨结局警示投资者，要避免组合过分集中。真正的分散化投资要求投资者将资产分散投资于对市场驱动因素反应不同的各种资产类别上。

1. 股票和大萧条

有时，即使是覆盖范围广泛的资产类别也可能会给投资者带来难以承担的风险。表 4-3 显示了在 1929 年 10 月大萧条期间小盘股的财富乘数。

表 4-3　高风险资产遭遇百年不遇的大萧条

（从 1928 年 11 月到 1932 年 6 月，小盘股的财富乘数）

日期	财富乘数
1928 年 11 月 30 日	1.00 倍
1929 年 12 月 31 日	0.46 倍
1930 年 12 月 31 日	0.29 倍
1931 年 12 月 31 日	0.14 倍
1932 年 6 月 30 日	0.10 倍

资料来源：Ibbotson Associates, *Stocks, Bonds, Bills and Inflation: 2006 Yearbook*.

表 4-3 表明，小盘股股价在 1928 年 11 月阶段性见顶。如果当时投资 1 美元，到 1929 年 12 月它将损失 54%，到 1930 年 12 月又会损失 38%，到

[①]　"漂亮 50"是 20 世纪 70 年代初的一种现象，指的是当时大约 50 家高质量成长公司的股票。投资者认为这些股票是一种特殊的"单一决策"股票，也就是说，这些股票的前景非常光明，只需要决定什么时候买入，是不可能卖出的。

1931 年 12 月又将损失 50％，最后到 1932 年 6 月再损失 32％。因此，从 1928年 11 月到 1932 年 6 月，市场大跌几乎使所有的原始投资化为乌有。不管是机构投资者还是个人投资者，没有任何人可以承受如此之痛。在那段时间里，随着市场大跌导致部分股票缩水高达 90％，投资者纷纷抛售小盘股，将所得资金投资到国债上，并发誓今后再也不会进入股票市场。很明显，在 1932 年6 月大萧条最严重的时期抛售股票是非常不明智之举。如果当时投资于小盘股10 美分，到 2005 年 12 月 31 日，将增长超过 13 700 倍，收益相当可观。

　　1937 年 4 月 3 日，罗伯特・洛维特（Robert Lovett）在《星期六晚报》（*The Saturday Evening Post*）上发表了一篇题为《金边证券的不安全性》（Gilt-Edged Insecurity）的文章。从该文中，我们可以看出 20 世纪 30 年代投资者中到处弥漫的对股票投资的怀疑态度。洛维特在开篇回顾了股市的历史收益率，建议读者"应该认真考虑一下用'安全'一词指代股票和债券是多么荒谬"*。他的研究表明：如果投资者在 20 世纪初向每只大众喜爱的股票投资 100 股，那么他们初始投资的 295 000 美元到 1936 年底时将只剩下 180 000美元。在文章结尾，他告诫读者：（1）企业很容易就会破产，而且破产现象时有发生；（2）当市场一片繁荣时，你一定要特别小心；（3）你购买的是风险而不是"安全"；（4）政府也会像企业一样不守信用；（5）没有投资品种值得长期拥有。[①] 洛维特的评论生动地解释了为什么 1932 年 6 月只有很小一部分投资者愿意拿出他们仅存的少量资金去投资于小盘股。

　　2. 分散化投资策略

　　由于股票投资的风险高，机构投资者一般将国内股票的持仓量控制在可承受范围内，同时增加大量的债券和现金投资来减轻组合的波动性。截至2005 年 6 月 30 日，教育机构捐赠基金平均将 53％的资产投资于国内股票、将 23％投资于国内固定收益类证券、将 5％投资于短期国债，总共大约将

---

　　* 英文中"安全"和"证券"使用的是同一个单词，均为"security"，所以作者怀疑用"security"一词指代证券是否明智。——译者注

　　① Robert Lovett，"Gilt-Edged Insecurity，"*Saturday Evening Post*，1937.

81％的资产投资于国内上市有价证券。①

　　这些教育机构捐赠基金将整整 28％的组合资产集中投资到低收益的公司债券和国债中，因此承担了巨大的机会成本。在过去的 80 年内，股票可以增值 2 600 多倍，但捐赠基金为了分散投资将这部分资产投资于固定收益类证券，而在固定收益类证券中，公司债券同期只能增长到 100 倍，长期国债增长到 71 倍，短期国债仅仅增长到 18 倍。

　　捐赠基金将超过 80％的资产投资于美国证券市场，而且其中整整一半的资产集中在国内股票，这种做法违背了分散化投资的基本原则。投资者如果将 50％以上的组合资产投资于单一资产类别——国内股票，将面临不必要的过度集中风险。由于国内股票和债券之间高度相关，集中投资于国内股票的后果进一步恶化。由于利率在市场中发挥重要作用，利率上升（下降）会导致债券、股票价格同时下降（上升），因此，分散化投资的预期效果被降低。在许多情况下，在一个普通教育机构的组合中，有超过五分之四的资产受同一经济因素影响，价格变动方向相同。

　　要想在实现分散化投资的同时减少固定收益类投资的机会成本，投资者需要寻找那些与国内上市有价证券相关度不高的高收益资产类别。对美国投资者来说，最常用的策略是在组合中加入一些外国股票。另外，投资者还有其他选择，比如房地产、风险投资、杠杆收购、森林、石油和天然气以及绝对收益投资策略。如果这些类别的资产能够产生像股票一样的高收益，但收益模式又不同于核心资产（美国国内股票），那么，投资者既能实现高收益，又能分散风险。尽管对特定资产类别而言，高预期收益难免伴随着价格的剧烈波动，但是，由于这些风险资产之间的相关性不高，组合的整体风险实际上得以降低。这种分散化投资策略在降低风险的同时并没有牺牲预期收益，因此，对投资者而言，它相当于是一顿"免费的午餐"。

　　将股权偏好原则和适当的分散化投资原则结合起来是制定资产配置政策目标的基础。根据股权偏好原则和分散化投资原则，投资者应该找出各种高

---

　　①　Cambridge Associates，Inc.，*1997 NACUBO Endowment Study*（Washington，D. C.：National Association of College and University Business Officers，1998）.

收益的资产类别，而且这些资产投资的获利方式要各不相同。通过构建包括多种不同资产类别的组合，并且投资于多个市场实现组合充分分散化，投资者可以减少过分集中的风险，在低风险的情况下产生较高的预期收益。

第二节　择　时

运用择时策略有悖于严格的组合管理原则。凯恩斯在国王大学（King's College）投资委员会的备忘录中写道："由于种种原因，择时的想法是不可求的，也是不现实的。那些企图择时的人，经常卖出太晚、买入太晚或者同时买入和卖出太晚，因此要承担巨大的代价，而且择时会助长投资者不安定的投机心理。"[①] 故意使组合在短期内偏离长期政策目标会给投资带来巨大风险。

从表面上看，那些攻击择时策略的原因与支持资产配置策略的理由非常相似。例如，投资者拒绝采纳择时策略可能是因为它要求的投资过于集中、难以分散，还可能是因为影响资产价格的变量因素难以预测和辨清。然而，尽管择时策略和资产配置策略的影响因素相似，但时间框架的不同将二者区分开来。

择时是指使组合在短期内背离长期资产配置目标的策略，它要求投资者对那些在短期内难以预测的因素做出正确判断。通常，投资者能够合理地判断长期收益的重要驱动因素，而短期异动在可预测的长期趋势中则显得微不足道。因此，明智的投资者要避免背离机构制定的资产配置目标进行集中投资，这样才能降低组合与长期目标不符可能带来的严重损失。

一、策略性资产配置

20 世纪 50 年代，许多投资者根据股票和债券的相对收益率进行择时操作，

① John Maynard Keynes, "Memorandum for the Estates Committee, King's College, Cambridge, May 8, 1938," in Charles D. Ellis, ed., *Classics: An Investors Anthology* (Homewood, Ill.: Business One Irwin in association with the Institute of Chartered Financial Analysts, 1989): 79-82.

他们相信"优良股票的股息收益率一定比优良债券的收益率高"[1]，因此，当股票的股息收益率远远高于债券的收益率时，投资者便会认为股票具有吸引力并加大对股票的投资比重；相反，当债券的收益率接近股票的股息收益率时，他们便会倾向于债券投资。历史经验也一度为这一策略的应用提供了坚实的基础。"仅仅在 1929 年、1930 年和 1933 年这段很短的时间里，股息收益率低于政府债券的收益率。"[2] 在 1958 年股票的股息收益率最后一次超越债券的收益率之前，这一策略都屡试不爽。20 世纪 50 年代末 60 年代初，随着债券的收益率相对于股息收益率的优势日渐明显，择时者集中投资到固定收益类证券上，同时降低股票投资的比重。在投资者苦等股票的买入时机时，他们承受了巨大的机会成本。最终，这一基于相对收益率的择时投资策略失败，应用者被迫对其进行改良。

策略性资产配置（tactical asset allocation，TAA）策略便是上述 20 世纪 50 年代投资策略的"现代升级版"。它根据一个精密的数量模型的测算结果对组合中的资产配置水平进行调整，使其在目标水平附近上下波动。在 1987 年股灾中，TAA 策略表现良好，深得机构投资者喜爱。但是，随着时间的推移，它曾经的辉煌逐渐被人们淡忘，吸引力也逐渐消退。尽管 TAA 策略采用的数量推导看上去合理，但是仍未能避免其他择时投资策略内在的弱点。

TAA 策略包括标准的三向投资（股票、债券和现金投资），它在如何解决模型识别的定价错误方面存在明显的问题。当短期利率等于或超过长期利率时，或者说当收益率曲线平坦或倒挂时[3]，TAA 模型往往偏好现金投资，建议投资者持有大量现金头寸，这样在利率上升时就能受到更好的保护，因为利率上升将导致债券价格下降，同样也可能使股票价格降低。（尽管股票与债券之间关系十分复杂，但利率上升通常会导致股票价格下降。）因此，当利

① Gilbert Burck，"A New Kind of Stock Market," *Bank Credit Analyst*，April 1998，22. First published in *Fortune*，March 1959.

② Ibid.

③ 收益率曲线以图形方式来说明具有同样信用的债券的收益率和到期日之间的关系。正常的收益率曲线是向上倾斜的曲线，到期日越长，收益率越高。平坦的收益率曲线说明债券的收益是与到期日无关的，是固定的、连续的。倒挂的收益率曲线则说明短期利率高于长期利率。

率上升时，采用 TAA 策略的投资者通过大量持有现金，能够更好地保护自己的组合，免受股票、债券价格下跌之苦。

但是，如果收益率曲线急剧下降，持有大量现金头寸的组合将会遭遇难以挽回的机会成本损失。收益率曲线下转通常是由债券市场回暖引起的，而债券市场回暖通常会导致股票市场回暖。由于采用 TAA 策略的投资者持有大量现金头寸，此时只能获得微薄的投资收益，然而此时债券和股票的收益率却非常高。在这种情况下，投资者遭受的机会成本损失是难以挽回的，尽管最初现金似乎是最便宜的资产，但是随着利率全面下降，现金投资只能带来很少的收益。与债券和股票持有者所获得的数量可观的收益相比，对奉行 TAA 策略的投资者而言，微不足道的现金投资收益简直就是难以下咽的苦药丸。

对长期投资者而言，现金资产并非一种理想的资产类别，所以，当择时策略要求大量持有现金资产时，可能会对整个捐赠基金资产带来巨大危害。如果投资者错误地提高现金资产的比重而降低那些具有高预期收益资产的比重，那么未来随着长期资产价格的上升，捐赠基金可能遭受永久的价值损失。在不同的高预期收益资产类别之间进行择时操作时，尽管出现错误所造成的影响可能不像持有过量现金的后果那么严重，但是最终后果取决于投资者能否恪守投资纪律，在最初择时操作出现损失后能否采取相反的应对措施。对于那些企图择时的投资者而言，要做到严守投资纪律并不容易。

二、再平衡和 1987 年股灾

尽管只有少数投资者公开承认自己推行择时策略，但是市场波动难免导致大多数组合偏离目标水平。当市场发生剧烈波动时，如果投资者不能严守投资纪律调整组合使其达到平衡，那么组合将面临较大损失。1987 年股灾发生前后的情形充分说明了这一点。

在 1987 年股灾发生之前，捐赠基金严守投资纪律进行再平衡，但是在股灾发生后凄惨的市场中，捐赠基金近乎非理性地进行择时操作。1987 年 6 月股灾发生前不久，普通的捐赠基金中国内股票的配置比例稍高于 55%，债券和现金的配置比例大约为 37%。① 此时的资产配置状况标志着组合高度稳定时期的结束。在此之前，在 1985—1987 年的这两年中，股票资产的配置比例在 55.0%～55.4%的范围内变动，固定收益类资产的配置比例则在 36.7%～ 36.9%的区间内变动。我们可以推断，在这段时间内，捐赠基金的投资者采取了再平衡操作，抵消了市场价格变动对组合中资产配置比例的影响。由于这两年中股票收益比债券收益高出 25%～70%，因此，投资者只有进行逆市操作，才有可能在连续三年的财务报表中保持对国内股票和债券的配置比例基本不变。

在 1987 年 10 月股灾发生后，市场大幅波动导致组合中股票的比例降低、债券的比例升高，组合的稳定性也随之消失。在股市暴跌之际，普通捐赠基金经理在恐慌中纷纷抛售股票，导致股票在组合中的比例进一步下降。与此同时，高质量债券市场大幅上扬，捐赠基金经理又在贪婪心理的驱动下买入更多债券，导致债券在组合中的比例进一步提高。从 1987 年 6 月到 1988 年 6 月，股票的配置比例从 55.3%下降到 49.1%，跌幅超过股市本身的下跌幅度。与此同时，固定收益类证券的配置比例从 36.7%上升到 41.9%，涨幅超过债券市场本身的上涨幅度。回过头来看，当时这些捐赠基金事实上都高买低卖了。

在 1987 年股灾之后，捐赠基金的投资者重新进行资产配置，将超过 5%的资产从股票转移到债券和现金资产。因此，当市场迅速恢复后，他们遭受了巨大的机会成本损失。股灾让投资者心有余悸，就连此后面临强劲的股价走势，投资者的恐惧心理也阴影犹存。一直到 1993 年，捐赠基金中债券、现金资产的配置比例一直高于股灾前的水平，这种低风险的组合持续多年，而低风险意味着低收益，因此这些高等院校遭受了巨大的机会成本损失。

对股灾后投资者纷纷抛售股票的一种解释是：20 世纪 80 年代初，在强势股票市场中，许多机构投资者没有注意到，由于市场上涨，它们的股票配置比例已超过了预期水平。也许，正是 1987 年的股灾使股票在机构组合中比例过高的现象暴露无遗，并促使基金受托人出售部分股票来降低风险水平。如果这一推断成立，那么投资者在股灾后降低股票配置的做法无疑是对过高的

---

① 捐赠基金资产配置数据来自剑桥协会。剑桥协会是一家专门服务于非营利客户的咨询公司。

风险水平滞后、笨拙的反应，而且代价昂贵。

还有一种解释是：也许是 1987 年的股灾使投资者认识到，股票的一些风险特征与他们先前的看法已大不相同。这一解释或许可以说明投资者在股灾后减持股票的合理性。也许，投资者过去对股市波动性的认识大大低估了真正的风险；也许，股票收益的变化比投资者先前的预测更加频繁和剧烈。无疑，这场前所未有的股灾迫使投资者重新评估股票的收益模式，这很可能促使股票投资向其他低风险资产投资转换。

对那些试图对机构投资者的行为做出合理解释的人而言，1988 年 11 月和 12 月的股票抛售行为看似一次合理的组合调整，但是 20 世纪 90 年代股票在组合中比例上升的事实否定了这一解释。在贪婪心理的驱动下，在股灾发生前投资者持有大量股票资产，结果股灾发生后他们大幅削减股票仓位。然而当市场信心恢复时，投资者"好了伤疤忘了疼"，又重新提高股票的配置比例，瞬间改变了不久前刚刚做出的资产配置决定。在股灾发生时，教育机构在贪婪和恐惧之间摇摆，它们非理性的反应给组合带来了损失。

事后来看，在股灾发生后买入股票是非常明智的，那些有勇气不随波逐流的投资者会因此获利丰厚。事实上，1987 年底买入普通股的投资者很容易赚到钱，这大大激发了投资者对"下跌时买入"（buying the dips）策略的兴趣。

整个 20 世纪 90 年代牛市气势如虹，投资者甚至把股价的微幅下跌都看作是低价买入的大好时机。投资者到底有没有从 1987 年股灾中吸取教训从而采取再平衡策略？还是市场快速反弹把投资者引入了歧途？

从 1987 年股灾中我们似乎可以得出"下跌时买入"策略容易获利的结论，但实际上该结论缺乏坚实的基础，因为 1987 年 10 月的市场崩溃是极其罕见的。标准普尔 500 指数一日内暴跌 23％是一个 25 个标准差的事件①，这对于一个正态分布的变量而言是无法想象的。以 1987 年的股灾和随后的市场恢复作为依据，以市场温和的下跌来推断未来股价的上扬是危险的做法。尽管股灾发生后买入股票在短期内能够获利说明再平衡策略发挥了正向作用，但是，

---

① 在正态分布变量中，1 个标准差的事件的发生概率约为 1/3，2 个标准差的事件的发生概率约为 1/20，3 个标准差的事件的发生概率约为 1/100。按一年 250 个工作日来计算，标准差为 8 的事件则是每 6 万亿年才发生一次，标准差为 25 的事件的发生概率则是现有能力所无法描述的。

投资者不能将再平衡策略与"下跌时买入"策略混为一谈。事实上，前者的目的是控制风险，后者的目的是获取收益，但是这一获取收益的策略不可靠。

三、市场的过度波动性

耶鲁大学经济学家罗伯特·希勒（Robert Shiller）认为市场呈现出过度波动性。[①] 也就是说，当决定企业内在价值的基本面因素如企业盈利和利率等因素发生变化时，证券价格通常反应过度。换句话说，"如果价格的波动性降低，那么价格将能更好地用以预测基本面。"希勒"有争议的观点"表明"有效市场模型失效"。[②] 任何人如果试图从基本面的角度来理解 1987 年 10 月的股灾，他们都能看出希勒观点的价值所在。

在过度波动的市场中，投资者非常关注证券价格波动的方向。价格下跌会带来买入机会，价格上涨会带来卖出机会。有时，资产价格大幅下跌后，投资者可以以更低的价格买入，实际风险反而降低，"抄底"的投资者根据常识得出的结论和统计学家的结论完全相反。后者认为，资产价格急剧下跌增加了波动性的历史观测值，意味着资产的风险水平更高。当然，只有当价格变化超出基本面的变化时，价格波动才能提供获利机会。

四、实时再平衡策略

通过频繁地进行再平衡操作，投资者可以维持组合稳定的风险水平，并且利用证券价格剧烈波动带来的机会获得收益。而且，通常实时再平衡策略的成本较低，因为反向交易往往更容易为市场所接受。频繁进行再平衡操作的投资者在市场下跌时立即买入、在市场上涨时立即卖出，从而为大多数进行反向操作的交易员提供了流动性。虽然很少投资者有时间和资源随时随地进行再平衡操作，但通过集中考察再平衡策略的优势，我们能更好地理解这一策略的价值。

下面我们来看一看耶鲁大学采取再平衡策略的例子。耶鲁大学拥有其他

---

① See Robert J. Shiller, *Market Volatility* (Cambridge：MIT Press, 1989).

② Ibid., 2 - 3.

大多数投资者所不具备的优势。耶鲁基金享受免税待遇，因此可以频繁交易而不用顾及资本利得税对收益的负面影响。此外，耶鲁大学拥有一个负责基金日常管理的专业投资团队，成熟的专业人士为投资这种管理密集型活动提供了足够的人力支持。耶鲁大学的税收优势和专业投资团队使耶鲁基金能够实时进行再平衡操作。

从截至 2003 年 6 月 30 日这一财年里耶鲁基金的交易活动中我们大致可以窥见，再平衡策略可以带来巨额利润。在这一财年中，按照威尔希尔 5 000 指数计算，美国股市的总收益为 1.3%。按照这一收益率，如果投资者每年一次审核并调整组合的资产配置，他们年底时几乎不需要对国内股票的仓位进行调整，除非其他资产类别的收益率过高或过低导致国内股票在组合中的比例发生明显变化。但是事实上，耶鲁基金这一财年组合的整体收益率为 8.8%，这意味着耶鲁基金在保持组合资产配置稳定性的同时适当进行了再平衡操作。

在 2003 财年，股市跌宕起伏。在该财年初，市场崩盘了。在 7 月短短一个月内，威尔希尔 5 000 指数跌幅超过 18%。随后，市场强劲反弹，到 8 月底几乎重上 7 月高点，收益率超过 19%。8 月见顶后，市场继续下跌，到 10 月 9 日累计下跌超过 19%，达至该财年最低点。此后，市场继续大起大落，到 11 月上涨 21%，接着于次年 3 月又下跌 14%。到 6 月中旬市场上涨将近 27%，达至该财年高点，此后，市场又一路下跌。到该财年末，又回到起点。

股市的剧烈波动为投资者提供了进行再平衡操作的大量机会。股市每次大跌都为投资者提供了低位买入的机会，而每次大涨又带来了高位卖出的机会。2003 财年，耶鲁基金进行了大量的再平衡操作，产生了大量收益。

在日常管理中，耶鲁基金在每个交易日开盘前都先评估基金各个组成部分的市值。当各类上市有价证券（国内股票、国外发达国家股票、新兴市场股票、固定收益类证券）的比重偏离目标水平时，耶鲁大学投资办公室便会采取措施使各部分资产的配置比例恢复到目标水平。2003 财年，耶鲁基金在对国内股票进行再平衡操作过程中产生的交易量大约为 38 亿美元，买入和卖出大约各占一半。再平衡操作产生的净利润高达 2 600 万美元，在市值总计 16 亿美元的国内股票组合中超额收益为 1.6%。

尽管再平衡操作能产生利润，对投资者而言实乃一笔额外的奖励，但是再平衡策略的根本动机是维持组合的长期政策目标。投资者在经过深思熟虑制定组合的政策目标后，要通过再平衡操作维持组合合理的风险水平。若能在控制风险的同时又产生利润，投资者将无往而不胜。

很少有机构有能力每日对组合进行再平衡操作，能做到这一点的个人更少。但是，不管投资者进行再平衡操作的频率如何，努力维持资产配置目标是控制组合风险、提高收益的重要且宝贵的手段。深思熟虑的投资者要通过再平衡操作维持资产配置的政策目标。

对于那些希望通过再平衡操作在短期内获利的投资者而言，最终他们的长期投资业绩将令人失望。从长期来看，在随波逐流的组合中，风险资产的仓位会不断升高，因为高风险资产的收益高，会挤掉其他资产的仓位。再平衡策略的根本目的是控制风险而非增加收益，它能修正各资产类别因收益差异产生的配置比例偏差，使组合与长期政策目标保持一致。严谨的再平衡操作要求投资者有坚强的忍耐力，因为在低迷的熊市中，再平衡操作对投资者而言似乎是一种失败的策略，投资者要不断把资金投资到价格相对疲软的资产类别上。

下面我们对 1987 年股灾后采取再平衡策略的投资者的良好收益、耶鲁大学 2003 年再平衡操作的收益和 1973—1974 年熊市中投资者的亏损进行对比。在 1973—1974 年的熊市中，股价下跌后，再平衡策略促使投资者买进股票，随后价格进一步下跌使股票价值缩水，投资者被迫再次买进股票。再平衡策略带来的损失令投资者感到痛苦，他们甚至开始重新考虑在熊市里采取再平衡策略是否明智。20 世纪 70 年代初，对于那些努力维持长期组合目标不变的投资者来说，连续两年"跌跌不休"的股市为其带来了巨额损失。

股票价格上涨时投资者也面临一系列类似的挑战。在持续的牛市中，再平衡策略似乎又是一个失败的策略，因为它要求投资者不断地卖出价格走势相对较好的资产。数年过去了，投资者除了知道自己组合的风险和收益特征维持在期望水平外，似乎得不到任何收益。

但是，如果不对组合进行再平衡操作使其达到目标水平，组合经理实际上在不知不觉中采取了一种特殊的跟随大势的择时策略。因为那些跟随大势的投资者能够很快获得短期收益，再平衡策略就像其他一些逆向投资策略一样显得愚不可及。但是，严谨的投资者却不顾自己的声誉可能受损，避免采用跟随大势的权宜之计，而是应用严格的再平衡策略来维持整个组合的风险水平。

伯顿·马尔基尔（Burton Malkiel）在他的《不确定时代的风险管理》（*Managing Risk in an Uncertain Era*）一书中写道："我们非常反对这种观点，即大学应该根据它对股票市场未来趋势的预测来决定入市或离场。采用择时策略的投资者必须对经济、公司利润、利率甚至是影响证券市场的国际经济、政治和社会发展具有不同寻常的预见能力。但是，很难用证据证明投资者是否具备这种非同寻常的能力。"[1] 19 世纪的一位棉花交易员曾说过："有人认为［市场］价格将会上升，有人认为会下降，我也经常这样预测。反正怎样预测都是错，所以想怎么做就马上做吧。"对那些应用择时策略的投资者而言，这段话可谓更直白的忠言警语。

择时策略使组合明显偏离长期政策目标，而且使投资机构遭受无谓的风险。资产配置的政策目标体现了投资者对风险和收益的偏好，严谨的投资者要尽力保持实际组合与政策目标的一致性。为了确保实际组合能够反映预期的风险和收益水平，投资者应该避免使用择时策略，而应采取再平衡策略，使各种资产的配置比例与目标水平保持一致。

第三节　证券选择

一、市场效率

希望通过积极投资管理来超越大盘的投资者面临重重障碍。尽管没有一个市场上资产价格自始至终等于公允价值，但是在大多数市场上、在大多数

---

[1]　Burton Malkiel and Paul Firstenberg, *Managing Risk in an Uncertain Era: An Analysis for Endowed Institutions* (Princeton, NJ: Princeton University, 1976).

时间资产价格合理有效，因此，投资者侥幸获利的机会少之又少。另外，积极投资管理的成本是成功道路上的又一障碍。比如，投资者需要支付管理费、承担交易成本，而且交易活动也会对市场产生影响。聪明的投资者在运用积极投资管理策略时要有所为、有所不为。

通常，积极型投资经理对定价效率低的市场情有独钟，而对待定价效率高的市场则慎之又慎，可惜现在还没有明确的方法来衡量市场的定价效率。事实上，许多金融学家围绕市场效率争论不休，一方认为市场上不可能存在风险调整后的超额收益，而另一方则认为投资者行为创造出了许多积极投资管理机会。

1. 不同市场上积极投资管理的机会

由于没有指标直接衡量市场的定价效率，我们可以根据积极型投资经理的行为管窥不同市场上积极投资管理的机会有多大。在机会有限的市场上，投资经理很少偏离市场，获得的收益通常与市场水平一致。为什么在有效市场上投资经理倾向于选择市场基准收益？我们来分析一下在有效市场上投资经理的组合大幅偏离市场时会产生什么样的结果。如果组合大幅偏离市场基准水平，组合经理的收益也将大幅偏离市场收益。业绩逊于大盘的投资经理将会面临客户流失和资产损失。业绩超越大盘的投资经理则会暂时赢得客户、增加资产并获得公众赞誉，但是，因为在有效市场中没有可被利用的错误定价机会，积极型投资经理良好的投资业绩只能归功于运气，而非投资技巧。因此，在有效市场上，积极型投资经理的成功犹如昙花一现。这样长期下去，在有效市场上的投资经理逐渐转向与市场指标挂钩，构建与市场偏差很小的组合，这样做尽管业绩平平，但可以保证生存。

相比之下，在低效市场上，投资经理的收益却有很大差异。事实上，许多非公开交易市场上不存在投资经理可以参考的基准收益水平，因此，也就不存在与市场指标挂钩的问题。在低效市场上，技术高明的投资经理可以获得巨大成功，而相应地，技术平平的经理则业绩糟糕。在低效市场上，拥有第一手信息和交易机会便能占据先机，勤奋和智慧会得到丰厚的回报。

在一个特定的资产类别中，积极投资管理机会的大小可以从相应的收益分布中略见一斑，收益分布越分散，其中积极投资管理的机会就越多。表4-4列出了2005年6月30日之前十年内各类资产中积极管理的组合收益的各个四分位数*，其中第一四分位数和第三四分位数的差额（值域）说明：定价效率高的资产中积极投资管理的机会少，而定价效率低的资产中积极投资管理的机会比较多。

在全球所有市场上，高质量的固定收益类证券是公认的定价效率最高的资产，参与交易的主要是那些具有专门投资技能的金融机构。除了美联储，也许没有人知道下一步利率将会如何变化，因此很少有投资经理采用利率预测投资策略。由于机构无法押注利率变化来产生超越大盘的收益，它们的组合对利率的敏感度（久期）通常与市场一致。由于投资经理通常只采用温和的证券选择策略，大多数积极型投资经理的收益与市场基准收益水平基本一致。对积极型投资经理而言，在表4-4研究的十年里，在固定收益类证券的投资收益中，第一四分位数和第三四分位数的差异仅有0.5％。

表4-4　从各个资产类别积极投资管理收益的分散程度中可以看出应用该策略的机会（％）

（不同四分位数的收益，截至2005年6月30日的十年间）

资产类别	第一四分位数	中位数	第三四分位数	值域
美国固定收益类证券	7.4	7.1	6.9	0.5
美国国内股票	12.1	11.2	10.2	1.9
国际股票	10.5	9.0	6.5	4.0
美国小盘股	16.1	14.0	11.3	4.8
绝对收益	15.6	12.5	8.5	7.1
房地产	17.6	12.0	8.4	9.2
杠杆收购	13.3	8.0	−0.4	13.7
风险投资	28.7	−1.4	−14.5	43.2

　　资料来源：关于上市有价证券的数据来自罗素/梅隆（Russell/Mellon）投资服务公司。关于绝对收益、房地产、杠杆收购和风险投资的数据来自剑桥协会。房地产、杠杆收购和风险投资的数据代表的是1995—1999年间成立的基金的收益，不包括新基金，因此新基金不成熟的投资将不会导致收益数据偏小。

---

　　* 四分位数（quartile）是用来描述分布发散程度的一个衡量指标。以表4-4中美国固定收益类证券收益的分布为例，第一四分位数为7.4％，表示投资收益高于7.4％的投资经理占25％，第三四分位数为6.9％，表示投资收益低于6.9％的占25％，而介于6.9％和7.4％之间的占50％。中间四分位数即为中位数，表示低于7.1％的占50％。值域等于第一四分位数与第三四分位数的差。——译者注

　　大盘股的市场定价效率稍低一些，在积极管理收益中，第一四分位数和第三四分位数的收益差异为 1.9％。股票定价的难度高于债券。股票估值不像债券估值那样将相对固定的现金流进行折现，而需要将更难预测的公司盈利进行折现。同时，股票市场的高波动性也导致积极投资管理的收益出现更大差异。如表 4－4 所示，在定价效率较低的国外发达市场上，这十年中股票收益率的第一四分位数和第三四分位数的年均差额为 4.0％；而同期美国小盘股的年均差额为 4.8％。因此，我们可以直觉地判断，在不同类别的上市有价证券中，应用积极投资管理策略的机会随市场定价效率的降低而逐渐增多。

　　从流动性强的公开交易市场转到流动性差的非公开交易市场，积极投资管理的机会急剧增多。绝对收益、房地产、杠杆收购和风险投资收益水平的分散程度明显高于前面几个市场。如表 4－4 所示，在绝对收益投资中，这十年收益率的第一四分位数和第三四分位数之间的年均差额为 7.1％，而房地产投资和杠杆收购中的收益差异更为极端，分别达到 9.2％和 13.7％。风险投资的收益差异更是令人瞠目结舌，高达 43.2％。

　　在非公开交易市场上，第一四分位数水平（即最好的 25％）投资经理的收益远远高于在公开市场上处于同样水平的投资经理。在公开市场上，举个极端的例子，在固定收益类证券投资中，第一四分位数水平经理的年收益率仅比中等水平投资经理高出 0.3％。相比之下，在非公开交易市场上，第一四分位数水平风险投资经理的年收益却比中等水平投资经理的年收益高 30.1％，前者能为整个组合做出更大贡献。在资产定价相对低效的非公开交易市场上，发现高级投资经理比在定价有效的证券市场上更加容易。

　　2. 积极型投资经理的收益

　　不管积极投资管理的机会是多还是少，投资者要想超越大盘总会面临巨大困难。如表 4－5 所示，在最受机构欢迎的两类资产——美国固定收益类证券和美国国内股票中，扣除费用后，中等水平投资经理的收益均接近市场基准收益水平。在定价效率极高的美国债券市场上，中等水平投资经理的年收益率扣除费用后要低于市场基准水平 0.2％，而第一四分位数水平经理的年收

益率仅高于市场基准收益水平 0.1%。因此，对固定收益类证券采取积极投资
管理策略是一个典型的失败者的游戏。在开始对债券投资采取积极投资管理
策略之前，投资者应该认真考虑一下沃伦·巴菲特（Warren Buffet）的一句
名言："切记，如果你坐在牌桌前辨认不出谁是傻瓜，你就是那个傻瓜。"

表 4-5　有效定价的市场对中等水平的积极型投资经理构成一大挑战（%）

（相对于市场基准水平的中位数收益，截至 2005 年 6 月 30 日的十年间）

资产类别	收益的中位数	市场基准	预估费用	扣除费用后的相对收益
美国固定收益类证券	7.1	6.9	0.4	−0.2
美国国内股票	11.2	9.9	0.8	0.5
美国小盘股	14.0	12.9	0.9	0.2

资料来源：费用的数据来自美国剑桥协会的投资经理数据库，并且四舍五入到小数点后一位数。各资产类别的市场基准分别为：雷曼兄弟美国固定收益类证券中的政府债券指数，标准普尔 500 股票指数和标准普尔 600 小盘股指数。

与固定收益类证券相比，国内股票投资中运用积极投资管理策略获得成功的胜算略高一筹。在扣除费用后，中等水平积极型投资经理的年收益率超越市场基准收益率 0.5%。不过，在扣除费用后，第一四分位数水平投资经理的年收益率超越市场基准收益率 1.4%，能创造实际价值。在对小盘股投资进行积极管理方面，中等水平投资经理的收益率仅仅超越大盘 0.2%。不过，第一四分位数水平投资经理的年收益率超越市场基准收益率 2.3%。由此可见，市场定价效率越低，进行积极投资管理的机会也就越多。

从以上分析中我们可以发现，在国内有价证券中，不管是债券、股票还是小盘股，中等水平投资经理的收益都接近市场基准水平。这说明一个道理：投资者要么避免运用积极投资管理策略，要么在十分谨慎而且有合理现实预期的情况下才采用这种投资策略。

我们来考虑一下各种证券交易的市场状况。国内固定收益类证券的交易主体是机构投资者。积极型投资经理取得的收益是成熟投资者之间博弈的结果。交易员要在这场博弈中占据上风极其困难。因此，积极型投资经理的业绩往往只在很小的范围内波动，其中，中等水平投资经理的收益低于市场基准水平，第一四分位数水平投资经理的收益仅略高于市场基准水平。可以说，

固定收益市场是一个极端高效、竞争极其激烈的市场。

　　国内股票市场同样也充满残酷的竞争，但其中积极投资管理的机会要多于固定收益市场。投资国内股票时运用积极投资管理策略同样也是一个"负和"博弈，其中中等水平投资经理的收益接近市场水平。但是，不管是投资于大盘股还是小盘股，在扣除费用后，第一四分位数水平以上的投资经理能够超越市场基准收益，而且在定价效率更低的小盘股中，进行积极投资管理的机会更多。

　　市场定价效率越低并不意味着投资者获得成功的平均概率就越高。非公开交易市场就是一个明显的例子。风险投资和杠杆收购的中等收益水平大大落后于上市股票的中等收益水平，尽管此类非公开市场投资的风险更高、流动性更差。在截至 2005 年 6 月 30 日的十年内，风险投资的年收益率低于标准普尔 500 指数年收益率的幅度高达 11.3%，杠杆收购的差距也达 1.9%。经风险调整后，这一差距将会更大。为了使私人股权投资在组合中的确能够带来收益，投资者必须挑选一流的投资经理，否则，在非公开交易资产投资中面临的风险、花费的时间和努力均将事倍功半。

　　3. 存活者偏差

　　上文对积极投资管理的收益和市场基准收益进行比较后，投资者可能会感到积极投资管理的前景黯淡。尽管如此，对那些希望超越大盘的投资经理来说，所面临的挑战远不止数据本身所显示的。因为目前关于投资经理业绩的数据只包括强者（存活者）的信息，而排除了弱者（失败者）的信息，所以这种存活者偏差现象使数据中的业绩显得比实际情况要好。

　　在咨询顾问提供的报告中，关于投资经理业绩的数据如果包含范围不足或包含范围过宽，都会发生偏差，降低报告的分析价值。当投资经理退出市场时，数据容易发生包含范围不足的问题；而当新参与者出现在历史数据中时，则容易出现包含范围过宽的情形。

　　人们在编制投资收益数据时，通常只包括当时活跃在市场上的积极型投资经理的投资业绩，而不包括那些已经消失的产品和投资经理，这就使得收益数据略显乐观。如果把那些未能存活下来的投资经理的不良收益也包括在数据库中，那么，积极型投资经理超越大盘就显得更加困难。

　　即使把失败的投资经理的业绩也包含在数据库中，这些数据也只有在逐年考察投资收益时才能提供合理的参考。时间框架越短，数据质量越高，因为在短期内退出市场的投资经理人数相对较少。但是，当考察多年期投资业绩时，数据就会出现严重的问题，因为这些年中退出市场的投资经理人数较多。由于投资经理通常会在业绩较差时消失，因此，多年期业绩比较中所采用的数据往往因包含了存活者的高收益而被夸大。

　　当数据收集者把新公司的历史业绩加入数据库中时，就会发生包含范围过宽的偏差。由于新入行的公司通常为了吸引机构的目光而产生出色的投资业绩，因此，在数据库中加入新公司的历史业绩会人为地提高积极投资管理策略报告的收益，我们称之为回填偏差（backfill bias）。

　　通过考察罗素投资集团（Russell Investment Group）编制的投资收益数据，我们可以清楚地看到存活者偏差对报告的投资收益的影响。罗素是一家备受尊重的咨询公司，它编制出版的投资收益数据库广为人们引用。

　　但是，罗素编制的数据库存在明显的存活者偏差。表4-6显示的是美国股票投资经理的中等收益。按照罗素数据，1996年，在一个包含307位美国股票投资经理的样本中，收益率的中值为22.4%。随着失败者的退出、新秀的崛起，随后几年报告的1996年业绩稳步提高。到2005年，报告的1996年中等水平投资经理业绩升至23.5%，超出最初记录的业绩一个多百分点。值得注意的是，2005年出版的1996年业绩报告中只包括177个样本，比1996年报告中整整少了130个。

　　此外，罗素编制的数据还受到包含范围过宽和包含范围不足这两个因素的影响。请注意，从1997年到1998年，样本中投资经理的数量增加了9位，表明这其中存在一定程度的回填偏差。由于罗素没有分别报告数据库中每年增加的总数和删减的总数，观察人士缺乏必要的信息来衡量新进入者和退出者孰轻孰重。尽管如此，在1996年报告业绩的公司中，在其后的十年间有超过40%的公司从样本库中消失这一事实表明，失败的投资经理退出市场是发生存活者偏差的主要原因。

表 4-6　存活者偏差导致报告的美国股票收益与实际情况不符

美国中等水平股票投资经理的业绩（%）

各年份收益

报告年份	1996	1997	1998	1999	2000	2001	2002	2003	2004	2005
1996	22.4									
1997	22.8	30.6								
1998	23.3	31.5	23.0							
1999	23.4	31.6	24.5	18.0						
2000	23.5	31.6	25.9	20.1	−3.1					
2001	23.5	31.7	26.4	20.9	−3.3	−10.8				
2002	23.5	31.5	25.9	21.1	−2.9	−9.9	−22.1			
2003	23.5	31.6	25.5	20.5	0.7	−8.7	−21.3	30.0		
2004	23.5	31.5	25.8	21.2	−0.1	−8.3	−21.2	30.2	11.9	
2005	23.5	31.5	25.3	20.6	1.2	−7.6	−21.0	30.2	12.3	7.4
差异	1.1	0.8	2.2	2.6	4.3	3.2	1.2	0.2	0.4	0

报告业绩的投资经理人数

各年份收益

报告年份	1996	1997	1998	1999	2000	2001	2002	2003	2004	2005
1996	307									
1997	303	326								
1998	312	342	365							
1999	278	307	334	352						
2000	265	294	323	346	361					
2001	237	269	299	341	369	393				
2002	230	262	285	325	363	398	412			
2003	205	230	253	292	331	373	403	424		
2004	188	211	233	275	322	367	401	423	446	
2005	177	199	223	265	314	361	389	415	445	471
净变化	−130	−127	−142	−87	−47	−32	−23	−9	−1	0

资料来源：Frank Russell Company.

　　要准确地衡量存活者偏差对罗素数据库的影响是不可能的，因为在业绩下滑的投资经理逐渐从数据库中消失的同时，业绩强劲的后起之秀不断被添加到数据库中。尽管如此，从最初报告的收益与后来报告的、有偏差的收益的差异中，我们仍然可以窥见存活者偏差的影响之大。如表 4-6 所示，偏差最大的是 2000 年的数据。2000 年报告收益时，中等水平投资经理的损失为 3.1%，而在 2005 年报告 2000 年的收益时，这一数据骤升 4.3 个百分点，升至盈利 1.2%。偏差最小的是 2005 年，也就是分析的最后一年，当年的数据没有变化。平均而言，存活者偏差导致每年报告的中等水平投资经理的收益升高 1.6%。

　　另外一种估算存活者偏差的长期影响的方法是将每年受存活者偏差影响的收益数据的中值和不受存活者偏差影响的收益数据的中值分别连起来，比较这两条中值线的差距。这种方法不尽完美，因为除非出现巧合，连起来的收益中值不代表同一位投资经理的收益历史。即便如此，通过这种比较，人们仍然可以大致合理地估算存活者偏差影响的大小。

4. 积极投资管理的障碍重重

如前文所述，管理费用、存活者偏差和回填偏差组成的"三重奏"完全改变了积极投资管理的实际收益。表 4-7 显示的是扣除存活者偏差影响后积极投资管理的相对收益，其中结果无疑让那些推崇超越大盘策略的投资者备感失望。在固定收益投资领域，投资者纷纷追随市场基准表现，十年之后，在扣除费用后，积极型投资经理的收益低于市场基准收益 0.2%。即便如此，如果扣除存活者偏差的影响，这一本已令人失望的投资收益还要再减去 0.2%，结果，在扣除费用后，中等水平积极型投资经理的收益低于市场基准收益 0.4%。由此可见，积极型投资经理面临的考验是多么严峻。

表 4-7　扣除存活者偏差（估算值）的影响后，积极投资管理策略的吸引力大减（%）

（截至 2005 年 6 月 30 日的十年间）

资产类别	扣除费用后的相对收益	估算的存活者偏差影响*	估算的相对收益
美国固定收益类证券	-0.2	-0.2	-0.4
美国股票	0.5	-1.7	-1.2

*存活者偏差影响的估算值是以下（a）和（b）之差：（a）受存活者偏差影响的中等水平投资经理每年收益；（b）不受存活者偏差影响的中等水平投资经理每年收益。

在国内股票投资方面，在扣除费用后，积极型投资经理的每年收益超越大盘 0.5%，但是在扣除存活者偏差的影响后，这一收益水平变成每年落后于大盘 1.2%，这说明积极投资管理的收益水平并非原先看上去的那么乐观。由此可见，大多数炒股高手还是输给了追随市场基准收益这一简单、低成本的投资策略。

存活者偏差问题从根本上改变了投资者对积极投资管理的看法。如果数据显示大多数投资经理超越指数，那么投资者受到鼓舞将参与积极投资管理的游戏；但是，如果数据显示大多数投资经理未能赶上指数收益，投资者将会对积极投资管理策略感到失望。因此，由于存活者偏差夸大了实际业绩，必然会导致投资者对积极投资管理策略的信心过高。

　　下面我们来看一看机构投资者用来评估积极型投资经理的数据。表 4 - 8 显示的是未扣除管理费和存活者偏差影响的收益数据，这些数据无疑将鼓励那些试图超越大盘的投资者跃跃欲试。如表 4 - 8 所示，在固定收益投资中有大约 3/4 的投资经理超越市场基准收益，因此，采用积极投资管理策略似乎可以取得成功。但是在扣除管理费和存活者偏差的影响后，超越大盘的概率大大降至不到 1/5。简单粗糙的比较显示 80% 的国内股票投资经理超越大盘，但在扣除管理费和存活者偏差的影响后，超越大盘的概率不到 1/4。因此，总的来说，收费的资产管理机构获得超额收益的代价是机构投资者支付大量费用。

表 4 - 8　简单粗糙的业绩比较会鼓励投资者采用积极投资管理策略（%）

（完全扣除费用和存活者偏差影响的充分调整后的收益，截至 2005 年 6 月 30 日的十年间）

资产类别	收益中值	基准收益	超越基准收益的比例	调整后的基准收益	超越调整后的基准收益的比例
美国固定收益类证券	7.1	6.9	74	7.5	18
美国股票	11.2	9.9	80	12.4	23

　　注：基准收益为雷曼兄弟美国政府信贷固定收益类指数、标准普尔 500 指数的收益；调整后的基准收益为基准收益扣除费用（估算值）和存活者偏差影响（估算值）的收益。

　　有些批评人士认为，资产管理行业之所以使用被夸大的数据来评估积极型投资经理的表现，是因为它们希望从中受益。积极型投资经理和编制数据的咨询顾问都想鼓励客户聘请积极型投资经理来管理资产。他们对积极投资管理的过往业绩进行美化，无疑将鼓励许多投资者去追求超越大盘的收益，而这种美好的愿望通常不过是一厢情愿。

　　另一种衡量积极投资管理策略效果的方法是考察那些旨在超越大盘的投资策略所能创造的增加值。简单的收益数据往往会夸大增加值。理由如下：投资经理最初管理的资产规模较小，为了吸引机构的兴趣，他们的业绩通常也比较好。但是，由于随着资产规模的增大，投资业绩容易降低，因此，那些从业时间长并且管理资产规模大的基金经理的业绩通常黯然失色。但是，在编制投资收益时，编制者通常分配给每位基金经理相同的权重，因此，新基金经理（通常管理的组合规模较小）在排名中产生的影响过大。如果按照基金经理管理的资产规模采用加权平均法评估积极投资管理的收益，其结果无疑将给那些运用超越大盘策略的投资者泼一盆冷水。

　　具有讽刺意味的是，有时受存活者偏差影响，积极型投资经理的业绩显得不及同行，而事实并非完全如此。2000 年实现资本保值的美国股票投资经理的经历就是一个明显的例子。如表 4-6 所示，2000 年，中等水平投资经理的业绩为 -3.1%，当年实现资产保值的投资经理的业绩（收益率为零）显著胜于同行，在业绩排名中位于第二四分位数，相当体面。但是，随着时间的推移，存活者偏差对数据的影响逐渐显现，2005 年报告的 2000 年中等水平投资经理的业绩变成了 1.2%。结果，当年收益率为零但显著胜于同行的投资经理的排名从第二四分位数下滑至第三四分位数。由此可见，受存活者偏差影响，投资经理的相对业绩黯然失色。

　　积极型投资经理面临重重障碍，因此，投资者要以审慎的目光看待那些旨在超越大盘的投资策略。由于存活者偏差的影响，我们难以辨清历史纪录的真实性，因此，在评估积极投资管理策略的效果以及评估具体某位投资经理的业绩时，就会面临种种问题。在国内上市有价证券投资领域，扣除费用和存活者偏差的影响后，投资者在积极管理这场游戏中获胜的概率将大大降低。在上市有价证券投资领域，相对于高成本的积极投资管理策略，被动投资管理策略显然成本更低。如果投资者决心采用积极投资管理策略，那么要把重点放在低效市场上，这样获得大量收益的可能性更高。在效率最低的非公开交易市场上，被动投资管理策略无用武之地。即使有，接近市场水平的投资业绩也会令投资者失望。总而言之，明智的投资者在采用积极投资管理策略时应该有现实的预期，并且合理地保持谨慎。

二、流动性

　　能够带来高收益的投资机会通常被人们遗忘在黑暗的角落里，而非处在聚光灯下，因此，严谨的投资经理通常要在流动性相对较差的市场上寻找机会。这些被隐藏的、不同寻常的投资机会通常不会得到华尔街研究机构的重视，因为对华尔街而言，寻找那些能够带来巨大交易量的投资机会是生存发展之本。

　　市场玩家一般会追求高流动性的投资头寸，这样可以迅速放弃昨天的失败，立刻抓住今天的热点。投机者和资产收集者（asset gatherer）为高流动性资产支付溢价，期望能够在市场上迅速进行反向交易而尽量不对价格产生影响。

相比之下，对流动性较差的资产进行投资需要坚持长期的投资理念。非流动性证券的投资者不能依靠流动市场交易放弃错误的投资，他们需要签署长期协议，购买企业所有权的一部分。因此，投资于流动性较差的资产要想获得成功，投资者要更加谨慎，考虑更加周密，更加恪守投资纪律。

因此，严谨的积极型投资者要避免投资于市场玩家喜欢的高流动性证券，而将重点放在流动性较差的资产上，这些资产通常能够提供良好的投资机会，能够帮助投资者以低于公允价值的价格构建头寸。

1. 享有完全信用担保的政府债券

上市有价证券中有许多由低流动性带来的投资机会。在享有美国政府完全信用担保的国债投资领域，有时，仅仅因为市场流动性不同，其他方面完全相同的债券的交易价格会有差异。交易最为活跃的是新发行的国债（on the run issues），它通常享有溢价，收益率一般低于已发行国债（off the run issues）5～10 个基点*。目前政府新发行国债的期限有 2 年、5 年、10 年和 30 年几种。当美国财政部标售新的 10 年期国债时，市场注意力将从已发行的 10 年期国债转移到新发行的国债上。由于新发行国债享有溢价仅仅是因为市场流动性充裕，因此，当新发行国债取代旧国债时，原来的高流动性就会消失，因此已发行国债的溢价也将消失。

此外，美国政府还发行一些享有完全信用担保但流动性不及美国国债的债务工具，其收益率高于其他高流动性的美国国债 40～50 个基点。投资于此类工具通常存在获利机会，但是这些投资工具通常结构复杂，因此，谨慎的投资者事先要仔细地进行尽职调查**。另外，由于每次可供投资的证券数量较少，投资经理要"用茶匙装满浴缸"，积跬步以至千里。尽管如此，坚持投资于不同寻常的、流动性差的证券，投资经理将会积少成多，形成具有价格优

---

    * 一个基点即 0.01%。——译者注

    ** 尽职调查（due diligence）指的是投资者在投资前对投资目标进行充分、适当、合理的调查研究。尽职调查在投资与企业并购的决策中具有重要地位。详细情况请参见本书后面所附的解释。——译者注

势、高质量的资产组合。

有时，市场会为那些愿意接受低流动性资产的投资者送上一份大礼。1998 年秋天市场恐慌性灾难发生后，相对于高流动性资产，一些换手率不高的资产产生了更大的收益。比如，1998 年 11 月 12 日，一种 2004 年 2 月到期、票息率为 5.875% 的中期已发行国债的收益率比当时新发行的 2003 年 11 月到期、票息率为 4.25% 的国债高 18.5 个基点。

如上例所示，在已发行国债中，流动性稍差的资产的收益率非常高。除此之外，在享有美国政府完全信用担保的非公开发行债券中有时也存在令人难以置信的机会。例如，海外私人投资公司是美国政府的一家代理机构，其宗旨是促进发展中国家经济发展。该机构曾发行过一种 2004 年 3 月到期的债券，其收益率比同类可比的新发行国债高 100 多个基点。仅仅因流动性较低，非公开发行债券的收益率便高于国债 1%，这对市场是否理性提出了严肃的质疑。

即使是在市场运行平稳时期，投资于低流动性证券也能带来巨大的超额收益。例如，2006 年初，投资者可以考虑美国国家档案信托（National Archives Facility Trust）发行的债券。该债券通过美国国家档案记录署（National Archives and Records Administration）发售。美国国家档案记录署是一个独立的政府部门，致力于保存、评估和管理美国政府的珍贵文献。这些债券的到期日为 2019 年 9 月，票息率为 8.5%，其收益率比可比的新发行国债高 45 个基点。美国国家档案记录署大约发行了 3 亿美元债券。与美国政府于同期发行的大约 225 亿美元的 10 年期国债相比，这一数字固然不大，但是有耐心的投资者仅需要承担这种债券的低流动性便能够获得高出美国国债大约 0.5 个百分点的收益率。

2. 新兴市场债券

在新兴市场上，在主权发行人发行的债券中，美元债券的交易价格相比于非美元债券有显著的溢价。在危机时期，这种现象尤为突出，因为投资者更加看重美元计价的投资工具的流动性。因此，投资者只需要利用外汇远期合约来消除汇率风险，就可以在这两种债券之间进行套利。套利者可以买入相对便宜的非美元债券，卖出相对昂贵的美元债券，并利用外汇远期合约来消除汇率风险。通过套利，更有耐心的投资者可以享用"免费的午餐"，而这顿"午餐"正好是由为美元债券支付溢价的投资者"买单"的。

在 1998 年整整一年中，亚洲市场崩溃导致经济紊乱，但也给投资者提供了一些不同寻常的机会。在这些机会中，有的需要依赖市场复苏才能实现，有的几乎可以万无一失地给投资者带来收益。例如，三星公司是韩国一家综合性电子制造商，公司负债比率高，发行了包括美元、韩元、日元和马克在内的多种货币债券。其中，美元债券因为高流动性而享有溢价。1998 年秋，三星公司债券间的价格差异达到了极点，其中，2003 年 5 月到期、票面利息为 9.75％的美元债券的到期收益率高达 16％（大约高出美国国债 1 200 个基点），2003 年 4 月到期、票息率为 3.3％的日元债券的到期收益率高达 18％（大约高出日本政府债券 1 700 个基点）。因此，投资者可以购买相对便宜的日元债券，然后将未来得到的日元现金流转换成美元，这样投资者未来便能获得一系列美元现金流。投资者利用远期外汇市场将日元现金流兑换成美元后便创造出了一种合成美元资产，其到期收益率高达 21％。这种合成美元资产的收益率（21％）与三星美元债券的收益率（16％）间的差额为套利者提供了机会，他们可以买入相对便宜的合成美元资产，卖出相对昂贵的美元债券，从而锁定这部分收益率差。① 如果收益率差缩小，投资者可以通过反向交易获利；如果收益率差没有缩小，投资者可以将债券持有到期，从中获得一系列利息和本金。如果适当使用杠杆，投资者的持有期收益率约为 24％；如果不使用杠杆，收益率大约为 18％。

3. 学生贷款协会股票

不同类别股票的交易价格通常能够反映各自的流动性差异，学生贷款协会（Sallie Mae）就是一例。该协会成立于 1973 年，由参加联邦政府担保学生贷款项目的各家机构筹资成立，负责向这些机构提供流动性。1983 年，该协会增资扩股，发行了一种广泛持有、无投票权的股票，为该协会融得资金

---

① 三星公司债券的套利需要对相对昂贵的美元债券进行卖空。卖空者必须借来债券才能完成这笔交易。套利的风险之一在于损失借来的债券，这样投资者将被迫在到期前平掉当前的空头头寸。在运转良好的资本市场上，持有空头头寸的问题不会很大，但是在运转良好的资本市场上，代表相同现金流的债券之间不会存在如此大的价差。

支持一些增长性项目，其中一个项目旨在满足成千上万学生的贷款需求。尽管新发行的股票没有投票权，但是相对于原始股仍有 15%～20% 的溢价。市场参与者把价差归咎于原始股的低流动性。为了减少原始股的折价，学生贷款协会定期发出收购要约，允许投资者将价格较低、流动性较差、有投票权的原始股转换成价格较高、流动性较好、无投票权的股票。尽管从 1984 年到 1989 年间，每年参与股票转换的比例从 28% 到 41% 不等，但折价现象一直存在。大量有投票权的原始股东竟没有利用这个投资机会，实在令人感到惊讶。1989 年 3 月最后一次收购要约发出时，尽管市场参与者对此已很熟悉，但是发行在外的 870 万股原始股中，仍有 150 万股的持有者忽略了最后的机会，他们原本可以将原价为 83.5 美元的股票按 91.875 美元卖出。这种现象表明：投资者的行为很难总是最有效的。1991 年，美国国会授权学生贷款协会发行单一类别股票，不同类别股票间的折价现象从此消失，同时，利用低流动性进行套利的机会也随之消失。

4. 低流动性和信息

通常，关于低流动性证券的信息不多，因此，投资者可以通过挖掘股价中尚未反映的信息来获利。相比之下，高流动性的大盘股受到人们广泛关注，投资者可以掌握大量关于它们的信息。比如，2006 年，美国市值最大的埃克森美孚公司被 22 位华尔街分析师的研究覆盖，被《华尔街日报》引用 659 次。相比之下，市值排名第 5 000 位的埃维斯达通信（Avistar Communications）公司却没有受到任何一位分析师的研究覆盖，《华尔街日报》也仅仅引用 3 次。表 4－9 给出了各类公司受到分析师的研究覆盖的情况。

表 4－9　大公司受到研究机构的广泛覆盖

（小公司为利用信息优势提供了机会）

公司	市值排名	平均市值（美元）	覆盖公司的分析师人数（平均）	《华尔街日报》平均引用次数
埃克森美孚公司 通用电气公司 微软公司 花旗集团 美国银行	1～5	3 275 亿	25	954

续表

公司	市值排名	平均市值（美元）	覆盖公司的分析师人数（平均）	《华尔街日报》平均引用次数
美国合众银行 联合科技公司 美国高通公司 美敦力公司 泰科国际公司	50～54	622 亿	24	119
第一资本金融公司 哈利伯顿公司 金伯利克拉克公司 瓦莱罗能源公司 嘉年华公司	100～104	310 亿	22	90
航星国际公司 泰利福公司 德莱塞兰公司 阿斯邦保险公司 零售商必乐透公司	1 000～1 004	25 亿	7	10
埃维斯达通信公司 每日日志公司 伯富利公司 安塔瑞斯制药公司 Jl 哈尔斯公司	5 000～5 004	6 370 万	0	1

资料来源：Bloomberg and The Wall Street Journal Online.

乍一看，埃克森美孚公司在全球范围内经营大量复杂的业务，积极型投资经理似乎可以从中挖掘机会。事实上，由于每位证券分析师都可以运用大量公开信息研究该公司，他们在激烈的竞争中通常难以获得优势。但是，对于埃维斯达通信公司，分析师通过自下而上的研究却能找到更多的投资机会。埃维斯达通信公司的信息固然难以获得，但是它的价值却因被分析师专有而得到提升。

很明显，在非公开交易市场上，拥有信息的优势更为明显。华尔街的分析师不研究非上市公司，媒体也不热衷于追踪非上市公司，部分是因为政府要求非上市公司公开披露的信息相对较少。非上市公司的信息难以获得，对投资者而言，既充满挑战，也孕育着机会。在非公开交易市场上，获得完整、有价值的信息是投资者成功的关键。

5. 流动性的短暂本质

投资者重视流动性是因为它允许投资者在短时间内买入、卖出证券。然而遗憾的是，流动性总是在投资者最需要它的时候消失。《总统市场机制特别工作组报告》（*Report of the Presidential Task Force on Market Mechanisms*）中描述的 1987 年 10 月股灾就是一个明显的例子："10 月 19 日，随着市场加速下跌，证券市场的效率也急剧恶化。到下午时，各大证券交易所的做市商似乎放弃了阻止价格进一步下跌的努力。在期货和期权市场上，做市商当时尚未发挥重要作用……从星期一下午一直到星期二（10 月 20 日），面对投资者的疯狂抛售，做市商无能为力，市场价格变化和交易行为显得异常变幻莫测。事实上，在出现 10 月这样剧烈的股票抛售时，股价理性地下跌是根本不可能的。做市商既没有能力也不愿意吸收如此巨大的股票抛盘。"[1] 就在投资者最需要流动性的时候，它偏偏消失了。

凯恩斯在他的《就业、利息和货币通论》（*The General Theory of Employment, Interest, and Money*）一书中论述道："在所有传统的金融格言中，没有一个比流动性崇拜更违背社会规则的了。这一教条认为，对机构投资者来说，把资金集中投资于高流动性证券有好处。但是它忘记了，对投资者整体而言是不存在流动性的。"[2]

凯恩斯曾突发奇想：是否可以通过降低市场流动性来普及长期投资理念？在《就业、利息和货币通论》中，他写道："从现代投资市场的大发展中，有时我会得出这样的结论：应该使投资像婚姻一样长久、不可解约，除非死亡或出现其他严重的原因，这也许能够有效地革除当前市场的弊病。因为如此一来，投资者将被迫去关注并且只关注长期投资机会。"[3]

投资者追求的应该是成功，而非流动性。在非公开交易市场上，如果投资流动性较差的资产获得了成功，那么当这些投资标的公司首次公开募股并

---

[1] Brady Commission, *Report of the Presidential Task Force on Market Mechanisms*, January 1988 (Washington, D.C.: GPO, 1988): 53.

[2] Keynes, *The General Theory of Employment, Interest, and Money* (New York: Harcourt and Brace, 1964): 155.

[3] Ibid., 160.

且被投资者热烈追捧后，流动性会不请自来。在公开市场上，在流动性一度较差的股票带来强劲的收益后，它们将会得到华尔街的认可，流动性也将因此增加。相反，在公开市场上，如果流动性良好的投资品种带来的是失败，那么投资者的兴趣将会下降，流动性也将不复存在。因此，基金经理应该担心的是失败，而非低流动性。

三、价值导向

成功的投资中最可靠的策略是价值型投资策略，按照这种策略，投资者以低于公允价值的价格买入资产，"以 50 美分买入 1 美元"。要推行价值导向型策略，投资者必须具备非凡的技能、过人的智力和旺盛的精力，否则，等待他们的可能只是失败。此外，价值型投资机会往往不受主流投资者青睐，利用这些机会的投资者需要信念和勇气。

1. 托宾的"q"值

凯恩斯在《就业、利息和货币通论》一书中详述了价值的概念。他写道："如果建立一个新企业的成本高于在当前市场上收购已经存在的类似企业的成本，那么建立新企业将是毫无道理可言的。但是，如果一个新项目公开上市交易可以立刻获得收益，那么开建新项目的吸引力就比较大，尽管投资数额可能相当大。"[1] 詹姆斯·托宾和威廉·布雷纳德把这种观点用"q"值来概括。"q"值等于市场价值与重置成本的比值。

在市场处于均衡时，在一系列合理的条件下，托宾-布雷纳德的"q"值等于 1，这时资产的市场价值与重置成本相等；当市场价值高于重置成本时，"q"值大于 1，这就促使企业家去创建新企业，然后在公开市场上上市，从中立刻获得收益；当重置成本高于市场价值时，"q"值小于 1，这会促使投资经理在市场上收购企业资产，而不是从无到有去创建新企业。通常，在"q"值小于 1 的市场环境中，价值型投资者容易获得成功。

2. 安全边际

著名投资者本杰明·格雷厄姆（Benjamin Graham）提出了"安全边际"

[1]　Keynes, *The General Theory of Employment, Interest, and Money* (New York: Harcourt and Brace, 1964): 151.

的概念，这一概念浓缩了价值导向型投资策略的精髓。"安全边际"指的是一种价值缓冲，通过持有"预期盈利大幅高出当前债券收益"的公司股票可以获得。格雷厄姆写道："安全边际这一概念在低估值廉价证券上体现得更为明显。低估值廉价证券的交易价格和评估价值之间存在价差，这一价差即为安全边际，它可以用来消化吸收因投资失误或者运气不佳带来的负面影响。投资者在购买廉价证券时，特别看重投资对象抵御不利因素的能力，因为在大多数情况下，投资者对这类公司的前景并不抱太大希望。当然，如果投资前景实在乏善可陈，不管股票价格多低，投资者也不应投资。但实际上，价值被低估的证券是因受到多种因素影响才被低估，其中最常见的情况是，投资前景既非一片光明，也非漆黑一片。如果购买价格足够低，即使公司盈利稍微下降，也不妨碍投资者取得满意的收益。这样，安全边际的存在也就达到了其目的。"①

在如今高效率的证券市场上，要想以低于公允价值的价格购买资产，机会少之又少。即使回过头来看，投资者也难以判断以前买入证券的价格是否低于内在价值。此外，考虑到风险因素以及随后发生的外部事件或利或弊的影响，要对最初的投资决策做出客观的评估难上加难。因为价值型投资策略的效果如何实在难以证明，许多投资者只是把它作为一种信条。

或许，对价值型投资策略最有力的支持来自逆向投资原则。市场容易走极端，受欢迎的股票估值升高，受到冷落的股票估值在低位徘徊。通过挖掘被遗忘的证券，逆向投资者有更大可能获利。

然而，盲目进行逆向投资会增加组合的风险。有时受欢迎的公司理应享有估值溢价，受到冷落的公司理应遭受估值折价。因此，对严谨的投资者而言，发现不受欢迎的证券只是起点，还需要进一步分析。只有当分析证明该证券的确存在良好的获利前景时，投资者才应该出手。

不加选择地买入低市盈率（PE）或低市净率（PB）股票的策略是幼稚的。因为如果投资者只看到股价相对于当前盈利或账面价值显得便宜，会忽略公司的管理质量及未来盈利前景等重要因素。

---

① Benjamin Graham, *The Intelligent Investor* (New York: Harper Business, 1973): 279.

历史上，这种幼稚的价值投资策略虽然取得了优异的收益，但也使组合面临相当高的基本面风险。[①] 波士顿资产管理公司 GMO（Grantham Mayo Van Otterloo）的杰里米·格兰瑟姆（Jeremy Grantham）曾提醒大家注意"60 年一遇"的灾难，这种灾难一旦发生，将会使多年依靠买入便宜股积累起来的收益化为灰烬。真正的价值是通过购买价格低于公允价值的资产而非简单地购买便宜股获得的。购买价格低于公允价值资产的理念具有前瞻性，它考虑了风险调整后的预期现金流。

价值型投资者没有必要局限于低成长性或处于困境的企业。即使在高成长性行业中也存在估值具有吸引力的企业。S Squared 的科技股投资经理塞·戈德布拉特（Sy Goldblatt）在参加行业会议时，总是避免进入那些挤满追踪"当月热点"的分析师的会议室，而是走不寻常路，接触那些不引人注目的企业。虽然许多人认为，价值型投资理念难以被应用于高科技类股票中，但是将两者结合起来却可能形成一种强有力的组合。价值型投资者追求的应该是以低于公允价值的价格来购买企业的股票，而不是单纯的低成长性或困难企业的资产。

本杰明·格雷厄姆注意到，细心的投资者可以在不同寻常的地方发现价值。他写道："只要关于未来的测算是谨慎的，并且相对于支付的价格有合理的边际，成长型股票就可以像普通股票一样提供可靠的安全边际。但是，成长型股票投资的风险恰恰也在于此。对这些受欢迎的成长股，市场定价总是高于对未来盈利进行保守预测所得的结果。投资的安全边际总是取决于所支付价格的高低。在某一价格上，安全边际可能会很大；但是随着支付价格的上涨，安全边际将会缩小甚至消失。正如上文所言，如果大多数成长型股票的平均市场价格水平过高，不能为投资者提供足够的安全边际，在该领域中简单地进行分散化投资将不能取得令人满意的结果。明智的投资者需要有不同寻常的预见力和判断力，这样他的个人选择才能战胜这些股票较高的价格

---

① 参见 Eugene Fama and Kenneth French, "Size and Book-to-Market Factors in Earnings and Returns," *Journal of Finance*, 50, no. 1 (1995)：131-155; and Eugene Fama and Kenneth French, "The Cross-Section of Expected Stock Returns," *Journal of Finance* 47, no. 2 (1992)：427-465。

中所固有的危险。"① 尽管如格雷厄姆所言，在成长型股票中，可以偶然发现能够提供安全边际的投资机会，但是对价值型投资者来说，受人冷落的证券中的机会更多、更具吸引力。

3. 逆向投资

通常，在被公众遗忘的市场角落里，人们总是能够发现可以以大幅低于公允价值的价格购买资产的机会。当某些资产类别处于低谷时，会遭到众人的躲避，因此，那些敢于涉足于此的投资者经常会发现，他们的责任感和理智受到人们的质疑。事实上，对这些逆向投资者，凯恩斯是这样描述的："在普通大众眼中，逆向投资者的行为是古怪的、反传统的和冒险的。"② 这些逆势而为的投资经理虽然不可避免地也会遭受激烈的批评，但是他们成功的可能性更大。

20 世纪 90 年代早期，房地产市场存在明显的折价投资机会。1994 年 1 月，耶鲁大学参与购买了一处房地产，该房地产附带一份租赁契约，其承诺收益率为 14.8%。在租期内，租金全部以现金形式支付，租金收益在扣除最初购买房地产的投资后仍有利润，而且在租约到期时还留下一笔价值较高的共有资产。即使不考虑任何残余价值，这笔房地产投资将近 15% 的收益率也大大高出可比美国短期国债 5.75% 的收益率。但是上述事实不足以说明这笔投资是否具有较大价值。租赁收益率和无风险国债收益率之间的巨大差额可能是因为投资者面临承租人违约的风险。但事实上，由于美国政府负责支付该处房地产的租金，因此，其租金收入的质量堪与国债投资相媲美，比该处房地产更好的折价投资机会恐怕是凤毛麟角。更具讽刺意味的是，这个低价投资于无风险现金流的机会却是来自美国政府的一家机构——重整信托投资公司（RTC）。虽然通常 RTC 的资产处置工作相当有效，但是百密一疏，吸引人的投资机会偶尔还是会浮出水面。

廉价购买房地产资产起源于 20 世纪 80 年代末房地产市场的供应过度。当时，房地产是机构投资者的香饽饽，也是资产配置中的首选。投资者认为：

① Graham, *Intelligent Investor*.
② Keynes, *General Theory*, 157.

地区性商业中心是一种具有垄断地位的、不可替代的资产，因此便以低于 5% 的现金收益率购买了商业中心及其附近的办公大楼。

到 20 世纪 90 年代初，市场状况急转直下。随着房地产价格急剧下降，前十年中过度建设、过度举债和过度支付的后果凸显出来。受到"大型零售中心"（power center）等其他新兴零售业态的冲击，传统的地区性商业中心变成了"恐龙"，为投资者所遗弃。而且，随着家庭办公逐渐取代往来市中心办公，商务区的办公大楼也面临消亡的危险。

价值型投资者意识到，现在的市场状况虽然不像 20 世纪 80 年代初那样好，但也不像 20 世纪 90 年代初那样差。只需要简单地分析市场价值和重置成本之间的关系，投资者就可了解到本该在 20 世纪 80 年代抛售而在 20 世纪 90 年代初买入。高抛低买，而非高买低抛，才能取得投资收益。

4. "追涨杀跌"的行为

绝大多数投资者没有勇气进行逆向投资，他们通常跟随市场趋势，结果投资收益平平。投资者选择进出采取积极投资管理策略基金的时点就是一个明证。在理想的情况下，严谨的投资者应该在投资经理在情有可原的情况下取得相对逊色的业绩之后、在预期他将取得优异的业绩之前将资金交给他管理。而事实上，投资者的行为恰恰相反。

晨星公司的基金研究主管罗素·金奈尔（Russel Kinnel）编制的证据清晰地表明：共同基金投资者的投资决策不合理，而且在各类基金中均如此。如表 4-10 所示，晨星公司的研究比较了共同基金的时间加权收益和投资者的金额加权收益，其中时间加权收益是指共同基金发售文件和宣传册子中载明的基金行业收益，金额加权收益是指考虑现金流入和流出之后共同基金投资者的收益。此项研究考察了 10 年的业绩，覆盖了国内所有股票型基金并将其分为 17 类。在每个类别的基金中，投资者的实际收益均低于基金行业报告的收益。换句话说，投资者在基金取得良好业绩之后、开始转糟之前投资于基金，而在基金业绩一塌糊涂之后、开始好转之前撤出对基金的投资。

表 4 - 10 共同基金投资者总是追涨杀跌（％）

（截至 2005 年 4 月 30 日的十年内的收益）

类别	金额加权收益	时间加权收益	差额
科技行业	−5.7	7.7	−13.4
通信行业	3.0	8.4	−5.4
医疗保健行业	8.5	12.5	−4.0
大盘成长型	4.4	7.8	−3.4
小盘成长型	5.4	8.4	−3.1
中盘成长型	6.3	8.8	−2.5
小盘平衡型	9.0	11.3	−2.4
自然资源类	10.3	12.4	−2.1
小盘价值型	11.6	13.6	−2.0
房地产行业	13.4	15.4	−2.0
中盘价值型	10.4	12.2	−1.7
大盘平衡型	7.5	9.1	−1.6
金融行业	12.8	14.4	−1.6
温和配置型	7.3	8.4	−1.2
中盘平衡型	10.6	11.4	−0.8
大盘价值型	9.6	10.0	−0.4
保守配置型	7.2	7.5	−0.3

注：由于存在四舍五入，上表中数据不可相加。

资料来源：Morningstar Fund Investor. July 2005，Volume 13，Number 11.

金奈尔指出："波动性加剧了这一问题。"科技股投资基金报告的收益和投资者的实际收益每年存在高达 13.4％的差距。通信、医疗保健等行业性投资基金以及小盘成长股、中盘成长股、大盘成长股投资基金中的差距次之。

尽管在所有类别的基金中，投资者的决定均不明智，但在波动性较低的基金中情况稍好一些。在表 4 - 10 中，保守配置型基金报告的收益与投资者实际收益之间的差距最小，但每年仍有 0.3％的差距，这一结果令人失望。其他投资者表现较好的低波动性基金包括大盘价值型、中盘平衡型、温和配置型。

晨星公司的研究表明：个人投资者表现出"追涨杀跌"的行为，而且在各类基金中均如此，"追涨杀跌"导致投资收益降低。由于积极投资管理的成本本身已经较高，再加上投资者持续非理性地投入、撤出资金，因此，个人投资者成功的概率大大降低。

不过，目前尚没有完整的可比数据来考察机构投资者投入、撤出积极型投资经理管理的基金的情况。尽管如此，仍有证据表明：机构投资者和个人投资者一样也出现"追涨杀跌"的问题。波士顿著名的机构资产管理公司GMO 的经历就是一个明显的例子。尽管在资产管理行业中，GMO 长期以来业绩名列前茅，但是在公司业绩较差时投资者仍大批离去。

20 世纪 90 年代末期，市场一片疯狂之际，推行理性、系统化价值型投资风格的 GMO 业绩落后于市场，恐慌的投资者纷纷离去。1998—1999 年间，尽管股市如日中天，GMO 管理的资产规模却从 300 亿美元大幅下滑至 200 亿美元。① 而事实上，此时撤资的投资者遭受了三重损失：第一，他们在低点抛售了 GMO；第二，他们将资金重新配置在由动能驱动的投资经理中，注定将要失败；第三，他们失去了从 GMO 业绩复苏中获利的机会。那些最初聪明地选择了 GMO 的投资者却在机会最好的时候愚蠢地放弃了 GMO 并且放弃了GMO 严谨的投资策略。这对积极投资管理策略而言可谓是一大诉状。

我们来具体看一看 GMO 的数量驱动型国际内在价值策略基金的经历。从 1987 年初创立之日起到 2006 年底，该基金每年收益率为 11.1%，大幅超出 EAFE 指数（代表的是欧洲、非洲以及远东经济体）每年 7.0% 的收益率。国际内在价值策略基金的长期投资者收益非常好。

但是，总体而言，投资者行为将成功变成了失败。20 世纪 90 年代初，该基金卓越的收益吸引了投资者的兴趣。如表 4-11 所示，从 1990 年到 1993 年间，该基金平均每年超额收益高达 8.7%。由于连续三年的业绩超越大盘，资金源源不断地流入，该基金管理的资产规模从 3.78 亿美元大幅飙升至约 26亿美元！到 1996 年底，资产规模攀升至 28 亿美元的顶峰。由此可见，本该理性的机构投资者追逐了 GMO 的业绩表现。

---

① Douglas Appell, "GMO's Grantham Not Worried about the Bulls," *Pensions & Investments*, 5 March 2007.

表 4 - 11　GMO 的机构投资者高买低卖

（国际内在价值策略基金）

年份	收益（%）	EAFE指数（%）	超额收益（%）	客户资金流动（百万美元）	基金管理的资产规模（百万美元）
1990	−8.1	−23.2	15.1	256	378
1991	14.4	12.5	1.9	503	990
1992	−1.1	−11.9	10.7	182	1 218
1993	39.9	32.9	7.0	471	2 595
1994	4.2	8.1	−3.9	(23)	2 234
1995	10.3	11.6	−1.2	307	2 606
1996	9.6	6.4	3.2	85	2 838
1997	0.9	2.1	−1.1	(1 257)	1 607
1998	13.6	20.3	−6.7	(784)	1 095
1999	14.6	27.3	−12.7	(190)	1 057
2000	−1.4	−14.2	12.8	(220)	802
2001	−12.1	−21.4	9.3	(27)	647
2002	−0.6	−15.9	15.4	(7)	578
2003	43.5	38.6	4.9	1 116	1 981
2004	25.3	20.2	5.0	597	3 162
2005	14.3	13.5	0.7	886	4 680

注：表中数据不考虑 GMO 可以在多个策略基金中配置资产的账户。

资料来源：GMO.

到 1997 年，由于该基金连续三年的超额收益转为负值，大批客户开始撤离，到 2002 年，该基金管理的资产规模从 1996 年 28 亿美元的高峰降至 5.78 亿美元的最低值。由于 1994—1999 年间 GMO 的投资业绩相对较差，那些急功近利的投资者放弃了一个明智的积极投资管理策略。

很自然，当 GMO 东山再起时，半途而废的投资者未能从中获利。在 2000 年初的互联网泡沫崩溃后，随着市场重归理性，GMO 在随后五年中平均每年的超额收益高达 9.5%。GMO 的许多客户高买低卖的做法给他们的组合带来了永久性损害。

从 1993 年到 2003 年，GMO 国际内在价值策略基金每年超越大盘 2.8%。

尽管 GMO 业绩靓丽，但客户资金流动导致他们的投资收益令人失望。按金额加权平均计算，客户每年跑输大盘 2.0%。由于投资者向 GMO 国际内在价值策略基金投资时和撤出时欠缺思考，这一原本成功的投资工具对他们而言却是失败的。

在上市有价证券这一封闭的投资领域，根据简单的逻辑判断，我们便知道大多数资产都不能超越大盘。由于存在管理费和交易成本，大多数参与者的业绩并不好。在积极投资管理策略普遍失败的情况下，像 GMO 国际内在价值策略基金这样的成功便显得弥足珍贵。然而，高质量基金经理的客户却"追涨杀跌"，毁灭价值，从而导致原本就面临严峻形势的积极投资管理策略更是雪上加霜。

价值型投资策略是构建组合的坚实基础，因为以低于公允价值的价格购买资产能够提供安全边际。在许多情况下，价值型投资是令人焦虑不安的，因为最具吸引力的投资机会通常蕴藏在毫不起眼的地方，甚至是令人望而却步的领域。所以，许多投资者放弃明智的策略去追逐流行的投资风潮。如果投资者坚持不懈地执行价值型投资策略，组合的稳定性将增强，从而减少市场沉浮对其的影响，减少组合经理面临的风险。

第四节　结　论

投资理念是投资者为获取组合收益而采取的投资方略，是贯穿于整个投资过程的根本原则。投资收益有三个来源，即资产配置、择时和证券选择，其中每个来源都是投资者进行组合管理的工具，都能帮助投资者实现机构目标。明智的投资者根据明确、清晰的投资理念，合理地运用各种组合管理工具。

机构总是倾向于稳定持有充分分散化的上市有价证券组合，因此资产配置政策是组合收益的主要来源。整个投资过程的基础是构建一个由各类资产组成的、分散化的、以股票类资产为主的组合，而且组合中各种资产的收益驱动因素要有根本性不同。

择时策略导致组合与政策目标组合发生偏差，会影响基金实现长期投资目标。由于择时策略通常由恐惧或贪婪引起，它会降低投资收益水平。许多机构投资者无法维持组合与长期政策目标一致，相当于采取了隐性的择时策略。风险控制要求对组合定期进行再平衡操作，以确保组合能够反映出机构的偏好。

在应用积极的证券选择策略时，尽管大多数投资者的收益相对较差，但是在几乎所有的机构投资项目中，该策略仍然扮演非常重要的角色。基金经理若把投资重点放在存在巨大投资机会的低效市场上，将能够大大提高成功的可能性。非流动性资产会给有耐心的长期投资者带来高额收益，而价值型投资策略则会提供安全边际。即使投资者聪明、认真地应用积极投资管理策略，但是，由于资产定价效率高，投资者发掘和实施超越大盘的投资策略时也会面临极大的挑战。由于投资者追逐业绩强劲的资产管理公司、放弃业绩疲弱的公司的现象频频发生，其收益超越大盘的概率大大降低。合理的市场效率外加非理性的投资者行为导致证券选择策略成功的难度大大增加。

第 5 章

资产配置

资产配置过程表明，在投资决策过程中需要将科学和艺术紧密结合起来，因为单纯依赖定性的判断或单独依赖定量分析都不能为投资者带来持续的成功。一方面，凭经验做出的决策不够严密，因为它忽略了一些信息，对其他信息要么过分重视，要么重视不足。另一方面，机械地应用定量分析工具会得出幼稚的、有时甚至是危险的结论。在组合资产配置过程中，将艺术化的经验判断和科学化的数量分析有机结合起来是有必要的。

构建组合的第一步是定义并挑选资产类别。许多投资者只是简单地将组合资产配置到当时流行的资产类别中，各类资产的配置比例也与其他投资者接近，这样构建的组合不会引起争议，但也未必能满足机构的需要。投资者如果效仿他人的做法来构建组合，他就未能履行最根本的受托责任——构建一个能够满足机构特定目标的组合。

一、资产类别和投资风格变迁

随着时间的推移，投资者用以构建组合的各个资产类别会发生变化。从过去 150 年耶鲁基金组合的变化中我们可以窥见组合结构的演变过程。1850年，在耶鲁基金的组合中，房地产投资几乎占据半壁江山，剩下的为"有抵押担保的债券和票据"。20 世纪初，占据主导地位的资产类别包括抵押债券、铁路债券和房地产，而"各种公司股票"和"非铁路公司债券"只占相对较小的比例。到 20 世纪 50 年代，组合中包括国内债券、国内普通股、优先股和房地产。到 21 世纪初，耶鲁基金的组合充分分散化，其中包括国内债券、国内普通股、外国普通股、绝对收益投资、实物资产和私人股权。

就像服装时尚不断变化一样，投资风格也潮起潮落。19 世纪末 20 世纪初，铁路债券在资产配置中赢得了投资者的特别关注，因为当时铁路在美国经济发展中发挥着支配作用。投资者愿意将资金出借给看上去安全可靠的铁路公司，而且出借期限长达百年，因为他们知道，即使个别铁路公司破产了，它们留下的宝贵的铁路通行权也仍将为自己的投资提供可靠的保障。

因此，当继承了 19 世纪 90 年代遗风的投资经理在得知利哈伊谷（Le-high Valley）铁路公司债券的命运时，其吃惊程度可想而知。1891 年 1 月，包括费城德雷克塞尔（Drexel）、摩根大通和纽约布朗兄弟（Brown Bros）在内的几家著名公司联合承销发行利哈伊谷铁路债券，发行价为 102.5 美元，1989 年到期，票息率为 4.5%。由于该债券能及时支付利息，所以在发行后的四十年里很少被人们关注。但是，在 20 世纪 30 年代的经济大萧条中，利哈伊谷铁路公司遭受了致命打击。到 1938 年，公司被迫通过债务调整计划来缓解资金紧张状况。然而，这一妥协方案未能巩固公司的财务状况。到 1949 年，经过进一步谈判公司又达成了债务调整方案。但是多年后，重组也未能最终解决公司的困难，到 1970 年 10 月 1 日，公司终于无力支付利息。债券持有人——也就是 14.4 英里铁路［从黑泽尔溪（Hazel Creek）到黑泽尔顿（Hazleton）的 7.9 英里和从阿什莫尔（Ashmore）到海兰峰（Highland）的 6.5 英里］抵押权的首先受益人——并没有因抵押感到丝毫的安慰。1972 年，公司债券的价格跌至票面价值的 5%。尽管并非所有铁路债券都遭到如此悲惨的命运，但是多数铁路债券都未能达到投资者的期望收益。[①]

随着铁路行业从 19 世纪 90 年代的景气高点一路下滑，铁路债券已不再是一个单独的资产类别。当初投资者由于过分集中投资于铁路债券，只少量投资于国内普通股，结果错失了获取高额收益的良机。回过头来看，哪些资产可以为投资者带来利润自然一目了然。但是，投资者面临的根本挑战是：如何构建出一个组合，使其在未来的环境中能够取得成功？

---

① Moody's Investor Service, *Moody's Transportation Manual*（New York：Moody's Investor Service, Inc.，1973）：358－370.

在资产配置过程中，投资者首先要挑选各个不同的资产类别，然后配置不同的仓位使其能够满足投资的根本目标。在机构的组合中，一般需要包含能够产生相当于股票收益的资产，如国内股票、外国股票、绝对收益、实物资产和私人股权。此外，为了降低各类资产特有的风险，投资者需要积极进行分散化投资，确保各类资产的配置比例适中，既能发挥作用，又不会对组合产生过大影响。只有了解各个资产类别并指明每种资产的作用，投资者才能为机构资产投资奠定坚实的基础。

二、资产类别的定义

在对资产类别进行定义时，很难实现纯粹性。在极端的情况下，投资者甚至定义出几十个资产类别，结果名目繁多，难以管理。对组合中应该包含多少个资产类别，市场参与者莫衷一是。尽管如此，资产类别的数目要大小适中，确保每类资产既能在组合中发挥作用，又不会对组合产生过大影响。在一个组合中，如果某类投资的配置比例不到 5% 或 10%，将没有什么意义，因为配置比例过低，该类投资无法影响组合的整体业绩。但是，如果某类资产的配置比例超过 25% 或 30%，将产生过度集中的风险。对大多数组合而言，资产类别的合理数量大约为 6 个。

在定义资产类别时，资产的功能特征发挥主导作用，结构性、法律性特征处于次要地位。按照不同的特征，可以有多种方法来定义资产类别，例如，债券和股票、国内和国外、通胀敏感和通缩敏感、公开市场与非公开市场、流动性和非流动性。最终，投资者要对各种资产进行分类组合，将具有类似特征的投资产品归为一类。各个资产类别是构建组合的基本材料。

固定收益类资产包括多个层面。如果投资者想利用固定收益类资产来抵御偶发性金融事件的影响，那么只有高质量、长期、不可赎回的债券才能满足要求。尽管从法律角度和结构特征来讲，投资级以下的债券（即垃圾债券或高收益债券）也属于固定收益资产类别，但是它们缺乏抵御金融危机的重要功能。垃圾债券的本息支付主要取决于债券发行人的财务状况，它的风险类似于股票。即使债务人履行了合约的义务，债券持有人也可能因赎回风险*而蒙受损失，因为当利率降低或公司财务状况得以改善后，发行人可以在债券到期日前以固定价格赎回。具有讽刺意味的是，不管公司前景恶化抑或改善，垃圾债券的持有人都可能会遭受损失。因此，无论如何，投资级以下的债券都不能抵御严重的经济萧条，因为在经济困难时期，高收益债券持有人可能因公司违约而蒙受损失。

在抵御金融危机方面，政府债券是最主要的资产类别，它能高效地保护组合。但是，并非财政部发行的所有债券都属于同一资产类别。抗通胀债券（TIPS）就不能出现在合理定义的固定收益资产类别中。当发生超预期的通胀时，传统的固定收益类资产通常价格下降，因为未来固定支付的本息将会贬值。相反，与通胀挂钩的债券却能提供更高的收益。面对超预期的通胀这同一种变量，这两种资产的反应恰恰相反，因此它们属于不同的资产类别。

许多投资者在组合中加入外国债券，将其视作一个广义的固定收益类资产或单一资产类别。然而，这两种做法都没有实质意义。首先，固定收益组合的宗旨是对冲通货紧缩或金融危机，外国债券不符合这一宗旨。在国内发生金融危机时，外国债券会如何表现，投资者无从知晓，因为国外的状况可能与国内不同。而且，由于汇率因素的影响，外国债券的投资收益可能产生巨大的、难以预知的变化。其次，如果把外国债券作为一个单独的资产类别，其中高质量的债券无法获得投资者的关注，因为它的预期收益低，并且存在汇率风险，这两个因素抵消了它作为非国内固定收益类证券的优点。投资者购买债券是为了安然渡过危机，并要为此付出代价（债券的预期收益率低），因此，这些债券必须能够明确、直接发挥作用。

谨慎的投资者要从功能的角度来定义资产类别，并结合各个资产类别的特点以及它们在特定组合中需要发挥的作用。在固定收益类资产中，信用风险、赎回风险和汇率风险的存在削弱了它们抵御金融危机的作用。然而，为了获得收益或用更容易的方法超越大盘，大多数机构组合中债券资

---

* 赎回风险（call risk）指的是债券发行人在债券到期日之前按预先规定的价格赎回债券，导致投资者收益降低的风险。请参见本书后面的解释。——译者注

产的配置比例不合需求，而且不是只包括纯粹的美国政府债券。最终的结果是，这样的组合既不能产生相当于股票的收益，也不能起到抵御市场危机的作用。

在定义各个资产类别时，判断力发挥着重要作用。尽管在资产配置过程中要应用统计分析，但是如果统计分析不是建立在对资产类别进行合理定义的基础上，那么最后得出的组合将不太可能满足机构的需求。

第一节　定量分析和定性分析

在制定资产配置的政策目标时，投资者需要将定量分析和定性分析有机地结合起来。金融市场需要量化，收益、风险和相关性适合用数字来测算。投资者可以运用多种理论或模型来分析可能的组合构成。这些理论或模型包括资本资产定价模型（CAPM）、套利定价模型（APT）和现代组合理论（MPT）。定量分析是构建组合的基础，要求投资者在构建组合时严谨认真。投资者要系统地指定资产配置模型的输入变量，这样才能使组合管理的核心问题明确化。

诺贝尔奖得主哈里·马科维茨和詹姆斯·托宾开发出了一个组合分析模型，即均值-方差最优化（mean-variance optimization）模型，这一模型被人们广泛地运用而且效果上佳。根据这一模型，投资者可以找到有效组合，即在给定风险水平上能够实现最大收益的组合。模型中的输入变量有预期收益、预期风险和预期相关性。根据这些变量，最优化模型对各种资产的组合进行评估，并最终识别出最优组合。这些最优组合构成有效边界（efficient frontier），理性的投资者将从有效边界上选择适合自己的组合。

一、识别有效组合

看到"均值-方差最优化模型"这几个字，投资者可能会望而却步，脑海中浮现常人难以理解的复杂的量化分析方法。然而事实上，最优化模型的基本概念相当简单，就连略懂金融学的学生也可以理解。

均值-方差最优化模型的核心任务是识别有效组合。有效组合优于其他所有可产生同等收益或面临同等风险的组合。也就是说，在给定的风险水平上，没有其他组合的收益比有效组合更高；同样，在给定的收益水平上，没有其他组合的风险比有效组合更低。注意，这里的"有效"完全是针对收益和风险而言的，均值-方差最优化模型没有考虑资产类别的其他特征。

投资者在应用模型时一般假设资产类别的收益呈正态分布（钟形曲线形分布），这样一来，仅用均值和方差两个变量就可以完整地描述收益的分布特征。尽管利用正态分布有助于均值方差分析，但是在现实世界中，证券收益也可能呈现出非正态分布的特征，因此模型的结论被打了折扣。

相关性指的是一个资产类别的收益与其他资产类别的收益之间的变化关系，用来衡量该组合的分散化能力，因为组合中各资产类别对收益驱动因素的反应各不相同。除了风险和收益外，各资产类别之间风险收益的相关性是组合的又一特征，会对构建组合产生影响。

在规定了各个可投资资产类别的预期收益、风险和相关性特征之后，投资者便可以开始寻找有效组合。在给定的风险水平上，模型将逐一评估各个组合，最终识别出能够创造出最高收益的组合，这个最优组合构成有效边界上的一个点。重复上述过程，模型将识别出一系列风险水平各自对应的最高收益组合。将这些最高收益组合所在的点连接起来就构成了有效边界。

均值-方差最优化模型的核心非常简单，即利用给定的资本市场特征，通过定量分析模型应用严格反复的方法所得结果来寻找有效组合。投资者可以在有效边界上挑选出一组最优的资产组合。

二、均值-方差最优化模型的局限

不加限制地运用均值-方差最优化模型通常难以得出真正合理的组合。理查德·米肖（Richard Michaud）曾批评过均值-方差最优化模型。他写道："均值-方差最优化的证券组合，从本质上讲，就是'估计错误最大化'的证券组合，这一事实解释了为什么许多'最优'组合难以被认可。均值-方差最优化模型总是会超配（低配）那些具有较高（较低）预估收益、负（正）相关和较小（较大）方差的证券。而这些证券正是最有可能发生估计错误的证券。"[1] 尽管米肖的批评针对的是各种证券构成的组合，但是也同样适用于由不同资产类别构成的组合。

一些基本问题限制了均值-方差最优化模型的效用。

首先，有证据表明，证券收益并非呈现正态分布，市场中极端事件的发生概率要比正态分布中极端事件的发生概率高许多。《我们自己制造的魔鬼》（*A Demon of Our Own Design*）一书的作者理查德·布克斯特伯（Richard Bookstaber）说："以往经验显示，在每个金融市场中，每年单日价格波动幅度达 4 个标准差的情形至少发生一次[2]。在任何一年中，通常至少有一个市场会发生单日价格波动超过 10 个标准差的情形。"[3] 因为市场价格极端波动发生的频率远远高于正态分布所预计的，因此，均值-方差最优化模型忽略了一些极其重要的信息。事实上，投资者更关注的是类似于 1987 年股灾这种处在正态分布尾部的特殊情况，而不是那些处于正态分布中心的正常情况。

其次，资产类别之间的相关性可能不稳定。例如，在危机发生时，原本独立运行的市场可能会同步波动。1987 年 10 月，全球股票市场同时崩溃，结果，那些原本希望通过国外投资来缓冲国内股票价格下跌风险的组合经理备感失望。虽然在 1987 年 10 月股灾之前和之后，各国股市的相关性远远小于1，但是，紧随着 10 月股灾的发生，各国股市的表现开始呈现出高度的相关性，许多投资者开始质疑分散化投资的有效性。在预估均值-方差最优化模型的输入变量时，许多投资者高度依赖历史经验；然而，由于市场结构不断发展变化，历史收益、风险和相关性的指导价值降低。因此，采用定量分析模型的投资者既要合理地考虑历史数据的指导意义，又要适当地融入自己经过深思熟虑后的主观判断，这一任务的挑战可想而知。

---

[1]　Richard Michaud, "The Markowitz Optimization Enigma: Is 'Optimized' Optimal?" *Financial Analysts Journal* 45, no. 1 (1989): 31-42.

[2]　正态分布变量的标准差为 4，意味着每 15 780 次尝试会发生一次。按每年 250 天来计算，标准差为 4 的事件每 63 年发生一次。

[3]　Richard Bookstaber, "Global Risk Management: Are We Missing the Point?" (paper based on presentations given at the Institute for Quantitative Research in Finance, October 1996 and at the Internal Models for Market Risk Evaluation: Experiences, Problems and Perspectives Conference, Rome, Italy, June 1996).

再次，均值-方差最优化模型完全依靠预期收益和预期风险来考察资产类别收益的分布特征，但是它却没有考虑资产类别的其他重要特征，如流动性和可交易性。事实上，用均值-方差最优化模型来分析低流动性资产时会出现一些重要问题。通常，均值-方差最优化模型需要分析每年资本市场的数据，这意味着，模型假设投资者每年都会对组合进行再平衡操作。也就是说，如果组合中股票配置比例高于目标、债券配置比例低于目标，那么到组合年度调整时，投资者将会卖出股票而买入债券，使各资产类别的配置比例重新恢复到目标水平。很明显，对私人股权和房地产投资等可交易性较差的资产，投资者不可能以低成本、有效的方式使其恢复目标配置比例。由于投资者难以按模型假设的方式来管理流动性较差的资产，因此，均值-方差最优化模型得出的结论的可应用性降低。

最后，投资时限问题。在许多情况下，投资者要满足多重目标，这些目标又跨越不同的时间期限。例如，捐赠基金经理的中期目标是保证支出的稳定性，但同时他还面临资产保值的长期目标。如果优先考虑支出稳定性目标，那么在均值-方差最优化模型中合适的时间期限是 3～5 年；如果优先考虑资产保值的目标，那么模型大概需要采用长达几十年的时间期限。但是，均值-方差最优化模型普遍采用的时间期限为一年，对捐赠基金的上述两个目标均无济于事。由此可见，均值-方差最优化模型的灵活性不够，无法考虑现实世界中捐赠基金投资者的需要。

归根到底，均值-方差最优化模型将各个资产类别丰富繁杂的特征浓缩成一组简洁、精确定义的统计学特征，这既是它最大的吸引力，也是它最根本的缺陷。由于均值-方差最优化模型采用的假设条件被大大简化，因此根据该模型得出的资产配置方案只是资产配置过程的开始。

三、定性判断

由于均值-方差最优化模型具有上述局限性，投资者在资产配置过程中必须融入定性判断。投资者要根据自己的判断，在配置某个资产类别时附加一些合理的约束条件。例如，为了分散风险，投资者可能会将每个资产类别的配置比例限制在 30% 以内，以确保没有哪个资产类别能够左右组合的收益。此外，从逻辑上说，对私人股权的超前配置应该在现有的配置比例上逐步增加。由于私人股权投资流动性较差，而且投资机会通常不可分割，通常难以严格按照组合的目标水平增加，因此，逐渐递增的方式相对合理。

循序渐进的方式本身就有优点，在资产配置过程中也能发挥效用，因为资产配置过程充满了不确定性。凯恩斯笔下"时间和无知的隐秘力量"笼罩着未来，甚至连对资本市场特征周密的估计也显得不可靠。[①] 依据高度不确定的数据来对资产配置做出重大改变是不可靠的，因此，投资者要对均值-方差最优化模型进行合理修正，限制资产类别配置比例的大幅变动。

但是，投资者必须注意避免一点，不能仅仅为了构建表面上看起来合理的组合而对各类资产的配置比例进行限制。极端地说，如果在均值-方差最优化过程中加入过多的限制条件，那么模型就几乎完全按照投资者的偏好被改头换面，其结果就像计算机科学家所熟知的 GIGO（garbage in/garbage out）一样——无用输入，无用输出。

另外，投资者可以从有效边界附近（而非有效边界本身）的一系列组合中寻找合理的优化组合。事实上，除非现有的组合恰好位于有效边界上，否则将会有更多的组合可供选择：它们要么在相同甚至更低的风险水平上承诺更高的预期收益，要么在相同甚至更高的收益水平上承诺更低的风险。这些选择可能比处于有效边界上的组合更加合理，而且让投资者在获得卓越收益的同时感到更加安心。

通过利用模型进行定量分析，投资者可以看出如何改变组合能够带来收益。通过对现有的组合进行均值-方差最优化分析，投资者可以测算出现有组合要达到最优化水平需要向哪个方向移动多少，这样，投资者将更清楚未来资产配置的方向。根据模型测算的结果，投资者可能需要增加具有吸引力的资产类别的配置比例，甚至可能超过限制水平，而降低那些不具吸引力的资产类别的配置比例。根据最优化组合是否"喜欢"某个资产类别以及"喜欢"

---

① Keynes, *General Theory*，1964，155. 凯恩斯的这句话的完整说法是："The social object of skilled investment should be to defeat the dark forces of time and ignorance which envelop our future."

的程度，投资者可以相应增加或减少该类资产的配置比例，这是对定量分析结论进行的初步定性评估。用合理的判断来修正和解释均值-方差模型的结论能够完善资产配置过程。

第二节　资本市场假设

预期收益和预期风险是对任何组合进行定量评估的核心。尽管历史数据可以指导定量评估，但是投资者要想得出真正有用的结论，绝不能仅仅将历史数据输入均值-方差最优化模型中。

在组合最优化模型中，确定一系列输入变量的预估值变得困难重重，主要原因是预估值的前瞻性。尽管历史规律可以为未来假设提供重要的参考，但是历史数据必须经过修改才能得出符合未来市场现实的数据。考虑周全的投资者在确定变量假设时既要尊重历史规律，又要力求符合实际情况，并努力在两者之间取得平衡。

资本市场总是需要调整。证券价格的均值回归（mean reverting）规律意味着物极必反，在高收益时期过后，随之而来的必然是低收益时期，反之亦然。著名的资产管理人杰里米·格兰瑟姆认为，均值回归规律是金融市场上最强大的力量。[1] 如果证券价格趋向于回归均值，那么投资者必须对预期收益做出调整，降低近期表现良好的证券的预期收益，提高近期表现逊色的证券的预期收益。

仅仅考察特定时期的数据经常会得出违背直觉的结论。在某个时期内，风险较高的资产类别的收益可能低于那些风险明显较低的资产；特征迥异的资产可能莫名其妙地同步波动。因此，投资者在定量分析过程中必须调整变量假设使之能够恰当地反映收益和风险之间的关系。

由于市场结构的变化，当前市场环境可能与早期市场相去甚远，因此，分析师必须重视近期数据，降低对早期数据的重视程度。随着新证券种类的加入，资产类别的特征甚至可能被从根本上改变，这样，早期数据在被用于

---

[1]　Jeremy Grantham. "Everything I Know About the Stock Market in 15 Minutes," Internal Memo.

预测未来资产类别的表现时变得几乎没有任何价值，自 1977 年 2 月开始美国财政部发行的 30 年期国债就是一例。

要对资产类别的未来特征做出准确的预测，有些投资者可能感到气馁。不过，成功地预测出各资产类别的相关变量、资产类别之间以及各类资产内部的合理关系能够创造出巨大的价值，认识到这一点后，投资者也许能感到些许安慰。建立合理的资本市场假设，并且确定各变量之间合理的相互关系，有助于投资者发掘有用的组合。即使投资者对风险和收益变量精确的预测值与实际情况不符，由于输入模型的数据之间的关系牢固可靠，模型也仍然可以在投资者寻找有效组合的过程中助其一臂之力。

不过，有时出于种种目的，投资者必须对各资产类别的收益做出精确的预测。比如，投资者在评估各个资产组合能否满足机构特定的支出需求时，就需要对收益做出精确的预测。当判断一个组合能否产生足够的收益来满足机构 4%、4.5% 或 5% 的目标支出比率时，基金受托人需要依赖对资本市场未来收益的准确预测，这是一个巨大的挑战。幸运的是，受托人只需要对长期收益而非短期收益做出相对正确的预测，短期收益预测的挑战性更大。

在应用均值-方差最优化模型时，预期收益假设是决定模型结论的最重要因素，因此建模人要高度重视这一变量。[1] 方差假设是第二重要的因素，而相关性假设则不如以上两者重要。所幸模型中相对重要的两个变量——预期收益和方差——的直观性相对较好。

一、上市有价证券的特征

上市有价证券在组合中处于核心地位，关于它们的高质量数据也触手可及，因此，投资者可以在历史收益数据的基础上对国内股票和债券进行资本市场假设。投资者在选择合适的考察时间段时需要进行权衡。选择较长的时间段有利有弊。有利的方面是，从较长的时间段中，投资者可以更全面地看

---

① Vijay Kumar Chopra and William T. Ziemba, "The Effect of Errors in Means, Variances, and Covariances on Optimal Portfolio Choice," *Journal of Portfolio Management* 19, no. 2 (1993): 6-11.

出资产类别的收益以及各资产类别之间的相互关系。有弊的方面是，如果考察的时间段过长，数据将包括那些与当前市场结构根本不同的时期的收益。例如，杰里米·西格尔在他的《股市长线法宝》一书中考察了自 19 世纪初开始的美国股票和债券市场的收益数据。在他考察的很长一个时期内，美国是一个新兴市场，没有美联储，也不存在长期政府债券。那么，19 世纪股票、债券的收益水平对目前预测股票、债券的收益有什么作用呢？

此外，随机选择一个时期的数据作为预测未来收益的基础也略显武断，1976 年伊博森与辛克费尔德发表的研究中截取的时间跨度更为合理。[①] 这项具有里程碑意义的研究考察了从 1925 年至今的收益，提供了大量丰富的数据，同时它的时间跨度相对较短，限制了结构性变化对市场的影响。

投资者要以历史数据（见表 5－1）为基础，然后进行一系列资本市场假设（见表 5－2）。由于审慎管理的捐赠基金支出的只是经通货膨胀调整后的收益，因此所有的资本市场假设均需按照合理的通胀水平进行调整。

表 5－1　资本市场的历史数据是定量分析的起点

（历史数据用高等教育物价指数进行通胀调整）

	美国股票	美国债券	发达市场股票	新兴市场股票	绝对收益	私人股权	实物资产	现金
观测值数量	80	80	36	21	17	25	25	80
算术收益	10.6%	2.5%	8.3%	11.9%	9.9%	12.8%	6.2%	0.7%
标准差	22.4%	6.8%	22.1%	30.0%	8.2%	23.1%	6.8%	4.0%
增长率	8.2%	2.3%	6.1%	8.1%	9.6%	10.9%	6.0%	0.6%

资料来源：美国股票：给予标准普尔 500 指数（1926—2005）70%的权重，给予罗素 2 000 指数（1979—2005）、DFA Small Companies Deciles 6－10（1926—1978）30%的权重。美国债券：雷曼兄弟政府债券指数（1973—2005）和伊博森中期政府债券指数（1926—1972）。发达市场股票：MSCI EAFE 指数。新兴市场股票：国际金融公司（IFC）新兴市场指数（1985—1997），MSCI 新兴市场 Free（1998—2003）和 MSCI 新兴市场指数（2004—2005）。绝对收益：剑桥协会的数据（1989—1993）和特利蒙特综合指数（1994—2005）的加权平均。私人股权：剑桥协会。实物资产：剑桥协会和美国房地产投资受托人理事会（NCREIF）。

① Roger G. Ibbotson and Rex A. Sinquefield, "Stocks, Bonds, Bills, and Inflation: Year-by-Year Historical Returns (1926-1974)," *Journal of Business* 49, no. 1 (1976): 11-47.

表 5 - 2　定量分析模型的输入值是修正后的风险和收益假设（%）

（模型中的数据用高等教育物价指数进行通胀调整）

	美国股票	美国债券	发达市场股票	新兴市场股票	绝对收益	私人股权	实物资产	现金
预期收益	6.0	2.0	6.0	8.0	6.0	12.0	6.0	0.0
标准差	20.0	10.0	20.0	25.0	10.0	30.0	15.0	5.0
预期增长	4.1	1.5	4.1	5.1	5.5	8.1	4.9	-0.1

资料来源：Yale University Investments Office.

1. 国内债券

从逻辑上讲，国内债券市场收益是资本市场假设矩阵的基础。在很长一个时期内，由于通货膨胀超预期，固定收益类资产的投资收益被慢慢吞噬了，债券的实际年收益率仅为 2.5%，风险却高达 6.8%。1979 年 10 月，美联储决定以货币总量而非利率为控制目标，债券市场的波动性加强。因此，我们提高近期数据的权重，假设债券的预期实际收益率为 2%，风险为 10%。

2. 上市股票

关于债券和股票预期收益差异（即风险溢价）的讨论卷帙浩繁。尽管估算风险溢价的过程非常复杂，但资产配置人必须直接或间接解决这一问题。表 5-1 中 8.1%（=10.6%-2.5%）的历史风险溢价水平显得过高，主要原因是过去 25 年中美国股票表现格外强劲。另外，股票、债券收益的时间序列数据表明：风险溢价随着时间的推移而逐渐下降。考虑到风险溢价水平趋向于回归均值而且股票风险溢价将长期下降，我们可以合理地假设美国股票的实际收益率为 6%、标准差为 20%。

对不同国家的股市按地域进行分组也是一个有趣的问题。常见的分组方法包括全球股市、地区股市和单个国家股市。如果把全球股票资产归为一个类别，投资者将无法考虑汇率波动对投资收益的重要影响；而如果把单个国家股票资产视作一个类别，由于涉及的变量过多，投资者难以进行合理的分析。比较合理的分类方法是：将国内股票与外国股票区分开来，这样投资者可以考虑国内市场的重要特点，特别是货币方面的；在外国股票市场中，投资者需要将发达市场与新兴市场进一步区分开来，因为这两个市场具有显著不同的风险和收益特征。

通常，发达经济体的经济和市场基本面类似。从长期来看，德国、日本和英国的股票市场的收益和风险水平应该接近美国股票市场。因此，我们假设国外发达市场的实际收益为 6％、风险为 20％，与美国股市类似。

相对于其他上市股票，新兴市场股票投资者面临的基本面风险更大，因此，理性的投资者预期更高的收益和波动性。我们假设新兴市场股票投资者的预期实际收益为 8％，收益的标准差（风险）为 25％。

二、另类资产类别的特征

对财务模型构建者来说，另类资产类别的预测更具挑战性。与传统的上市有价证券不同，另类资产类别存在于常规市场之外，没有任何基准收益可以帮助投资者模拟这些资产的特征。此外，历史数据通常描述的是积极型投资经理的收益，范围有限，而且有时会被存活者偏差放大，因此，投资者必须从基本面的角度来预测另类资产类别的风险和收益。

1. 绝对收益

耶鲁基金最早于 1990 年将绝对收益投资单独归为一个资产类别，积极投资管理是此类投资得以存在的根本。绝对收益投资经理致力于寻找有价证券的定价错误，产生与传统有价证券不相关、类似于股票的收益，主要运用的策略有事件驱动型策略和价值驱动型策略。事件驱动型策略包括合并套利（merger arbitrage）和不良资产证券（distressed security）投资，它们的成功取决于公司完成合并或重组等公司财务交易。价值驱动型策略是通过建立能够相互对冲的多头头寸和空头头寸来消除市场风险敞口，依靠市场发现错误定价机会来产生收益。一般来说，绝对收益投资涉及的交易时间较短，从几个月到一两年不等。

如果仅仅从 20 世纪 80 年代后期的情况来看，评论人士可能会认为绝对收益投资每年产生的收益大约为 20％。在这个时期内，采取绝对收益投资策略的对冲基金创造了引人注目的历史业绩，它们的收益高、风险低而且与传统上市有价证券几乎没有相关性。但是，如果投资者不冒系统性风险，他们的收益本该等于货币市场利率。在资金成本为 4％ 的环境中，对冲基金市场中立的组合获得 20％ 的收益率，这意味着超额收益高达 16％！事实上，这一收益数据被存活者偏差夸大了。由于存活者偏差的影响，成功的公司对历史业绩会产生过大的影响，而业绩平平的公司会被遗忘。被存活者偏差夸大的数据对预测将几乎毫无帮助。

通过自下而上的分析，投资者能更好地预测绝对收益投资未来的业绩表现。在价值驱动型策略中，投资经理通常分别建立有价证券的多头头寸和空头头寸，以消除交易对市场的影响并创造出两次获得超额收益的机会。假设在国内股票投资中，排名前 1/4 的投资经理获得的超额收益①为 2.6％。如果采用价值驱动型策略的投资经理在组合的两端——多头和空头——均获得 2.6％ 的超额收益，那么他的总收益将为 8.9％，其中包括 3.7％ 的短期收益、多头获得的 2.6％ 的超额收益和空头获得的 2.6％ 的超额收益。从过去的经验来看，产生 2.6％ 的超额收益是一个巨大的成就，这意味着，我们上文中据此假设进行的分析比较激进。继续上例，扣除管理费和激励薪酬后，投资者的净收益大约为 6.3％。因此，从自下而上的角度来看，很难证明绝对收益投资 20％ 的预期收益是合理的。事实上，投资者要想获得 20％ 的净收益，多空策略的投资经理必须在多头和空头上均产生超过 10％ 的超额收益，而如此之高的业绩水平基本上是不可持续的。

在一个资产类别出现的早期，存活者偏差对历史数据的影响极为严重，因此，对未来的假设要与历史数据之间存在巨大的差异，绝对收益资产类别即如此。1997 年，耶鲁基金的绝对收益投资的收益率高达 17.6％，与此同时，波动性低至 11.8％，这一数据既体现了耶鲁基金的实际业绩表现，也包括市场收益的因素。如果这一数据可信，那就意味着绝对收益投资的收益几乎是国内股票投资的收益的两倍，而风险水平不过是后者的一半。面对这种情况，耶鲁基金在确定绝对收益资产类别的特征时采取了更为保守的方法，假设实际预期收益为 7％，风险为 15％。尽管已经进行了大幅调整，但耶鲁

---

① 超额收益或阿尔法是指积极投资管理策略经风险调整后相对于市场基准收益的增量收益。根据弗兰克·罗素公司编制的数据，在截至 2006 年 12 月 31 日的十年中，前 1/4 的股票投资经理每年超过中等水平 2.6％。关于多空投资策略的超额收益，详见后文的阐述。

基金的假设数据仍然表明，绝对收益投资比国内股票投资的预期收益高且预期风险低。

随着一个资产类别逐渐成熟，存活者偏差的影响逐渐减弱。咨询顾问在编制当前收益数据时从大量参与者中收集，从而减少了一些过于引人注目的收益数据的影响。由于被统计的投资经理人数比以前大大增加，新进入者的业绩对收益的夸大影响（回填偏差）得以降低。因此，目前耶鲁基金对绝对收益资产类别的假设与历史水平更加接近，实际收益率假设为6%，与股票收益率接近，风险为10%，低于股票的风险。

2. 私人股权

私人股权主要包括风险投资和杠杆收购，这些资产对市场因素的反应与其他上市股票相似。事实上，风险投资和杠杆收购与高风险的股票资产类似，这也是人们有可能将非公开交易资产与有价证券归为同一资产类别的原因。

如果投资经理纯粹追求财务战略，那么就很难将他所管理的私人股权视作单独的一个资产类别。在杠杆收购方面，简单地在公司资产负债表中增加负债比例并无法使这种非公开市场投资区别于公开市场投资。在风险投资中，如果投资者在公司培育后期、首次公开发行股票之前为公司提供股权融资，那么他们投资的股权相当于公开上市交易的小盘股。通过金融工程创造的非公开交易资产投资的基本特征与上市交易证券非常相似，因此，区别这类非公开交易资产与公开上市交易证券的因素仅仅是流动性差异。

要将私人股权投资单独视作一个资产类别的一个更有说服力的理由是，投资者在管理被投资公司的过程中创造了价值。在风险投资中，在把一个公司从没有任何收入的理念培育成一个能产生数千万美元收入的实体公司的过程中，风险资本家做出了重要贡献，这一创造价值的过程不涉及资本市场交易活动。在杠杆收购中，收购专家利用专业技能有效地改善了公司的经营环境，类似地，他们创造的收益也与纯粹的资本市场交易无关。综上所述，创造价值的巨大潜力、流动性差异和结构性差异是将私人股权投资视作单一资产类别的原因。

在对私人股权投资进行具有前瞻性的资本市场假设时，历史数据的参考意义微乎其微。由于人们对非公开交易资产按市价进行调整的频率不高，它们的波动性显得相对较低，但事实并非如此。在风险资本家的组合中，初创公司只是偶尔会得到价值评估，因此，人们观测到的风险水平相对较低。当这家公司上市后，其股票开始逐日交易，人们观测到的波动性大幅增加。很明显，按照常理，随着公司逐渐成熟，真实风险水平通常降低。这说明，观测到的波动水平低估了非公开交易资产的真实风险水平。在杠杆收购方面，历史收益数据也存在同样的问题，观测到的历史风险水平异常低。总之，报告频率低、未能及时按市价评估价值这两个因素共同掩盖了私人股权投资真实的风险水平。

在预测私人股权投资的风险和收益特征时，投资者需要参考私人股权投资与上市股票投资之间的关系。由于非公开交易资产的非流动性和高风险特征，其预期收益和预期风险应当分别高于国内股票 6% 的预期收益和 20% 的预期风险。我们对历史数据中私人股权投资 12.8% 的收益和 23.1% 的风险水平保守地进行修正，假设其预期收益为 12%，预期风险为 30%。

3. 实物资产

实物资产包括房地产、石油和天然气、森林，其共同特征是对通胀反应敏感、流动现金流数量大而且可见度高、投资者有机会通过利用市场错误定价机会来获利。实物资产收益前景良好，能够充分分散组合，并且能够对冲超预期通胀的影响。

尽管实物资产的三个子类别具有上述诸多类似之处，但它们互不相同，而且相关性较低，因为每种资产的供需关系取决于完全不同的因素。例如，近期历史表明，石油和天然气投资与房地产投资及森林投资呈现出负相关性。实物资产内部的分散化特征有助于该资产类别在各种经济环境中都能够产生稳定的收益。

在耶鲁基金的实物资产组合中，房地产投资占据半壁江山，其比重为 50%。房地产投资收益呈现出显著的周期性特征。回过头来看，在 20 世纪 80 年代末，由于房地产投资收益高于股票和债券，投资者蜂拥进入房地产市场。几年之后，市场崩溃，这些投资者眼中只剩下房地产投资的黯淡前景。由于投资收益非常低，房地产在机构组合中几乎失去立足之地。但现实情况介于两个极端之间，既不像当初那么光明，也不像后来那么凄凉。

房地产同时含有债券和股票的特征。承租人按合同定期支付的租金类似于债券的固定收益，而房地产的残留价值又类似于股票。在极端情况下，房地产投资几乎完全与债券投资相同。例如，签署长期、三重租约*的物业提供的现金流与债券支付的利息类似。相比之下，有些房地产投资几乎完全是由残留价值组成的。例如，酒店物业带有纯粹的股票特征，其租赁期限按日计算。大多数房地产投资介于两者之间，兼具债券和股票的特征。

石油和天然气投资覆盖范围广，既包括相对保守的储备收购，也包括风险相对较高的勘探。实物资产这一类别重点考虑的是收购生产性财产，因为其现金流能够随物价上涨而增多。风险较高的勘探活动属于私人股权投资领域，至少在探明储量之前如此。

随着生产活动逐步消耗储藏量，石油和天然气储备能够产生大量现金流，投资者既能收到投资收益，又能得到返还的资本。石油和天然气储备产生的现金流与公布的能源价格相关性极高，不过，因储备的地理位置和质量不同而有所差异。

实物资产中第三类是森林投资。像房地产和石油及天然气一样，森林的投资收益也对通胀反应敏感，但是，由于森林在整体经济中的作用不及前两者，林木价格的变化与整体物价水平的相关性也低于前两者。精于财务的所有者在管理森林时依照可持续的原则，每年只砍伐通过自然生长产生的木材，这样，森林的生产能力将会保持不变，从而实现资产保值。

在按照可持续原则管理森林时，森林所有者没必要将当年自然生长产生的木材全部砍伐。当木材价格相对较低时，所有者可以削减砍伐数量，将当年应当砍伐的部分树木推迟到未来几年。事实上，在推迟砍伐时，森林所有者未来将可以收获更多的木材，这也算是对他们的耐心的一种回报。在森林投资中，投资者的耐心能够得到回报，而在石油和天然气投资中，储备会被耗竭，两者是截然不同的。

---

　* 按照三重租约，租客需付租金、物业税、保险费、保养费及其他维修费。——译者注

由于实物资产的投资风险介于股票和债券之间，实物资产的预期收益也应该介于股票和债券之间。事实上，由于实物资产的定价效率低，其预期收益要高于此，这意味着实物资产的预期收益和股票处于同等水平，因此我们假设实物资产的实际预期收益率为 6%。

和绝对收益投资类似，实物资产的历史波动性数据也需要修正。由于上市股票的风险为 20%，债券的风险为 10%，实物资产 6.8% 的观测风险似乎不符合它的基本特征。实物资产的数据大都来自不规律的评估报告，因此不能说明实物资产的真实波动水平。而且，这种不规律的评估报告不仅减少了观察价格波动的机会，而且评估过程也往往会永远保留那些过去评估报告中存在的偏差。因此，我们假设实物资产的风险为 15%，介于债券 10% 的风险和股票 20% 的风险之间。通过评估资产类别的基本特征来形成资本市场假定，投资者可以建立一个独立于市场周期的、合理的组合评估框架。

三、相关系数矩阵假设

在均值-方差最优化模型中，相关系数矩阵是最难确定的一系列变量。相关系数是指各资产类别的收益在多大程度上同步变化，它比均值和方差缺乏直观性。

确定相关系数的难度非常大，从不同经济环境下债券收益和股票收益之间的相关性中便可见一斑。在正常情况下，债券收益与股票收益之间呈现出高度的正相关关系。在利率下降时，由于债券价格和收益率之间呈相反关系，债券价格将会上升。在利率下降时，由于投资者用更低的折现率对未来收入现金流进行折现，股票价格也将会上升。由于在正常情况下股票与债券之间呈现出高度的正相关关系，因此组合难以达到分散化的效果。

当发生超预期的通货膨胀时，债券投资者将会遭受损失。物价上涨侵蚀了债券支付的固定本息的购买力，导致投资者推低债券价格。对股票而言，尽管通货膨胀在短期内可能会产生负面影响，但是从长期来看，其影响是正面的。[①] 可见，在发生超预期的通货膨胀时，股票和债券的长期相关系数很

---

① 关于股票收益和通胀之间的关系，详见本书第 10 章。

低，这样可以使组合达到充分分散化的效果。

在通货紧缩的环境中，由于经济不景气导致企业盈利下降，股票的表现非常糟糕。相比之下，随着物价水平的下降，债券支付的固定本息显得更具吸引力，因此债券的收益相当可观。可见，在通货紧缩时期，由于股票和债券之间的相关性很低甚至为负，组合可以达到分散化的效果。

在符合预期和超预期的通胀环境中，股票收益和债券收益的表现存在根本性区别，这对财务建模者而言无疑是一个谜团。究竟是采用通胀符合预期时股票和债券之间的相关系数，还是采用通胀超预期时它们之间的相关系数？前者不能达到分散化的效果，后者可以。但导致这一问题更加复杂化的是，通常投资者更关心的是在未预期到的环境中（尤其是通货紧缩时）债券的分散化功能。

定量分析模型的数据确定技术不断向前推进。1986年，当耶鲁基金开始应用均值-方差最优化模型时，根据未经调整的历史数据进行风险、收益和相关系数假设。1986年的投资收益敲响了警钟。当时，在时间序列数据中，标准普尔500指数的收益为18.5%，EAFE指数的收益为69.9%，按照历史相对收益，耶鲁基金应当配置外国股票。不过，耶鲁基金认识到，假设过去表现良好的资产未来继续表现出色是不合常理的，因此，1987年，耶鲁大学投资办公室对预期收益数据进行修正，得出一组内部一致的收益假设。1988年，耶鲁基金按照前一年的做法，根据合理的判断对风险水平进行类似修正。最后，1994年，耶鲁大学投资办公室按照工作人员的合理判断对相关系数矩阵进行了调整。表5-3显示的是未经调整的历史数据，表5-4显示的是耶鲁大学调整后的相关系数假设。在应用定量分析模型的过程中，随着投资者不断积累经验，模型变得更加直观，分析和结论也更加丰富。

表5-3 历史相关系数矩阵是定义资产类别之间相关系数的起点

（历史相关系数矩阵）

	美国股票	美国债券	发达市场股票	新兴市场股票	绝对收益	私人股权	实物资产	现金
美国股票	1.00							
美国债券	0.01	1.00						

续表

	美国股票	美国债券	发达市场股票	新兴市场股票	绝对收益	私人股权	实物资产	现金
发达市场股票	0.58	−0.04	1.00					
新兴市场股票	0.40	−0.22	0.57	1.00				
绝对收益	0.69	0.11	0.49	0.53	1.00			
私人股权	0.41	−0.38	0.27	0.32	0.61	1.00		
实物资产	0.01	−0.10	0.17	0.07	−0.22	0.13	1.00	
现金	−0.06	0.50	−0.12	−0.15	0.09	−0.18	0.06	1.00

资料来源：美国股票：给予标准普尔 500 指数（1926—2005）70％的权重，给予罗素 2 000 指数（1979—2005）、DFA Small Companies Deciles 6 - 10（1926—1978）30％的权重。美国债券：雷曼兄弟政府债券指数（1973—2005）和伊博森中期政府债券指数（1926—1972）。发达市场股票：MSCI EAFE 指数。新兴市场股票：国际金融公司（IFC）新兴市场指数（1985—1997），MSCI 新兴市场 Free（1998—2003）和 MSCI 新兴市场指数（2004—2005）。绝对收益：剑桥协会的数据（1989—1993）和特利蒙特综合指数（1994—2005）的加权平均。私人股权：剑桥协会。实物资产：剑桥协会和美国房地产投资受托人理事会（NCREIF）。

表 5 - 4　调整后的相关系数矩阵反映了对未来资产类别之间关系的假设
（调整后的相关系数矩阵）

	美国股票	美国债券	发达市场股票	新兴市场股票	绝对收益	私人股权	实物资产	现金
美国股票	1.00							
美国债券	0.40	1.00						
发达市场股票	0.70	0.25	1.00					
新兴市场股票	0.60	0.20	0.75	1.00				
绝对收益	0.30	0.15	0.25	0.20	1.00			
私人股权	0.70	0.15	0.60	0.25	0.20	1.00		
实物资产	0.20	0.20	0.10	0.15	0.15	0.30	1.00	
现金	0.10	0.50	000	000	0.35	000	0.30	1.00

资料来源：Yale University Investments Office.

　　建立一组合理的资本市场假设是对组合进行定量分析的基础。建立各资产类别之间合理的相关系数假设有助于产生一组有效组合，有利于投资者从中选择最优的资产配置方案。虽然预测未来具体收益水平的难度较大，但是模型在评估一个组合能否满足机构特定的支出水平时必须输入该变量。建立一组周密的资本市场假设有助于投资者建立一个严谨的框架来分析根本的投资问题。

四、均值–方差最优化模型的错误应用

尽管均值–方差最优化模型对投资者构建组合有积极作用，但是如果对输入变量考虑不周，该模型得出的结论可能是很危险的。均值–方差最优化模型中容易出现的最严重错误是不恰当地运用历史数据，20世纪80年代末的房地产投资就是一个例子。当时，房地产投资收益极高，风险相对较低，并且与传统上市有价证券的相关性较小。因此，如果简单地运用均值–方差最优化模型，就会得出大量配置房地产的投资建议。

1988年春季《组合管理期刊》（*Journal of Portfolio Management*）上发表了由保罗·弗斯滕伯格（Paul Firstenberg）、斯蒂芬·罗斯（Stephen Ross）和兰德尔·齐斯勒（Randall Zisler）合作的一篇研究论文。这篇题为《房地产：整个故事》的文章认为：在机构组合中，房地产投资的比例应该在当时不足4％的水平上大幅增加。作者得出这一结论的依据是：政府债券的收益率为7.9％，风险（标准差）为11.5％；普通股的收益率为9.7％，风险为15.4％；房地产的收益率为13.9％，风险为2.6％。在研究中，尽管作者将房地产投资风险由历史水平提高到一个更为合理的水平，但是其均值–方差分析的结论却是极其不明智的。在他们得出的有效组合中，资产配置包括0～40％的政府债券、0～20％的股票和49％～100％的房地产。幸运的是，作者抑制了狂热的情绪，"采取了实际的态度，认为养老基金最初的房地产投资配置比例应该介于15％和20％之间"。[①]

上文中，弗斯滕伯格、罗斯和齐斯勒的均值–方差最优化组合之所以偏爱房地产，是因为在过去几年中房地产投资的收益高，风险低，而且与其他资产类别间的相关系数低。在他们的模型中，房地产投资的预期收益超出股票4.2％。尽管房地产投资的历史风险水平只有2.6％的标准差，但是弗斯滕伯

---

① Paul M. Firstenberg, Stephen A. Ross, and Randall C. Zisler, "Real Estate: The Whole Story," *Journal of Portfolio Management* 24, no. 3 (1988): 31. 很明显，该文发表以后备受人们欢迎，它又出现在1997年版的书中：*Streetwise. The Best of the Journal of Portfolio Management*, Peter L. Bernstein & Frank J. Fabozzi, editors, Princeton University Press.

格应用估值模型将其增加到 11.3%，略低于政府债券的波动率假设。在作者考察的时间序列中，他们看好的房地产投资与国内股票及政府债券均负相关，相关系数分别为 -0.26 和 -0.38。由于收益最高的资产类别风险水平最低并且与其他资产类别负相关，均值-方差最优化组合自然会把投资重点放在这种资产上。

弗斯滕伯格的研究的最根本缺陷是：他未能以批判的眼光来考察房地产的收益假设。房地产的收益为什么要高于股票和债券？房地产的风险为什么要低于股票和债券？为什么房地产应与股票或债券负相关？我们知道，房地产兼具债券和股票两者的特征。由于承租人按照合约规定定期支付租金，房地产类似于固定收益类资产，而它的残余价值则与股权类资产相似。因此，房地产的预期风险和预期收益理应分别处于股票和债券的风险、收益之间。影响房地产和传统上市有价证券价值的因素相似，因此可以推断出它们之间的相关系数应该为正，尽管该系数小于 1。弗斯滕伯格和他的合作者不应该只注意调整房地产的风险水平，还应该调整收益和相关系数。

如果 1988 年投资者听从弗斯滕伯格的建议并超配房地产，那么他的投资业绩将令人失望，因为在随后的几年内，股票和债券的表现都要大大好于房地产的表现。从 1988 年到 1997 年，房地产投资的年均收益率为 4.4%，而同期股票和债券的年均收益率分别为 18.0% 和 8.3%。这表明，如果依赖历史数据，一轮牛市过后，当一些资产类别未来前景最为黯淡时，模型结果却显示此时这类资产最具吸引力。

在周期性市场中，依赖历史数据的投资者往往会遭受双重损失。20 世纪 90 年代初，在房地产市场的灾难性时期过去后，由于前期糟糕的投资业绩降低了历史收益水平，房地产投资显得吸引力大减。投资者如果采用弗斯滕伯格的建议，将会在 20 世纪 80 年代末增加房地产投资，在 90 年代初避免投资于房地产，从而因高买低卖而蒙受双重损失。在周期性很强的房地产市场中，历史数据会建议投资者在市场处于高峰时增仓（通常此时高收益、低风险的时期刚刚过去）、在市场位于底部时减仓（通常此时低收益、高风险的时期刚刚过去）。投资者如果只盯着资产类别过去的表现，将只会从历史数据中得到错误的信号。

第三节　检验资产配置

在许多投资者看来，界定有效边界是定量组合分析的最终目标。只要选择位于有效边界上的组合就可以保证，在给定的假设条件下投资者找不到比它更好的组合。然而遗憾的是，均值-方差最优化分析并不能帮助投资者选择有效边界上某个具体的组合。学者们曾建议定义一个效用函数，选择它与有效边界相切点的组合。然而，只有当投资者可以清楚地定义一个效用函数并且该函数的效用也只与预期收益的均值和方差有关时这一建议才可行，但实际上这种情况并不常见。

投资者要想完成投资项目，仅仅找出一组均值-方差最优化的组合是远远不够的。在界定有效边界后，投资者必须确定哪个资产组合最能实现捐赠基金的投资目标。成功的组合必须满足捐赠基金管理的两个目标：保持基金资产的购买力、为机构运营提供大量可持续的预算支持。要评估一个组合能否满足这两个目标，建模者必须进行可量化的检验。

捐赠基金的长期目标是保持资产购买力。受捐赠机构向捐赠人承诺，捐赠资产永远支持捐赠人指定的目标。在评估捐赠基金是否实现资产保值的目标时，需要较长的评估期限，通常跨越几代人。例如，耶鲁大学规定：如果基金在 50 年内购买力损失一半，那么它就未能实现资产保值的目标。

捐赠基金的中期目标是提供稳定的经营预算支持。由于高等院校的运营需要稳定的资金来源，因此捐赠基金收入在短期内剧烈下降是难以接受的。耶鲁大学把基金在五年内实际分配减少 10％定义为支出困难。

在不同的教育机构中，用来量化捐赠基金未能维持购买力和未能提供稳定支出的指标必然是不同的，而且这些指标也会随着时间的推移而发生变化。20 世纪 80 年代末，当耶鲁大学开始用量化指标来衡量捐赠基金是否能够履行其使命时，捐赠基金大约占学校收入的 10％。当时，耶鲁对支出困难的定义是五年内捐赠基金的实际分配减少 25％。随着捐赠基金对学校预算的作用日益增大，捐赠基金支出大幅下降的后果也相应更加严重。到 2001 年，捐赠基金占耶鲁大学收入的比例升至大约 1/3，因此，学校对支出困难的定义进行修正，规定为五年内捐赠基金的实际分配减少 10%。

可惜，在保持资产购买力和提供稳定的经营预算支持之间，捐赠基金的受托人必须进行权衡取舍。尽管受托人很难用精确的指标来衡量捐赠基金无法实现资产保值、无法提供稳定的预算支持的情形，但是，如果能够大致制定这两个指标，将有助于受托人在两个目标之间进行权衡取舍。受托人面临的挑战是，在可能的情况下，选择最能实现上述两个目标的组合，而量化的检验恰恰有助于受托人选择合适的组合。

一、模拟未来

在制定量化的目标后，投资者便可以用统计模拟这一工具对投资政策和支出政策进行评估。投资者首先要制定支出政策，确定目标支出比率和平均程序。然后，保持支出政策不变，按模拟程序检验各种组合。[①]

模拟程序中使用的资本市场假设与均值-方差最优化模型中的相同。按照假设的收益、风险和相关性，每个资产类别的收益和比重决定了组合的首期收益。按照规定的支出原则，从捐赠基金中抽出一定数额的资金来支持日常运营，剩余资金在下一期继续进行投资。此时，必须对组合进行再平衡操作以使其符合长期政策中规定的资产配置比例。然后，重复上述过程，可以得出关于捐赠基金年末价值和下一年支出水平的数据。继续重复上述模拟过程，可以得出支出额和捐赠基金价值的时间序列值。

上述模拟过程将产生一条具体的路径，但这对检验组合特征来说是远远不够的。为了增加检验的信息量，分析师实际上要进行数千次模拟，从中得出大量关于未来支出额和捐赠基金价值的数据。通过考察和分析这些数据，我们可以清晰地看出未来可能发生的情形，从而计算出组合无法保持资产价值和无法提供稳定的经营预算支持的概率。

在解释模拟结果时，需要将定量分析和定性判断结合起来。有些组合无法

---

① 实践证明，模拟程序在评估支出政策时同样有用。保持组合不变，可以对各种支出比率和平均程序进行检验。

实现基金的两个目标的可能性均比较高，还有一些组合以牺牲一个目标为代价来满足另一个目标，对于这些组合投资者均不应予以考虑。排除了明显不合要求的组合后，投资者需要定性地权衡此消彼长的两个目标。归根结底，投资者在选择组合时，需要通过主观判断认真地权衡两个互相冲突的目标。

模拟程序的一大好处是，它能将定量分析过程和捐赠基金的目标联系起来。单独应用均值-方差最优化模型固然可以产生一组有效组合，但是基金经理在面对这些有效组合时却不知所措，不清楚哪个组合最能满足捐赠基金的需要。比如，在图 5-1 中，组合 A 的预期收益为 5.75%、标准差为 10.0%，组合 B 的预期收益为 7.1%、标准差为 14.5%，投资者该选择哪个呢？经济学家可能会建议投资者利用效用函数来寻找最合适的资产配置，但是，由于很少有市场参与者知道如何定义这样的效用函数，因此这种办法的作用微乎其微。

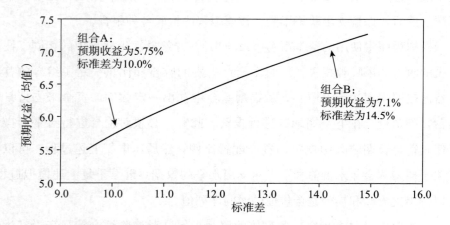

图 5-1 均值-方差最优化模型无法为决策者提供清晰的指导（%）
资料来源：Yale Investments Office.

相比之下，模拟数据解决的正是基金受托人面临的问题，它能帮助受托人权衡捐赠基金管理中互相冲突的目标。图 5-2 列出了通过模拟程序选择的一组组合。在该图中，组合 A 出现支出破坏性下滑的概率为 28.4%、长期购买力损失概率为 29.6%，组合 B 出现支出破坏性下滑的概率为 24.9%、长期购买力损失概率为 27.0%。投资者对捐赠基金的两个核心目标进行权衡后，可以选择组合 A 或组合 B。有了模拟程序，投资者就不必担心根据均值-方差最优化模型得出的具有一定预期收益和预期风险的有效组合会对机构的目标产生不利影响，而且可以考察支出政策和投资政策能够在多大程度上满足机构的目标。均值-方差最优化模型是进行模拟程序的基础，而通过模拟程序可以直接对基金受托人的目标进行评估。

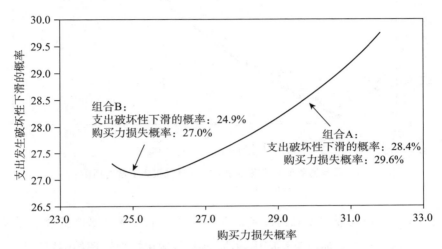

图 5-2　模拟程序能够帮助决策者在两个重要的目标之间进行权衡（％）
资料来源：Yale Investments Office.

　　均值-方差最优化分析使用单一的投资时限，通常为一年，模拟程序使其摆脱了这一限制。通过模拟程序，投资者可以根据情况选择合适的分析期限。对于捐赠基金要提供稳定的经营预算支持这一中期目标，投资者可以用中期的投资时限进行分析；对于捐赠基金要保持购买力这一长期目标，投资者可以用长期的投资时限进行评估。均值-方差最优化模型能够识别给定风险水平下预期收益最高的组合，而模拟程序可以具体地考察某个组合在多大程度上能够满足投资者的目标，后者显然更接近基金受托人的需要。

二、严格管理组合的效果

　　应用定量分析工具能够产生显著的效果。例如，如图 5-3 所示，自从在捐赠基金管理中运用定量资产配置技术后，从 1985 年到 2005 年，耶鲁基金的整体状况大幅改善。在这期间，尽管耶鲁基金三次上调支出比率，但支出稳定性和未来资产保值的前景均出现大幅改善。

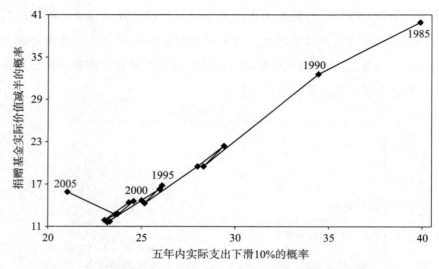

图 5-3　耶鲁基金降低了支出波动性以及购买力下滑的风险（%）
资料来源：Yale University Investments Office.

　　由于资本市场假设因机构而异，有些评论人士对基于耶鲁基金的假设得出的结论提出质疑。通过考察应用均值-方差最优化模型管理的多所高校组合的业绩，我们能更好地理解这一问题，尽管答案并非不容置疑的。

　　在大学院校中，耶鲁大学、哈佛大学、普林斯顿大学和斯坦福大学应用定量分析工具管理捐赠基金的历史最为悠久。尽管由于模型输入数据不同、投资偏好各异，这四所大学的结论存在细微差别，但是它们均在四组假设的基础上得出了组合建议。如表 5-5 所示，这四所大学独立确定的资本市场假设产生了类似的结果。

表 5-5　大型高等院校捐赠基金追求更分散化的投资方法（%）

（耶鲁大学、哈佛大学、普林斯顿大学和斯坦福大学的资产配置目标、

预期收益和标准差，2006 年 6 月 30 日）

	耶鲁大学	哈佛大学	普林斯顿大学	斯坦福大学	均值	捐赠基金的均值
美国股票	12	15	12	20	15	42
美国债券	4	21	7	12	11	20
外国股票	15	15	17	15	16	15
绝对收益	25	12	25	20	21	11

续表

	耶鲁大学	哈佛大学	普林斯顿大学	斯坦福大学	均值	捐赠基金的均值
私人股权	17	13	19	10	15	4
实物资产	27	29	20	23	25	5
现金	0	−5	0	0	−1	2
预期收益	6.9	6.3	6.9	6.2	6.6	5.5
标准差	11.8	11.7	12.1	11.3	11.4	13.2

资料来源：Yale University Investments·Office.

大型高等院校捐赠基金的资产配置策略与其他教育机构相差很大。耶鲁大学、哈佛大学、普林斯顿大学和斯坦福大学捐赠基金的资产配置要比一般的高校更加分散化。对大多数捐赠基金而言，国内股票是最主要的投资品种，平均占资产的 42%。相比之下，在分散化程度更高的大型教育机构的组合中，国内股票只占 15%。同样，在国内债券投资方面，普通捐赠基金中国内债券占比为 20%，而耶鲁大学、哈佛大学、普林斯顿大学和斯坦福大学的债券投资占比仅为 11%。非公开交易资产（包含风险投资、杠杆收购、房地产、森林、石油和天然气）在普通教育机构的组合中的占比微乎其微，不到 10%，但是它们在主要大型机构的组合中却发挥重要作用，配置比例高达 40%。由此可见，严谨的定量分析建模技术鼓励投资者构建充分分散化的组合。

如表 5-5 所示，这四所大学的捐赠基金追求更高收益的投资策略，基金的预期收益高出平均水平 1.1%。相对于捐赠基金平均 5.5% 的预期收益率而言，1.1% 是一个巨大的增量。尽管大型教育机构组合的预期收益更高，但事实上它们的风险水平却低于那些未充分分散化的捐赠基金的预期风险。由此可见，进行严密的定量分析有助于投资者构建充分分散化的高收益组合。

第四节　结　论

资产配置决策以股权导向和分散化投资理念为指导原则，是构建有效组合的基础。资产配置的政策目标是投资过程的核心，它使基金在充满不确定性的世界中进行投资时具有一定的稳定性。

对投资决策者而言，对各种资产配置方案进行纯粹的统计描述几乎无济于事。马科维茨提出的均值-方差最优化模型被人们广泛运用，它能够产生一组有效组合，并且完全用预期收益（均值）和预期风险（标准差）这两个参数来描述。根据均值-方差最优化模型界定有效边界后，学者们使用机构效用函数来寻找最优模型，即该函数与有效边界的切点。这种方法鲜能发挥作用，即使它有所帮助，决策者需要考虑的是所选择的组合是否符合机构的支出政策。

由于均值-方差最优化模型在应用中存在诸多问题，它对组合评估的作用有限，因此，在资产配置过程中，要得出合理的结论，必须融入理性的定性判断。理性的判断在选择和定义资产类别中发挥着重要作用，对构建前后一致的资本市场假设也同样功不可没。将强大的定量分析工具与明智的定性判断有机结合起来是资产配置决策过程的开始。

均值-方差最优化模型识别出一组有效组合后，通过模拟检验，可以依据合理的时间期限评估投资政策和支出政策的有效性。模拟检验中运用的资本市场假设和均值-方差分析中相同，但是它可以考察更长的时间期限，考虑支出政策和投资政策的互动，并且可以帮助投资决策者将资本市场和组合的统计特征转化为相关的量化标准。

组合最根本的风险是不能达到投资目标。因此，投资机构制定的投资目标以及相应的风险必须明确、清晰，能够帮助投资受托人权衡取舍各种组合。通过对组合保持购买力的概率和提供稳定支出的概率分别进行评估，受托人可以在各个组合中选择最能实现机构目标的组合。

将均值-方差最优化分析和对未来的模拟检验结合起来得出的组合仍受到诸多限制。组合的效果取决于对未来收益、风险和协方差的假设。虽然预测的收益不可能完全正确，但是上述方法的作用是它能够对各种变量之间的相互关系进行评估。如果只有收益和风险假设的准确度是上述分析方法中的最大障碍，那么所得结论仍然具有较强的说服力。

更严重的问题是，资产类别的风险和各种资产之间的相关性不稳定。在发生危机时，各种风险资产市场倾向于同向变动，这在短期里降低了分散化投资的价值。由于证券收益的分布特征不完全符合正态分布，资产类别之间的关系也不稳定，因此，在资产配置过程中运用定量分析模型时面临严峻的挑战。但是，与其他不甚严密的组合构建方法相比，定量分析方法更加严谨。

系统性、量化的组合构建过程是整个组合管理的核心，它为投资者提供了一个严谨的分析框架，在这一框架内进行定性判断能使投资决策更为合理。基金经理要认识到并确保资产配置政策目标的核心地位，这是最强有力的组合管理工具，值得重点关注。归根结底，考虑周密的资产配置工作是一个投资项目成功的基础。

第6章

资产配置管理

　　组合管理的根本目标是不折不扣地执行长期资产配置目标。如果组合中各资产类别的实际配置状况与目标发生较大偏差，那么实际组合将无法反映出在资产配置过程中确立的风险和收益特征。投资者要确保各资产类别的配置比例符合政策目标，而且其收益至少与市场水平相对应，这样才能实现投资目标而不会出现较大差错。

　　只有在最基本的组合中，即在完全由上市有价证券组成的组合中，投资者才能够精确地执行投资政策，使资产类别的配置比例达到目标水平，并且使用被动投资工具产生与市场水平一致的收益。为了维持资产类别的目标配置比例，严谨的投资者要系统地进行再平衡操作，卖出表现相对强劲的资产，用所得收益买入相对走弱的资产。在上市有价证券构成的组合中，通过使用低成本、被动型投资工具，投资者可以严格执行资产配置的政策目标，确保组合符合政策目标，并且确保组合的风险和收益特征符合预期水平。

　　然而，遗憾的是，除了最简单的组合结构外，由于现实世界中投资活动极其复杂，实际的组合与理想目标经常会偏离。组合的实际收益偏离目标收益的原因包括：投资于流动性较差的工具，追求积极投资管理策略，以及直接或间接运用杠杆。

　　首先，流动性较差的资产类别的实际配置比例可能与目标水平发生偏差。当非流动性资产的配置比例不足或多余时，需要用更具流动性的资产来对冲头寸，这会导致组合的特征偏离预期水平。非流动性资产的买卖需要花费大量时间，因此，实际组合往往出现某种功能性错位。对投资者而言，如何应对流动性较差的头寸引起的资产配置比例不当问题是一个严峻的挑战。

其次，即使组合的实际配置状况符合长期目标，积极投资管理策略的运用往往也会导致资产类别的收益与指数收益发生偏离。如果个别证券出现定价错误，市场参与者可以从中挖掘诱人的投资机会并获得风险调整后的超额收益*。在积极投资管理中，组合经理预期他的投资技巧最终将产生积极的结果，因此愿意接受相关的风险。但是，由于预期的超额收益（如果有）通常在不经意间实现，因此，采用积极投资管理策略的资产类别的表现在某些时期内可能大幅逊于市场水平，这种令人失望的实际收益与积极型投资经理美好的预期之间形成差距。

最后，在投资者忠实执行资产配置政策目标的过程中，杠杆——不管是直接运用还是间接运用——构成又一挑战。无论投资结果好坏，杠杆都会将其放大，从根本上改变组合的风险收益特征。除非受托人密切监督投资活动，否则杠杆的运用会使基金面临意外的后果。间接杠杆通常存在于金融衍生品中，它潜伏在组合里，只有在投资灾难发生时才会浮出水面。直接杠杆有可能违背人们想要改变组合的风险特征的意愿，融券交易就是直接运用杠杆的一个例子。投资者在制定投资政策和策略时要充分了解并控制杠杆的运用，这样构建的组合才能与其风险承受能力相适应。

许多市场参与者对风险的重视不够。组合经理通常花费大量时间、精力和财力进行资产配置，并根据分析结果构建组合。但是，一旦建立组合，便任由其在市场中随波逐流。有些投资者聘请各种各样的专业投资经理实施积极投资管理策略，但是却不能很好地理解这种随机拼凑的组合在行业、规模或风格方面的偏好。还有些投资者聘请历史业绩出色的投资经理，但却忘记评估他们的投资计划，也未能认识到其中隐含的杠杆可能会导致业绩波动。只有运用考虑周密的组合管理方法，投资者才能确保基金的实际风险水平与资产配置的目标水平一致，并且风险能够带来足够的增量收益。

希腊作家巴拉达思（Palladas）曾写道："在把酒杯递到嘴唇这段时间里

---

* 风险调整后的超额收益（risk-adjusted excess returns）是现代投资理论的一个经典概念，指去除风险因素以后的超额收益，也即真正意义上的收益，以区别于那些一般意义上的投资收益。例如，一般投资收益可能很大，但是也伴随着巨大的风险因素。——译者注

会有不少闪失。"此话用来描述组合管理过程恰如其分。资产配置状况随波逐流、积极投资管理策略的风险都有可能导致投资收益大幅偏离资产配置目标中的预期收益。而且，直接或间接地运用杠杆会导致组合的风险水平大幅偏离预期水平，大大改变组合的预期收益。严格执行资产配置政策能够避免组合的风险收益特征被改变，使投资者只面对那些有望带来收益的积极管理风险。

关注风险是组合管理过程必不可少的一部分。投资者要密切跟踪组合的整体状况、资产类别和投资经理的水平。只有理解投资风险和组合政策的实施风险，投资者才能提高组合实现目标的概率。

第一节　再平衡

从第 5 章中恰当运用均值-方差最优化模型和对未来的模拟中我们都可以看出，关注风险是投资管理过程的核心。投资者在评估投资政策不能达到预期目标的概率时，直接面对的是机构的财务风险。通过认真运用定量分析模型并结合合理的定性判断，投资者可以得出能够满足机构需要、相对精确的资产组合。

在制定资产配置的政策目标后，风险控制要求投资者定期进行再平衡操作，使资产配置的实际状况符合政策目标。金融资产的价格变动难免会导致资产的配置比例偏离目标水平。例如，在股票价格下跌、债券价格上涨时，股票资产的配置比例将低于目标，而债券资产的配置比例将高于目标，结果组合的预期风险和预期收益水平将降低。为使组合恢复目标配置，投资者要进行再平衡操作，买入股票、卖出债券。

再平衡有利于投资者重塑上市有价证券的组合，调整配置给各个投资经理的资产比重。投资者将资金交给那些预期将超越大盘的投资经理进行管理，并且从那些收益前景逊色的投资经理中撤出资金，这样才能提高组合的收益。如果没有根本的原因促使投资者调整配置给各位投资经理的资产，投资者可以从那些近期业绩强劲的投资经理中撤出资金，并投资于那些近期业绩不佳的投资经理，这样有望获得正的业绩。当对市场前景存疑时，逆势而为不失为一计良策。

一、再平衡的心理学基础

逆向投资是许多成功投资策略的核心。然而遗憾的是，对投资者而言，人性的本质是渴望得到别人对自己投资行为的认可，因此难免会"随大溜"。电影《酒店》（*Cabaret*）中的女主角萨莉·鲍尔斯（Sally Bowles）曾说过："每个人都喜欢成功者，所以，没有人喜欢我。"这句话可谓是对传统态度的真实写照。逆向投资要求投资者避开被人们追捧的明星品种，而去选择备受冷落的投资标的，但是大多数人的做法恰恰相反。

事实上，在商业世界（而非投资世界）中，那些顺势而为者通常能获得丰厚的收益。在商业世界中，培育优良品种、淘汰落后品种能够制胜。对公司经理而言，追逐优良品种能够创造出优异的业绩，淘汰落后品种能够优化资源配置。在优胜劣汰的商业世界中，成功能够孕育出更多的成功。

然而，在投资世界里，失败却是未来成功的种子。与那些估值高、如日中天的投资策略相比，那些估值低、备受冷落的策略未来前景更胜一筹。折价交易的失宠资产能够提高预期收益，而溢价交易的受宠资产会降低预期业绩。

大多数投资者对主流观点感到放心，在一定程度上是因为人多胆壮。大多数人的态度和活动构成一致行动，其他的少数投资者则处于令人不安的非主流状态。一旦大多数市场参与者开始采取与主流相悖的观点，那么此前少数人的观点便成了现在的主流观点。能够一直持有真正不同寻常观点的人少之又少。

坚持持有与众不同的观点需要坚定的信心和坚强的毅力。环顾四周，持非主流观点的投资者发现：朋友和熟人的投资项目与他完全不同；媒体喋喋不休宣扬的观点与他存在巨大分歧；经纪人不断催促他卖掉昨日失败的品种、买入今天的热门品种；而铺天盖地的广告也在宣传全新的投资模式。面对这种几乎压倒一切的一致观点，逆向投资者要想取得成功，必须对舆论的威逼利诱视若无睹，置若罔闻。

坚持持有与主流相悖的观点只是这场抗争的一半。逆向投资者在抗争中如果失去勇气，等待他们的将只会是失败。假设一名投资者最初避开了本月的热点，但是在接下来的几个月、几个季度甚至几年中，这一热点势头不减，最终，这位软弱的逆向投资者屈服了，开始接受新时期的新道理。而此时，往往正是市场疯狂到顶的时候。结果可想而知，逆向投资者蒙受双重损失。因此，如果投资者缺乏坚忍不拔的毅力，走逆向路线通常只能产生糟糕的业绩。

实施再平衡策略需要高度的理性。在市场波动时，要维持组合的目标，投资者就必须卖出表现相对强劲的品种，买入表现相对差劲的品种。换句话说，严谨的再平衡投资者卖出热门品种，买入冷门品种。在正常情况下，进行再平衡操作需要一定的毅力。在市场剧烈波动时，进行再平衡操作需要更加巨大的勇气。

二、再平衡的频率

关于对组合进行再平衡操作的频率，众说纷纭。有些投资者按月度、季度或年度进行再平衡操作。有些投资者为了控制交易成本，规定宽泛的上下限，当组合中的资产配置比例超出这个范围时，才进行再平衡操作。有少数投资者采取持续再平衡策略，较之前两种策略，第三种策略风险控制能力更强，而且成本可能更低。

持续再平衡策略要求投资者对组合资产进行每日评估。如果一个资产类别的价值偏离目标价值达 0.1% 或 0.2%，投资经理需要买卖证券使该资产类别恢复目标比例。此时，交易量相对较小，而且适应市场变化。再平衡策略要求投资者卖出价格相对走强的资产，买入价格相对走弱的资产，因此，投资经理通过及时的持续再平衡操作，卖出其他投资者要买入的资产、买入其他投资者要卖出的资产，从而为市场提供流动性。* 相比之下，其他再平衡策略不能及时针对市场变化对组合进行调整，等到调整日，由于涉及的交易量

---

* 这种再平衡本质上是卖高买低。由于逆市而动，所以成本相对较低。——译者注

较大，会增加市场影响和交易成本。

当市场超常波动时，持续再平衡策略可能会产生超额收益。1997 年 10 月 27 日和 28 日的市场波动就是一个生动的例子。10 月 27 日，股市下挫 6.9%，而债券市场大幅上扬。第二天，股市大幅反弹 5.1%，而债券却遭到大量抛压。在这两天中，如果对一个由 60%股票和 40%债券组成的组合进行再平衡操作，收益将增加 10 个基点，这也算是原本致力于风险控制的再平衡策略的意外之喜。

尽管再平衡策略能产生利润，为投资者带来意外之喜，但是再平衡策略的根本动机是为了维持资产配置的长期政策目标。在经过仔细斟酌建立目标组合后，再平衡策略能够维持组合的目标风险水平。考虑周全的投资者要运用再平衡策略来满足资产配置的政策目标。

三、再平衡与非流动性

非公开交易资产的所有者在再平衡操作中面临特有的挑战。在任何一个时点上，流动性较差的私人股权和实物资产的配置比例都不大可能完全与目标水平匹配。因此，当流动性较差的组合整体出现不足（或盈余）时，必须将与不足（或盈余）头寸等额的资产投资到更具流动性的证券组合中（或从中撤出）。当非公开交易资产的配置比例不足时，差额部分合适的投资对象是短期、低风险资产，因为这些资产可以在短期内变现，将所得资金投资到非公开交易资产中，使其配置比例达到目标水平。现金、债券和绝对收益投资均可用于暂时补充非公开交易资产配置不足的情况。

当非公开交易资产配置不足时，将差额部分投资于类似的上市有价证券的策略表面上有效，实则不然。例如，在建立一个风险组合时，资产配置的差额部分可能会被投资到一个小盘科技股组合中。然而，遗憾的是，这种策略会使投资者面临风险：如果风险投资项目需要资金时科技股的价格却在低位徘徊，那么，投资经理将被迫在低位抛售科技股来为风险投资项目融资。归根结底，非公开交易资产是一个单独的资产类别，其表现方式与上市有价证券有根本区别，因此，这种建立在公开市场和非公开市场短期高相关性基础上的策略内部逻辑不一致，可能会产生危险的后果。

当上市有价证券价格相对于非公开交易资产走低、非公开交易资产的配置比例超过目标水平时，投资者同样面临难题。此时，如果根据上市有价证券和非公开交易资产的所谓相关性，降低风险较高的上市有价证券的配置比例，将给组合带来很大的风险。但是，如果此时降低低风险资产的配置比例来抵消超配的非公开交易资产，那么，组合原本已经提高的风险水平将会被进一步提高。两恶相权取其轻，当非公开交易资产的配置比例超过目标时，投资者应该通过降低高风险的上市交易资产的比例来控制组合的整体风险水平。

当非公开交易资产的配置比例低于目标水平时，用短期、低风险资产来替代差额部分会降低组合的预期收益和风险水平，因为前者的收益通常高于后者。当私人股权配置比例超过目标水平时，降低上市有价证券的配置比例会产生相反的结果。由于实际组合的特征可能与目标组合存在巨大差异，投资者必须对这两种组合对投资和支出的影响均进行深入分析。

由于实际资产配置和目标资产配置之间可能存在实质性差异，因此，投资者在改变非流动性资产类别的配置时要遵循循序渐进的原则。保持实际配置情况与目标水平接近，有助于投资者做出合理的支出和资产管理决策。投资者要避免实际组合与目标组合之间发生较大偏差，这样，当两者不匹配时，需要临时配置到其他投资工具的资产比例就会降低，决策失误带来的负面影响也将降低。

再平衡操作能使组合的风险收益特征达到目标水平。机构如果不明确执行再平衡政策，就相当于采取了一种特殊的择时策略，因为这些机构任由组合的资产配置在市场波动中随波逐流，导致组合的风险和收益特征变幻莫测，从而给投资这一原本就充满了不确定性的活动带来了更多的噪声。事实上，从长期来看，如果不进行再平衡操作，组合的资产配置趋向于收益最高的资产，组合的整体风险水平也被逐步提高。总之，严谨的再平衡策略能够控制组合的风险水平，提高投资者实现目标的可能性。

第二节　积极投资管理

在建立资产配置的政策目标后，投资者要面临各种资产类别的管理问题。在上市有价证券投资领域，使用被动投资工具几乎可以确保投资者的业绩与市场水平一致。如果投资者采用积极投资管理策略，其实际投资业绩可能偏离市场整体水平。在另类资产类别投资领域，由于缺乏被动投资工具*，积极管理组合的收益难免会偏离基准预期，有时甚至会大幅偏离。

在一个资产类别中，投资于被动管理工具能有效地消除投资业绩偏离市场水平的现象。指数基金就是一种被动投资工具，较之积极管理组合，其运营成本低，代理问题也少，而且保证不折不扣地复制市场组合。但是，即便如此，也很少有机构投资者的组合完全由被动管理工具组成，其原因很明显：积极投资管理策略激发起投资者获取超额收益的幻想，引诱他们参与这场游戏。也许，只有为数不多的聪明的投资者能够认识到被动型管理策略是上乘选择，但是他们又认为自己的智慧能够超越市场。不管怎样，偏离市场基准收益是组合的一大风险来源。

采用积极投资管理策略的投资者可能会有意无意地给组合带来偏差。资产类别与市场基准的偏差主要发生在规模、板块和风格方面。规模是指所持证券的市值大小，板块是指上市公司的业务范畴，风格是指积极型投资经理的投资手法（比如，投资价值股还是成长股）。

经过深思熟虑后的组合偏差（portfolio bias）有望创造出大量的增加值。例如，一名投资者可能会认为价值型投资策略优于成长型策略，因此，他刻意地只选择价值型投资经理。有些投资者可能会认为小盘股中选股机会更多，因此，他们的组合可能会特意超配小盘股。经过认真考虑的策略性组合偏差可能会给组合带来经风险调整后的超额收益。

投资者可能要为组合偏差付出代价。有时，聘用专门从事某个细分市场投资的经理会导致组合特点发生巨大变化。结果，受托人可能会发现，由于

---

* 例如，风险投资没有一个指数，也很难产生风险投资指数化的投资工具。——译者注

短期成本压倒了长期机会*（比如，小盘股短期表现低劣，但小盘股定价效率会带来长期机会），组合可能大幅逊于市场表现。只有选择相对较长并且合理的投资时限，经过深入细致的分析，并且严格执行，策略性组合偏差才能创造价值。

有些组合偏差是由管理松散引起的。如果投资者在构建组合的过程中仅仅拼凑起足够的国内股票投资经理来填补组合职位的空缺，那么所构建的组合中资产类别的特征肯定会包含重大的无意识偏差。只有在资产类别的表现大幅低于业界标准时，无意识产生的组合偏差才会浮出水面。

完整基金和正常组合

完整基金（completeness fund）和正常组合（normal portfolio）是两种投资管理工具，它们可以帮助投资经理评估和控制组合的偏差。正常组合界定了组合经理选择持仓证券的范围，可以作为衡量组合经理业绩的合理基准。如果一个正常组合整体上与所属资产类别的规模、板块和风格特征相匹配，那么，该正常组合就不具有规模、板块和风格方面的偏差。由积极投资管理产生的组合偏差会影响组合的收益，但是这种偏差是积极投资管理策略的一部分，应该为投资者所接受。

如果一个正常组合整体上与所属资产类别的重要特征不相匹配，那么该组合便具有偏差。这种无意识的偏差可以通过完整基金来抵消。完整基金是指一个资产类别中和正常组合互补的证券组合，正常组合和完整基金结合起来与所属资产类别的特征相匹配。

完整基金可以弥补基金中正常组合的缺口，消除无意识偏差产生的残差风险（residual risk），使有意识偏差成为组合收益的驱动力。使用完整基金的一个危险在于正常组合内在的不准确性。如果正常组合本身的界定就比较模糊，那么完整基金也将结构不清，将无法弥补组合中未发觉的缺口，甚至会抵消证券选择中刻意偏差的效果。

---

* 从长期看，市场会趋向于一个均值，但在短期内甚至相当长一个时期内，市场定价都可能远离其价值。——译者注

当组合偏离资产类别的特征时，其表现将与市场基准水平发生偏差，因此，基金经理必须确保根据有意识选择的结果来构建组合，而不能胡拼乱凑。正常组合和完整基金能够协助投资者进行资产类别管理，但是精确地应用这些工具仍只是一个理论目标，远非现实。

第三节　杠　杆

组合中的杠杆既有直接的，又有间接的。直接杠杆是指用借入的资金来追求投资机会，这样做的结果会放大组合的收益或损失。当投资收益超过借贷成本时，杠杆将放大收益；当投资收益等于借贷成本时，杠杆将不发挥作用；当投资收益小于借贷成本时，杠杆将给组合带来负面影响。

当所持头寸的风险大于它们所属资产类别的风险时，间接杠杆便产生了。例如，在一个股票组合中，如果所持股票的风险高于市场水平，那么该组合便被杠杆化。在一个资产类别中，只有当所持证券的风险水平与资产配置中假设的风险水平相同时，该组合才不含有杠杆；否则，当所持证券的风险水平高于假设水平时，组合被杠杆化；当所持证券的风险水平低于假设水平时，组合被去杠杆化。例如，一个常见的做法是在普通股组合中持有现金，这会导致股票组合的风险低于市场水平，组合收益会被去杠杆化，降低组合的预期收益。

金融衍生品是一个常见的间接杠杆来源。假设标准普尔 500 指数期货合约要求的保证金是所持头寸价值的 10%。如果投资者在国内股票组合中持有一个期货头寸，并且每配置 1 美元的期货头寸，相应地补充 9 美元的现金头寸，这样的组合相当于直接持有期货合约的基础证券。但是，如果该组合中对每 5 美元的期货头寸，用 5 美元的现金头寸来补充，那么，由于隐含的杠杆作用，该组合的波动幅度将达到市场波动幅度的 5 倍。

金融衍生品本身并不创造风险，它们可以用于降低风险、简单地复制现金头寸或增加风险。在上例中，卖出期货合约能够对冲股票组合的市场风险敞口。将现金头寸和期货头寸适当地组合起来，可以创造出期货合约基础证券的复制品，而且这一复制品风险中立。如果组合在持有期货头寸的同时不用现金头寸去平衡风险，那么组合的市场风险敞口将会增加。有责任心的受托人要充分理解衍生品在投资中的作用，并控制其使用。

杠杆会放大组合的投资结果，对组合资产利弊参半。在极端情况下，组合的实际风险水平与资产类别的风险特征不一致时会导致巨额损失。在不太极端的情况下，风险水平的差异也会导致组合特征与目标水平发生较大偏差，从而导致组合偏离政策目标。明智的投资者在运用杠杆时十分谨慎，避免给组合带来过大的风险。

哈佛大学的案例

哈佛大学捐赠基金（简称"哈佛基金"）通过各种方式使用杠杆。2005年6月，哈佛大学制定了一个不同寻常的资产配置目标，其现金配置比例为一5%。哈佛大学预期组合收益将超过借贷成本，因此希望通过杠杆来提高组合的业绩。从长期来看，哈佛大学的借款投资策略有望产生出色的业绩，因为借贷成本相当于现金收益，而在各个资产类别中，现金的预期收益最低，因此，组合收益应该能够超过借贷成本。当然，在行情不好时，如果投资收益低于借贷成本，那么组合的业绩将会雪上加霜。在对各项因素进行严谨的分析之后，哈佛大学决定在组合中采用杠杆，对现金的配置比例为负。

哈佛大学的另一种直接运用杠杆的方法是借入大量资金建立头寸，利用证券错误定价机会来获利。2005年6月30日，哈佛基金的投资规模为294亿美元，它所支持的多头头寸为497亿美元，空头头寸为203亿美元。[①] 杠杆的使用改变了资产类别的基本风险特征，放大了证券选择的结果。在上文中，哈佛大学在资产配置过程中直接考虑了现金配置为负的结果。相比之下，在本例中，通过增加资产负债表上的头寸，哈佛基金改变了在均值-方差最优化模型中假设的组合风险水平。

除了直接在资产负债表中运用杠杆，哈佛基金也间接运用杠杆进一步放

---

① Linda Sandler, "Endowments at Top Schools Bruised in Market," *Wall Street Journal*, 13 October 1998.

大投资决定的效果。细读哈佛大学财务报表的附注，我们会发现其表外市场敞口中包括190多亿美元的多头头寸和280多亿美元的空头头寸。由于直接或间接运用大量杠杆，哈佛基金大大提高了组合的风险水平，同样也放大了正面或负面投资业绩。

对冲基金索伍德资本公司的案例

2007年，对冲基金索伍德资本（Sowood Capital）公司倒闭时，哈佛基金因过度使用杠杆蒙受了惨重的损失。索伍德资本公司成立于2004年7月，其掌舵人是哈佛大学管理公司（Harvard Management Company）的前合伙人杰夫·拉尔森（Jeff Larson）。该公司最初有14名员工，管理着7亿美元的哈佛大学资产。在业务介绍资料中，公司向投资者承诺严格执行市场中立策略、事件驱动型策略、量化套利策略和价值型投资策略。[1]《华尔街日报》报道："索伍德资本公司前三年中每年收益大约为10%，主要通过准确押注债券投资机会获利。"公司成功地履行了对投资者的承诺，所管理的资产规模大幅增长至30多亿美元。[2]

2007年初，根据高级公司证券和低级公司证券的相对价值变化，拉尔森在组合中大量押注。他买入相对安全的高级证券，卖空风险较高的低级证券，预计市场状况恶化时，这一组合将能够获利。

如果当初索伍德资本公司只是试图利用高级公司证券和低级公司证券之间的价差获利，那么公司也就不会引起《华尔街日报》和《纽约时报》的注意。但是，由于不满足于这两种证券的价差本身能带来的收益，索伍德资本公司在组合中运用了高达6倍的杠杆，希望能够把小小的价差变成一大笔收益。[3] 杠杆的使用导致公司境况与日俱下，最终走上破产的命运。

当年6月，索伍德资本公司亏损5%，这座对冲基金大厦的第一道裂缝开始出现。据《华尔街日报》报道，由于市场状况恶化，组合中两种证券的价

---

① Sowood Capital Management: Sowood Alpha Fund (pitch book), 2004.

② Gregory Zuckerman and Craig Karmin, "Sowood's Short, Hot Summer," *Wall Street Journal*, 27 October 2007.

③ Ibid.

差显得更具吸引力，因此，索伍德资本公司将杠杆率提高至12倍。

到7月，随着债券市场日渐动荡，按理说，索伍德资本公司的组合应该马到成功，因为组合中持有的相对安全的头寸应该能够保值，而卖空的高风险头寸价值下跌应该能使公司获利。然而，由于市场状况异常恶劣，组合中相对安全的头寸也大幅亏损，远非卖空头寸的收益所能弥补。

在7月30日致投资者的信中，拉尔森概述了导致索伍德资本公司走上穷途末路的原因：

> 由于市场剧烈波动，我们的交易对家开始大幅标低（mark down）我们的借款抵押品的价值。此外，由于流动性大大萎缩，组合中的债券头寸难以退出。因此，我们于周末达成协议：为了保护投资者的资本，合适的行动是卖出证券。[1]

由此可见，是杠杆和异常市场状况的共同作用促成了索伍德资本公司的覆亡。

7月初，索伍德资本公司的资产规模超过30亿美元，月中投资损失超过50%，到月底公司的资产仅剩大约15亿美元。据报道，在倒闭前混乱的日子里，索伍德资本公司曾向哈佛大学管理公司寻求援助，但是被拒绝了。索伍德资本公司，这家由哈佛大学提供种子资金、由哈佛大学前员工管理、最终被哈佛大学放弃的公司，以3.50亿美元的巨大代价给哈佛大学上了关于杠杆风险的一堂课。

格兰尼特资本公司的案例

格兰尼特资本（Granite Capital）公司的大卫·阿斯金（David Askin）也因使用杠杆而遭遇"滑铁卢"。该公司追求的策略是发掘抵押贷款支持证券衍生品的定价错误、进行套期保值并通过杠杆获利。乍一看，这一策略成熟高明。由于阿斯金管理的基金稳定地创造出15%左右的收益，而且波动性极低，投资者趋之若鹜，其中包括洛克菲勒基金会和麦肯锡公司（McKinsey &

---

① 参见索伍德资本公司于2007年7月30日致投资者的信。

Company）等声名显赫的机构投资者。然而，可悲的是，由于直接或间接使用杠杆，该公司6亿美元的组合在短短几周时间内全部化为乌有。

阿斯金投资的抵押担保债券（CMO）衍生品五花八门，包括超级逆向仅付利息分割证券（super inverse interest only strips）。虽然名字听起来比较吓人，但这种证券本质上是由多种普通的房屋抵押贷款支持证券组成的，当利率发生变化时，这些证券的价格变化方向相反。阿斯金希望投资于这样的组合来实现保值：当利率变动时，组合中一部分证券的收益或多或少能够抵消其他证券的损失。如此一来，只要阿斯金正确地发掘定价错误，收益就能够超过损失，超出部分相当于定价错误本身。

由于固定收益市场上错误定价的幅度通常较小，为了放大收益，投资者通常使用杠杆。在格兰尼特资本公司破产前夕，阿斯金运用的杠杆大约是3.3倍，公司6亿美元的股本支持的头寸高达20亿美元。

1994年初，美联储决定上调利率后，金融市场遭受重创，阿斯金的组合也未能幸免于难。在良好的利率环境中，阿斯金的组合保值效果不错，但是在债券市场熊市中，该组合显得匹配混乱，无法起到应有的保值作用。随着阿斯金组合的损失不断增多，为其提供资金的投资银行扣押并抛售了阿斯金的债券来自保。在该案例中，正是糟糕的组合结构和杠杆导致阿斯金垮台。

阿斯金遭受重大损失的原因是他的套保工具未能发挥作用。但是，假如当初没有使用杠杆，在1994年债券市场崩溃中他本有可能幸免于难。对一个使用杠杆的20亿美元头寸来说，30％的损失足以吞噬掉所有6亿美元的股本。但是，如果同样的组合不使用杠杆，30％的损失顶多导致组合股本减少1.8亿美元，留得青山在，总有一日能够东山再起。事实上，阿斯金破产后不久，被清盘债券的价格迅猛反弹，但是，阿斯金已无回天之力了。[①]

长期资本管理公司的案例

如果《吉尼斯世界纪录》（*Guinness Book of World Records*）中有傲慢这

---

① 虽然说如果不使用杠杆，阿斯金可能不会破产，但是如果最初没有杠杆，阿斯金也同样不可能有日后的发达。最初他的组合之所以能够吸引投资资本，在很大程度上是因为，通过使用杠杆他将投资策略的收益放大到15％左右的水平。

一项，那么此等"荣誉"恐怕非长期资本管理（LTCM）公司的负责人莫属。长期资本管理公司坐拥华尔街的天才人物和学术界的超级巨星（其中包括两名诺贝尔奖得主），他们将傲慢与杠杆融合到无以复加的地步，险些导致整个世界金融体系的覆亡。

长期资本管理公司投资的套利策略各种各样，这些策略致力于寻找股票、债券、掉期、期货和其他多种衍生品市场中的错误定价机会。公司运用复杂的财务模型来分散组合的整体风险，因此认为风险已经降至低点，完全可以运用大量杠杆。

长期资本管理公司对杠杆的运用令人瞠目结舌。1998 年 1 月，就在公司 7 月崩溃前夕，其股本为 48 亿美元，但它所支持的资产负债表上的头寸为 1 200 亿美元，杠杆倍数高达 25 倍。事实上，这种表内滥用直接杠杆的现象只不过是冰山的一角。

长期资本管理公司在投资中注重通过衍生品合约利用市场错误定价机会来获利。许多时候，当既可用现金工具也可用金融衍生品达到预期的敞口时，公司会选择使用衍生品，因为通过衍生品公司可以间接运用杠杆。结果，除表内杠杆外，公司还持有巨额的表外头寸。按市场敞口计算，公司的表内头寸和表外头寸总共超过 1.4 万亿美元，而支持如此庞大头寸的股本不足 50 亿美元，杠杆倍数大约是 290 倍。

是年，俄罗斯金融危机爆发后，灾难接踵而至。过度使用杠杆的长期资本管理公司在风暴中不堪一击，尽管华尔街伸出救援之手，减弱了公司破产的危害，但投资者仍然蒙受了巨额损失。罗杰·罗文斯坦（Roger Lowenstein）在其经典之作《营救华尔街》（*When Genius Failed*）一书中描述了这样的一串数字：

> 到 1998 年 4 月，投资于长期资本管理公司的 1 美元将翻两番至 4.11 美元。五个月后，当华尔街救援该公司时，投资的 1 美元只剩下 33 美分。在扣除合伙人的管理费后，结果将更加糟糕：投资的 1 美元曾涨至 2.85 美元，而现在萎缩至 23 美分。从净收益来看，史上规模最大、由最聪明的天才管理的基金资本亏损了 77%，而同期

普通股投资者的收益不止翻了一倍。[①]

在长期资本管理公司的组合中，其投资头寸总的来说是明智的，但是公司策略致命的缺陷是把杠杆运用到难以想象的地步。在光景好的时候，大量使用杠杆放大了正面的结果，但在光景差的时候，杠杆同样也放大了负面的结果。前事不忘，后事之师，明智的投资者在使用杠杆时要高度谨慎，要防范任何可能会对投资项目构成生存威胁的风险。

融券交易

有些杠杆是公开的，比如现金头寸为负、直接借款增加头寸。在运用此类杠杆时，投资者会撰写报告，投资委员会进行讨论，使大家明白借款投资的性质和数量。还有一些杠杆是隐含的，只有在问题发生时才会浮出水面，但此时它已对组合造成危害，因而要采取补救行动为时已晚。

大多数大型机构投资者都经营融券业务，通过向第三方出借（融出）股票和债券获得些许增量收益。在融券业务中，证券融入方通常是华尔街的金融公司，它们通过融入证券建立卖空头寸或者冲销交易失误。证券融出方在出借证券时要求对方用现金做担保，因此，交易的这一环节相当安全。但是，在交易的第二个环节风险加大。融出方以低于市场水平的利率对抵押的现金支付利息，同时以更高的利率对现金进行再投资。再投资通过利用借款利率（低于市场水平）与贷款利率（与市场水平持平）之差获利，导致整个融券交易风险加大。[*]

由于证券融出方保留融出证券的所有权，以及与其相伴的经济利益，融券活动给组合带来破坏的可能性非常小。因此，投资者很容易忽略融券业务，并把其归为业务支持活动。融券业务通常被视作托管银行的职能，很少会出现在投资委员会的议事日程上。即使投资委员会偶尔讨论，也通常将其视作

[①]　Roger Lowenstein, *When Genius Failed : The Rise and Fall of Long-Term Capital Management* (New York: Random House, 2001): 224 - 225.

[*]　许多市场参与者针对传统证券出借的较少利润引入了到期日错位来增加出借的收益以及项目风险。其他人则使用现金来实施更为怪异的策略，从而在出借业务中引入了更大的风险。——译者注

一种低风险业务，能够抵消部分银行托管费用。

　　然而，尽管融券业务的经济原理原本并不引人注目，但是机构之间的交易模式导致该业务的后果被放大。通常，托管银行用所保管的机构投资者的证券来经营融券业务，与投资者按七三或六四的比例分享收益，较大的一部分归证券融出方所有。这种利润分成方式导致托管银行追求风险，因为它们坐享收益而无须分担损失。融券业务对托管银行而言是一笔稳赚不赔的交易，它们通过用客户资产冒险获取大量利润。这样的交易对投资者而言绝非公平，他们的组合资产面临巨大风险，获取的收益却微乎其微。

考曼基金的案例

　　考曼基金（The Common Fund）是一个向教育机构提供投资服务的基金公司。1995 年，该公司得知，第一资本策略家（First Capital Strategists）公司代其管理的融券业务预计亏损 1.28 亿美元。[①] 亏损是由该公司的无赖交易员肯特·阿伦斯（Kent Ahrens）违规操作引起的。后来计算显示，亏损额将近 1.38 亿美元。据阿伦斯后来交代，早在 1992 年初，他在一次股指套利交易中损失了 250 000 美元。此时，他并未及时平仓，而是试图通过投机性交易抵消损失。经过三年的欺骗后，阿伦斯的累积损失达到惊人的地步，终于东窗事发。

　　融券业务失利给考曼基金带来了沉重的打击，也使公司曾经良好的信誉被玷污，大批客户纷纷撤出资金。1995 年 6 月 30 日，考曼基金管理的上市股票和固定收益类资产总计 181 亿美元。一年后，资产规模大幅下降至 155 亿美元。即使这一年中公司的收益仅与市场同步，其资产规模的降幅也比预期大了 52 亿美元（25%）。

　　第一资本策略家公司的案例不仅仅是关于一个无赖交易员的。它表明，缺乏良好收益结构（payoff structure）的策略风险巨大，监控某些交易活动困难重重，创新产品如不适合投资目标将产生巨大风险。

---

①　John R. Dorfman, "Report on Common Fund Cites Warning Signs," *Wall Street Journal*, 17 January 1996, C1.

融券活动的收益最多只能算是"积少成多"，投资者可以通过出借证券不断获得少量的正差价。然而，遗憾的是，为了"积少"，投资者将大量资产置于风险之中，"积少亏多"的情况时有发生。在这种负偏态分布的收益模式（negatively skewed return pattern）中，向上空间有限（挣少），向下空间巨大（亏多）。对投资者而言，这种收益分布模式并不具有吸引力。

几十年前，融券业务对投资者更为有利。20 世纪 70 年代，证券融出方无须为抵押的现金支付利息，融券业务产生的收益相当可观。因为融出的证券由现金抵押担保，抵押品可以再投资到美国短期国债中，证券融出方不会面临实质性风险。此时，融券业务能"积少成多"，而非"积少亏多"。

随着市场结构的变化以及竞争的加剧，证券融出方被迫向抵押的现金支付利息，再投资风险开始出现。当把抵押品再投资于美国短期国债不能产生正差价时，证券融出方要想获得收益就必须投资于风险更高的资产，包括含有信贷风险、利率风险甚至更奇特的风险的资产。

通过第一资本策略家公司，考曼基金热情洋溢地接受了这些风险。从 20 世纪 80 年代初开始，考曼基金授权第一资本策略家公司将其抵押品再投资到各种各样的策略中。如表 6-1 所示，这些策略兼具保守与激进风格。例如，股指套利策略如果运用得当，对投资的资产几乎不会构成任何风险；而相比之下，与墨西哥经纪商的回购协议中却包含巨大风险。

表 6-1　考曼基金将客户资产置于实质性风险之中

（经核准的投资策略，1994 年）

股指套利
固定收益套利
柜台交易期权套利
国债/欧洲美元（TED）差价套利
股利再投资套利
公司重组套利（风险套利）
远期及反向股本转换（forward & reverse equity conversions）
可转换证券套利
权证套利

续表

股票及公司债券回购协议
与墨西哥经纪商的回购协议（以墨西哥政府证券为担保）
匹配头寸
三方回购协议
利率及跨货币的互换
赎回的固定收益类证券

按照华尔街的惯例，考曼基金将许多再投资策略美其名曰"套利"，从而给投资者带来一种虚假的安全感。《韦氏大词典》（Webster's Dictionary）对套利的定义是："在不同市场上同时买入和卖出相同或相当的证券，从而通过价格差异获利。"在当今证券市场中，当股票和债券的期货合约相对于现货市场偶尔发生错误定价时，才能提供真正的套利机会，尽管这种机会可能转瞬即逝。其他所谓的套利策略通常并不包括"相同或相当的证券"，因此，用于投资的资产会面临巨大的风险。

例如，在可转换证券套利（convertible arbitrage）策略中，投资者需要持有可转债，同时卖空发债公司的股票，当债券相对便宜、股票相对昂贵时，投资者可以通过两者的错误定价获利。在执行可转换证券套利策略时，投资者要进行动态保值并承担残余利率及信用风险。可是，动态保值并不一定可行，残余利率和信用风险也不可对冲。在某些情况下，可转换证券套利策略能够带来高收益，而且风险低。但是，无论何时，这一策略都不可能产生无风险收益。

说得好听点，把风险策略称为套利策略是华尔街惯用的把戏，旨在为投资过程营造出神秘、严密的感觉，从而满足自己的虚荣心。说得难听点，这种做法无异于欺骗性广告，目的是减轻投资者对高风险投资活动的担忧。

融券交易的另一个问题是需要频繁交易。对交易机构、外部投资者以及律师、会计师等其他相关的专业人士而言，监控密集的交易活动是一个巨大的挑战。如果投资头寸一日内多次换手，监督员只能寄希望于交易员忠实执行策略、听从指示，投资者只能寄希望于监督员认真监控投资过程。由此可见，密集的交易活动会造成监控难题。

相比之下，长期投资策略面临的监控问题较少。就控制风险而言，被持有长达几个月甚至几年的证券头寸要远少于被持有几个小时或几分钟的头寸。而且，把损失隐藏起来或者违反规定通过进一步交易来弥补损失，这些做法更符合投机交易员的心理，而非稳健的投资者的心态。事实上，在 20 世纪 90 年代大多数轰动一时的亏损中，无赖交易员都是导火索。例如，尼古拉斯·里森（Nicholas Leeson）拖垮英国霸菱银行（Barings PLC）；井口俊英（Toshihide Igushi）导致大和银行（Daiwa Bank）被逐出美国；罗伯特·西特伦（Robert Citron）导致美国橙县（Orange County）破产等。尽管避免频繁交易策略并不能保证欺诈行为消失，但长期投资策略至少能减少受托人面临的控制风险。

另外，糟糕的交易结构也增加了考曼基金融券业务的风险。第一资本策略家公司用考曼基金机构成员的资产冒险获利，并获得 25% ～ 33% 的分成。实质上，第一资本策略家公司玩的是一个"正反都是我赢"的游戏。由于该公司只分享利润而不分担风险，员工推荐并实施高风险策略的动机尤为强烈。

糟糕的激励机制也只能部分解释考曼基金的问题。考曼基金在明知有风险的情况下依然参与了第一资本策略家公司的冒险活动。早在阿斯金案爆发之前，有两起事件已经将再投资工具的高风险本质暴露无遗。1987 年 8 月，因投机恺撒的世界（Caesar's World）的敌意收购，第一资本策略家公司遭受了 250 万美元的亏损，因为这笔交易最终流产了。尽管第一资本策略家公司对考曼基金进行了补偿，但这笔交易无疑凸显了公司重组"套利"策略中蕴含的高风险。后来，从 1989 年 9 月起，第一资本策略家公司在联合航空（United Airlines）公司收购事件上押注大量头寸，但是这场由员工领导的收购企图最终落空了。在清算时，考曼基金遭受了 260 万美元的损失，导致考曼基金 1990 财年融券业务亏损 577 600 美元。恺撒的世界案和联合航空公司案迫使考曼基金的受托人密切关注公司融券业务的风险。

从本质上讲，考曼基金通过参与融券业务在其资产中加入了杠杆。第一资本策略家公司将考曼基金融券所得资金投资于高风险的工具，原本希望能产生正收益，结果等待它的却是灾难。尽管从表面上看，交易活动内在的风险以及糟糕的交易结构是促成考曼基金灾难的原因，但是根本原因在于考曼基金不合理地运用了隐含于融券业务中的杠杆。

第四节　结　论

资产配置目标是组合管理的核心，能够提高投资成功的可能性。通过严格进行再平衡操作，投资者能够确保组合的风险收益特征贴近目标水平。组合管理过程如果不够严密，实际资产配置状况很可能会偏离预期水平，从而导致投资结果难以满足机构目标。

诱人的投资机会常常会缺乏流动性，从而导致组合的资产配置缺乏灵活性。由于流动性较差，非流动性资产的配置比例经常与目标水平不符，导致组合的整体特征偏离预期水平，这对严格的再平衡操作构成挑战。

积极投资管理策略会导致投资业绩和基准收益不符。明智的投资者在识别组合偏差时要高度谨慎，确保组合偏差是有意识选择的结果，而非由组合构建中的疏忽所致。正常组合与完整基金是两种工具，能够帮助组合经理理解并控制积极投资管理策略引起的组合偏差。

虽然成功的积极投资管理策略最终能够创造价值，但是在这一过程中投资者会发现某些时期投资业绩逊于大盘。即使最终成功的策略在短期内也可能显得愚不可及，因此，许多明智的投资策略要求三到五年的投资时限。当市场价格波动不利于已有头寸时，坚定的投资者要加仓，提高积极投资管理的收益。相反，当市场表现良好时，明智的投资者要削减获利头寸，避免近期成功策略的风险敞口过大。实践证明，逆势而为是有效的风险控制措施。

杠杆是把"双刃剑"，既会大幅增加收益，也会造成巨大损害，这对长期投资者构成巨大危害。凯恩斯曾警告称："想要忽略市场波动的投资者，如果要运用借入资金，规模不能太大。"[1] 受托人要努力识别组合中明显或隐含的杠杆并评估其影响，确保杠杆对组合的影响是可接受的。

---

[1] Keynes, *General Theory*, 157.

　　近年来，许多轰动一时的投资灾难均由隐藏在组合中的杠杆所致。考曼基金在融券业务中使用杠杆，将教育机构的资产置于高风险之中，而获取的不过是微薄的预期收益。阿斯金在原本隐含有杠杆的抵押贷款支持证券衍生品头寸的基础上进一步直接使用杠杆，结果将原本只是严重的价值缩水变成了彻底的破产。为了避免产生耸人听闻的灾难，投资管理人要充分理解组合中杠杆敞口的来源和大小。

　　为了实现机构目标，投资管理人要严格执行资产配置政策，其核心是定期进行再平衡操作，确保组合特征符合目标水平。机构基金经理的许多投资活动导致组合业绩偏离预期水平。在低流动性的投资品种中，具有吸引力的积极投资管理机会较多，但与此同时其再平衡过程也面临重大挑战。积极投资管理策略会使组合收益偏离市场基准水平。杠杆会放大投资结果，可能意外改变组合特征，这种改变在资产配置分析中或许是无法预料的。明智的投资者要定期进行再平衡操作，慎重考虑积极投资管理策略，并且限制杠杆的运用。

第 7 章

传统资产类别

定义资产类别既需要艺术，也需要科学，需要将相似资产归为一类，最终将相对而言具有同质投资机会的资产集合起来。合理定义的资产类别包括几组按各自特征划分的投资头寸，它们组合起来共同为组合做出符合投资政策目标的贡献。

各个传统资产类别共同拥有一些重要特征。第一，传统资产类别是组合的基本组成部分，赋予组合基本的、区别于其他组合的价值特征。第二，从根本上讲，传统资产类别的收益是由市场产生的，而非通过积极投资管理创造的。第三，传统资产类别交易的市场维度广、程度深，而且具有可投资性。

具体地讲，第一，传统资产类别是组合的基本组成部分，赋予组合基本的、区别于其他组合的价值特征。在这些资产类别中，有的可以提供大量预期收益，有的可以保护投资者安全渡过金融危机，各个资产类别各有所用。谨慎的投资者对资产类别的定义恰如其分，窄到足以确保投资工具能够恰当完成其预期使命，宽到足以囊括该资产类别中足够多的重要资产。

第二，从根本上讲，传统资产类别的收益是由市场产生的，这样，投资者就可以有把握地认为组合的各个部分都能够完成预定使命。当某一特定资产类别依靠积极管理才能成功时，投资者要靠超凡能力或者好运气才能获得收益。如果积极型投资经理能力不足或者运气不佳，那么这类资产将难以达到目标，投资者也将遭殃。相比之下，由于传统资产类别的收益是由市场产生的，因此，投资者便无须依靠过人的天赋或者市场玩家所谓的投资技能了。

第三，传统资产类别交易的市场维度广、程度深，而且具有可投资性。市场维度广意味着投资者有广泛的选择；市场程度深意味着单只证券的供应量足够大。市场的可投资性意味着投资者有机会在该市场上进行投资。传统资产类别在市场上占据牢固、持久的地位。

传统资产类别包括股票和债券。能为组合贡献收益的资产类别包括国内股票、国外发达市场股票和新兴市场股票。能分散组合风险的资产类别是美国国债，它能够保护投资者免遭金融灾难。传统资产类别提供了一些基本模块来帮助投资者构建充分分散化的组合。

在下文中，我们将详述各个传统资产类别，以帮助投资者认识各种投资工具在组合中扮演的角色。我们将评估各个资产类别的预期收益和预期风险、对通胀的反应及其与其他资产类别的相关性，帮助投资者掌握构建组合所需的知识。我们还将概述证券发行人与证券持有人之间的利益一致性问题，以帮助投资者了解投资于特定资产类别时可能出现的陷阱和获得的利益。

第一节　美国国内股票

美国国内股票代表的是美国企业的所有权。美国国内股票是大多数机构和个人组合的核心部分，因此，华尔街的涨跌起落决定了许多投资者的业绩成败。由于许多市场参与者高度依赖上市股票，因此，国内股票在组合中占据突出地位。

国内股票在组合中的中心作用有充分的理论和现实依据。股权类投资工具能够带来大量的预期收益，随着时间的推移能够实现组合的大幅增长，这正符合投资者的需要。如果说历史可以指引未来，那么较高的长期收益率鼓励投资者持有股票。杰里米·西格尔统计的 203 年的数据显示，美国股票的年收益率为 8.4%；罗杰·伊博森统计的 80 年数据显示，股票的年收益率为 11.1%。[①] 其他任何资产类别的长期业绩均不能与之相媲美。

以股票为主的组合的长期成功符合人们根据基本金融原理形成的预期。根据金融原理，股票投资比债券投资的收益率高，虽然有时在短期内未必如

---

　　① 这 203 年历史包含西格尔的著作《股市长线法宝》中所统计的 200 年以及伊博森所统计的随后 3 年的收益。

此。正如大家所知，历史纪录显示，从长期来看股票市场收益强劲，但是在历史上也有很长一个时期，持有股票的投资者面临巨大的下行风险。在公司的资本结构中，股权代表的是残余权益（residual interest），只有当公司资产偿付了其他各利益方的索偿之后股票持有人才能获得剩余价值。股票的高风险特征使理性的投资者要求更高的预期收益率。

不过，股票也有一些能够吸引投资者兴趣的优点。比如，股东利益和公司管理层利益往往趋于一致，这为那些不参与公司运营的外部股票持有人提供了些许安慰，使他们相信公司行为对股东和管理层均有利。此外，股票通常能够抵御通胀意外上升的风险，尽管从短期来看这种抵御功能经常失灵。最后，股票交易市场维度广、程度深而且流动性好，这使投资者能够接触并利用大量投资机会。我们应对股票投资进行深入探讨，因为在许多方面，它是市场参与者用来衡量所有其他投资品种收益和风险的标准。

一、股权风险溢价

股权风险溢价是指股票持有人承担的风险高于债券投资的风险水平时所要求的增量收益，它是投资中至关重要的变量之一。和其他所有前瞻性指标一样，风险溢价的预期水平也总是被笼罩在未来的重重迷障中。鉴往知今，考虑周全的投资者为了捕捉未来的蛛丝马迹，他们通常考察市场的历史特点。

耶鲁大学管理学院教授罗杰·伊博森统计了一组资本市场数据，结果显示 80 年间股票和债券收益率差别为每年 5.7%，这组数据被人们广泛引用。[①]沃顿商学院教授杰里米·西格尔统计了 203 年的数据，结果显示每年的风险溢价为 3.0%。[②] 不管精确的数据到底是多少，风险溢价的历史水平表明股票持有人比债券持有人享有的收益率高许多。

事实证明，风险溢价水平高低对投资者做出正确的资产配置决策至关重要。虽然历史可以为未来提供指引，但谨慎的投资者在解读历史数据时仍要格外小心。菲利普·乔瑞和威廉·格茨曼对存活者偏差的研究表明：美国股

① Ibbotson Associates, *Stocks, Bonds, Bills, and Inflation: 2006 Yearbook* (Chicago: Ibbotson Associates, 2003): 27–28.

② Jeremy Siegel, *Stocks for the Long Run* (New York: McGraw Hill, 2002): 6.

市的发展历程具有独特性。他们在考察了 75 年间 39 个市场的发展历程后指出："在我们的样本里几乎所有的市场都曾经遭到大规模破坏，只有美国等极少数市场例外。"[①]

从 19 世纪到 20 世纪美国股市的运营几乎没有中断过，这对股市的卓越收益而言功不可没。乔瑞和格茨曼研究发现：从 1921 年到 1996 年，美国市场每年资本实际升值 4.3%。相比之下，其他许多经历了经济和军事创伤的国家实际资本升值平均每年仅为 0.8%。因此，思维缜密的市场参与者在解读美国市场的不凡经历时需将其放在一个更广泛、更平庸的大环境下进行通盘考虑。

即使投资者相信美国市场的历史收益具有说服力，我们也仍有理由质疑市场历史表现对未来的指导价值。下面我们来考察一下过去 200 年里股市的表现。股市的收益包括股利、通货膨胀、股利的实际增长和估值水平上升这四个因素。2003 年 4 月，罗伯特·阿诺特（Robert Arnott）发表的一篇题为《股利和它的三个阻碍因素》（Dividends and the Three Dwarfs）的研究论文表明，在长期股权收益中股利占比最大。阿诺特的研究表明，在过去的 200 年里，股票的年均总收益率为 7.9%，其中整整 5.0 个百分点来自股利，通货膨胀占 1.4 个百分点，股利的实际增长占 0.8 个百分点，估值水平上升占 0.6 个百分点。阿诺特指出，历史上，股利在股票收益中极为重要，这和"人们的传统看法——股票带来的首先是增长，其次才是股息收入——大相径庭"[②]。

通过观察历史，阿诺特对未来进行预测。他的结论是：如果未来股息收益率低于 2.0%（2003 年 4 月的水平），那么，除非实际股利加速增长或股市估值水平上升，否则，股票投资者未来的收益率将远不如过去。（请注意，2007 年 8 月标准普尔 500 指数成分公司的股息收益率是 1.75%。）阿诺特注意到，从 1965 年到 2002 年间实际股利没有任何增长，因此，他认为未来依靠股利增长来驱动股票收益增长的希望非常渺茫。另外一种选择是，未来依

---

① 　William N. Goetzmann and Philippe Jorion, "A Century of Global Stock Markets," NBER Working Paper Series, Working Paper 5901 (National Bureau of Economic Research, 1997), 16.

② 　Robert Arnott, "Dividends and the Three Dwarfs," *Financial Analysts Journal* 59, no. 2 (2003): 4.

靠公司盈利增长估值水平提升来驱动股市增长，而这作为构建组合的基础是极其薄弱的。

在用历史收益对未来进行简单推断时，隐含的假设是估值水平的历史变化趋势在未来将延续。就美国股市而言，如果期望历史变化趋势未来能够延续，那就意味着股利将会以前所未有的速度增长，或者估值水平将会不断提高。如果投资者相信这些预测，他们要获得收益，将不仅要靠公司基本的盈利能力，还要靠股市是否愿意继续为公司利润支付更高的价格。

尽管上述推断不合逻辑，但1999年出版的一本关于牛市的大部头著作仍然支持股票估值水平将会一直不停上升这一观点，该书作者认为股权风险溢价为零。詹姆斯·格拉斯曼（James Glassman）和凯文·哈赛特（Kevin Hassett）在《道指36 000点：如何在即将到来的股市上涨中获利的新战略》（*Dow 36 ,000 : The New Strategy for Profiting from the Coming Rise in the Stock Market*）一书中提出，从长期来看，股票的表现总是超越债券，他们的结论是股票面临的风险并不比债券高。[1] 这两位作者忽略了股票和债券的内在差异，这些差异清楚地表明股票的风险更高。他们也没有考虑美国以外其他股市的发展历程，这些股市有时甚至会消失，这更让人怀疑长期股票投资是否必然会带来高收益。最关键的一点也许是，两位作者高估了能够坚持二三十年长期投资的投资者人数，同时又低估了股市震荡时不能坚持到底的投资者人数。

在理论分析和实际操作两个方面，金融理论和资本市场发展历史均支持风险溢价这一概念。如果投资者不能期望从高风险资产中获取高收益，那么金融界将失去其存在之本。如果高风险的股票不能带来高水平的预期收益，那么市场参与者将会避开股票。举个例子，如果债券和股票的预期收益率相同，那么理性的投资者将会选择风险较低的债券。没有哪个投资者会买入预期收益相同而风险更高的股票。资本市场要想有效运转，必须存在风险溢价。

风险溢价预期对资本市场的正常运转不可或缺。乔瑞和格茨曼的研究强调指出：存活者偏差对人们认识风险溢价的大小会产生影响。阿诺特对股票

---

[1]　James K. Glassman and Kevin A. Hassett, *Dow 36 ,000 : The New Strategy for Profiting from the Coming Rise in the Stock Market* (New York: Random House, 1999).

收益的解析和对历史趋势的分析均表明,未来股票相对于债券的收益优势将减弱。不管未来风险溢价是多少,明智的投资者要有心理准备:未来股票收益将与过去不同。如果投资者对未来股票资产特征的预测出现差错,那么分散化投资将是一个最强有力的补救办法。

二、股价和通货膨胀

在通常情况下,股票能帮助投资者长期抵御通货膨胀的影响。诺贝尔奖得主詹姆斯·托宾发明了一种简单精练的方法来理解股价。他将公司资产的重置成本与这些资产的市场价值进行对比,认为在均衡市场中,重置成本与市场价值的比率(他称之为"q")应该等于 1。如果重置成本超过市场价值,经济活动参与者会发现在股市上购买资产比在实体经济中购买更便宜。相反,如果市场价值超过重置成本,经济活动参与者将会通过创建公司然后在股票交易所发行股票获利。很明显,在理性的市场上,公司资产在证券交易所的价值应当等于同样的资产在现实世界中的重置成本。

由于全面物价通胀提高了公司资产的重置成本,公司股价理应上涨来反映通胀的影响。如果股价没有随通胀上涨,那么公司资产的重置成本将因通胀上升而超过市场价值,结果,投资者就能够在证券交易所以低于内在价值的价格购买公司股票。因此,除非股价反映物价通胀,否则证券交易市场将成为出售打折商品的商店。

尽管股价和通胀之间存在很明晰的理论联系,但事实上,股价在反映通胀方面的历史表现却不尽如人意。一个极端例子发生在 20 世纪 70 年代,当时股市未能把严重的物价上涨反映在股价中。从 1973 年到 1974 年间,通胀导致购买力下降了 37%,而股价反而累计下跌了 22%,投资者蒙受了双重损失,经通胀调整后的损失高达 51%。

杰里米·西格尔评论道:股价"提供了长期对冲通胀的最好工具",但在短期内却难保投资者免遭物价上涨带来的损失。[1] 通胀和股价之间长期呈现出正相关关系也许正是缘自理性行为,因为市场参与者会权衡在实体经济中购

---

[1] Siegel, *Stocks for the Long Run*, 210.

买资产的成本和在金融交易所购买类似资产的成本孰高孰低。不过，通胀和股价之间在短期内呈现负相关关系或许是出于非理性行为，因为面对非预期的通胀，投资者的反应是提高未来现金流的折现率，但却没有根据通胀上升相应调整未来现金流。虽然资本市场的发展历史印证了西格尔的观点，但股价长期抵御通胀和短期抵御通胀效果的差别产生了一个悖论。因为长期是由一系列短期构成的，没有理论能够解释为什么股价在短期抵御物价上涨方面表现低劣，而在长期抵御物价上涨方面表现出色。如果投资者希望能在短期内规避通胀，那么他就需要放眼四周，不能只盯着上市有价股票。

三、利益的一致性

股票的许多特点通常能够帮助投资者实现投资目标。比如，公司管理层利益和股东利益大体一致，这对股票投资者而言无疑是件好事。在大多数情况下，公司执行官通过提升股东价值实现自我价值，既实现了管理层的财务目标，也满足了投资者获利的愿望。在公司盈利能力提高时，管理人员通常也能分享利益，他们既可以通过薪酬增加间接分享公司盈利增长，也可以通过个人所持股票增值直接分享公司成长。

然而，遗憾的是，上市公司的所有权（股东拥有）和控制权（管理层拥有）的分离导致代理问题时有发生，有时管理层（代理人）为了获取个人利益而牺牲股东（委托人）利益。股东和管理层之间最常见的利益分歧来自管理层的薪酬安排。管理层可能不顾公司业绩表现，不断提高自己的薪水和福利。因为公司越大提供的薪酬越高，公司管理层可能会为了获得更高的个人收入而致力于扩大公司规模，却将公司规模扩张对盈利能力造成的影响置之不顾。

公司管理层可能会将资金用于个人目的，并对公司业绩造成不良影响。公司收藏艺术品、购置商用飞机、建造豪华的办公室和公寓通常只能让高级管理人员受益，却损及公司的正常目标。媒体曾报道世通（WorldCom）公司首席执行官伯纳德·埃贝斯（Bernard Ebbers）从公司获得超过 4 亿美元的个人贷款，泰科公司首席执行官丹尼斯·科兹洛夫斯基（Dennis Kozlowski）侵吞多达 6 亿美元的公司资产为己所用，用以购买包括价值 6 000 美元的浴帘。在读到这些报道时，投资者无不感到惊恐与不安。公司管理层获得的巨额物质奖励和非物质奖励不管是否合法，都直接来自公司股东的钱包。

但是，最骇人听闻的丑闻不是关于那些"违规"的首席执行官，而是关于那些在遵守规则的同时又中饱私囊的执行官。通用电气前首席执行官杰克·韦尔奇（Jack Welch）为自己谋取丰厚退休金的行为不仅使他本人蒙羞，也给公司声誉带来了不良影响。他的退休金方案中包括大量个人特权，比如，终生居住在通用电气出资 1 500 万美元购买的一套公寓中，乘坐公司的波音 737 飞机和直升机，公司为他及夫人配备一辆专用轿车和一名专职驾驶员。通用电气无疑是担心韦尔奇在任期间支付给他的数亿美元薪酬不足以让他过上满意的退休生活，因此又为这位前首席执行官提供"美酒、鲜花、厨师、管家等其他生活便利服务"，包括"顶级体育赛事和歌剧的入场券"。[1] 就连一向对企业友善的《华尔街日报》社论版也评论道：韦尔奇先生的退休金是"公司财大气粗的小意思"。[2]

上述埃贝斯、科兹洛夫斯基和韦尔奇过度膨胀的薪酬只不过是冰山的一角，正如纽约联邦储备银行（Federal Reserve Bank of New York）行长威廉·麦克多诺（William McDonough）所言：更深层次的问题是，在过去 20 年中首席执行官薪酬的快速增长说明"社会风气极其恶劣，甚至已达到道德败坏的地步"。麦克多诺建议公司董事会"应当认识到公司支付给管理层的薪酬过高，应将之调整到更加合情合理的水平"[3]。

股票期权

股票期权激励会导致公司管理层利益和股东利益之间出现脱节，这种脱节通常不易被察觉。当公司股价上涨时，期权类薪酬计划能够有效发挥作用，因为管理层和股东均将获益。当公司股价下跌时，管理层和股东之间就会出现利益分歧，因为此时管理层失去的仅仅是从股价上涨中获益的机会。事实

---

[1] Geraldine Fabrikant and David Cay Johnston, "G. E. Perks Raise Issues About Taxes," *New York Times*, 9 September 2002.

[2] "Jack's Booty," editorial, *Wall Street Journal*, 10 September 2002.

[3] David Leonhardt, "Reining in the Imperial C. E. O.," *New York Times*, 15 September 2002.

上，如果公司董事会在股价下跌后重新制定期权价格，管理层根本不会遭受任何损失。在股价下跌时，公司管理层失去的仅仅是一个机会，而相比之下，股东损失的却是真金白银。期权类薪酬计划对上市公司管理层而言是一个稳赚不赔的游戏。

上市公司会使用股票期权来保护员工免遭股价下跌的影响，在这方面，微软是个绝佳的例子。2000年4月，首席执行官史蒂夫·鲍尔默（Steve Ballmer）发现：由于担忧美国司法部对公司进行反垄断调查的后果，而且公司股价在4个月内下滑了44%，员工普遍士气低落。为鼓舞士气，鲍尔默向34 000多名员工授予以当时股价计价的股票期权。在致员工的一封邮件中，鲍尔默写道："我们知道股票期权是薪酬的重要组成部分。"他坚持认为原先授予的期权"在长期将会有价值"，但是表示希望"新授予的期权能让员工很快看到收益"。① 微软将新期权的行权价定在52周内的最低股价水平，从而成功地保护了员工免受公司股价急剧下跌的影响。而对当时也许同样心急如焚的股东，微软并没有用类似的方法去安慰他们。

20世纪90年代末，为了应对不断泛滥的信任危机，许多公司开始重新审视期权类薪酬计划。2003年7月，微软宣布废除期权计划，并用限制性股票激励计划取而代之，此举在当时颇为引人注目。与股东和管理层收益不对称的期权不同，限制性股票将管理层和股东的利益紧密联系起来，使他们共损益、同命运。微软首席执行官鲍尔默说道："不管它是不是一种股利分配政策，也不管要冒多少风险，尽可能地让员工与股东心连心总归不是什么坏事。"② 如果大量公司效仿微软，未来公司管理层可能会更好地为股东利益服务。

尽管股东利益和公司管理层利益大体一致，但滥用职权行为仍大量存在。执行官过高的薪酬，不管是直接来自薪水上涨，还是间接来自种种不合理的公司特权，都是以股东利益为代价来中饱私囊。就像期权类薪酬一样，有时公司管理层和股东之间存在利益分歧。为了有效减少股东和管理层之间的利

① Steve Lohr and Joel Brinkley，"Microsoft Management Tells Workers There Will Be No Break-up," *New York Times*，26 April 2000.

② Jathon Sapsford and Ken Brown，"J. P. Morgan Rolls Dice on Microsoft Options," *Wall Street Journal*，9 July 2003.

益冲突，一种可靠的方法是公司管理层持股。聪明的投资者要选择那些内部持股比例高的公司。

四、市场特征

截至 2006 年 12 月 31 日，美国股市总市值超过 18.2 万亿美元，是世界上规模最大的高流动性资本市场。在美国市场上交易的证券数量超过 6 190 只，覆盖这些股票的是威尔希尔 5 000 指数（Wilshire 5 000，该指数有点名不符实）。由于美国股市规模庞大，许多参与者将其划分为若干部分。典型的分类方法包括按市值大小划分为大盘股、中盘股、小盘股，按证券特点划分为成长股、价值股，按企业性质划分为公用事业类、科技类、医疗保健类等。截至 2006 年底，美国股市的股息收益率为 1.7%，市盈率（PE）[1] 为 19.5 倍，市净率（PB）[2] 为 2.5 倍。[3]

五、小结

对许多长期投资者而言，美国国内股票是最佳选择。金融理论与实际经验均显示，在相当长的持有期内，股票投资能产生丰厚的收益。股东和管理层之间利益大体一致，这使股票能够同时实现外部股东和内部管理人员的目标。从中长期来看，股票能够抵御通胀风险。股票的许多优点使其在大多数组合中发挥重要作用。

但是，投资者要谨防过度依赖股票，不要指望它们在任何一个时期内都能表现出上述优点，也不要在目标组合中配置过大比例的股票。历史数据可能夸大了美国股票的优点。债券和现金的收益率可能连续几年超越股票。例如，从 1929 年 10 月股市阶段性见顶开始，股票投资者花了整整 21 年零 3 个月的时间才赶上债券投资者的收益率。[4] 股东和管理层之间也频频出现利益分歧。股价在抵御物价通胀方面也经常失灵，有时甚至长期失灵。尽管股票市

①　市盈率（PE）是衡量公司估值水平的指标，等于公司股票每股价格除以每股盈利。
②　市净率（PB）是衡量公司估值水平的指标，等于公司股票每股价格除以每股账面价值（资产减去负债）。
③　数据来自威尔希尔协会（Wilshire Associates）。
④　Ibbotson Associates，*2004 Yearbook*，224，234.

场不能风雨无阻地为投资者带来持续稳定的收益，也不能万无一失地对冲通胀风险，而且公司管理层有时会违背股东利益，但是，对任何经深思熟虑后建立起来的长期组合而言，股票投资仍然在组合中占据中心地位。

第二节　美国长期国债

购买美国长期国债相当于持有美国政府公债的一部分。在一个结构合理的固定收益类证券组合中，政府债券发挥着突出的作用，这一方面反映了政府债务享有政府完全信用担保（full-faith-and-credit）的优点，另一方面也说明政府发行的债券数量庞大。

由于美国长期国债享有美国政府的完全信用担保，债券持有人不会面临违约风险。政府会及时全额支付利息和本金，债券持有人可以高枕无忧。但是，没有违约风险并不意味着债券持有人可以免遭价格波动的风险。在利率上升时，债券价格下降，因为利率上升后新发行债券的利息更高，投资者要购买现有已发行的债券，就会相应地调低价格。在利率下降时，债券价格上涨，因为投资者目前持有的债券未来能带来固定收益，在利率下降的环境中它们显得更有吸引力，投资者要出售这些资产，就会要求得到更高的补偿，价格自然也就上升。在所有风险投资品种中，美国长期国债的预期收益率最低，因为美国政府债务的内在安全性很高。

一、利率风险

许多投资者对债券的认识存在混淆不清之处。要理解固定收益投资在一个组合中所发挥的作用，关键是掌握利率和债券价格之间的相反关系（利率上升，价格下降，反之亦然）。然而，调查显示：大多数投资者甚至不理解债券价格变动的基本道理，就连备受尊重的市场评论员有时也会弄错。《纽约时报》财经版曾发表过一篇题为《更好地认识债券》的文章，颇有讽刺意味的是，该文章认为："久期和债券价格与利率同步变化。当利率上升一个百分点时，久期为 7 年的债券价格将上涨 7%；同样，当利率下降一个百分点时，这只债券的价格将下跌 7%。"① 这种说法与事实恰好相反：利率上升导致债券价格下降而非上升。试想，如果连一名备受尊重并且精通金融的《纽约时报》财经记者都不能厘清两者之间的关系，普通投资者又有多大可能把它搞明白呢？

久期衡量的是债券的有效到期期限，计算时考虑债券在有效期内每笔现金流产生的时间及其现值。② 债券的久期越长，利率变化对其价格的影响就越大。组合的久期越长，投资者面临的利率变动风险也越大。组合经理可以选择配置资产规模小、久期长的组合，或者配置资产规模大、久期短的组合。组合经理如果想降低持有固定收益类资产的机会成本，可以选择配置一个规模小、久期长的组合，这在本质上相当于用较低成本来利用债券实现资产配置的分散化。

在美国国债投资方面，风险主要与投资时限（time horizon）有关。投资时限为 6 个月的投资者会认为 6 个月期短期国债无风险，因为他确信 6 个月期短期国债到期时将会按面值及时得到偿付。但是，这位投资者会认为 10 年期国债风险过高，因为随着利率的变化，10 年期国债的价值可能会发生巨大变化，甚至在 6 个月的持有期内可能都如此。利率上升将导致他蒙受损失，而利率下降将为他带来意外之喜。

类似地，投资时限为 10 年的投资者会认为 6 个月期国债投资风险巨大，因为 6 个月期国债必须展延 19 次才能得到 10 年的持有期收益率。刚开始时，投资者只知道这只国债第一个 6 个月期的利率，而随后 19 次展延的利率面临巨大的不确定性。除非投资者的持有期与到期期限匹配，否则债券价格变化或利率变化将导致收益率偏离预期水平。

二、分散化功能

美国长期国债具有分散组合风险的功能，能帮助投资者抵御金融危机

---

① Carole Gould, "Better Understanding of Bonds," *New York Times*, 27 August 1995.
② 麦考利（Macaulay）于 1938 年首次提出"久期"这一术语，他发明了一个公式来衡量一只证券的平均经济生命。具体的计算是用债券在有效期内支付的每笔现金流的现值分别除以债券价格得到每笔现金流现值在全部现金流现值中的权重，然后将每笔现金流支付的时间同对应的权重相乘，最终得出收到债券全部现金流所需要的平均时间。

或经济困难。在 1987 年 10 月的股灾中，美国股市在短短一个交易日内暴跌超过 20%，投资者纷纷买入美国国债来实现资产保值。因此，尽管股市暴跌，国债市场大幅回升。1998 年，当亚洲金融危机、俄罗斯金融危机和美洲资本市场危机同时上演并导致全球经济举步维艰时，投资者中涌起追求资产质量的风潮（flight to quality），纷纷选择安全性更高的美国国债。类似地，在 2007 年 8 月信贷危机期间，国债收益率在短短几天时间内就大跌整整两个百分点，并在盘中触及 2.5% 的低点。与此同时，伦敦银行同业拆借利率（LIBOR）与短期国债利率之间的利差飙升至 3%，是 2007 年 6 月平均利差的整整四倍。在危机蔓延时期，政府债券最能帮助投资者实现组合资产保值。

政府债券能使组合资产保值，但是其代价也是高昂的，因为固定收益类投资工具的预期收益率低于股权类投资工具。有些投资者为了降低持有政府债券的机会成本，会选择高息的公司债券。遗憾的是，非政府债券有信用风险、流动性差，而且具有期权性风险，这些特征使它们无法有效抵御金融危机。相比之下，长期国债的期限长、不可赎回，而且无违约风险，它们是投资者实现组合分散化的最强有力的工具。

1998 年的恐慌

1998 年夏秋之交，亚洲金融危机的阴霾笼罩着证券市场。7 月中旬股市大跌，8 月，当俄罗斯货币贬值和违约的消息传来后，股市跌势加剧，投资者心急如焚。9 月，近乎疯狂地运用杠杆的对冲基金——长期资本管理公司崩溃，这一消息更是火上浇油，市场悲观情绪加剧，投资者纷纷要求能够立即变现的安全资产。

如图 7-1 所示，当全球股市接连崩盘时，广泛覆盖市场的威尔希尔 5 000 指数从 7 月 17 日的历史高点到 10 月 8 日的低点累计暴跌 22%。由于投资者纷纷转投高质量的大盘股，大盘股的表现远远超越小盘股，标准普尔 500 指数的表现超越罗素 2 000 指数 14 个百分点（−19% 相对于 −33%）。国外发达市场股市和新兴市场股市也分别下跌 21% 和 27%，未能给分散化的组合带来丝毫安慰。

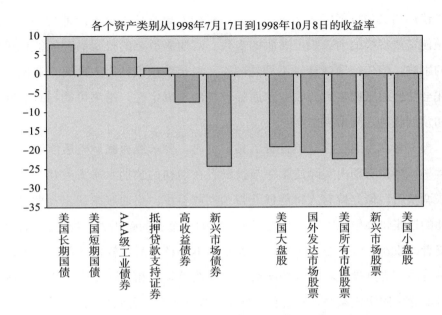

各个资产类别从1998年7月17日到1998年10月8日的收益率

图 7 - 1　在动荡的市场上美国长期国债能帮助组合实现保值（%）

在哀鸿遍野的市场上，美国长期国债却一枝独秀，投资收益率高达 8%，在各种主要资产类别中首屈一指。相比之下，由于具有信用风险和期权性风险，高质量公司债券和房屋抵押贷款支持证券的投资收益率略逊一筹，分别为 5%和 2%。此外，由于具有较高的类似股权的风险，高风险的垃圾债券和新兴市场债券出现亏损，投资收益率分别只有 -7%和 -24%。

1998 年市场恐慌时期各类资产的表现充分印证了美国长期国债强大的分散化功能。美国长期国债是纯粹的固定收益类资产，它期限长、不可赎回，而且无违约风险。在正常时期，信用敞口（credit exposure）和期权性风险（option risk）能够提高收益；但在危机时期，只有美国长期国债能够帮助投资者实现保值，解其燃眉之需。

三、债券价格和通货膨胀

债券的投资情况比较复杂。传统的美国长期国债投资者只关注名义收益率，因为他们只希望利用长期国债的投资去履行固定义务，例如偿还欠债的名义金额，不多也不少。国债等以名义价格计算的投资工具正好符合这些投资者偿还名义债务的需要。不过，如果机构希望维持捐赠资产的购买力，就必须使资产规模的增长跟上通胀的步伐。对通胀敏感的投资品种能够抵御通胀的影响，但传统国债却做不到这一点。对传统国债持有人而言，通胀率的变化会使经通胀调整后的收益率面临较高的不确定性，结果可能导致实际收益和预期收益之间出现偏离。

投资者在为固定收益类投资工具定价时，要求经通胀调整后能够产生正收益率。当持有期内实际通胀率与投资者在期初的预期水平大致相当时，经通胀调整后，债券持有人将能够获得预期收益率。当通胀率超出预期时，超预期的通胀将会侵蚀固定收益类资产支付的现金流的购买力，经通胀调整后，投资者的收益率将会令人失望。当通胀率不及预期时，较低的整体物价通胀水平将能够提升投资者收益的购买力。预期通胀率和实际通胀率之间的偏差有可能导致固定收益类投资者获得的实际收益率发生急剧变化。

当实际通胀率与预期不符时，债券通常和其他金融资产表现不同。超预期的通胀会打压债券，股票将从中受益。超预期的通缩会提振债券的表现，股票将因此遭殃。当实际通胀与预期水平相差甚远时，债券的分散化功能远胜于股票。

四、利益的一致性

事实证明，美国国债投资者和美国政府之间利益的一致性要好于公司债券投资者和公司债券发行人之间利益的一致性。政府几乎没有任何理由得罪债券持有人。从本质上讲，政府如果采取行动降低政府债券的价值，只会导致这部分价值从债券持有人转移到非债券持有人。事实上，如果全部政府债券均由国内个人或机构持有，那么，债券价值变化给政府带来的利和弊将分别抵消它给债券持有人带来的弊和利，只不过是导致价值从一个群体转移到另一个群体（从纳税人转移到债券持有人，或者从债券持有人转移到纳税人）。而且，如果政府行为损及债券投资者的利益，政府未来在信贷市场上发行债券时可能会受到制约。因此，国债持有人完全不用担心政府和他们的利益不一致。

　　通常，国债投资者认为政府在债务管理过程中是中立方，投资者将受到公正对待，这一点不同于公司债券持有人，因为公司债券持有人和发行人完全是对立方。从 1975 年到 1984 年间，美国财政部先后十多次发行 30 年期国债，其中含有赎回条款，允许政府在债券到期前 5 年内赎回债券。赎回条款允许债券发行人以固定价格赎回债券。受经济利益的驱动，只有当债券的固定赎回价格低于不考虑赎回条款时计算得到的债券价值时，发行人才会执行赎回条款。在执行赎回条款后，发行人便无须继续偿还利息高于市场水平的债务，这对发行人有利，但会伤害投资者的利益。

　　由于政府在债券市场中的角色比较特殊，债券市场参与者曾一度争论，政府是为了债务管理还是借新债还旧债而执行赎回条款。如果政府仅出于债务管理的目的设置赎回条款，那么由于债券持有人因此承担了不可控的内生风险，他们应该在价格上获得好处。而如果政府是为了借新债还旧债而执行赎回条款，债券持有人将实际面临遭受经济损失的风险。

　　2000 年 1 月 14 日，债券持有人得到了有关政府赎回债券动机的答案。当时，1975 年发行的 30 年期国债距离到期日还剩 5 年，财政部宣布"将于 2000 年 5 月 15 日以票面价格赎回票面利率为 8.25% 的 2000 - 05 国债"。[①] 很明显，政府这次是出于经济动机，通过赎回高息债券来降低融资成本。

　　后来，在借新债还旧债时，美国财政部明确道出了赎回债券的经济动机。2004 年 1 月 15 日发行的《公债新闻》(*Public Debt News*) 中有篇不起眼的文章——《财政部回购票面利率为 9.125% 的 2004 - 09 国债》。在该文中政府指出："赎回的目的是降低债务融资成本。这些国债 9.125% 的利率水平远远高于为未来五年（债券到期前）融资的现行成本。在目前市场状况下，财政部估计从赎回和再融资中节省的利息大约是 5.44 亿美元。"[②] 换句话说，政府目前以 3% ～ 4% 的利率成本进行融资，用所得资金来偿还目前利率为 9.125% 的债券，这样可以节约大量的利息开支。

---

　　① Publicdebt. treas. gov, "Treasury Calls 8 Percent Bonds of 2000 - 05," http: //www. publicdebt. treas. gov/com/com114cl. htm.

　　② Bureau of the Public Debt, Press Release of January 15, 2004, "Treasury Calls 9 Percent Bonds of 2004 - 09."

尽管政府出于经济利益考虑执行了利率为 9.125％的 2004 - 09 国债的赎回条款，但是投资者围绕政府是否会为了节省利息开支而执行赎回条款进行争论这一事实本身就表明了政府和它的债权人之间关系非同寻常。事实上，可赎回国债仅发行了 10 年，在政府发行的所有国债中仅占一小部分。而且，赎回条款仅对 30 年期国债的最后 5 年有影响。相比之下，公司发行的长期债券中的赎回条款通常更加激进。也许，美国财政部停止发行可赎回债券的目的正是为了保证它提供给市场参与者的证券的纯粹性。无论何时，在所有债券发行人中，政府与债权人之间的利益最为一致。

截至 2006 年 12 月 31 日，美国政府债券中有大约 31％是政府支持的企业（GSE）发行的债券。在政府支持的企业中，最大的包括美国政府国民抵押贷款协会（Ginnie Mae，简称"吉利美"）、联邦国民抵押贷款协会（Fannie Mae，简称"房利美"）和联邦住房贷款抵押公司（Freddie Mac，简称"房地美"）。许多市场参与者把政府支持的企业发行的债券视作美国财政部发行的国债的近似替代品。事实上，政府支持的企业发行的债券信贷质量参差不齐，既包括吉利美发行的享有完全信用担保的债券，也包括房利美和房地美发行的质量略逊一筹的债券。许多政府支持的企业发行的债券介于国债和企业债券之间，其安全性和确定性也介于两者之间。尽管在许多市场参与者看来，政府支持的企业违约的可能性很低，但它们发行的许多债券中包括一些期权，可能对债券投资者不利。

想要投资于纯粹的美国长期国债对许多投资者而言还真不容易。许多高质量的债券投资工具中都含有大量政府支持的企业发行的债券，因为基金经理希望能够一箭双雕，既能获得政府支持的企业的债券的超额收益，又能使组合免遭额外风险，这一投资策略对他们而言可谓"金科玉律"。但是，政府支持的企业的信用状况可能恶化，它们也可能执行赎回条款，双重风险因素可能会损害债券持有人的利益。寻求高质量固定收益敞口的投资者要回避政府支持的企业发行的债券，而去选择纯粹的美国长期国债，因为它们享有美国政府的完全信用担保。

五、现金

投资者通常将固定收益类资产分为现金和债券。其中，现金是指一年内即将到期的票据，债券是指到期日超过一年的投资工具。对投资时限较短的投资者而言，现金是无风险资产，因为市场参与者可以合理地确定现金的名义收益率和实际收益率。当然，收益的确定性是有高昂的代价的。在截至2006年12月31日的81年中，现金平均每年的收益率仅为3.7%，经通胀调整后，每年的收益率仅为0.7%，微乎其微。

因为投资者在进行组合分析时通常使用一年期作为投资时限，现金便自然地进入资本市场收益的矩阵中，被许多长期投资者误认为是无风险资产。但是，如果投资者以更合理的投资时限长期持续地分析组合收益，那么他们将发现现金是一种风险极高的资产。

有些投资者认为，现金为捐赠基金提供了流动资金，因此是必要的，但是他们忽略了机构组合内部本身就拥有大量流动资金这一现实。利息收入、股利收入和租赁收入均能带来流动资金，使基金能够满足支出分配需求。资产的自然流转是另外一个资金来源。债券到期、公司合并、非公开交易的资产变得具有流动性，这些都是流动资金来源。基金管理人卖出一些证券也可以产生流动资金。最后，如果投资收益、资产的自然流转以及基金管理人出售资产产生的流动资金均不足以满足机构的支出需求，那么投资机构可以要求基金管理人出售资产来满足机构目前的消费支出。现金会给组合收益带来拖累，与之相比，出售资产产生的交易成本显得微乎其微。考虑到现金带来的实际收益很糟糕，而且对长期投资者而言也不能作为无风险资产发挥作用，因此，在一个结构合理的捐赠基金组合中，现金不能发挥任何重要作用。

六、市场特征

截至2006年12月31日，美国政府债券共计3.2万亿美元，其中，2.2万亿美元是享有政府完全信用担保的美国国债，另外1.0万亿美元是政府支持的企业发行的债券。在全球所有市场中，美国国债市场的程度最深，效率最高。

截至 2006 年底，美国国债的平均到期收益率^①（yield to maturity）为 4.9%，平均到期日为 6.9 年，久期为 5 年。机构债券的收益率为 5.1%，平均到期日为 5.1 年，久期为 3.5 年。

七、小结

美国长期国债是能够实现组合分散化的一种独特工具，可以用来抵御意外金融事件以及超预期的通缩。就分散化能力而言，没有任何其他资产类别能够与美国长期国债相媲美，因为后者享有美国政府的完全信用担保、无违约风险，而且不可赎回。

虽然美国长期国债的分散化功能强大，但投资者要为之付出代价。国债的安全性使投资者的预期收益率低于其他风险较高的资产。尽管长期国债持有人能受益于物价通胀水平的下降，但是在超预期的通胀环境中，国债持有人将蒙受损失。由于国债的预期收益率较低，在通胀环境中表现不佳，因此，长期投资者对此类资产的配置不宜过多。

第三节　国外发达市场的股票

发达经济体的股票市场为投资者提供的预期收益与美国大致相同，但有两个根本区别：第一，不同市场起作用的经济引擎不同，从而造成投资收益的差别。第二，美国的投资者投资其他国家市场会受到外汇波动的影响，也就意味着投资收益增加一项变量。

发达经济体股票市场的预期收益水平基本相似。造成这种现象的因素包括：经济基础设施具有可比性，经济驱动因素相似，国家之间劳动力、货物、服务流动从长期来看呈现自由化趋势等。虽然投资者对各个国家的投资热情会随着这些市场的表现起伏涨落，但从长期来看，欧洲、亚洲这些地区的发达经济体股市的投资收益率会与美国国内市场旗鼓相当。

---

① 到期收益率是指将债券持有到期的预期收益率。

事实上，自 1970 年摩根士丹利资本国际公司（MSCI）欧洲、澳大利亚以及远东（EAFE）指数建立以来，该指数所追踪市场的年收益率达到 10.8%，同期以美国公司为主的标准普尔 500 指数的年收益率为 11.2%。虽然美国市场的收益率略胜一筹，但由于这样的比较对起止日敏感性较高，所以更合理的结论是：美国国内市场与国外其他发达市场的预期收益基本相当。

一、分散化功能

外国市场与美国市场之间相关性不高，因此可以帮助投资者进行分散化投资。但也有分析人士指出全球经济融合会使得各国市场走势趋同，未来分散化也会打些折扣，而且有证据表明市场间的联动性确有增强之势。对分散化投资持怀疑态度的人士就举例指出了 1987 年股灾和 1998 年金融危机期间全球股市无一例外的暴跌。但是这两次暴跌毕竟都是短期事件，而且在当时的市场条件下，投资者势必极度偏爱流动性和资产质量。许多发达股票市场经过这样的"齐步走"后，又开始变换队形，恢复到由各自市场不同驱动因素决定市场表现的轨道上来。

以美国和日本的相对收益率为例。20 世纪 80 年代，日本一枝独秀，收益率达到 28.4%；同期除美国以外的其他国外市场收益率仅为 16.5%，而美国的收益率也只有 17.4%。当此轮牛市即将结束时，日本的市值甚至超越美国，一度成为世界上市值规模最大的市场。

20 世纪 90 年代，日本的好运终于走到了头。随着经济走向疲软，日本股票市场年均收益率仅有 −0.9%，同期美国以外其他市场的年均收益率达到 13.5%，美国国内市场更是高达 18.2%。日本股市也丧失了全球股市市值之冠的宝座，其总市值甚至一度跌至美国的五分之一。这充分说明不同市场走势明显分化，收益率各不相同，可以实现组合资产的分散化。

二、汇率因素

汇率风险是在投资外国市场时不可回避的问题，现实的投资者并不认为外汇兑换会为投资收益加分或者减分。尽管各路神仙都不惜重墨地预测汇率走势，但是汇率究竟怎样走，没人能够摸准。因此，明智的投资者要避免外汇投机。

有些评论人士建议外国股票的持有人应该定期做外汇对冲交易，但可惜这个建议的操作性不强。因为外国股票的基金经理们无法确定持有期的长短以及头寸的大小，这样也就很难确定对冲合约的条款。综上所述，外国股票的投资者只能与外汇风险"如影随形"。

幸好相关理论研究取得了一定进展，有些金融理论家认为一定数量的外汇计价资产能够为组合的分散化起到锦上添花的作用。当组合中外汇计价资产的仓位不超过20%～25%时，将会起到降低组合风险的作用，而一旦组合中外汇计价资产超出这一范围，风险将增加，就需要进行调整。

三、追逐业绩

以往的经验告诉我们，当组合的核心资产相对收益或者绝对收益不尽如人意时，投资者会倾向于寻求分散化投资。例如，在1998—2003年期间，外国市场表现较弱，累计收益率仅为−18.5%，同期美国市场的累计收益率达到−6.4%。在此期间，美国大学的捐赠基金对外国股票的配置一直维持在12.5%～13.8%的水平，说明投资者面对外国股票糟糕的投资收益依然理性地进行再平衡操作。但是随着市场表现好转，情况发生了变化。2004年外国市场整体出现飙升，捐赠基金对外国股票的配置也出现明显涨幅。在2004—2006年的三年间，美国以外市场的年均收益率达到23.9%，新兴市场更是高达35.8%，都远远超过了美国市场13.1%的收益率。如此出色的市场表现也促使美国大学捐赠基金的经理们将外国股票的配置比例由2003年的13.8%一路提高至2004年的15.6%、2005年的17.4%、2006年的20.1%。但是这样的"趋势投资"通常不会产生令人满意的收益。

外国股票优异的相对收益使美国大学捐赠基金的经理们纷纷大幅加仓美国以外市场的股票，分散化也成为投资者加仓外国股票最顺理成章的理由。但是一旦这些分散投资的资产表现较弱，投资者就有可能在不恰当的时机将其抛售。理性的投资者应该将分散化投资作为分散风险的长期政策，而非追逐业绩的一时之策。投资者要忽略市场的短期波动，将合理安排的分散化组合作为一项长期投资策略，这样才能为长期投资成功奠定基础。事实上，如果将市场表现纳入衡量范围，投资者在某些资产类别表现糟糕后对其进行投资能够增加成功的砝码。在任何情况下，外国股票都能在不牺牲预期收益的情况下成为投资者分散组合风险的一项重要工具。

四、外国市场的股价与通胀

国内股票投资者通常面临这样的困局：从长期来看股票能够有效地抵御通胀，但从短期来看股票抵御通胀的效果很差。不过，外国股票投资者不会遇到类似的难题，但是这并不意味着外国股票可以作为抵御通胀的工具，因为外国股票的投资收益兑换为美元后与国内通胀之间并没有确切的联系。

五、利益的一致性

投资外国股票与投资国内股票还有另一个相似之处，即投资者关系。美国投资者和外国上市公司之间利益基本一致，这一点与美国投资者和国内上市公司相同。总体来讲，无论是投资国内股票还是外国股票，投资者都可以预期上市公司管理层将为股东利益服务。

尽管美国爆出安然公司和世通公司等丑闻，显露了美国上市公司治理方面的弊端，但股东与管理层之间仍然存在很强的利益一致性。宽泛地讲，在一心一意追求股东利益方面美国的公司要强于世界其他地区的公司。在有些国家，由于文化方面的原因，公司更加关注其他利益群体，如工人、债权方，甚至其他社会群体，而不完全是股东利益。还有的国家，由于公司治理结构太差，控股股东有机会转移资产，损害小股东利益。尽管外国上市公司股东与管理层利益不完全一致会对投资外国股票产生不利影响，但由于外国股票能够增加投资机会，投资者应当将外国证券纳入自己的组合。

六、市场特征

根据 MSCI 的统计，截至 2006 年 12 月 31 日，国外发达市场的市值达到

23.8 万亿美元，此时美国市场的市值为 18.2 万亿美元，也就是说，MSCI 追踪的 22 个发达市场的市值超过了美国。在这些国家中，日本毫无争议地拔得头筹，总资产市值为 5 万亿美元；在其他市场中，份额较大的有：英国为 3.8 万亿美元，法国为 2.4 万亿美元，加拿大为 1.8 万亿美元，德国为 1.6 万亿美元。按洲划分，欧洲在非美国总市值中占 63%，亚洲占 26%，加拿大占 7%，澳大利亚和新西兰占 5%。

总体来看，发达国家（除美国外）股票市场的股息率达到 2.4%，市盈率达到 16 倍，市净率达到 2.7 倍，但存在地区差距。截至 2006 年底，欧洲的股息率为 2.7%，而日本只有 1.1%；欧洲的市盈率和市净率分别为 14.5 倍和 2.6 倍，日本则分别为 21.2 倍和 2.1 倍。

七、小结

由于国外发达市场的预期收益与美国国内市场大致相当，投资者建立国外发达市场股票头寸主要是为了使组合实现分散化。进行分散化的最根本原因在于，外国市场上投资收益的驱动因素与美国市场不同，同时外汇敞口也可以帮助投资者实现组合分散化。

理性的投资者在投资外国股票市场时，无论近期表现如何，都会风雨无阻地进行投资。但更多的情况是，投资者在外国市场表现较好后，才会投资于外国股市来寻求分散化。而当这样的分散化策略产生的收益未能高于国内市场时，投资者会断然抛弃这些资产。这也就难怪这种一味追逐市场表现的分散化策略，无论是从相对收益还是从绝对收益来看都无法捡到便宜。

第四节　新兴市场股票

在上市有价证券领域，新兴市场投资的风险高，预期收益也高。新兴市场是指经济发展处于中等阶段的国家，既非欠发达市场，亦非发达市场。在新兴市场中，投资者面临巨大的基本面风险。在宏观层面，投资者要担心整体经济发展阶段以及证券市场基础设施的成熟度。在微观层面，投资者要忧虑初创企业的管理层素质以及利润导向。

市场评论人士经常把经济增长强劲与股市前景美好混淆起来。看一个极端的例子。在计划经济体中，资源配置规则不涉及证券市场。经济增长很明显不能为股价带来任何影响，因为根本不存在股权类证券。再看一个不太极端的例子。有的经济体虽然实行市场经济，但资源配置效率低下，股本资本的提供方可能总是获得糟糕的收益。公司收入的大部分可能都用于支付管理层薪水、工人工资或政府税收，留给资本提供方的收益非常微薄。在良性运转的经济体中，价格和收益率会根据金融市场状况不断进行调整，但是并非所有的新兴经济体都运转良好。投资者要想在股票市场上获利，企业必须盈利，因为投资者最终分享的还是企业利润。在新兴市场上，经济增长不一定会带来企业盈利能力的增长，而企业盈利能力的增长才是股市投资成功的基石，这便是新兴市场投资者面临的主要微观风险。

在经济发展史上，许多新兴市场最终以没落告终。在一篇题为《生存》(Survival) 的文章中，斯蒂芬·布朗（Stephen Brown）、威廉·格茨曼和斯蒂芬·罗斯分析了 20 世纪初的 36 个证券交易所。他们指出："其中一多半股市至少遭受过一次严重的交易中断……多半是因为国有化或者战争。"让那些笃信进步必然性的投资者更感痛心的是，1990 年存在的这 36 个市场中，100 多年后，整整有 15 个市场仍然被归类到新兴市场中。塞尔维亚的贝尔格莱德市场甚至未能进入 21 世纪新兴市场之列。该文作者以略带讽刺的口吻评论道："事实上，'新兴市场'这一说法本身就承认这些市场可能没落。"[1]

近年来，投资者在发展中市场进行投资的机会越来越多。从 1988 年起，非美国市场指数的主要编制机构——摩根士丹利资本国际公司（MSCI）——编制了覆盖墨西哥、约旦和泰国等八个国家的指数，用以跟踪新兴市场的表现。五年后，这一指数的成员国数量增加至 19 个。相当引人注目的是，印度、韩国和葡萄牙三国被纳入该指数。到 1998 年，随着南非、俄罗斯和许多中欧国家被纳入 MSCI 指数的追踪范围，其成员国总数达 28 个。2001 年，埃

---

① Stephen J. Brown, William N. Goetzmann and Stephen A. Ross, "Survival," *Journal of Finance* 50, no. 3 (1995).

及和摩洛哥进入该指数，斯里兰卡被剔除。2006 年，由于投资限制以及流动性不足，委内瑞拉被剔除，新兴市场成员国减少至 25 个。

有时，有些国家从新兴市场跨越到发达市场。葡萄牙就于 1997 年完成了跨越。2001 年，希腊也完成了跨越。今后，随着新兴经济体不断发展进步，更多的国家将会跻身发达国家之列。

一、新兴市场的新世纪

安东尼·范·阿格塔米尔（Antoine van Agtmael）长期在新兴市场上进行投资，他在其著作《世界是新的》（*The Emerging Markets Century*）一书中表达了他对新兴市场发展前景的乐观看法。

> 随着我们进入新兴市场的新世纪，是时候重新思考我们对"风险"一词的认识了。回想起来，我们曾经认为新兴市场危机频发、动荡不安、贫穷落后、在全球经济体中小到可以忽略不计的地步，而且高度依赖西方消费市场、保护壁垒重重；新兴市场股市监管不力、容易被操纵；机构投资者和养老金参与度不高；操纵市场和内幕交易空间很大；公司披露严重不充分。

> 相比之下，发达市场在经济稳定性、技术水平、市场规模和透明度方面均遥遥领先于新兴市场。这些市场的法律框架更加完善，公司治理结构能够保护投资者的利益，大量国内养老基金和共同基金在市场上交易股票和债券。"其他所有市场"和西方市场之间在规模、成熟度和上市公司质量方面仍存在巨大差距。

> 如今，在新兴市场上进行投资和以往不可同日而语，因为：（1）虽然这些市场本身变化不大，但是全球化的程度更高；（2）越来越多的公司正在成为世界级公司。尽管就在不久之前，新兴市场还普遍被认为是一个高风险的小市场，但是新兴市场国家及其公司的重要性日益提高，它们已经不再是组合的调味品，而是逐渐开始发挥更加核心的作用；到新兴市场上投资已经不再是赌博，而是逐渐成为主流的做法。新兴市场的真实风险和人们所感知的风险已经发生了

广泛变化，这意味着新兴市场应当成为投资者组合的核心部分，而非附属之物，但是这也意味着未来新兴市场将不像过去那样激动人心。①

尽管安东尼·范·阿格塔米尔支持投资者把新兴市场股票作为一个核心资产类别，但是因为新兴市场的监管环境相对不成熟，投资经理仍需特别留意。新兴市场"未来可能不会像过去那样激动人心"，但是它们仍然令人兴奋。

二、新兴市场股价和通货膨胀

美国国内的通胀和新兴市场股票收益率之间存在联系，这种联系类似于美国国内的通胀和国外发达市场股票收益率之间的联系，因此也面临同样的问题，新兴市场股票不能作为抵御美国国内通胀的工具。尽管如此，基本商品在许多新兴经济体中发挥重要作用。当美国遭受商品价格上涨带来的通胀压力时，在新兴市场股市上进行投资能够部分抵御通胀风险。

三、利益的一致性

新兴经济体市场基础设施的发展在磕磕绊绊中断断续续地前进，毕竟，立法机构、监管层和公司管理层掌握市场的游戏规则并非一日之功。习惯于美国市场保护的投资者将发现新兴市场对他们并不友善。新兴市场的证券立法参差不齐，执法力度好坏参半，管理层对股东利益的忠实程度全凭运气。在这里，"买者自负，概不退货"。

此外，政府有时会干预投资者的利益，在个别情况下干预力度非常大。在 1998 年亚洲金融危机期间，马来西亚限制其货币林吉特的兑换，从而有效地阻止了外国投资者的撤资。由于政府在资本控制方面的不良表现，摩根士丹利资本国际公司将马来西亚从该公司编制的一个新兴市场指数中剔除。直到 1999 年末，马来西亚解除了资本管制，该国才再次获得在 MSCI 指数中的

---

①　Antoine van Agtmael，*The Emerging Markets Century*（New York：Free Press，2007）：307 - 308.

正式成员地位。

在有些新兴市场上公司行为和美国建国初期的西部蛮荒地区颇有类似之处。一位市场评论人士曾建议某国股票投资者将钱投资到那些管理层进行重大监守自盗活动的企业中，而避开那些管理层小偷小摸的公司。这一建议貌似自相矛盾，但其背后的依据是：真正有价值的企业的管理层会去偷整个公司，而价值不太大的企业的管理层只会小偷小摸。

在新兴市场上，投资者和管理层之间利益的一致性不高，这一关键风险因素使新兴市场股票投资者要求较高的收益率。由于新兴市场对法律和监管问题的定义和解决框架不健全，由此产生的不确定性较高，理性的投资者被迫要求收益率溢价。

在新兴市场上，有时政府行为会造成投资者和管理层之间利益的不一致。政府可能会控制当地股票的所有权和投票权，结果产生了两类股票持有人，二等外国投资者的问题随之产生。此外，虽然不常见，但资本控制会影响外国投资者自由转移资金。总之，在新兴市场上的政府管制可能伤害外国投资者的利益。

有时，新兴市场上的公司管理层不为股东利益服务。许多亚洲国家中的一个常见问题是：家族企业为满足家庭成员的意愿而不顾及外部少数股东的意愿。由于缺乏透明度，这一问题更加复杂化，因为外部投资者缺乏必要的信息去识别并解决内部交易问题。

随着新兴市场逐渐成熟以及全球资本市场自由化，利益不一致的结构性问题将不再像以前那么严重。但是，由于新兴市场的法律和监管框架不尽完美，理性的投资者在向在这些市场中经营的企业进行投资时，将会要求高水平的收益率溢价。

四、市场特征

截至 2006 年 12 月 31 日，据 MSCI 统计，新兴市场股票总市值为 7.2 万亿美元。新兴市场上的各国市值差异较大，印度（市值为 8 240 亿美元）和中国（市值为 8 160 亿美元）按市值大小可以排在发达市场中等水平之列，而秘鲁（380 亿美元）和约旦（300 亿美元）等国的市值却小得多。在新兴市场股票资产总额中，亚洲占 53％，拉丁美洲占 20％，欧洲占 16％，非洲和中东占 12％。

截至 2006 年底，新兴市场的估值优势胜过美国，至少对那些寻求价值的投资者而言如此。新兴市场股息收益率达 2.1％，超过美国的 1.7％；市盈率为 15.6 倍，相对于美国 19.5 倍的市盈率水平享有大幅折让；市净率为 2.5 倍，与美国的水平接近。

五、小结

由于在新兴市场上股票投资者面临的基本面风险较高，因此他们要求高水平的预期收益率。但是，从有完整数据记载的这段历史来看，投资者的风险收益率不足。从 1985 年世界银行国际金融公司（IFC）开始追踪新兴市场股票收益率开始到 2006 年 12 月，按 IFC 全球综合指数计算，新兴市场股票的年收益率为 12.0％，而同期标准普尔 500 指数的年收益率为 13.1％，EAFE 指数的年收益率为 12.4％。新兴市场收益率相对低于发达市场，这意味着虽然新兴市场投资者面对的基本面风险高于发达市场投资者，但他们并未因此获得超额收益。新兴市场投资者希望未来能够善待他们。

由于宏观经济层面和微观经济层面的种种原因，新兴市场股票投资蕴含着较高的风险，但也有望带来较高的预期收益。将资产配置到新兴市场股票中有望提高结构合理的组合的风险收益。

第五节　结　论

在本章中我们介绍了构建一个充分分散化、以股票为主的组合所需的关键资产类别，包括国内股票、美国长期国债、国外发达市场股票和国外新兴市场股票等传统资产类别。国内股票和外国股票是组合收益的驱动力，国债是组合分散化的利器。在组合中配置各个传统资产类别并使其充分分散化，投资者将为成功奠定坚实的基础。

传统资产类别是组合的基本组成部分，赋予组合价值并使其有别于其他组合。从根本上讲，传统资产类别的收益是由市场产生的。通过投资于由市场力量驱动收益的资产类别，投资者可以确信各个资产类别将能够产生预期的长期收益，这将大大降低因积极管理不力而导致预期资产收益和实际收益发生偏差的风险。

传统资产类别交易的市场维度广、程度深，而且具有可投资性，因此，华尔街的投资银行对其进行大量研究。投行之间的竞争使市场变得透明、高效，投资者进行公平交易的可能性也大大提升。

不擅长积极管理的投资者在构建组合时主要选择传统资产类别，除此之外，他们可能增加财政部发行的抗通胀证券以及房地产投资信托指数敞口，以期完善组合。擅长积极管理的投资者不仅可以通过积极管理国内股票和外国股票获得超额收益，而且可以在组合中加入绝对收益证券、实物资产和私人股权等投资品种，依靠积极管理来获得超额收益。

第8章

另类资产类别

本章讨论的另类资产类别包括绝对收益、实物资产和私人股权。将另类资产类别加入组合旨在推高投资的有效边界，在既定风险水平下提高投资收益，或在固定收益水平下降低投资风险。另类资产类别作为一个合理的投资工具，能够帮助投资者有效降低对传统有价证券的依赖程度，构建真正多元化的组合。

本章介绍的三个资产类别各具特色，也为组合增添了不同特点。由于决定绝对收益投资和实物资产投资收益的驱动因素与其他资产类别明显不同，这两类投资起到的更多是增加多元化的作用；而私人股权投资收益的决定因素有很多与有价证券相同，然而，虽然在多元化方面作用较小，但私人股权投资完全有可能为组合带来丰厚的收益。

由于另类资产类别缺乏传统证券产品的有效定价机制，反而为精明的基金经理创造了极好的投资增值机会。事实上，另类资产类别的投资者只能采取积极型投资策略，市场上也不存在所谓的平均收益率和被动指数工具。即使取得所谓的平均收益率水平，也会令投资者感到失望。另类资产类别的长期平均历史收益率无论是绝对水平还是风险调整后的水平，都逊色于有价证券。另类资产类别的投资者只有通过高效的积极型组合管理，才可获得预期收益。

第一节　绝对收益

绝对收益的投资标的为有价证券品种，但特指那些被市场错误定价，或者体现市场定价的非有效性、与传统股票和债券走势不相关的有价证券品种。此类绝对收益组合体现了明显的分散投资特点。

绝对收益品种独立于市场整体表现，降低了投资风险，具体分为事件驱动型和价值驱动型两种策略。事件驱动型投资取决于某项交易的完成，例如两家公司合并或者一家公司在濒临破产的边缘获得重生等。价值驱动型投资通过空头头寸来对冲多头头寸，有效降低了投资者的系统性风险。从收益率角度讲，绝对收益策略追求高收益，与市场整体或者平均收益率水平相对独立。这一点与积极投资管理策略不同，后者仅追求高于市场基准水平的相对收益。

由于绝对收益策略通常持续时间较短，所以短期资金成本成为衡量基金经理能力和业绩的一个合理的起点。由于采用对冲操作，如果不考虑基金经理的能力和管理费用等，投资者应该至少可以获得与货币市场利率相当的收益率。[①] 如果基金经理的投资操作起到了增值的作用，那么投资者获得的收益率高于短期利率；如果基金经理没有体现任何价值，那么投资者获得的收益率还不及短期利率。

没有积极型管理，也就没有绝对收益可言。而绝对收益投资的根本在于成功发现并利用市场上非有效定价的有价证券。如果基金经理没有创造更高的价值，投资者应该获得与货币市场利率相当的收益，这也与其承担的低风险相称。

一、事件驱动型策略

事件驱动型策略之所以存在机会，是由于公司合并或者重组过程很复杂。很多组合投资经理都明白：决定公司合并或者破产解决方案进度的因素与决定每日估值走势的因素不同。一项合并或者重组方案公布之后，还要面临法

---

① 绝对收益由于采取多空对冲（兼并套利）的操作策略，在投资经理的操作没有起到增值（或减值）作用的情况下，投资者可以获得与货币市场利率相当的收益率。例如，投资经理用资金建立一个多头头寸，而同时建立一个空头头寸，完成时投资经理将从中获得现金收益。虽然这些现金不能"落袋为安"，而是要作为融券的抵押金，但做空的操作还是获得了与货币市场利率相当的利息返还（rebate）。如果多头头寸和空头头寸有效，那么盈亏相抵，基金借此避免了系统性风险。在这种情况下，对投资者有利的一点就是获得了与货币市场利率相当的做空利息返还（short rebate）。

律法规的变化等，对相关信息更加熟悉的专业人士一定会比出色的非专业人士占据更大的优势；如果再配合出色的投资分析能力，积极的事件驱动型投资者可谓如虎添翼。

　　事件驱动型投资者之所以可以获得机会，正是由于部分投资者不愿投入资源去了解复杂的公司交易背后的各种情况。至于不良证券的投资机会则是由于部分投资者没有能力或者不愿继续持有一家即将倒闭的公司的股票，这会给股票带来很大的抛售压力。市场涌现出如此大的供应量，往往可以给事件驱动型投资者在介入时就提供非常有吸引力的内部收益率。

　　兼并套利作为追求绝对收益策略的典型代表，取决于基金经理对下列因素能否做出准确预测或判断：该事件最终完成的概率，可能发生的时间节点，市场对交易对价的预期，等等。例如，一项换股交易被公告后，拟被收购公司的股价一般会出现上涨，直至略低于拟收购方的出价，从而为兼并套利者提供了机会。选择卖出的投资者则是由于担心交易本身存在不确定性，多种因素可能导致最终交易不能达成，事件驱动的盈利因素会随之消失。兼并套利者通常会在对具体交易进行谨慎分析之后买入拟被收购一方的股票，卖出拟收购方的股票，以期合并事项结束时，扣除两者之间的价差后可以获利。由于套利者本身做多头寸已经被做空头寸对冲，所以市场整体的表现对组合的收益几乎没有影响。所以，事件驱动型交易策略成功的决定因素是兼并套利者对影响交易最终结果的相关因素的正确判断。

Newell 与 Rubbermaid 的兼并套利案例

　　1999 年 3 月 Newell 和 Rubbermaid 两家公司宣布合并，随后的股价走势体现了兼并套利策略的投资机会。早在 1998 年 10 月宣布合并后，Rubbermaid 的股票立即大涨 25%，如图 8-1 所示。平均每天交易量增加了 9.5 倍，从宣布前一周的平均每天 566 000 股涨到宣布后一周内平均每天交易 5 960 000 股。只能做多的（long-only）投资者利用该交易公布带来的股价上涨选择离场，为兼并套利者创造了建仓的机会。

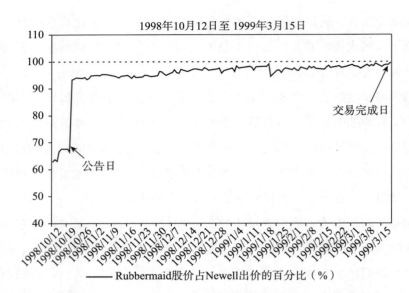

图 8－1　随着 Newell 与 Rubbermaid 合并交易日的临近，套利利差逐渐缩小

　　双方在最终协议中约定交易截止时（1999 年初），Rubbermaid 的股东将以 1 股 Rubbermaid 股票兑换 0.788 3 股 Newell 的股票。兼并套利者如果以交易公布后的价格买入 1 股 Rubbermaid 股票（31.81 美元），卖空 0.788 3 股 Newell 股票（43.25 美元），每股将获得净利 2.28 美元。如果两家公司能够如约完成交易，兼并套利者在结算时将持有数量上可完全对冲的多头和空头头寸，即在两家公司交易完成时，兼并套利者可以把持有的 Rubbermaid 股票兑换成 Newell 股票，填平 Newell 股票的卖空，结束该交易。

　　我们不妨粗略计算这次套利行为的收益率。当 1999 年 3 月 24 日交易结算时，兼并套利者获得了两只股票间的公告后差额利润 2.28 美元，以及做空利息返还 0.57 美元，总计 2.85 美元。现金流的收益可以忽略不计，因为从 Rubbermaid 获得的股利抵消了 Newell 配发出去的股利。按照投入资金为每股 31.81 美元计算，5 个月期间的收益率约为 9％，相当于年化收益超过 20％。[1]

　　我们可以看出，Newell 和 Rubbermaid 两家公司的合并进展顺利，两公

---

　　[1]　Newell 和 Rubbermaid 的兼并套利所要求的资金量可大可小。小可到 29.53 美元（即以 Rubbermaid 的股价减去卖空 Newell 股票的净收益所得的值：31.81－2.28＝29.53），大可到 34.09 美元（即卖空 Newell 股票所需的资金：0.788 3×43.25＝34.09）。文中以 31.81 美元（即 Rubbermaid 的股价）举例说明选取的是中间值。

司股票间的套利利差在既定的结算日前逐周缩小。但并不是所有合并套利交易都这样顺利。1998 年 9 月达成的世通公司与 MCI 通信公司的合并案最早要追溯到 1996 年 11 月，其实当时不是世通而是英国电信公司提出要收购 MCI，如果成功，这将是有史以来最大的跨境收购。从最初的谈判到最终的尘埃落定，一系列问题一直困扰着套利投资者：包括反垄断、监管机构意见、公司商业战略的改变、运营困难，甚至牵扯到了国际政治问题，当然也少不了竞争。[①] 无论是一帆风顺还是一波三折，套利投资者的收益都更多地取决于具体的事件，而非市场整体走势。

在不良证券（distressed securities）投资领域，事件驱动型投资者关注的是公司重组带来的机会。由于破产的复杂性，很多投资者会不计代价地抛售，这就为勤奋的投资者获利创造了机会。通过预测公司"重生"的进程以及相关证券的价值，套利者的最终收益同样更多地取决于破产过程中的重大事件，而非市场整体走势。

当然，事件驱动型策略也不能够使投资者完全独立于金融市场的整体走势。例如，在兼并套利投资中，影响股市的因素可能会改变某一兼并完成的可能性以及走向。而在不良证券的投资中，由于投资者获得的是重组产生的一揽子证券的一部分，市场对这笔交易的最终收益有着直接的影响。尽管在事件驱动型投资与市场整体走势之间存在一定的联系，事件驱动型策略还是在绝大多数情况下为组合提供了有实际意义的分散性。

在发生金融危机时，事件驱动型策略和金融市场的相关性如何呢？现实恐怕不会令投资者感到轻松。1987 年 10 月的股灾使兼并套利投资收益随之下降，从短期角度看，兼并套利并未成为市场下跌时的避风港。随着时间的推移，投资者们意识到处在合并重组中的公司会继续履行约定的义务，市场对

---

① 这个案例可以参考哈佛大学商学院案例分析《Farallon 资本管理：风险套利》（Farallon Capital Management：Risk Arbitrage），编号为 N9-299-020，作者为 Robert Howard 和 Andre Perold，发表时间为 1999 年 2 月。当时 Farallon 以兼并套利者的身份介入了 MCI 通信/世通合并案，案例分析描述了汤姆·斯泰尔（Tom Steyer）、戴维·科亨（David Cohen）、比尔·杜哈梅尔（Bill Duhamel）是怎样克服重重困难和考验通过这起并购案获得高额收益的。

此重拾信心，套利收益也随之好转，投资者才终于获得了超越大盘的收益。

通过对耶鲁基金绝对收益组合的评估，我们可以看出选择合理的时间跨度对得出的结论会产生很大影响。耶鲁基金绝对收益组合是由两家出色的专门从事兼并套利的投资公司管理的。这两家公司奉行保守原则，即只投资于已公布的交易。1987 年第四季度的业绩为 -17.9%，略好于标准普尔 500 指数 -22.5% 的收益率，但却大大低于事件驱动型策略投资者的预期。尽管耶鲁基金投资的兼并案没有一件夭折，但糟糕的市场状况使投资者要求兼并套利提供更高的风险补偿。在 1988 年第一季度，套利业绩终于"爆发"，取得了 16.3% 的收益，大大超出标准普尔 500 指数 5.7% 的收益率。如果从局部来看，在 1987 年最后一个季度，事件驱动型套利在股市整体暴跌的情况下仅取得令人失望的业绩，损失高达两位数，并未在危机期间起到保护组合的作用。而从整体来看，1987 年最后一个季度（有史以来最差的表现）与 1988 年第一季度（有史以来最好的表现）功过相抵，确实起到了保值的作用，而且考虑到股票市场的损失，事件驱动型策略提供了有实际意义的分散作用。

1987 年 10 月的股灾并没有对并购交易产生明显影响，所以从这个角度讲，投资者是幸运的。然而并不是每一次股灾都可以有一个令人高兴的结局。2007 年 8 月，信贷危机爆发，当时涉及 4 000 亿美元的收购案面临不确定的结局。这样的担忧推高了当时仍有望顺利进行的并购案的套利收益率。第一数据（First Data）案和 TXU 案的兼并套利收益率都从 2007 年 6 月的不足 20% 飙升至 8 月中旬的 70%，这两起公司并购案顺利结束，为投资者带来了丰厚的收益，但很多交易还是由于危机爆发被迫搁浅。在危急的特殊形势下，市场各个方面都会受到影响，也削弱了兼并套利策略的分散投资特征。就短期而言，包括绝对收益在内的分散化策略依然体现出与有价证券的高度相关性。尽管如此，如果在合理的投资时间跨度内进行衡量，由不同的内在因素驱动的资产类别会产生不同性质的收益。

由于事件驱动型投资者对收益率的要求从百分之几到百分之几十不等，所以建构一个足够分散的组合很有意义。如果没有把握找到一匹大"黑马"来抵消高昂的"学费"，谨慎的投资者应该严格控制成本。

基金经理只有擅长使用多种投资工具，才会给事件驱动型组合带来优势。如果基金经理只擅长某种业务，如兼并套利，那么投资收益会像坐过山车一样不稳定。在兼并套利机会多时，收益会很丰厚，并吸引到更多资金。但如果此时好的同类投资机会减少，大量资金在手的投资经理却又不得不把钱投出去，收益就可想而知了。

相反，如果基金经理同时擅长几种事件驱动型投资策略，把握机会的优势一定会体现出来。当某个投资类别收益很少时，更多的资金自然会被投向更有吸引力的资产。如果此时基金经理能够找到其他领域中的机会，也就相当于减少了波动性，从而有可能建立一个高收益、低风险的组合。

二、价值驱动型投资

价值驱动型绝对收益策略需要投资经理挖掘出被低估或被高估的证券，进行建仓并通过对冲保值来降低市场系统性风险。如果投资者买进一个价格很有吸引力的股票组合，同时卖空等值的价格没有吸引力的股票组合，多空头寸相抵，就消除了证券市场的系统性风险。收益结果完全取决于投资经理的选股能力，使投资者无论是在多头交易上还是在空头交易上都有机会增加价值。所以价值驱动型投资者只要掌握技巧，就可以做到左右逢源。

虽然价值驱动型投资策略与事件驱动型投资策略一样，与传统有价证券投资缺少相关性，但两者也有不同：价值驱动型组合投资期较长。兼并套利投资的预期投资期与公司合并或破产事件的时间表一致，也就是说，事件驱动型策略的持续时间较短，而价值驱动型投资缺少事件驱动型投资中明显的"导火索"。令投资经理感到"郁闷"的是，价值驱动型投资往往不遂人愿，被低估的股票越买越跌，而被高估的股票越卖越涨，也就意味着基金经理的业绩低于预期。即使没有价格的逆预期而行，多头/空头投资者判定的定价错误也可能经历几年才能"拨乱反正"。

价值驱动型策略的操作与传统有价证券的积极型管理操作有很多相同之处。例如，在进行做多操作时，对经过认真研究的证券品种集中投资是投资成功的基础。在进行做空操作时，同样需要自下而上的基本面分析，对被高估的证券进行卖空操作。价值驱动型策略的多空操作通过卖空被高估的证券增加了组合增值的机会。做空操作与做多的投资建立在相同的基础上，成功的做空组合起到的作用应该不仅仅是对冲被高估的做多组合，还应该起到增值的作用。

卖空者面临的挑战

管理做空组合会面临很大的挑战。首先，投资者经常低估被卖空企业的管理层在极端不利情况下的应对能力。即使所有事实和数据都已表明这家公司已经处于破产的边缘，公司管理层也会尽力挽救颓局。其次，这类公司的股价走势经常与投资者的预期相反，这就要求空头头寸更加分散。如果投资者做空的一只股票价格上涨，对投资者而言会更具做空吸引力，但同时投资者也必须面对令人不安的空头头寸的进一步增加。如果最初的空头头寸不是过于集中，即使个别头寸增加，投资者也不会感到压力过大。为了进一步说明空头头寸分散化的重要性，我们可以对比空头头寸损失和多头头寸损失给组合价值带来的变化。在做多组合中，如果多头头寸价格下降，多头头寸在所在组合中的比重以及对收益的影响也随着降低，也有利于在更具吸引力的价格上继续做多；如前所述，空头则完全不同，空头组合必须分散化。卖空者面临来自成功和失败的双重挑战。如果卖空的股票崩盘，卖空者的确可以从中受益，但同时随着这一空头头寸的消失，卖空者迫切需要寻找具有吸引力的下一个。所以，做多的基金经理成功的秘诀是耐得住寂寞，等待水到渠成；而做空的基金经理则像在跑步机上一样很难停下来。他们必须不断地寻找新的目标。总之，卖空的定价机制本身和周转率高的特点使做空的基金经理不得不分散化和连轴转。

除了上述一系列挑战外，卖空者还面临一些很棘手的技术难题。例如，卖空者是通过借来的证券完成交易（市场上买入证券的一方在交易结算时得到的证券来源可能有二：一是从卖空者手里，二是从自然的卖方手里）。卖空者只有借进足够的证券，才能保持头寸完整。如果证券借出方想收回证券，则卖空者必须从其他地方继续借入，否则就会失去头寸。如果赶上市场供应紧缩，卖空者可能就会面临轧空（short squeeze）。出现这种情况的通常是流动性差的公司，而这些恰恰是能够为卖空者提供很好机会的公司。

卖空者面临的一系列难题迫使投资者对做空组合的规模做出限制。合理的规模为成功的投资提供了良好的"土壤",过大的资产规模为成功的投资设下了不可逾越的门槛。虽然根据过往积极型基金经理的经验,价值驱动型策略可以使基金经理跑赢市场几个百分点,这种预期显得有些激进,但只要适当地控制组合的规模,多空组合的基金经理就的确有望跑赢大盘。

三、预期收益

采用对冲策略的基金经理的目标是获得与大盘走势完全独立的收益,这是一个合理、适度的目标。假如一个对冲组合中多头和空头仓位完全等值,则在市场上涨的情况下,空头仓位的损失抵消了多头仓位的盈利;在市场下跌的情况下,多头仓位的损失抵消了空头仓位的盈利。两者相互作用可以使得市场对组合的整体收益不产生影响。

因此,选股能力就成为决定多空对冲组合收益的最重要因素。如果基金经理正确地选择了做多被低估的股票,做空被高估的股票,那么他的收益将是只做多的基金经理的两倍。

做空利息返还是多空对冲组合的另一大收益来源,因为卖空本身可以产生与货币市场短期利率水平相当的收益。当然,做空利息返还产生的收益水平不足以成为采用多空策略的驱动因素。如果投资者仅仅希望获得相当于货币市场利率水平的收益,不如购买货币市场基金,后者投资方式更加直接,且成本和风险更低。

假设多空对冲基金经理在多空选股方面的能力与水平最高(排名前四分之一)的只做多的基金经理相当。如果在截至 2006 年 12 月 31 日的十年间,美国排名前四分之一的积极型基金经理的年收益率超出市场基准水平2.6%[①],那么基于之前的能力假设,对冲基金经理可以超越大盘 5.2%,但可以看出这样的水平离两位数的收益还很远。

在接下来再加上做空利息返还(相当于短期利率)的收益。在截至 2006年 12 月 31 日的十年间,短期利率的年均水平为 3.7%,加上之前假设的

---

① 本章提及的关于基金经理的统计数据均来自罗素/梅隆分析服务机构。罗素 3 000 指数提供被动投资的基准水平用来进行相对收益的比较。

5.2％的选股产生的收益，水平最高的对冲基金经理在扣除费用前，年总收益水平可达到 8.9％。

但费用是对冲基金投资者的一大包袱。通常标准为 1％的管理费加上 20％的收益提成。在扣除费用后，相当于总收益水平减去 2.6 个百分点，水平最高的多空对冲基金经理的净收益水平为 6.3％。[①] 可见，即使按照水平最高的传统积极型基金经理的选股水平，多空对冲基金经理的净收益率也仅比货币市场利率高出有限的水平。

在多空对冲基金经理的选股水平相当于一般的积极型基金经理时，收益率更令人失望。在截至 2006 年 12 月 31 日的十年间，处于中数位置的美国积极型基金经理平均跑赢大盘 1.1％。假设同样水平的多空对冲基金经理可以跑赢大盘 2.2％，加上 3.7％的平均利率水平，总收益率为 5.9％，在扣除费用后，净收益为 3.9％，与全部换成现金坐享利率相差无几。

接下来再降低一个档次。在截至 2006 年 12 月 31 日的十年间，处于第三四分位水平的传统积极型基金经理扣除费用前的收益率为低于大盘 0.1％，则按上面的计算方法，同等水平多空对冲基金经理的收益率为 3.5％，已经低于持有现金的收益，扣除费用后的净收益更是只有 2％，失败的积极管理令投资者的收益远不如持有现金。

尽管经验证明若投资者将资金交给中等水平或者更差的多空对冲基金经理，收益会远远低于预期，但这并不妨碍基金经理提取可观的管理费。不仅 1％的管理费"雷打不动"（与传统积极型基金经理的报酬水平相当），按照惯例还要再加上 20％的收益提成。正如前文的计算所示，水平最高的对冲基金经理可以获得总投资的 2.6％作为报酬，这相对于不到 10％的收益率已经相当高；水平居中的基金经理也可以提取到总投资的 2.0％作为报酬，即便那些收益率水平还不及现金收益的基金经理也"毫不含糊"地提取。属于中等水平以下（排名处于第三四分位）的基金经理提取的费用也占到总投资的 1.5％，这些表现很差的基金无异于在投资者的"伤口上撒盐"。

---

① 6.3％＝8.9％－1.0％－（8.9％－1.0％）×0.2，其中 8.9％为毛收益率，1.0％为管理费，0.2（或 20％）为利润提成，最后得出的结果为净收益率。

以上例子阐释了积极管理在多空平衡的对冲组合中的重要作用。如果没有进行积极操作，业绩势必令投资者感到失望。而多空对冲基金经理又必须做多和做空操作都非常出色（相当于传统积极型基金经理前四分之一的水平），才可以"对得起"投资者支付的可观管理费用。如果投资者自认为无法甄别哪些基金经理是"强中强"，还是最好采取被动的投资策略。

耶鲁基金的绝对收益组合提供了一个投资者在获得高收益的同时也很好地进行了多元化投资的范例。早在1990年耶鲁基金就将绝对收益作为一个独立的资产类别进行投资，截至2007年6月30日，该组合17年间的平均年收益率达到13.2%，而作为风险水平标志的收益标准差仅为5.7%。优异的收益风险比表明耶鲁基金的经理成功地利用了市场出现的异常情况。^① 从分散投资的角度看，绝对收益组合起到的独立于大盘的效果远超过投资者的预期，组合收益与股票及固定收益基本没有相关性：耶鲁基金绝对收益组合与威尔希尔5 000指数及雷曼兄弟政府公司指数（Lehman Brothers Government Corporate Index）的相关度均仅为0.02。

1. 存活者偏差和回填偏差

绝对收益投资与其他另类资产类别有一个相同点，即它们都缺乏一项基准指标供投资者参考比较或者准确定义。另外，由于机构投资者将绝对收益列为单独的资产类别的历史并不长，相关定量指标因此比较难以确定。其他另类资产类别，如以房地产为代表的固定资产、杠杆收购和风险投资，动辄有三十几年的数据，相关机构的表现一目了然，特征也很容易捕捉；而绝对收益策略缺乏这样翔实的数据，因此投资者也只能通过其他方式来获取其特征信息。

在对有价证券基金经理的评估中，有两项指标一定要引起投资者和研究者的注意：存活者偏差和回填偏差。无论是股票型基金经理还是债券型基金经理，资金的流动性都带动着基金经理的"流动性"。随着业绩差的基金经理离开（存活者偏差）、业绩好的基金经理加入阵营（回填偏差），这两项指标无形中影响了评估积极型投资经理收益的标准。

---

① 夏普比率（Sharpe ratio）被用来衡量单位风险能够带来的超额收益。耶鲁基金的绝对收益组合在17年的投资期限中，夏普比率为1.8。与之相比，同期国内股票和固定收益的被动投资夏普比率分别为0.9和0.7。

　　有价证券领域体现出来的基金经理的高流动性，在流动性较差的私人资产领域表现得不是十分明显，因此数据的偏差也较小。机构投资者在选择房地产、风险投资和杠杆收购基金时，倾向于从一个比较固定的范围内选定，这也保证了相关机构数据的相对一致性。同时私人资产基金的"合伙"特性决定了投资者不会轻易离开，而是始终"在一条船上"，无论基金业绩如何，无论投资者对基金经理的信心如何，都要等到资金合约期满才能见分晓。

　　绝对收益策略的统计数据受到的存活者偏差和回填偏差的影响尤为明显，主要原因是基金高流动性和相对不稳定（不成熟）的特点。随着大量采用绝对收益策略的基金陆续倒闭，它们的失败业绩也被剔除，同时大量的流动性将一些风险调整后收益率水平很高的新基金推入了人们的视野，这无疑会对最终结果产生影响。换句话说，正是由于流动性强使基金"进""出"统计范围相对容易，表面数据掩盖了其下的暗潮涌动。

　　对冲基金作为投资领域的新军，历史数据的统计很难真正说明问题。业绩差的基金倒闭的速度使存活者偏差对历史数据带来很大的影响。由于在某个时点不可能记录所有过去失败基金的业绩数据，编辑起来的数据在一定程度上抬高了实际的整体水平。如果是历史统计相对完整和全面的有价证券的数据库，存活者偏差虽然是个严重的问题，但在一定程度上是可以量化的；而如果是对冲基金，由于数据本身就十分缺乏，覆盖面也不够广，存活者偏差则很可能传递出很不准确的信息。

　　尽管有些数据统计尽可能地将失败的基金也包括在内，但是对历史收益水平的统计是很难完整的。主要是由于这方面的数据编辑需要依靠对冲基金自身的诚实度。业绩不佳的对冲基金要将真实的经营情况如实上报至第三方，一定会经历一番心理挣扎，因为业绩的曝光可能会带来品牌危机。

　　长期资本管理公司不失为存活者偏差的很好的案例。该公司当年的倒闭曾险些引起全球金融体系的崩溃。据《纽约时报》报道，在对冲基金数据提供商特利蒙特资本管理（Tremont Capital Management）公司的统计中，长期资本管理公司的业绩仅存在至 1997 年 10 月，即公司倒闭前一年左右。

　　长期资本管理公司从成立之初（1994 年 3 月）至终止报告业绩（1997 年

10 月），平均每年为投资者带来的净收益为 32.4％，这一成绩对于如此大规模的资产来说可谓让人眼前一亮；长期资本管理公司的早期数据显然推高了整个对冲基金的业绩表现。就在长期资本管理公司停止向外界报告业绩后，从 1997 年 10 月至 1998 年 10 月该公司正式倒闭，收益（如果可以称为收益的话）是多少呢？－91.8％。但可惜的是，这一数据并没有在特利蒙特资本管理公司的数据中得到体现。

从报告期内年均收益率 32.4％到长期资本管理公司存在期间年均收益率－27.0％，这中间的差距足以令所有人大跌眼镜，这就是"幻觉"与现实的差距。从另一个角度讲，长期资本管理公司早期的骄人业绩对对冲基金业绩的"泡沫化"作用以及对投资者的误导作用不容低估。

对冲基金收益率的数据不仅受到存活者偏差的影响，也受到回填偏差的影响。20 世纪 90 年代对冲基金兴起时，只有业绩突出的基金公司浮出水面，吸引了市场评论人的注意并赢得了投资者的信任，而业绩一般的基金公司则隐藏于背景中。业绩好的公司既赚到了钱，又赚到了人气，也为统计范围内的基金业绩做出了更多的贡献。很多新的对冲基金由于业绩出色而被纳入统计范围，从而带来了回填偏差。这些"新人王"粉饰了过往数据，夸大了对冲基金的真实收益。

针对存活者偏差和回填偏差的学术研究得出了一些令人惊愕的结论。耶鲁大学管理学院的罗杰·伊博森在对 3 500 只对冲基金的十年研究中发现，存活者偏差提高了 2.9％的收益率，回填偏差提高了 4.6％的收益率。[1] 换句话说，仅统计方面的偏差就将收益"增厚"了 7.5％。在一个百分点的十分之几就可以决出业绩胜负的基金领域，这样的偏差令人瞠目。普林斯顿大学的伯顿·马尔基尔通过对一个知名数据库的研究发现，1996 年被统计到的对冲基金中，2004 年时有超过四分之三已经不存在了。[2] 不难想象现存基金的业绩数据一定比已经倒闭的要好，但意料之外的恐怕是两者之间的年收益水平差

---

[1]　Roger G. Ibbotson and Peng Chen, "The A, B, Cs of Hedge Funds: Alphas, Betas, and Costs," Yale ICF Working Paper No. 06-10 (Yale International Center for Finance, September 2006), 2.

[2]　Burton G. Malkiel and Atanu Saha, "Hedge Funds: Risk and Return," *Financial Analysts Journal* 61, no. 6 (2005): 82.

距达到 7.4％。据马尔基尔预测，存活者偏差平均每年"贡献"4.4％，回填偏差平均每年"贡献"7.3％。伊博森和马尔基尔的研究令人实在难以对对冲基金数据产生信心。总之，在评估对冲基金的预期收益时一定不可忽略存活者偏差和回填偏差的影响。

2. 对冲基金与市场相关的风险

不妨将对冲基金分为两类：一类回避市场风险，另一类接受市场风险。回避任何市场风险的投资者，不用运用技巧，但只能够得到与货币市场利率相当的收益。这一点可以从对同时做多和做空的基金经理的收益分析中得到验证。如果没有将资产置于系统性市场风险之中，又希望获得超出持有现金的收益，只有一种办法，那就是超强的积极型管理。

市场上的绝大多数对冲基金策略处于种种系统性风险之中。事实上，高盛和美林分别建立了合成对冲基金以模拟对冲基金的系统性风险因素。美林的合成指数（Factor Index）采用了标准普尔 500 指数、罗素 2 000 指数、MSCI 新兴市场指数、美元指数，以及一个月的伦敦银行同业拆借利率（LIBOR），赋予这些指数一定的权重，以产生与对冲基金研究公司加权综合指数（Hedge Fund Research Weighted Composite Index，HFRI）相近的收益。美林一直强调该合成指数与对冲基金研究公司加权综合指数之间有很强的相关度。2003年 6 月至 2006 年 6 月间，二者之间的相关度达到 95％。美林宣称其合成指数可以"成本更低、更加透明、流动性更好地"复制对冲基金的收益。[①]

对冲基金可以进行被动操作的想法是不合逻辑的。对冲基金的投资策略就是通过积极的对冲投资抵消市场风险。如果可以消极地通过一篮子指数来解释和复制对冲基金的收益，只能说明对冲基金经理没有尽心尽力工作，而投资于这些对冲基金与购买一般商品也没有本质区别。其实投资者只需要自行改变在标准普尔 500 指数、罗素 2 000 指数等上的配置就可以得到美林合成指数的所谓对冲基金收益效果，所以清醒的投资者不会将自相矛盾的被动对冲基金加入组合中。

---

① "Merrill Lynch Factor Index: An Alternative to Investable Hedge Fund Indices," Merrill Lynch, Global Markets and Investment Banking Group, September 2006.

　　打着对冲基金的幌子收取高额管理费的最极端的例子，就是一些基金经理建立的合伙制基金，美其名曰对冲基金，实则进行的完全是单边做多的操作（没有对风险进行对冲），但却按照对冲基金的行规收取 20% 的收益提成。基金经理提取的这 20% 的收益，应完全归功于市场力量，而非自己可操控的因素。合理的提成收费标准应该基于基金经理通过自己可以掌控的因素使资产增值的部分。如果是实实在在的单边做多的基金，基金经理能力超群，所操作的基金大幅超越标准普尔 500 大盘股基准指数或者 EAFE 海外基准指数，那么基金经理获得一定合理的收益提成也就无可厚非。因为超越基准指数即意味着实现资产增值，获得其中一部分利润合情合理。但根据对冲基金的行规，基金经理只需在归还投资者原始投入后，就可以按照一定比例进行提成，相当于没有经过与任何基准指数的比较，而仅仅因为进行操作就可以在管理费之外获得收益提成。正是这样的收费标准使得绝大部分对冲基金都不是为了投资者的利益进行操作。

　　所以要对市场上的对冲基金进行评估是一件非常困难的事情，即便是经验非常丰富的投资者也往往不能做到"火眼金睛"。投资者很难分辨哪些收益是由市场因素造成的（顺势或者逆势），哪些是由基金经理自身的水平造成的（超群或者拙劣），特别是在基金经理在多个市场同时进行操作，而且对仓位频繁进行调整的情况下。现实是，无论投资者对对冲基金的认识是否增加，对冲基金经理对并非由自身因素带来的收益享受提成的情况均照旧。

四、绝对收益与通胀

　　由于绝对收益投资的短期性，成功的绝对收益组合应该对短期融资成本高度敏感。在事件驱动型交易策略中，无论是兼并事件还是不良证券交易，交易均应该在数月内完成，最长也不过一两年。因此，采用这类操作策略的投资者会将融资成本纳入考虑范围，这样的交易也往往体现了市场现行的融资成本。而价值驱动型策略（同时做空和做多的策略）当中涉及的做空利息返还也相当于短期的利率水平。所以，正如货币市场利率与通胀水平息息相关，对短期融资成本高度敏感的绝对收益组合也体现了通胀水平。

五、利益一致性

对冲基金的合约中规定对冲基金经理可以提取利润的一部分作为报酬，这种与期权类似的规定损害了投资者的利益。如果对冲基金盈利，很大一部分会被对冲基金经理分走；而如果出现亏损，则全部损失都要由投资者独自承担。这样极不对称的利润分配结构显然明显偏袒基金经理。

尽管不能完全解决对冲基金激励机制的弊端，但有一种办法可以缓解基金经理与投资者利益的分化现象，即对冲基金经理拿出自己的资产与投资者共同投资。如果对冲基金表现优异，则对冲基金经理既可以从投资者的盈利中得到提成，又可以从共同投资中直接获利；如果对冲基金表现不佳，基金经理至少也可以分担一部分损失。但这要求共同投资一定不要做表面文章，而要达到一定比例才可以达到缩小基金经理与投资者利益分化的目的。

六、市场特征

截至 2006 年 12 月 31 日，对冲基金行业共有 12 500 家公司，控制的股本规模达到 1.5 万亿美元。[①] 由于很多基金运用高杠杆进行操作，这些对冲基金可以操控的资金规模远远高于股本水平。在这 1.5 万亿美元中，8 800 亿美元采用的操作策略都可以归入绝对收益策略范畴。

七、小结

绝对收益策略需要进行积极投资管理，因为如果基金经理和投资者不接受市场风险，或者不主动发现市场错误定价的现象，就只能获得与货币市场相同的无风险利率水平，而且绝对收益的定义本身也表明采取该策略的投资收益与传统有价证券缺乏相关性。此资产类别的基础是对个别证券估值不合理现象加以利用。采用事件驱动型策略的基金经理恰恰是利用主流证券分析员回避的复杂的兼并等事件进行投资；而采用价值驱动型策略的基金经理则

---

① Kevin Mirabile and Rosemarie Lakeman, *Observations on the Rapid Growth of the Hedge Fund Industry* (Barclays Capital, 2004): 2.

是通过挖掘被高估和被低估的证券品种达到资产增值的目的，建立可对冲的多空头寸，以减少市场力量的影响。所以，成功的绝对收益组合应该是高收益、低风险的，而且能够达到分散投资的目的。

会被绝对收益策略吸引的投资者都相信只要将资金交给市场上最优秀的基金经理，无论传统有价证券如何波动，他们就一定能够在极少束缚的情况下取得很高的收益。一些成熟的机构投资者的经验的确证明了成功的绝对收益组合可以取得很高而且与市场相关度低的收益，对投资者的组合起到很好的分散投资且极大增值的效果。当然，投资者要成功地找到、留住并管理这样高质量的基金经理，也必定要投入很多资源和精力。

然而市场上传播的对冲基金的美好数据与实际情况严重不符。学术研究成果表明：存活者偏差和回填偏差在很大程度上"美化"了对冲基金的历史收益数据，达到了 5%～15% 的程度。如果投资者清晰地看到了对冲基金的实际收益，应该会对投资于对冲基金三思而后行。

对于对冲基金的投资者而言，除了要具有"火眼金睛"、筛选出真正出色的基金经理之外，还要接受很高的管理费：对冲基金的投资者通常要面对类似期权的费用合约，约定基金经理可以分享投资者的利润（而且比例不小）。解决投资者与对冲基金经理利益分化问题的很好的办法是基金经理拿出私人资产，以足够大的比例与投资者共同进行投资。

挑选基金是一件需要花费很多精力的事情，马虎和草率不得。即使经验丰富的机构投资者也需要动用大量资源对基金经理进行评估。尽管对冲基金的收益在很多投资者看来很具吸引力，但如果投资者的资产交给的不是真正优秀的基金经理，结果恐怕会令人非常失望。如果基金经理不具备高超的选股能力，即便采用绝对收益策略，也只能获得与货币市场利率水平相当的收益。而对冲基金合约所规定的高额管理费和收益提成，会将经风险调整后的最终收益降低到令投资者不能接受的水平。总之，对于采用绝对收益策略的投资者而言，获得风险调整后的超额收益并非易事。

第二节　实物资产

实物资产投资是指通过投资工具获得与通胀密切相关的实物资产的所有权。包括大学捐赠基金在内的很多投资者都希望所持投资品种能够抵御通胀，从而抵消通胀敏感债务增加的风险。本节所涉及的实物资产包括通胀保值债券、房地产、石油和天然气、森林。

不同的实物资产抵御通胀的能力也不相同。通胀保值债券（TIPS）通过与消费者物价指数（CPI）挂钩，严密追踪通胀走势。油气储备价值的变化直接反映了能源价格的变化，而能源价格是通胀中的重要因素。与能源相比，林木价格虽然在总体价格通胀中起到的作用较小，但也反映了物价的变化。房地产与通胀的关系虽然不如能源与林木的关系那样直接，但两者也间接相关。如果房地产市场不存在过冷或者过热的状态，房地产市场和通胀之间的相关性会更加明显。

实物资产组合除了能够抵御通胀外，还可以提供充足的现金流和非常有吸引力的总预期收益（在绝大多数情况下）。与投资于单纯从价格涨跌中获利的大宗商品价格指数不同，投资者还可以从精心配置的实物资产组合中获得超越价格涨跌收益的内部收益。例如，油气储备投资在过去二十年中产生了低双位数的收益率，高于同期能源价格的涨幅。实物资产组合带来的内在收益加上价格收益使这种投资工具胜于单纯的价格收益投资工具。

除了我们接下来要介绍的通胀保值债券和能够提供高收益的房地产、油气和森林外，未来实物资产投资的品种还会不断扩大。单纯大宗商品的投资对理智的投资者吸引力不大，因为从长期来看，投资收益率与通胀水平大体相当。与大宗商品相比，TIPS同样获得与通胀水平相当的收益率，承受的风险却小得多。油气和森林的投资也因为可以令投资者获得超出商品价格本身涨跌的内部收益率而明显较大宗商品更胜一筹。如果市场上出现类似给予投资工具商品属性而同时能够获得一定内部收益率的投资标的，那么它们也将成为实物资产的可选投资品种。

投资者希望抵御对通胀敏感的债务上涨的风险，在此情况下，实物资产成为组合的重要组成部分。同时实物资产投资标的由于与通胀息息相关的特性，可以起到分散投资的效果，再加上实物资产组合可以产生超出商品价格本身涨跌的内部收益率，这些特点都使实物资产成为资产配置中重要的选择。

一、与通胀有关的债券

1. 概述

美国财政部 1997 年 1 月开始发行通胀保值债券（Treasury Inflation-Protected Securities，TIPS)，为以美元交易的投资者提供了新型的重要的投资工具。TIPS 通过按通胀水平调整本金来保护投资者免受通胀带来的损失，为投资者在通胀环境下提供了保护伞。TIPS 采取的是基于浮动本金额的固定票息率，因此利息和本金都反映了通胀水平。

由于信用度高，而且已经为投资者屏蔽掉通胀的风险，所以 TIPS 的投资收益率不是很高。根据雷曼兄弟公司的统计，投资于 TIPS 的实际收益率在经通胀调整后仅为 1.3%～2.5%的水平，平均收益率为 1.9%，这是投资者为了获得利息和本金体现通胀水平的双保险而付出的代价。

固定本金的国债为投资者提供了无风险的投资工具，可以令投资者获得一定的名义收益，而 TIPS 通过浮动本金也为投资者提供了无风险投资工具，区别是投资者获得的是实际收益。由于两种债券的发行方都是美国财政部，因此都没有违约风险，本金和利息的支付结构等也有相似之处，所以很多市场人士都将普通国债与 TIPS 归入同一类。而且事实上，就连创造了最为广泛使用的债券指数的雷曼兄弟公司最初也将 TIPS 与普通国债归为一类。

这种归类方法的错误之处就在于没有认识到非预期的通胀或通缩对这两种债券产生的影响本质上不同。一旦出现非预期的通胀，普通国债投资者会受损，因为固定支付的本息导致购买力相对下降；而 TIPS 的投资者则不会受损，因为收益会随着物价水平的提高而增加。如果出现非预期的通缩，普通国债投资者会受益，因为固定支付的本息导致购买力相对上升；而 TIPS 的投资者会因此受损，因为投资者获得的利息会随本金价值的缩水而减少，虽然最终本金面值的支付不会受到通缩影响。所以 TIPS 绝对不应该与普通国债被归为一类，而是应该被归在实物资产的范畴。

接下来我们直接比较普通国债与 TIPS 的到期收益率。以 2011 年 1 月 15 日到期的普通国债与同时到期的 TIPS 为例，普通国债的票息率为 4.25％，TIPS 的票息率为 3.5％。截至 2006 年底，普通国债和 TIPS 的到期收益率分别为 4.7％和 2.4％。由于两种债券的信用风险和到期日完全相同，因此两者收益率的差别 2.3％完全来自市场对通胀的预期。换句话说，市场认为在债券到期之前通胀水平将达到 2.3％的水平。如果到期时通胀率高出这一水平，则 TIPS 的投资者受益，反之则普通国债的投资者受益。

TIPS 的投资者还有可能在到期时得到额外的收益，因为 TIPS 会在到期时支付经通胀调整后的本金或本金面值，两者中取其高者。因此，在通缩的情况下，投资者获益于没有"打折"的本金面值；在通胀的情况下，保证到期时最低按面值收回本金的权利在 TIPS 发行时最有价值。如果之后物价继续上涨，按通胀水平调整后，投资者获得的本金也随着通胀上涨，相对于面值产生一定盈余。如果之后发生通缩，累积的盈余会逐渐消失，直到回落到面值水平，这时投资者如果希望最大限度地利用 TIPS 的面值保护机制，就要不断将所持有的 TIPS 滚动换持为最新发行的 TIPS。

一些外国政府也发行了大量 TIPS，包括英国、加拿大、瑞典、法国、意大利、德国、希腊、日本、澳大利亚，新西兰等。然而对美国国内投资者而言，对于外国发行的 TIPS 应该保持谨慎。因为这些国家发行的 TIPS 通常都用本国货币进行支付，投资者将要面临外汇兑换的风险。也就是说，投资者将面临双重风险：一方面是外国的通胀水平与美国的通胀水平之间的差异产生正收益的不确定性，另一方面是将外汇兑换回美元时产生的风险。所以投资者寄希望于外国 TIPS 能够帮助抵御美国通胀的意愿很可能落空。

同时美国的一些公司也会发行 TIPS，这些债券与普通公司债券一样都面临信用风险高、流动性差以及降低吸引力的赎回条款等问题。同时投资者还要考虑在高通胀环境下的情形：一方面通胀保值的公司债券为投资者提供了很好的保障，但同时高通胀下这些公司能够兑现承诺的可能性却大大降低了。

2. TIPS 与通胀

TIPS 提供了很好的抵御通胀的投资工具，因为这项产品设计的目的就是使投资收益与通胀水平之间直接挂钩。对投资者而言，看中的正是两项优势的合并：第一，无风险的美国政府信用担保；第二，从计算角度看完全反映通胀的设计理念。

3. 利益一致性

TIPS 与普通国债一样，在借方和贷方之间达成了利益的一致。私人的借贷关系就做不到这一点，借方总是以损害贷方的利益为代价。由政府信誉担保的债券会尽量在借贷双方之间达成公平的交易。

美国财政部为了推广 TIPS，不断在强调这种产品对借贷双方的益处。从贷方的角度看，TIPS 提供了很好的组合分散投资的工具；从借方的角度看，TIPS 可以帮助财政部扩大投资者的来源，降低资金来源的风险。[①] 正是这种在借贷双方中保持公平的角度使美国政府区别于私人领域的借款方。

4. 市场特征

截至 2006 年 12 月 31 日，发行在外的 TIPS 仅有 3 690 亿美元。自 1997 年 1 月由美国财政部发行以来，TIPS 已经成为一项很有价值的分散性投资工具。2006 年底 TIPS 的实际收益率（经通胀调整后的水平）平均为 2.4%（距到期日 9.6 年，久期为 6.4 年）。

5. 小结

尽管 TIPS 仅占到美国普通国债规模的 17%，对投资者仍不失为很有吸引力的投资品种，再加上无风险的美国政府信用担保，TIPS 已经成为衡量其他通胀敏感类投资工具的一项重要基准。

二、房地产

1. 概述

房地产投资者在享有收益的同时，也面临投资风险，而投资标的也是多

---

① Treas. gov, "Key Initiatives," http://www.treas.gov/offices/domestic-finance/key-initiatives/tips.html.

种多样：办公地产、公寓楼群、工业库房、零售地产等。高质量的房地产投资由于存在长期租赁关系，租户信誉良好，能为投资者带来充足的现金流。稳定而强劲的现金流意味着房地产标的的估值也相对稳定。相反，如果房地产项目不能够带来稳定的现金流，会出现剩余价值短期内的波动，通常发生在租期届满或者存在转租风险时。极端的情况是，项目完全不产生现金流，此时投资的投机成分更大，因为项目估值完全取决于未来租赁情况。

房地产投资兼具固定收益和股票的特点。固定收益的一面是指由于出租方与租赁方存在合同关系，投资者可以获得定期的收入，因此长期租赁合同占据主导地位的房地产投资与债券投资类似。股票的一面是指对目前或未来闲置面积的潜在租赁收入进行预测从而计算出剩余价值。没有租赁方或者租赁期较短的地产项目投资更像股票投资。

理想的房地产投资标的是指地理位置优越、租赁情况良好的高质量地产项目，投资者可以根据已经出租的情况，一方面预计定期租金收入，另一方面预测未来合理时间范围内闲置面积的出租前景。但有些项目不符合核心投资标的的标准，理由是需要经营管理的环节太多，使这类房地产投资与股票投资更加类似，例如待开发的空地、正在兴建的开发项目、经营类酒店等。这些项目投资的收益更多地依靠经营经验才能够产生现金流，因此失去了房地产项目投资的特点。

2. 风险与收益特征

从投资收益与风险比的角度讲，房地产投资介于债券和股票之间。租金收入与债券投资类似，而剩余价值与股票投资类似。投资收益也介于债券和股票之间。根据统计机构伊博森的计算，在过去的 80 年间股票的年均收益率为 10.4%，债券为 5.4%。介于这两者之间的房地产投资的年均收益率应该可以高出债券 2.5 个百分点。

事实上过去 20 年的统计数据也显示房地产投资的收益率的确介于股票和债券之间。自 1987 年至 2006 年房地产投资整体收益率为年均 8.4%，同期标准普尔 500 指数的收益率为 11.8%，中期美国国债的收益率为 6.5%。① 这一

---

① Data from Bloomberg；LehmanLive；National Association of Real Estate Investment Trusts.

结果也验证了投资者对房地产收益率的预期。

确定房地产项目的估值相对于其他风险性高的投资标的来讲要简单些。因为只要市场处于供求平衡状态，决定房地产项目市价的最重要因素就是重置价格。事实上，房地产估值为托宾的 q 值提供了最好的诠释。托宾的 q 值是指市场价格与重置价格之间的比值。如果某个房地产项目的市价超过重置价格，对投资者而言，更加理性的投资应该是在附近区域重新建设同类建筑。因为很明显，建造新楼的成本收益比优于收购被高估的已有建筑。相反，如果重置价格高于市价，那么重新进行开发就没有意义了。因为建造新楼的成本收益比不如收购被低估的已经存在的楼宇。此时理性的投资应为购买已经存在的楼宇，这样也使得市价慢慢向重置价格靠拢。

托宾的 q 值在房地产投资中有很大的用武之地。重置资本成为既易确定、又易观察的变量指标。在股票市场中，托宾的 q 值用来帮助投资者评估个别公司、不同行业甚至整个大盘。但是现在公司涉及面过广，确定重置成本已经不再是易事。相对来讲，评估一个零售型商场的重置成本要容易得多。很多有经验的投资者正是通过衡量一项建筑资产的重置价格，把重置价格高于市价的机会作为重要的投资标准。

3. 上市与非上市房地产公司

房地产投资的一大特色就是投资者可以从大量上市与非上市的投资标的中进行选择，二者的区别也仅存在于形式，而非本质；无论是上市还是非上市的房地产投资，投资者都面临专属于房地产的机会和风险。

房地产投资中一项特殊的标的为 REIT（real estate investment trust），全称为房地产信托投资基金。与一般的公司不同，REIT 不必缴税，但前提是 REIT 必须将 90％以上的应缴税收入分配给投资者，而且 75％以上的收入来自租金、房贷和房产销售等业务。[①] 可以将 REIT 看作这样一种结构：经过 REIT 的证券投资收益无须扣税直接流向证券持有者，之后如有任何相应缴税义务，由证券持有者承担。上市与非上市的房地产投资都可以采用 REIT

---

① National Association of Real Estate Investment Trusts，"Forming and Operating a Real Estate Investment Trust," http://www.nareit.com/aboutreits/formingaREIT.cfm.

的形式。

尽管在房地产投资中，投资者可以通过投资上市与非上市公司两种渠道建立头寸，但常常上市房地产公司的交易价格偏离公允价值。绿街（Green Street）咨询公司是一家业内很有实力的调查公司，主要研究上市的房地产公司交易价格与公允价值之间的差距。它的研究成果会让短期投资者对房地产公司的投资望而却步。根据绿街咨询公司的测算，1990 年间房地产公司的证券价格曾经低于公允价值 36%，而到了 1993 年由于股票市场发生逆转，房地产公司溢价 28% 进行交易。交易价格与公允价值的"阴""阳"不断交替。1994 年末房地产公司又出现折价 9% 交易，而到了 1997 年投资者付出了 33% 的溢价购买房地产公司的证券。20 世纪 90 年代末至 21 世纪初，虽然股市很火爆，但由于房地产市场本身状况不佳，房地产公司的交易价格的相对折价一度达到 20% 以上。随后股市转入熊市，房地产交易标的却一枝独秀，至 2004 年初，相对于公允价值的溢价达到 22%。截至 2006 年，交易相对平稳，仅维持在 2% 的溢价水平。[①] 从以上数据我们可以看出，房地产上市公司交易价格与公允价值之间常常发生大幅偏离，这也意味着上市与非上市房地产公司的投资收益相关度很低。[②]

这样的价格剧烈波动会对草率的短期投资者造成很大困扰，高买低卖对投资收益会产生明显影响；而精明的投资者则可以利用交易价格与公允价值之间的差距进行低吸高抛。较长的投资时限使长期投资者可以不受短期市场"噪声"的影响，既可以利用价格与公允价值之间的差距获利，也可以利用平均成本法（dollar-cost averaging）在价格明显偏离公允价值时进行进出操作。

尽管有例外，上市房地产公司证券通常能为投资者创造成本相对低的介入高质量房地产资产的投资机会。交易价格与公允价值之间的差别相当于提供了非常有吸引力的构建组合的条件，但是投资者需要谨慎对待市场研究人士的分析。当 REIT 价格低迷时，研究员给出的结论往往是上市交易的 REIT 应该相对

---

① Marc Cardillo, Robert Lang, Maggie Patton, and Andrew Heath, "U. S. Real Estate and RE-IT Investing. Executive Summary," Cambridge Associates，2007.

② Green Street Advisors, "REIT Share Price Premiums to Green Street NAV Estimates," http://www. green streetadvisors. com/premnav. html.

私有资产享受折价，具体理由无外乎流动性差、管理层能力欠缺、各项费用高、REIT 的结构不够灵活等；而当 REIT 受到市场追捧时，同样一拨研究员给出的理由（对 REIT 的评价）竟然完全相反，不过倒也"登对"：上市交易的 REIT 就应该享受一定溢价，具体理由是流动性好、管理层经验丰富、经营具备规模效应、REIT 的模式具有优势。总之，无论是听取哪一派别的观点，理智的投资者都应该在进行 REIT 折价交易时将其纳入组合，而在进行溢价交易时加以回避。

4. 积极型管理

房地产投资中定价的非有效性和房地产项目的可操作性为积极型投资者提供了很好的机会。投资者可以通过对项目的精心选择和悉心经营，提高收益，降低风险。

房地产投资的特性决定了可以采取积极管理的方式，错误定价经常给敏锐的投资者带来机会。判断房地产价格高估或者低估并不是一件不可完成的任务，房地产投资有一系列可供参考的因素。重置成本为地理位置较好的地产价格提供了很好的参考数据。通过对出租数据的分析、对未来出租率和剩余价值的预测可以比较容易地预测未来的现金流。同时可比物业的销售数据反映了投资者购买同类房地产的意愿高低，从而可以得到某处房地产的预期现金流。总之，对房地产投资进行积极型管理的优势在于有很多其他资产类别不具备的指标可供参考，包括重置成本、现金流折现、可比物业的销售数据等。

收购索尼大厦的案例

索尼大厦的收购案例对房地产估价有很重要的借鉴意义。1993 年道格拉斯·埃米特（Douglas Emmett）收购了位于加州柏班克（Burbank）地区的索尼大厦。事件的背景不得不提当时的房地产市场崩溃。在 20 世纪 90 年代初期房地产行业面临相当严峻的局面，洛杉矶是受冲击最严重的市场之一，该地区 A 级办公楼的闲置率达到了 24%，办公楼价格也因此狂跌。举个例子，在一次标志性交易中，被称为"坟墓舞者"的山姆·泽尔（Sam Zell）以 1 亿美元买下了加州广场二号（Two California Plaza），出价仅相当于几年前建造这幢大楼所需成本的四分之一。

柏班克地区的房地产市场行情由于良好的基本面，表现相对坚挺，但由于比邻洛杉矶，价格下跌也在所难免。在这种情况下，可口可乐从公司资源优化的角度出发，决定出售位于柏班克地区的索尼动画公司大楼，售价为8 300万美元，相对于超过1.2亿美元的建筑成本，购买者可以享有相当于重置成本30%的折扣。

同时这项收购的另一个优势是可以获得租金收入的现金流。该大厦全部租给了当时被标准普尔500指数评为A级的索尼公司。换句话说，收购方仅凭索尼公司支付的租金收入，每年就可以获得12.3%的现金收益，这还不包括租期届满时大厦的残余价值。如果算上租期届满后续约以及大厦的残余价值，收益率轻松即可达到20%~25%。对比当时的利率或者融资水平，当时可比到期美国国债的收益率仅为6.5%。可见索尼公司可靠的租金支付能力为这笔交易奠定了良好的基础，而且可以说下行空间较小，而上行空间巨大。

可比的销售数据却没有这么令人乐观，与当时周围的办公楼命运一样，索尼大厦的竞标当时也乏人问津，主要原因是当时的市场环境导致投资者忽略了索尼大厦投资的吸引力，但这也为真正的逆向投资者提供了很好的机会。他们看到的是相对于重置成本的高折价率和有保证的租金收入。那么逆向投资者一般又会在何时出售市场逆境时买入的这些不受青睐的资产呢？那就是当市场基调发生转变时，市场人士更多地强调鉴于土地的不可重置性，应该支付重置成本的溢价而非折价，同时租赁市场的供应下降意味着今天的低现金收益率将转化为明天的高未来现金流。也就是说，真正的房地产逆向投资者一定是与市场基调逆势而行的。

综合来讲，索尼大厦的投资不仅有高质量的租金收益（也就保证了完全令人满意的基本收益），而且买入价大幅低于重置价格，也为投资者提供了很好的保障。下行空间小，而上行空间巨大，造就了收益率曲线偏正向分布，对投资者很有吸引力。

事实上索尼大厦投资的极大吸引力最终也的确转化为出色的投资收益。

2006 年 10 月，道格拉斯·埃米特将手中的所有房地产项目转化为 REIT 上市，每一处资产都由第三方进行评估。索尼大厦（现被称为"演播室广场"）根据估价计算后，为投资者带来了年均超过 20％的投资收益。在索尼大厦的投资上，投资者获益于道格拉斯·埃米特的逆向投资策略和对房地产市场的丰富经验。

由对房地产市场有深刻见解的专家进行这方面的投资，才能使投资者获得理想收益，特别是对某一特定区域、特定类别的房地产项目有深入研究的专家，如专门研究办公、零售、住宅或者工业楼宇的专家。这类投资者要比通才型投资经理有明显优势。通才型投资经理因为涉及面过广，往往只能浅尝辄止。专业化或者专家型管理意味着机构投资者能够深入掌握不同市场动态。举例来说，可以由一位投资经理专门跟踪中心商业区办公楼的相对静态的走势，而由另一位投资经理覆盖不断变化的城郊办公楼资产；或者由不同的投资经理分别覆盖大型百货商场和小型社区零售中心。将管理资源集中在各个细分市场更有利于基金经理做出理性买卖和日常管理决策。

由崇尚价值投资、同时对房地产市场有深入研究的专家管理基金中的房地产投资，组合收益会很出色，尽管这可能意味着过度集中于某一市场而造成分散投资程度不够。这些机构投资者从自下而上的角度，将投资集中在暂时不受市场追捧的资产类别上。例如，由于看重估值优势，基金很可能持有过大比例的加州零售地产或者南部办公地产，从而与广泛投资的地产指数产生偏差。专家管理的房地产组合与反映市场整体走势的指数相比有时会产生很大的偏差，但这些细分市场的专家型投资经理很可能会给投资者带来超额收益。

5. 房地产价格与通胀

房地产投资的最大吸引力之一就是它与通胀的高度相关性。房地产项目的市场交易价格紧紧跟随重置成本的变化，而重置成本的计算就是依据当时通胀水平下的劳动力和材料成本。但是重置成本反映通胀水平的速度和程度还取决于租赁期限等因素。具体地讲，一个房地产项目采取长期固定租金的方式，意味着重置成本与短期通胀的相关度较低。只有在租期届满时房地产项目的估值才会对通胀有所体现。相应地，租期较短的项目对通胀有更高的敏感度。有些租约明确规定由未来通胀造成的费用将由租赁方承担，换句话说，出租方将通胀压力转嫁给了租赁方；还有些零售业地产的租约规定出租方有权提取相当于零售额的一定比例以应对未来的通胀压力。这类对通胀敏感的租约使通胀走势在估值中直接体现出来。

房地产项目的重置成本决定最终估值以及及时体现通胀的前提是房地产市场处于供求平衡的状态。如果供求没有达到平衡，房地产价格体现的是供求关系，而非重置成本或通胀水平。例如，20 世纪 80 年代末期，投资者过度追捧以及政府的财税刺激政策带来房地产市场特别是商务楼宇一度供过于求，并导致储贷危机。很多银行面临大量不良贷款，而高质量的办公楼大量闲置，交易价格远远低于重置价格。此时价格反映的完全是供求关系，与通胀走势无关。同样，21 世纪初互联网泡沫破灭，导致需求明显萎缩，办公楼大量闲置，价格暴跌，而此时通胀则一路上行，房地产价格走势又一次明显与通胀"脱钩"。总之，如果房地产市场供求不平衡，则价格与通胀之间关系并不明显；反之，在供求平衡的基础上，价格对通胀的敏感反应构成房地产投资的一大优势。

6. 利益一致性

上市公司 REIT 的投资者面临的处境与其他类型上市公司的投资者相同，公司的管理层与股东之间的利益基本可以做到一致。

而在非上市房地产基金中，投资者面临两种极端现象。一部分高素质的基金管理者收取合理的管理费用，只有在收益超出资本的机会成本后才提取利润分成，而且管理者与投资者在很大比例上进行的是共同投资。也有部分低素质的基金管理者聚敛大量资产，收取高额管理费，收益超过投资就提取利润分成，也就是所谓的用他人的钱（O. P. M.，other people's money）投资。

7. 市场特征

无论是上市交易的房地产上市公司还是非上市公司都为投资者提供了大量投资机会。根据全美房地产投资信托基金协会（National Association of

Real Estate Investment Trusts）的统计，截至 2006 年 12 月 31 日，房地产证券标的的市值达到 4 360 亿美元。REIT 的分红收益率为 3.3％，交易价格相对公允价值享有 2.2％的溢价。

同期，NCREIF 全美房地产指数（NCREIF National Property Index）统计显示，非杠杆房地产市值总计为 2 470 亿美元。非上市的房地产分红收益率为 6.2％，相对于 10 年期国债收益率高出 1.5 个百分点。

8. 小结

从风险收益比的角度讲，房地产投资收益介于风险系数高的股票与风险系数低的债券之间。这一点与房地产投资既含有固定收益又含有与股票相似的残余价值的投资特征相吻合。房地产投资具有通胀敏感度高的特点，能够为组合提供很好的分散投资工具。

房地产投资者可以在上市与非上市标的中进行选择。理智的投资者关注的焦点并非形式上的差别而是基金管理费收取是否合理以及基金管理者的能力等。

三、石油和天然气

1. 概述

石油和天然气（简称"油气"）投资也可以提供对未来通胀敏感的现金流，可以帮助投资者抵御预期以外的通胀，同时实现组合的分散投资。除此之外，油气资产还可为高水平的投资经理提供增值机会。

进行油气投资可以通过两种方式：一是购买期货合约，二是收购油气储备。两者都可以提供价格驱动的投资收益。精明的投资者通常选择后者，即在价值理念下构建组合，通过收购定义清晰的、由一流团队管理的储备，避免受到单纯油气价格涨跌的影响。

购买油气储备在以下几个方面优于简单地购买期货合约：第一，收购油气储备一般会产生与股票相当的高预期收益。在过去的 20 年中，在不考虑油价因素影响的情形下，风险低的油气储备为投资者带来的无杠杆收益达到 10％～15％。第二，专业经验在天然资源的实际运营领域比在高效定价的大宗商品金融市场更有用武之地。一流的积极管理型投资经理在收购、开发、融资、操作、清算这一系列过程中可以为投资实现增值。第三，长期投资油气储备也可以帮助投资者抵御油价长期走高的趋势。

2. 上市与非上市能源公司

油气投资领域与很多资产类别有所不同，在上市与非上市投资标的中，上市交易的证券品种反而透明度低，而且对能源价格变化的反映不够有效。投资上市交易的能源公司要搞清楚两大因素：第一，油气一体化公司的能源消耗率（例如提炼过程的油气投入量）；第二，能源产出率（例如开采过程的油气产出量）。即便投资者可以计算出公司受到油价影响的程度，公司究竟采用何种对冲合约政策仍然是个未知数。由于业务高度分散的上市公司面临油价的影响程度不确定等问题，对投资者而言，业务相对集中的非上市能源公司更具吸引力。

3. 积极型管理

高水平的积极管理型投资经理购买油气储备资源可以做到一箭双雕，既反映油价和通胀变化，又为高投资收益奠定基础。梅里特能源公司（Merit Energy Company）就曾经在获得高收益的同时实现了组合的分散投资。这家公司成立于 1989 年，由罗斯·佩罗（Ross Perot）的前同事比尔·盖登（Bill Gayden）创立。

梅里特能源公司主要投资低风险的油气储备资源，公司认为完全可以在不考虑油价升跌的情况下产生每年 12％～14％ 的投资收益。公司的业绩表现证明预期与现实完全相符。从 1990 年至 2005 年，年投资收益率达到 19.2％，其中 12.2％ 来自收购效益，2.1％ 来自运营水平的改进，4.9％ 来自油价升值。

同期，油价上升为单纯的期货投资者带来的收益仅为 5％，远远逊色于油气储备资源投资者两位数的收益水平。

4. 能源价格与通胀

能源投资正是由于与通胀高度相关，才被归在实物资产的范畴。能源在 CPI 中占比达到 9％，两者关系直接且密切。根据统计机构伊博森的调查，自 1970 年至 1998 年，能源投资与 CPI 正相关；而同期能源投资与市场其他交易品种则负相关，例如与国内和国外股票、国债等均负相关。[1] 总之，无论从数据统计还是从常理推断的角度都可以得出一个结论：能源投资可以抵御通胀风险。

5. 利益一致性

有句老话这样讲：永远不要相信华尔街"忽悠人"的能源合作协议，真正赚钱的交易绝对不会在那里出现，而是在休斯敦。这句话不无道理。油气合作关系协议中充斥着各种术语，很可能让初涉这一领域的投资者掉入陷阱：例如净利润提成、优先所有权提成、开工提成、净收入提成、运营提成等。尽管如此，只要投资者遵循合理的合约结构原则，例如合约的提出方应该保证高比例的共同投资，那么油气等能源投资就会为投资者带来增值的机会。

6. 市场特征

油气等能源投资者面对着一个十分宽广的舞台。截至 2006 年 12 月 31 日，市场可流通的能源股票市值为 4.6 万亿美元，相当于全球股票总市值的十分之一。根据剑桥协会的统计，同期机构投资者的私有股权投资总额达到 280 亿美元，其中 200 亿美元投向了能源储备。

7. 小结

由于能源价格在绝大多数时间里与传统证券价格走势负相关，所以能源投资为机构投资者提供了极佳的分散性。但是单纯以大宗商品期货合约形式实现价格相关性代价过高，而预期收益率过低。因此，理智的投资者采取的方式为投资于能源储备项目，不仅提供组合分散性，而且能够创造 10%～15% 的投资收益。但是投资者一定要警惕透明度不高的操作和陷阱重重的合约设计。

四、森林

1. 概述

森林投资具有产生高投资收益率的潜力，能够提供稳定的现金流，为组

---

[1]　Matt Terrien, "Investing in Direct Energy: A Diversification Tool for Portfolios" (Prepared for Merit Energy Company), Ibbotson Associates, 11 October 1999.

合抵御通胀提供分散化。森林投资收益的最重要的来源是自然生长的林木的价值，以及林地的剩余价值。林木价值与林木的自然生长密切相关，育林行为也会对林木的价格产生影响。林地地役权的出让*以及为了更好用途分块出售的举动也可以提高投资收益。收入的另一大来源是林地上进行的其他活动，例如将林地租让以开采矿石、休闲娱乐、开发替代能源等。

虽然没有确切的投资业绩数据，但是森林投资一直为投资者带来不错的投资收益。Hancock 森林资源集团从 1960 年起提供的森林投资收益数据被广为引用。该数据序列根据已知的林木价格、预测的林木生长速度计算投资收益。[1] 根据 Hancock 和 NCREIF 的统计，自 1960 年至 2005 年，美国境内森林的年投资收益率为 12.7%，经通胀调整后为 8.1%。自 1987 年以来，森林资产指数每年的现金收益率为 6%。

除了提供较高的投资收益外，森林投资的另一大优势是提供相对于证券市场的分散化投资工具。Hancock/NCREIF 指数显示森林投资与标准普尔500 指数的相关度为-0.17。低相关度的部分原因是森林投资与林木的持续生长相关，而非市场因素的表现。自 1960 年以来，标准普尔 500 指数有 11 年出现亏损，同期森林指数只有 1 次亏损记录，至今森林指数总共只有 3 次亏损记录。森林投资与其他实物资产一样，都能够抵御非预期的通胀，原因是林木是很多终端产品的原料，林木价格能够体现当时的通胀水平。

2. 林地所有权

美国将 22% 的土地划分为林地，或者称为可以生产工业用木材的土地。[2] 联邦政府、州政府和各级地方政府占有林地总量的 30%，其中太平洋西北部占有量相对较多，而南部相对较少。在私人占有林地中，非工业使用者占有80%，但绝大部分不适于机构投资者进行投资，原因是土地质量不好或者面

---

　　* 地役权是指为使用自己不动产的便利或提高其效益而按照合同约定利用他人不动产的权利。——译者注

　　① 自 1960 年至 1986 年，Hancock 统计指数收益的依据为公开的林木价格、林木生长速度的预测以及其他林木的特点。1987 年，NCREIF 开始根据实际森林资产的表现统计指数收益。自 1987 年开始统计的指数收益数据被命名为 NCREIF 森林资产指数。因此，早期的业绩统计主要依据林木的特点和生长速度预测，而近期的统计反映的是个别地块的投资收益。

　　② 美国国土的三分之一为森林，而森林的三分之二为林地。

积过小。根据 Hancock 集团的统计，只有 20%～30% 的私人拥有的非工业林地适于投资。工业用林地与可投资的非工业用私人拥有的林地，总价值约为 1 250 亿美元，相比较而言，美国可投资房地产总市值约为 3.5 万亿美元。①

近年来，林地的所有权已经由林木产品生产公司逐渐向机构投资者转移。早期时，林木产品生产公司认为自身控制林木至关重要，因为作为初级生产资料，工厂对林木的依赖性很强，但产权结构和管理效率的问题日益暴露。公司采伐时没有考虑森林独立的经济价值，也无法保证木材供应的稳定性。于是一些大公司开始将加工厂的生产与林木采伐分离为独立的实体，两个部门的盈利也大大增加。

随着公司将森林资产从加工环节中独立出来，公司对自有林木储备的依赖性也降低，开始着手出售森林资产。这种做法好处多多：首先，出售森林可以筹资改善工厂生产条件，精简流程，偿还贷款。其次，出售森林的举动使隐含的价值得以变现，股价飙升，提高了投资收益率。同时，一些公司开始将美国本土的所有权分散，投资于价格低廉、生产率更高的海外森林。

在过去的 10 年间，参加交易的森林总量共有 3 300 万英亩，相当于每年交易了所有可投资森林面积的 2.6%。这些大宗交易的买方多为刚刚募集成立的森林 REIT 或者对这项投资工具热衷的投资机构。由于这些森林的新所有者并不是同时拥有加工厂，因此它们可以将注意力集中在将森林的经济价值最大化。它们会采用更加以财务价值为导向的育林技术，机械化操作程度更高，并采取更加激进的方法将非林木价值货币化。

3. 木材定价

木材的价格也是由供求关系决定的。各个层面（地区、国家乃至全球）的环境和事件都会影响原木的价格。

对某个地区而言，当地的气候条件和采伐工人的技能决定着木材的供应，而需求则取决于直接购买木材或从森林所有者手中获得立木采伐权的加工厂。由于运费较高，与木材加工厂的距离也决定着木材的价格。如果加工厂倒闭，

---

①　根据 2005 年普华永道和城市土地研究所的统计，对房地产总市值 3.5 万亿美元的估价不包括单户家庭以及房屋所有者自己使用的房产的价值，也不包括企业、非营利组织以及政府机构的房地产的价值。

直接导致需求量减少，推低价格；相反，如果兴建新的加工厂或者开发新的项目，必然会推高木材价格。

当然，对终端产品的需求量也决定着木材的价格。对木材需求量大的行业包括建筑（新屋建设以及旧屋翻新）、造纸、包装、家具。木材和木板产品在建筑和装修行业应用广泛，可以占到美国木材生产量的一半左右。所以新屋建筑和装修行业的火爆意味着木材需求量猛增。反过来需求疲软将导致木材加工厂倒闭，价格进一步下滑。

从短期来看，木材价格的波动受到产品周期性需求的影响，而从长期来看，木材价格会随着全球需求量的增加而上涨。周期性需求变化会导致部分品种的木材需求下降。例如，近年来随着电子传媒的普及，纸张、纸板以及报刊的需求增长速度减缓。但是大部分木材终端产品并没有受到明显影响，其替代品在短期内也不会出现。木材作为价廉高效的建筑用材料，其地位不会轻易被取代。

由于终端产品用途不同，不同种类和等级的木材的需求变化会有所不同。例如，用来制造纸浆的质量不高的小树与用来直接生产家具的质量上乘的大树，价格会受到不同影响。同时加工技术的革新也会带来不同影响。例如，随着定向刨花板技术的发展，对胶合板以及制造胶合板的直径较大的原木的需求量都有所减少。

在国际影响方面，木材的进出口情况一直是决定木材价格的重要因素。美国开采的木材 11％ 用于出口，而从加拿大等国进口的木材占到美国消费量的四分之一。于是美元与加元的走势也对木材价格有影响。

4. 积极型管理

森林投资也要遵循实物资产投资的两大原则：首先，在出现折价时进行投资可以带来风险调整后的高收益。就林木而言，投资者最好在立木价格出现大幅折价时进行投资。其次，可以产生独立于股票和大宗商品市场的收益，为此类投资工具增加了吸引力。

积极型管理在实物资产投资（房地产、能源、森林）中的作用没有在流动性低的杠杆收购和风险投资中那么重要，因为即便没有出色的积极型管理，投资者依然可以凭借资产自身的表现获得收益，而风险投资如果没有积极型管理则必败无疑。

5. 木材价格与通胀

森林投资在高通胀和市场动荡加剧的情况下表现更加突出。例如 1973 年和 1974 年同时出现高通胀和股灾，标准普尔 500 指数的年均收益率为 -20.8%，考虑 10.5% 的年均通胀水平，实际年均收益率为 -31.3%；而同期森林投资的年均名义收益率为 36.6%，实际收益率为 23.7%。但森林投资抵御通胀的作用也不能过分夸大，因为森林投资与通胀的关系只有在供求平衡的情况下才得以实现，在短期内终端产品的需求影响要大于对通胀的体现。

6. 利益一致性

投资者可以通过专业组织（木材投资管理组织，TIMO）参与森林投资。20 世纪 90 年代，机构投资者开始对森林投资表现出兴趣，但当时的 TIMO 多由大型银行或者保险公司持有，埋下金融机构与森林机构投资者利益冲突的隐患。更加糟糕的是，一些 TIMO 所采取的投资分配模型不具有吸引力，它们或者采取先到先得的做法，或者主观猜测投资者的投资偏好和需求来分配投资者的资金。分配结构合理的 TIMO 寥寥无几。

现在，一些 TIMO 已经能够达到机构的合理标准，作为独立的机构提供综合性基金产品，合约的制定也更加合理。但是投资者仍然需要保持谨慎态度，尽量避免当年严重的利益冲突等问题。

7. 市场特征

根据剑桥协会的统计，截至 2006 年 12 月 31 日，30 家 TIMO 管理的基金达到 59 亿美元。同时这些 TIMO 管理的其他机构账户达到 140 亿美元。此外，木材 REIT 基金还提供了市值为 119 亿美元的投资机会。

8. 小结

森林投资为机构投资者提供了获得风险调整后的高投资收益的机会，以及一定程度上抵御非预期通胀的工具。与房地产和能源投资一样，森林投资在抵御通胀的同时避免了 TIPS 较高的机会成本。

林木的可持续生长特点可以提供稳定的现金流，这一点也与其他实物资产投资相似。森林交易市场流动性低的特点也为高水平的投资经理提供了资产增值机会。森林投资可以作为机构投资非传统资产类别中的一项很好的选择。

第三节　私人股权

与前面提到过的另类股权投资工具相比，只要项目选择得当，杠杆收购以及风险投资都能够产生很好的收益从而提高组合的整体收益率。当然，私人股权投资意味着更高的风险，包括比其他投资工具更高的财务杠杆（杠杆收购的情况）以及公司经营的极大不确定性（风险投资的情况）；而且私人股权投资能够达到的分散投资效果也有限，主要是由于私人股权投资与有价证券投资之间存在很强的基本面联系。

私人股权投资的优势在于解决了股东与管理层利益不一致的问题，而这两方利益的分歧已成为很多上市公司的"硬伤"。所有权与经营权的分离导致利益鸿沟的产生，经营者由于没有大量股权在手，会为了满足自己的需求而损害股东的利益。奢华的办公室和专机等没有必要的花销自然不在话下，更有过高的薪酬待遇这样的大手笔。而对于以提高利润为目标的私人股权投资者而言，这些公司显然不是他们追求的目标。私有公司的管理者更倾向于长期行为，不过分躲避风险以求明哲保身，而是更积极地追求为公司创造价值。由于私人股权投资者介入时便要求管理层持有大量股份，这使得外部股权所有者和经营者的利益实现了一致化。

在风险投资领域，投资者和初创公司努力寻找那些一心一意要将公司发展壮大的人作为管理者。在杠杆收购领域，公司也尽力吸引那些既有能力提高公司盈利、又能应对高杠杆资本结构的挑战的管理层，这样才能使资本成功获利退出。总之，无论是杠杆收购还是风险投资，管理层与股东的目标都趋向一致。

风险投资与杠杆收购行为各有侧重，例如传统的风险投资更多地投向科技类公司，而杠杆收购青睐更成熟的业务模式，但同为私人股权投资的特性也使两者有很多相似之处，例如流动性较低，可能带来很高的业绩收益，都与有价证券存在共性等。

很多影响有价证券估值的因素同样作用于杠杆收购交易，而且如果仅仅是运用金融工程的手段，那么杠杆收购交易只相当于是放大数倍的股权交易，意味着投资者的收益或者损失也会随着扩大。例如，2007 年华平（Warburg Pincus）利用杠杆将博士伦（Bausch & Lomb）公司私有化，收购后继续保持该公司的消费品公司属性。博士伦得以继续以"保护视力，提高生活品质"[①] 为宗旨进行经营。影响公司估值的因素与交易前基本没有变化，包括消费需求、大宗商品价格、生产效率和监管要求等。作为上市公司的博士伦与私有化的博士伦之间的共性显示了有价证券与杠杆收购之间的高度关联性。

尽管第一轮或者早期风险投资与有价证券的直接关系不是很强，但是后期的风险投资与股票市场关系密切。因为后期的风险投资的目标是为公司提供运营资金，使公司可以等待最佳上市或者出售时机。股票市场走势对后期风险投资介入的时点和价位影响很大，同时也对投资者以怎样的价位退出起着至关重要的作用。

股票市场不仅对后期风险投资影响重大，对早期风险投资也发挥重要作用。如果初创公司所处的行业在股票市场备受追捧，自然会要求投资者付出溢价。反过来讲，如果风险投资相中的公司不是来自很"红"的行业，则可以以较低估值进入。随着公司的发展，股票市场的情况还会不断对估值产生影响。

风险投资也好，杠杆收购也罢，本质都是以更高的风险获得股权。收购基金杠杆过高，而风险投资所面对的公司不成熟的特点都使投资者承受更大的风险，也自然会期望得到更高的收益。

奇怪的是，历史数据并未显示出私人股权投资达到了如人所愿的高收益，而且无论是上市公司与私人股权公司的相关性，还是私人股权投资风险水平，都没有达到投资者的预期。如果说私人股权投资收益率低，可能的确反映了

---

① "Warburg Pincus Completes Acquisition of Bausch & Lomb," Bausch & Lomb newsroom. www. bausch. com，26 October 2007.

现实情况，而且容易理解，那么相关性指标和风险水平也低于预期，是否意味着私人股权投资具有分散投资和风险低的特点呢？未必。对公开交易的公司来讲，决定公司估值的基本面因素与市场价格之间相互影响；但私人股权投资流动性低，这种关系不能明显体现，从而夸大了私人股权分散投资的能力。举例来讲，有一家上市公司和另一家同类的私人股权公司，由于私人股权公司的估价频率要低得多，而且不会太激进，相比较而言（特别是在当前剧烈波动的证券市场）走势平稳得多，所以，尽管两家公司基本面相同，但是估价波动不大的私人股权公司从表面来看风险比同类上市公司要小，而所谓的分散投资的优势也是因为缺少与同类上市公司之间的同步关联比较。

关于私人股权投资显现出的提高组合分散性的优势，除了流动性差造成评估频率低的部分原因以外，还有一个实际原因也非常重要，即私人股权投资对公司的参与度更高，更有利于直接在公司发展过程中实施增值策略，这方面与有价证券投资明显不同。例如，从一个创业想法形成，到在自家车库中落地，再到获得风险投资的青睐，在这整个过程中，随着产品下线、出厂，再到盈利入账，实际上是价值增值的过程。从白手起家到见到效益这个过程中的增值效果一定会比投资已经具有一定规模的企业要明显，这也是风险投资能够实现组合分散化效果的重要原因。

杠杆收购交易也存在着类似的增值机会。私人股权投资者只要具备好的眼光，同样可以通过改善被收购公司的经营状况提高组合收益。当然，由于此类公司通常已经具备很好的基础，市场状况或走势对估值或投资者的收益起到主要作用，而采用的增值策略仅是次要因素。在杠杆收购中，被收购公司的增长潜力一般不如风险投资高，但是同样可以实现一定的分散投资，因为增值策略产生的效益与同类型的上市公司应该有所区别。

这里需要强调的是，仅仅动用金融工程手段通过注资达到收益的目的，与实际意义上的私人股权投资有很大区别。金融工程或者与大宗商品融资类似的方法，进入门槛低，也不会吸引真正意义上的私人股权投资者。在杠杆收购交易中，提高杠杆利用水平在提高预期收益的同时也提高了风险水平，因此并没有改变风险调整后的收益。而在风险投资领域，后期的投资者仅仅提供现金，希望从前几轮投资者的努力中获益，迅速通过 IPO 或者出售变现。因此可以说，单纯提供资金的私人股权投资者面临的是竞争激烈的红海，定价机制已经到位，也很难有机会显示投资者的能力和优势。

私人股权投资者只有追求企业价值增加的策略，才能取得满意的收益。对私人股权投资者而言，只有在适当的财务机制下，致力于提高被收购公司或初创公司的运营效率，才能扩大投资收益的来源，并减少公开交易市场波动对组合的影响。

一、杠杆收购

杠杆收购是指以高于通常资产负债表债务水平的方式获得成熟公司的所有权。运用杠杆意味着投资者的收益被随之放大，无论正负。如果采用杠杆收购策略的投资者没有令公司经营增值，相当于扩大了被收购公司以及自己投资的风险。

高风险与高代价相伴而行，杠杆收购基金一般会收取高额的管理费（通常为所筹集资金的 1.5%～2.5%），同时从利润中抽取 20% 的分红，再加上名目繁多的交易和监管费。杠杆收购基金的投资者认为在金融工程方法以外，基金经理还运用了公司价值增值等策略和技能。虽然的确有个别案例说明以提高经营效益为目的的收购行为可以为公司带来增值，扣除费用后可以获得很高的超额收益，但整体来看杠杆收购这种私人股权投资形式取得的收益要逊色于同类型公开市场投资工具。如果将杠杆收购面临的高风险和流动性差的因素考虑进去，公开上市股权的投资优势更加明显。

1. 收购基金的历史表现

与国内股票和固定收益投资不同，私人股权投资不存在被动管理方式。投资者无法采取指数化操作，例如指数型基金等。有价证券的投资者可以通过高效和稳定的方式获得市场平均收益，私人股权投资者无法做到这一点。即便存在以历史表现为基础的杠杆收购指数，与指数贴近的收益水平恐怕也会令对收益有很高预期的投资者失望。事实上，针对私人股权投资的两大弊端（流动性差和高风险），只有排名前四分之一甚至前十分之一的投资者带来的收益能够产生令投资者满意的超额收益。如果没有高超的挑选基金的技巧或者极佳的运气，投资者对私人股权这种投资形式最好还是敬而远之。

根据对过去二十年杠杆收购基金的收益统计，1985 年以来成立的基金年均收益率仅为 7.3%，同期标准普尔 500 指数的收益达到 11.9%。排名前四分之一的基金收益率可以达到 16.1%，但排名后一半的基金收益率直接跌至−1.4%。可见杠杆收购基金的平均收益率水平要低于风险更低的有价证券。[1]

学术研究成果也验证了私人股权基金收益率实际并不尽如人意。芝加哥大学研究生院的史蒂文・卡普兰（Steven Kaplan）和麻省理工学院斯隆（Sloan）管理学院的安托瓦内特・肖尔（Antoinette Schoar），在 2005 年 8 月发表的私人股权投资绩效研究中得出结论："杠杆收购基金的净收益（刨除费用后）要略低于标准普尔 500 指数的收益。"[2] 这项研究追踪了杠杆收购基金 1980—2001 年的表现，而且研究采样和结果还没有考虑杠杆的成本，这一点对潜在的私人股权投资者无异于浇了一盆冷水。综上所述，杠杆收购基金与有价证券基金相比，不仅投资收益低，投资者还要面临更大的风险。

公开交易的有价证券基金与私人收购基金最主要的区别就在于所有权的"公""私"之分以及杠杆利用的高低不同，所以将二者的投资收益进行比较具备逻辑基础。但是比较的结果却令投资者望而却步：风险更高、杠杆利用率更高的收购基金不仅没有产生更高的收益，反而其风险调整后的收益要远远低于公开交易的投资工具。

也许耶鲁大学捐赠基金能够给投资者带来安慰。该机构曾针对杠杆收购基金是否能够弥补高风险的弊端并带来更高收益进行了统计。在 1987—1998 年期间的 542 笔收购交易中，毛年均投资收益达到了 48%，远超过同期标准普尔 500 指数的 17%。杠杆收购的投资收益远超出股票市场。扣除杠杆收购

① *2006 Investment Benchmarks Report*：*Buyouts and Other Private Equity*（New York：Thomson Financial，2006）.

② Steven N. Kaplan and Antoinette Schoar，"Private Equity Performance：Returns，Persistence，and Capital Flows," *Journal of Finance*，no. 4（August 2005）：1791.

基金的管理费以及利润提成后，投资者的收益率仍有 36%，遥遥领先于有价证券的投资收益。但是我们要提请投资者注意耶鲁基金的统计样本存在一定的正面偏差。很多长期研究显示，杠杆收购基金的平均收益率与同期标准普尔 500 指数的收益率相当。当然，单就耶鲁基金的样本而言，杠杆收购基金的表现完胜有价证券。①

杠杆收购基金的本质决定了其对杠杆的运用要高于股票和其他有价证券，也同时造成比较标准的差异。准确的比较应该在相同风险水平下进行，即公开交易的证券品种也利用高杠杆水平。在同样的时间框架下，在同等规模以及杠杆水平条件下，标准普尔 500 指数的年收益率将可以达到惊人的 86%，比收购基金貌似很高的收益率高出将近 50 个百分点。

杠杆收购基金没有能够产生投资者预期的风险调整后收益水平的原因，部分可以归结为过高的收费标准。除管理费外，投资者还要拱手相让 20% 的利润。这样的激励机制没有照顾到投资者的资金成本，基金完全是搭乘投资者长期投资的"顺风车"。资金成本会随着杠杆利用率的提高而走高。如果单纯利用金融工程手段，没有添加"附加值"，杠杆收购基金的操作与大宗商品交易区别不大。从这个角度讲，杠杆收购基金收取高额管理费的理由就站不住脚了，因为投资经理的操作只是在资产负债表上增加债务水平。换言之，投资者向基金经理支付 20% 的利润提成，理由却是基金经理无法掌控、也毫无功劳的杠杆收益。绝大多数杠杆收购基金没有创造足够多的价值以弥补不合理收费机制给投资者带来的资金成本负担。

杠杆收购基金业绩低于预期不是个别现象，而是行业内普遍存在的问题，大型基金不合理的收费机制难辞其咎。杠杆收购基金通常起步规模不会很高，一般为几亿美元。利用管理费来负担运营支出，利用利润提成来奖励超额收益。成功的收购基金顺理成章越滚越大，从一期的 2.5 亿美元增加到二期的 5

① 由于基本的数据来源是当时向对投资进行评估的耶鲁大学投资办公室递交的出售备忘录，这些提交的数据因而有很强的存活者偏差。显而易见，只有取得成功的收购基金才会把数据记入档案，并以此获得像耶鲁大学捐赠基金这样的机构的支持。因此，数据样本包括了许多收购基金业内最好的业绩。同时统计过程中仅考虑完整的交易也可能造成一定偏差。因为顺利的交易可能较快变现，也有些可能持续多年。由于缺乏对停留在进行过程中的公司的合理评估，相关研究统计只能局限在大量出售或上市而变现的投资项目以及很小一部分失败或破产的投资项目上。

亿美元、三期的 10 亿美元、四期的 20 亿美元，依此类推。但随着基金规模的增长，管理费比例并没有浮动，于是管理费的绝对收入跟着"水涨船高"。基金管理人薪酬的变化也在缓慢影响其行为动机，促使其由收益第一转向追求规模。

相比较而言，新近发行和规模较小的基金通常将注意力集中在获取更高的投资收益上。从基金的角度讲，管理费水平仅可以覆盖合理的运营费用，只有获得超额的投资收益才是提高自身效益的唯一途径，更何况超额的投资收益还意味着作为普通合伙人的基金管理人能够借此进一步扩大融资规模。

随着基金规模的不断扩大，管理费逐渐成为基金的一大收入来源，也在潜移默化地改变基金管理人的投资思路：一方面出于保护"品牌"的愿望，另一方面将管理费作为固定收入来源何乐而不为。大型杠杆收购基金更是容易被这样的想法束缚，投资风格逐渐向风险低、杠杆低的操作转变。超大型基金则直接利用品牌优势，扩张业务范围，介入房地产、固定收益、对冲基金等。这些杠杆收购基金的管理人花大量时间游说有限合伙人投入更多的资金，自然占用了研究投资的时间，拖低了收益率水平。

历史数据证实了上述逻辑：收购基金规模越大，收益率越低。截至 2005 年 12 月 31 日的 10 年间，规模在 10 亿美元以上的杠杆收购基金的年收益率为 9.3%，低于行业平均 9.7% 的水平。规模为 5 亿～10 亿美元的基金的年收益率为 10.3%，2.5 亿～5 亿美元的小规模基金的年收益率达到 11.4%。[1] 一句话，大基金与低收益正相关。

这一结论同样得到了学术研究的支持。哈佛大学商学院的乔希·勒纳（Josh Lerner）和麻省理工学院斯隆管理学院的肖尔教授发现："基金规模与收益率之间具有明显的负相关关系，即基金规模增长越迅猛，收益率下滑速度也就越大。"[2] 也就是说，从基金规模扩大中受益的是负责操作的普通合伙人，而利益受损的则是提供资金的有限合伙人。

---

[1]　*2006 Investment Benchmarks Report：Buyouts.*

[2]　Josh Lerner and Antoinette Schoar，17 January 2008.

　　那么是不是规模小就是杠杆收购基金成功的关键呢？未必。虽然规模小的基金一定会在普通合伙人与有限合伙人之间取得更好的利益平衡，但仅仅选择小规模基金并不能确保取得令人满意的收益。

　　首先，所谓的超额收益是在风险调整之前计算的，在考虑进去风险因素后，结果会大不一样。规模小的杠杆收购基金往往投资于小公司，这也意味着投资面临更高的经营风险。小型杠杆收购基金的管理人要克服经营风险与杠杆两道风险绝非易事。而作为小型杠杆收购基金的投资者，面对高风险和低流动性，也应该要求更高的投资收益。

　　其次，小型收购基金的投资者如果单纯参考历史收益率，就会犯"开车时仅仅盯着后视镜"的错误。没有经过风险调整的超高收益率自然会吸引资金流入，如果市场参与者都认为小型收购基金的表现将超越大型基金，一大批小型基金就会应运而生，追逐相似的投资机会，任何超额收益都会淹没在新资金和新参与者的汹涌浪潮中。所以投资者应该谨防市场过于"热捧"而带来的"捧杀"。

耶鲁大学捐赠基金的案例

　　耶鲁基金在杠杆收购组合方面的业绩使期望以此获得风险调整后的超额收益的投资者看到了希望。耶鲁基金杠杆收购的标的是将提高公司运营效率作为核心目标的企业。这一以发展为根本的策略使杠杆收购基金的管理人能够带来高资本结构风险调整后的超额收益，从而真正为投资者创造价值。也正是这样的投资策略，使耶鲁基金的投资者能够在竞争激烈的市场环境下胜出。

　　如表8-1所示，耶鲁基金在1987—1998年间共参与了542件杠杆收购交易案样本中的118件，并且取得了63%的毛收益率，相同风险水平下的有价证券基准收益率为41%。对收益进行风险调整，即扣除杠杆作用带来的收益，得到的净收益便可以体现基金管理者的附加值。尽管耶鲁基金付给杠杆收购基金经理的费用在年收益中占15个百分点，但即便这样，48%的净收益也仍然远远超出风险调整后的有价证券收益水平。

表 8-1 私募收购基金没有创造超额收益

（1987—1998 年间完成的交易）

	整体样本		耶鲁基金组合	
	收益率	债务股本比	收益率	债务股本比
收购基金收益率	48%	5.2	63%	2.8
相同风险水平下的有价证券收益率	86%	5.2	41%	2.8
标准普尔 500 指数基准收益率	17%	0.8	20%	0.7
交易数量	542		118	

耶鲁基金对杠杆的使用相对于同类机构要少很多，例如整体杠杆收购样本对应的相同风险水平下的有价证券基准收益率与标准普尔 500 指数基准收益率相差近 70 个百分点，而耶鲁基金所对应的相同风险水平下的有价证券基准收益率与标准普尔 500 指数基准收益率相差只有 21 个百分点。较少运用杠杆以及更注重公司运营产生了优异的经风险调整的收益。通过强调提高运营业绩以及较少运用杠杆，耶鲁基金的杠杆收购组合成功地获取了丰厚的绝对收益以及风险调整收益。

2. 积极型管理

私人股权投资只能采取积极管理方式。即使更广泛的市场中存在被动投资的选择，也只会令投资者感到失望。私人股权投资基金的特点是高额的管理费和远远高出有价证券的风险水平，所以绝大多数私人股权投资基金组合带来的收益远不够补偿投资面临的巨大风险。将私人股权投资基金加入组合，必须有以下三道保险：挑选高水平的基金经理，采用改善经营水平的增值策略，以及制定合理的激励结构。

（1）尽职调查。

私人股权基金管理者的品行乃是判断基金的最重要的标准。有理想、有智慧、有道德的基金经理成功的可能性更大；与此相反，投机取巧甚至不惜违背道德准则的人会令投资者金钱受损，甚至影响名誉。

选择优秀的投资伙伴非常重要，而重中之重就落在审慎调查的过程中。找到一家信誉好并拥有数位以追求投资机会为目标、具有专业水准的基金经理的私人股权基金，仅仅是一个开始。在做决定前，谨慎的投资者需要通过各种手段判断基金经理是否值得信赖。由于私人股权基金合同长期性的特点，投资者基本完全依赖基金经理的忠诚度，期待其能够为作为出资方的有限合伙人的最大利益服务。尽管具体的合作条件可以通过谈判达成，但任何合同协议都不可能涉及全部重要问题。和品质善良的人合作可以克服合同的缺陷，而再密而不漏的合同也不能阻止动机不纯的人钻空子。

投资者一定要认真对待对基金和基金经理的尽职调查，千万马虎不得。虽然候选基金经理会就其专业能力提供背景调查的联系名单，但这只是调查的第一步，因为有人为因素牵扯其中，评价难免带有偏向性。因而理智的投资者会自己从其他渠道获取直言不讳的、非公开的评价。其他渠道可以包括候选者过去业务上的伙伴和各种私交。逐渐地，投资者便建立起一个社会网络，帮助自己做出最终正确的选择。在整个调查过程中，谨慎的投资者会寻找一切可疑点，因为敷衍了事是对自己的不负责任。

谨慎的投资者在评估基金管理者的运营能力时要花足够长的时间去该基金公司实地考察。每家公司都有其特殊的"性格特点"，而这些特点会深刻影响公司运作的质量。投资者应当选择企业文化适合自己的机构，某些非正式的社交场合也可以为考察基金经理提供独特视角。在尽职调查过程中最重要的是对该机构能否按照高效的投资决策过程进行操作做出判断，以及确保该机构以追求高收益作为最高目标。

很可惜，尽管尽职调查非常重要，但很多投资者没有投入必需的时间和精力。1999 年，一只 20 亿美元的杠杆收购基金的一个管理者透露，在整个融资过程中只有一位投资者在提供资金前与整个团队见过面。试问：若放弃了对投资管理者的素质进行评估的机会，投资者又如何放心地将资产交给基金经理呢？

（2）长期投资承诺。

凯恩斯曾经说过："如果投资可以像结婚时许下的诺言一样，除死亡外永久而不可解除，投资收益可能会更好。"① 这句话在私人股权投资领域更加适用。虽然投资于私人股权基金不如婚姻般郑重，但同样意味着一项长期的承诺。如果与股票等有价证券的管理者"分手"，双方通常不会"藕断丝连"；与私人股权基金终止关系却不同，投资的证据会在账上留存多年，而且影响深远。投资者只有认识到私人股权投资是一项长期投入和承诺，才能做到在"确立关系"时保持谨慎。

私人股权基金流动性低的特点反而给基金经理机会来制定长期投资策略，而长期策略往往是投资成功的前提。有价证券基金经理就没有这份幸运了：他们的客户对业绩通常缺乏耐心，一旦低于预期，便毫不犹豫地"用脚投票"。这也迫使基金经理们采用非常分散的投资方式，对每个品种都只持有很小的头寸，希望避免令投资者失望的低收益，同时创造令投资者兴奋的高收益。私人股权基金在这方面的烦恼就少了很多，基金管理者锁定资产的期限通常很长，经常在 10 年以上。尽管私人股权基金也存在 2～3 年的融资周期，基金经理也会被迫缩短投资时限，但投资者选择了私人股权基金就要相信路遥知马力。因此，私人资产类别的管理者可以做出真正长期的决策。

事实上，对私人股权基金的评估，也只能够通过对企业经营状况的持续追踪，而不是股价的涨涨跌跌。私人股权投资者应该更强调内在投资价值，因为这才是基金经理可以控制的因素。从基金经理的角度讲，应该寻求更加理智的投资策略，而不是去揣测变幻莫测的股票市场。

优秀的私人股权基金管理团队会利用较长的投资期限，以从根本上改善企业经营状况为切入点，实施增加企业价值的策略。对企业只提供资金支持的基金经理的投资业绩一定不能令投资者满意。在杠杆收购交易中，将资金用来收购当前运营良好的企业，就相当于普通的大宗商品投资*，而且投资门槛也很低，所有大型基金都有能力完成这样的交易。正是由于这样的低门槛，才催生出了很多"有趣"的现象：一些步入中年的投资银行家，也许是为了应对中年危机，也许是为了摆脱代理人的角色，看到投资基金管理者这样的

---

① Keynes, *General Theory*, 160.

* 而非具有独特性和高附加值的投资。——译者注

光环便纷纷加入。他们拿着资金四处寻求那些令人炫目的热门交易项目。与这些人完全不同，真正优秀的私人股权收购基金最大的优势是解决企业经营困难。这些项目和方法往往可以独辟蹊径，开拓一片蓝海。这些以改善企业经营状况为目标的交易不会存在很多竞争对手，从而为私人股权资金提供了非常有吸引力的投资机会。

老牌劲旅 CDR 的案例

克莱顿·杜比利埃和赖斯（Clayton Dubilier and Rice，CDR）是一家创建较早的优秀的投资公司，专攻难度大且需要私人股权基金经理高度介入的交易。CDR 的法宝就是吸引具有企业运作背景的人才成为合伙人。这些合伙人在尽职调查过程中提供宝贵的经验，找出最有利于基金发挥优势的收购目标。只要 CDR 介入一宗交易，合伙人便迅速"进入角色"。下面这起案例是 CDR 的业务之一——通过资产剥离（divestiture）创造附加值。被剥离的分支机构通常缺乏最基本的企业组织结构，而且一直依赖于母公司提供主要业务来源。CDR 的价值就在于通过业务和财务方面的专业知识将其塑造为一家独立的公司。

1993 年 2 月，CDR 开始对威斯克（WESCO）进行资产剥离评估。威斯克是西屋电气旗下专门负责电气设备和家用电器分销的部门。CDR 很快就找到了威斯克面临的几个重要的问题：第一，必须从企业的一个附属部门向以市场为导向的商业机构过渡；第二，存货及后勤管理亟待提高；第三，公司日常开支必须减少。1993 年威斯克的 250 个分部中有超过一半亏损，公司亏损超过 300 万美元，营业收入为 16 亿美元。

比这些因素更糟糕的是，威斯克的管理层无所作为，对所有问题听之任之。公司急需积极的管理以树立企业使命，鼓舞士气，提振业绩。

当 CDR 第一次发出收购要约时，西屋电气以出价不合适为由拒绝了 CDR 的收购，但 CDR 并没有放弃。执行合伙人查克·埃姆斯（Chuck Ames）更是一直在亲自促成这一项目。他制订了管理计划，随时准备在必要时接管公司。过了一年，这一次是西屋电气找到 CDR，埃姆斯此时也已经找到了总裁的合适人选罗依·黑利（Roy Haley）。

CDR 以 3.3 亿美元收购了威斯克，但当时这家公司连最起码的公司架构都不具备。于是 CDR 一切从零开始，建立起信息技术、财务以及内部控制等部门。正是由于 CDR 在收购前就已经制订好行动计划，才得以迅速使威斯克从亏损变为盈利丰厚，为投资者创造了超额价值。

1997 年威斯克被另外一家公司出资收购时，净利润达到 9 000 万美元，营业收入为 27 亿美元。这样的大逆转自然也为 CDR 带来了巨大的收益，收购时 8 300 万美元股本带来了 5.11 亿美元收益，为有限合伙人实现了近 47％的年收益率。这样出色的投资成果得益于对金融工程手段的运用，但更多的还是来自企业经营管理水平的提高。

面对威斯克建立初期的各种挑战，以及运营期间的种种问题，CDR 展示了高超的金融和企业运营能力。只有这样的高手才能为合伙人创造非凡的价值。

3. 杠杆收购基金与通胀

鉴于私人股权收购基金的估值与公开发行的有价证券存在非常紧密的联系，在短期内杠杆收购基金不宜作为抵御通胀的工具。但是，由于杠杆收购基金的资产负债表含有高杠杆，这意味着大量固定本息的负债在未预期的通胀情形下会出现减值。换言之，在通胀条件下，杠杆收购基金的表现要好于杠杆利用率低的公司。

4. 利益一致性

私人股权收购基金的结构特点将管理层与资金提供方的利益统一起来，这一点对投资者十分有利。高杠杆可以迫使基金经理提高资产管理的效率，集中精力产生现金流以偿还债务。面对违约风险和创造巨额分红的可能性，理智的基金经理一般不会利用职务之便做出有损股东利益的行为。总体来讲，杠杆收购基金业务的成功体现了基金经理和投资者的利益一致性。

但是私人股权收购基金的投资者也面临利润分成过高等不合理条款，因为过高的利润分成会导致基金经理采取有利于自己的行为方式，进而损害资金提供一方的利益。为了避免这种情况的发生，作为管理方的基金合伙人也应该进行足够数量的共同投资，这样可以在很大程度上保证基金经理和出资方"共同进退"，实现利益的一致性。

私人股权收购基金收取的费用原本是由两部分组成：管理费，用来支付基金公司的日常开销；利润分红，用来为基金经理建立激励机制。但现实情况是，大型私人股权收购基金普遍收取过高的管理费，使普通合伙人和有限合伙人利益之间出现裂隙。令人不能接受的是，很多大型杠杆收购基金在交易成功时还会另外收取交易费用。这项费用已经成为很多基金经理损害投资者利益、中饱私囊的途径。既然投资者支付管理费是出于基金日常工作的花费，而基金的日常工作就是促使交易的达成，这项收费实在不合理。类似的还有监管费，即收购基金以监督管理投资为名，在管理费之外额外收取的一笔费用，而这笔费用实际上应该包含在管理费之内。收购基金规模越大，投资者和基金管理公司之间利益的差距也就越大，有些大型基金的年收费达到几亿美元。

有关收购基金收费结构的学术研究使投资者望而却步。宾州大学沃顿商学院的安德鲁·默特里克（Andrew Metrick）和安田绫子（Ayako Yasuda）研究了 1992—2006 年间 144 家杠杆收购基金公司的相关数据。每 100 美元的管理资产中，收取了近 20 美元的费用，这也难怪这些基金公司的有限合伙人（投资者）的收益率总是不尽如人意了。

这两位学者还对基金的收入做了进一步分析，具体分为两类：一类是固定来源收入，包括管理费和交易达成费；另一类是可变来源收入，包括利润分红、监管费和交易退出费。对于固定收入部分，只要这些基金管理人按时上班，就可以保证拿到手；而可变部分则视投资业绩而定。具体地说，固定收入部分占到了全部收入的 62%，也就是说，只有 38% 是真正针对基金表现而定的。而且所谓的可变部分（例如监管费和交易退出费），在没有投资表现的年份也会进行累计。[1] 这的确令投资者感到沮丧。

---

① Andrew Metrick and Ayako Yasuda, "The Economics of Private Equity Funds" (September 9, 2007); Swedish Institute for Financial Research, Conference on the Economics of the Private Equity Market.

5. 市场特征

截至 2006 年 12 月 31 日，全美杠杆收购基金资产规模达到 3 420 亿美元，其中 57% 已经投到各种各样的交易中，活跃的杠杆收购基金的数量为 360 多只。[①]

6. 小结

对于不够谨慎的投资者来说，杠杆收购基金不是一个好的投资选择，因为与有价证券基金相比杠杆收购基金负债风险更高，但流动性更差。按常理讲，投资者面临更高的负债率和更低的流动性应该取得更高的投资收益，但事实是近几十年的数据显示：在同等规模条件下，杠杆收购基金的表现要逊色于有价证券基金，这还是调整风险前的收益水平。如果将风险因素考虑进去，杠杆收购基金就更要令投资者失望了。

名目繁多的管理性费用是造成杠杆收购基金低投资收益的一个重要原因。除了每年大量的管理费，杠杆收购基金还要收取将近五分之一的利润提成，在通常情况下还会有交易费用和监管费。这些高额费用对基金管理人而言是盛宴，而对投资者却意味着只能得到残羹冷炙。

投资者不应该盲目迷信杠杆收购基金可能带来的高投资收益，虽然这类资产会涉及比例很高的积极投资管理。因为除非投资者选择了市场表现排前四分之一甚至前十分之一的基金经理，否则都无法克服非常高的投资风险。

二、风险投资

风险投资基金为初创企业注入资金，传授经营技巧，帮助其尽快盈利、做大做强。投资者被吸引介入风险投资通常是因为风险投资乃是资本主义体系的重要原动力，除了可以分享创业者赚取的超额利润外，还可以分享明星投资经理的炫目光环。

类似期权的特性是风险投资吸引个人投资者的另一原因。投资者以全部投入资本作为承担损失的极限，利润不受限制，甚至有可能连翻数倍。有限

---

① 基于剑桥协会数据的估计数字。控制的资本被定义为基金的净现值加上未提取资本。所有数据均为美国市场数据。

的下行空间和巨大的上行空间意味着收益曲线偏正。

可惜，现实情况与投资者得到的承诺相差甚远。过去的投资经验证明：风险投资产生的收益仅仅与股票不相上下，换言之，投资初创企业面临的高风险远没有得到相应的补偿和收益。

比糟糕的投资纪录更令投资者沮丧的是风险投资行业存在的"逆向选择"情况。最优秀的风险投资基金通常不愿意接受新的投资者和资金，它们宁可在现有投资者之间分配新的额度，市场上对新投资者敞开胸怀的往往是那些没什么吸引力的投资基金。

在 20 世纪 90 年代末期科技泡沫形成以前，风险投资的收益率一直很低，很难补偿投资者承担的风险。随后出现的互联网热为风险投资带来了长达数年的繁荣。但投资者对科技投资的热情令风险投资基金的管理合伙人找到机会来提高管理费和分红比例。在泡沫破灭后，这些管理合伙人自然不会主动修改对投资者不利的条款，从而为今后投资的成功设置了更高的门槛。

尽管风险投资可以令投资者分享支持一家企业从零起点直至壮大的辉煌，但投资者提供的资金的收益率却根本不足以弥补承担的风险。只有投资者选择了在业内排名前四分之一甚至前十分之一的基金管理人，投资收益才有可能弥补所承担的风险。

1. 成功光环下的风险投资

eBay 的案例

皮埃尔·奥米迪亚（Pierre Omidyar）是在法国出生的伊朗人，后移民到美国。1995 年 9 月，他创建了网上拍卖的模式。他最初的构想是帮助女朋友出售她收集的 Pez 自动糖果盒。尽管在 1996 年底，这项新兴的业务模式已经取得成功，创造了不少利润，但是皮埃尔决定通过外界的帮助使公司进一步发展壮大。这家当初名不见经传、现在叫 eBay 的公司，在它成立的两年后，吸引了刚刚在硅谷成立的 Benchmark Capital 的进入。Benchmark Capital 投入 670 万美元，并派人进驻董事会，当时对 eBay 的估价是 2 000 万美元。

Benchmark Capital 的资金到位后，eBay 在以梅格·惠特曼（Meg Whitman）

为首的新任管理层的带领下开始了大踏步的发展，这也十分符合惠特曼的行事风格。eBay 很快便迎来了黄金时期，1998 年 9 月公司 IPO 时市值已达 7 亿美元，上市当日股价从 18 美元飙升至 47 美元（eBay 创下历史第五大 IPO 当日涨幅）。[①] 按照 1998 年 9 月 23 日的收盘价计算，市值超过 20 亿美元。Benchmark Capital 当年向 eBay 的注资，在一年多的时间里从 670 万美元翻了整整 6 番，达到 4 亿多美元。

eBay 上市当日的表现仅仅是"火箭发射"的准备阶段。1999 年 4 月，每股价格达到 175 美元，公司市值一举突破 210 亿美元。此时 Benchmark Capital 决定锁定部分利润，将部分股份转让给有限合伙人。670 万美元的投资换回了 67 亿美元，实现了 1 000 倍的投资收益，成为名副其实的"硅谷最成功的投资"。[②]

eBay 不希望成为一颗"流星"，经过不断发展壮大，逐渐成为互联网公司的一面旗帜。截至 2002 年 7 月 22 日，公司的市值虽然较峰值有所下降，但仍达到 157 亿美元。eBay 更是理所当然地进入了标准普尔 500 指数，位列第 104。耐人寻味的是，位次紧随 eBay 之后的是 BB&T，这是一家位于北卡罗来纳州的金融服务公司，历史可以追溯到美国内战时期。截至 2007 年最后一个交易日，eBay 的市值为 450 亿美元，是 Benchmark Capital 对其最初估值的 2 250 倍！

所有 eBay 成长过程的参与者都赚得盆满钵满。创始人皮埃尔不仅给自己带来了超乎想象的财富，而且为包括梅格·惠特曼在内的所有管理层成员和雇员都带来了可观的薪酬。风险投资及其背后提供资金的股东也获得了令人惊讶的投资收益。就连持有 eBay 公众股的股东，也创下了持有期间收益率的历史纪录。eBay 的年代正是风险投资的鼎盛时代。

---

eBay 并非独领风骚，其他风险投资的"宠儿"也毫不逊色，思科（Cisco）、基因技术（Genentech）、亚马逊（Amazon）、星巴克（Starbucks）、英特尔（Intel）都曾经为创业者和投资者带来了丰厚的收益。甚至一些最终没有成功的初

---

① Randall E. Stross, *eBoys*：*The First Inside Account of Venture Capitalists at Work*（New York：Ballantine Publishing Group，2000）：182.

② Ibid. xv.

创公司，如@home、Excite.com 等，也曾经为投资者提供了大赚特赚的机会（在从天上直接掉到地上之前）。

2. 残酷现实下的风险投资

但是，个别"高调"的成功并不能提高风险投资行业的平均收益水平。从长期的角度看，风险投资的投资者获得的收益与资本市场整体收益率水平相当，与投资者明显高得多的风险水平不相匹配。风险投资的神话只是神话而已。

在 1985 年后的 20 年中，风险投资的年均中数收益率低得令人吃惊，为 3.1%，同期标准普尔 500 指数的年均收益率为 11.9%。风险投资收益率分布很分散，最高为 721%，最低为－100%，标准差为 51.1%。排名第一四分位的平均收益率为 16.9%，大幅高出中数收益率；排名第三四分位的平均收益率仅为－6.7%，对投资者的资本金构成了明显的损失。[①]

即使在风险投资的鼎盛（投机氛围最浓）时期，投资收益依然令投资者感到失望。根据 2001 年对 950 家风险投资基金的统计，在截至 2000 年 12 月 31 日之前的 20 年中，年均收益率为 19.6%。从绝对收益角度看，向投资者交出的答卷还说得过去。

但是，如果投资者没有选择风险投资，而是将同样的额度和规模投向同期的标准普尔 500 指数，每年的平均收益率为 20.2%。换句话说，投资者只需投资于普通的大盘股就可以获得与风险投资的最好收益相当的水平，而且承担的风险要低很多。

投资者普遍认为私人持股的初创企业的投资风险一定高于大市值的上市公司，但也很难对高出多少做出准确定义。不过可以肯定，风险投资的投资者只有取得排名前四分之一甚至排名前十分之一的收益率，才可以取得超越市场大盘的风险调整后收益。

3. 品牌效应

风险投资行业有 8～10 家公司可以称得上"翘楚"，它们与其他公司相比

① *2006 Investment Benchmarks Report：Venture Capital*（New York：Thomson Financial, 2006）.

优势体现在各个方面：交易源源不断找上门来，谈判时讨价还价的余地很大，在资本市场也是呼风唤雨。无论是投资者、刚刚起步的企业家，还是投行人士，都希望与这几家公司打交道。

风险投资领域对资金来源非常看重，其程度应该超过其他所有资产类别。想想看债券的发行方（无论是政府还是企业）会担心债券持有者的身份吗？上市公司的管理层会担心公众股东的构成吗？当然，如果特殊情况出现，例如发生公司控股权的争夺，管理层可能会将股东身份考虑进去，但总体来讲，股东姓甚名谁对这些证券发行机构来讲并不重要。在实物资产领域也是一样，无论是办公楼宇的经理、油矿的项目经理还是森林的管理者都不会在意所有者的身份。总之，对于这些投资的管理者来讲，资金的来源并不重要。

相比较而言，从事风险资本投资的企业对风险资本的"家世背景"非常看重。绝大多数刚刚起步的企业家都希望能够跟风险投资行业最有影响力的公司合作，他们坚信与一流的风险资本合作可以大大增大成功的概率。这些风险投资行业领袖公司的合伙人拥有过人的判断力和经营技巧，可以使企业管理如虎添翼。对于初创企业来讲，得到的不仅仅是智慧的分享，而且有一流风险投资公司难得的人际关系网络和投资心得。为了得到这一切，企业家们会主动送上优厚的合同条款，以获得与一流风险投资公司合作的机会。这些一流的风险投资公司无疑走上的是良性循环的轨道，持久的成功投资乃水到渠成的结果。

学术研究也证明了在风险投资领域，品牌效应确实在一定程度上是成功的保障。芝加哥大学研究生院的史蒂文·卡普兰和麻省理工学院斯隆管理学院的安托瓦内特·肖尔经研究认为："对基金管理者而言，一期基金的成功意味着下一期基金成功的概率也大大增大。反之，之前的失败也为后面的失败埋下了伏笔。但在共同基金领域，这样的相关性并不明显。"[1] 虽然卡普兰和肖尔发现杠杆收购基金领域也存在一定的前后相关性，但无论从统计数据还是经济效益角度来看，风险投资基金都表现得更为明显。[2]

---

[1] Kaplan and Schoar, *Journal of Finance* 40：1792.

[2] Kaplan and Schoar, *Journal of Finance* 40：1809.

风险投资行业的新投资者以及一直以来的收益平平的投资者会面临特有的挑战。几乎所有一流风险投资合伙人都对管理资产做出限制，几乎没有人愿意接受新的投资者。因此无论是刚刚加入市场的投资者还是希望改善现有投资水平的投资者都被好的投资机会排除在外。

所以对于新投资者来讲，现实的考虑是究竟有多少机会为他们而留。考虑到一流的投资收益的稀缺性，如果扣除长期以来表现出色的大型基金，整个风险投资行业的平均收益必将大打折扣。既然这些一流基金本来就与绝大多数投资者"无缘"，那么对于风险投资行业的预期收益也该相应下调。由于风险投资基金长期以来的收益与股票等有价证券不相上下，即使微幅下调，对投资者而言也是难以接受的。由于无法与一流的风险投资基金合作，投资者对风险投资应该三思而后行。

4. 风险投资与通胀

与很多企业实体一样，风险投资所持有股份的公司的资产的名义价值与通胀正相关。但像其他与股市价格正相关的资产一样，风险投资也与股价正相关。由于短期内股票市场抵御通胀的能力不强，因此风险投资抵御通胀的效果并不明显。

5. 利益一致性

风险投资基金的普通合伙人（基金的管理者）享受与杠杆收购基金和对冲基金一样的激励机制，即类似于期权的利益分成机制。所以，为了使管理者与提供资金的投资者利益保持一致，普通合伙人应该与有限合伙人（投资者）共同投资，较高比例的共同投资可以保证管理者站在投资者的角度对待盈利与损失。但在现实的风险投资实践中，管理者与投资者的高比例共同投资仅仅是个别现象，值得注意的是，很多高比例共同投资都出现在一流的风险投资合伙关系中。

风险投资的成功使普通合伙人有机会向更有利于基金管理者的方向修改合作条款，20 世纪 90 年代末的高科技泡沫就是这样的例子。当时投资者热情空前高涨，风险投资公司的融资规模可以达到 10 年前的 10 倍。90 年代初，融资规模一般为 1 亿～1.5 亿美元，而到 21 世纪初，规模达到 10 亿～15 亿美元。资金规模和收费水平的上涨速度远远超过风险投资从业人数的涨幅。基于资产规模的收费标准使得这项收入来源从最初的成本费变为风险投资基金重要的利润来源。

对提供资金的有限合伙人更加不利的是，风险投资公司利用投资者对科技热潮的盲目追捧，逐渐提高收益提成比例。在科技泡沫破裂之前，风险投资公司提取的收益提成多数为 20%，十分优秀的公司会提取 25%，只有风险投资行业的翘楚 Kleiner Perkins Caulfield & Byers（KPCB）才会提取 30% 的利润。这些一流的公司通过扩大利润基数和分成比例赚得盆满钵满。

随着互联网泡沫的到来，市场充斥着贪婪。对风险投资无限制的需求使一般的风险投资基金也将收益提成标准提高到了 20%～25%，而优秀的风险投资基金顺势提高到 25%～30%。令人感到意外的是，KPCB 没有将提成比例提到更高，而是维持在 30% 的水平，这简直成为对投资者的无比慷慨。这并非是因为 KPCB 的管理者没有意识到市场的狂热，而是由于他们决定照顾主要的资金来源方——大学捐赠基金和各类基金会。

虽然风险投资领域的投资收益率一直并不突出，但管理者还是毫不犹豫地利用投资者的热情将合同条款向有利于自己的方向修改。在互联网泡沫过后，一些基金将资金规模缩小到合理的范围内，收费规模也自然缩小，但很少出现风险投资基金将收益提成比例主动下调的情况。在互联网泡沫过后，风险投资的表现一直不尽如人意，但是收益提成比例还是只能上不能下。

6. 市场特征

截至 2006 年 12 月 31 日，全美风险投资领域掌管的资金达到 1 310 亿美元，其中 62% 已经投向公司，其余资金并没有撤出，而是继续寻找机会。截至 2006 年底，活跃的风险投资基金有 870 多只。[1]

7. 小结

风险投资对投资者的吸引力主要有以下几点：风险投资是资本主义体系的原动力；风险投资参与者可以分享初创公司一举成名的喜悦；风险投资可

---

① 基于剑桥协会数据的估计数字。控制的资本被定义为基金的净现值加上未提取资本。所有数据均为美国市场的数据。

以收获巨额收益。正如 eBay 公司的案例所示，风险投资有些时候的确能够为投资者带来难以想象的高收益。

但是，eBay 的投资及其在股票市场的成功并非普遍现象。风险投资整体收益水平与股票市场相当，而且经过风险调整后，绝大多数风险投资的收益很难让投资者接受。

初涉风险投资领域的投资者会面临其他资产类别投资者没有遇到过的问题，即一流的风险投资基金不会轻易接受新的投资者，但只有这些基金才有机会接触到最好的交易机会、创业者和资本市场。这样的排外状况只对在这一领域已经站稳脚跟而且事实证明是最成功的投资者有利，其余投资者则处于不利的境地。

第四节　结　论

另类资产类别可以提供强大的工具，帮助投资者通过建立充分分散化的组合降低风险，采取获利更高的积极型操作增加收益水平。具体来讲，绝对收益策略和实物资产投资可以作为分散化手段，而私人股权投资具备提高组合收益的潜力。

绝对收益策略包括事件驱动型和价值驱动型两种策略，目标就是利用市场错误定价的机会获利。对冲工具使投资者在一定程度上避免了系统性风险，于是投资经理的能力和技巧就成为投资成败的关键因素。事件驱动型策略需要投资经理对所涉及公司的破产或并购等事件进行评估；而价值驱动型策略需要投资经理发现错误定价的证券。绝对收益投资可以产生类似股票投资的收益但又在很大程度上独立于市场的整体表现，为组合提供了具有吸引力的收益特征和分散化作用。

早在 1990 年，耶鲁基金就成为业内首家使用绝对收益作为资产类别配置的机构投资者。截至 2007 年 6 月 30 日，年投资收益率达到了 13.2%，标准差仅为 4.9%（同期，威尔希尔 5 000 指数的收益率为 11.2%，标准差为 14.0%）。同时，绝对收益策略成功走出了"独立行情"，按月度数据，绝对收益策略的表现与股票及债券的相关度仅为 0.02。

实物资产投资可以帮助组合抵御非预期的通胀，但投资者为了发挥实物资产在组合中分散投资的作用，需要付出代价，即接受比股票等有价证券低的预期收益。在一般情况下，实物资产可以带来高稳定现金流，从而降低组合的波动性。耶鲁基金的实物资产组合无论从风险还是收益的角度看都不失为成功的范例，从 1978 年 7 月至 2007 年 6 月年均收益率达到 17.8%。

私人股权投资在大大提高组合风险的条件下可以增加组合的收益，但是却不具备分散投资的优势。从过去 20 年的经验来看，投资者高收益的预期也没有实现。私人股权投资基金的业绩大都低于股票等有价证券的收益率，而风险却高于股票。希望利用私人股权投资优势的投资者必须选择排名前十分之一的基金，但这类基金通常收取高额的收益提成，使投资者背上沉重的负担。

在私人股权投资中，投资经理与投资者利益一致性通常比较高，对投资经理的激励结构比较得当。无论是私人股权投资中的杠杆收购基金还是风险投资基金，基金经理与投资者高比例的共同投资都能使双方避免代理问题给投资者利益带来的损失。共同投资使合伙人共同承担风险，分享收益。任何投资决策在考虑潜在收益的同时，也必须考虑潜在风险。高共同投资比例使双方增加信任的同时，也在潜在投资者面前进行了最好的宣传。

私人股权投资之所以会受到投资者青睐是由于有专长的投资经理对目标公司可以起到增值作用，从而创造了在竞争较小的环境下获得投资机会、改善企业运营水平、获得高收益的条件。只有私人股权投资经理在公司运营中发挥了有效增值作用，投资收益才能体现出与股票市场独立的走势。只有这样的增值策略确实取得了明显效果，投资经理才可以根据投资合约获得高额费用。只有无论是从投资者、基金经理还是被投资公司的角度来看都需要大量的积极管理，私人股权投资才有可能获得成功。

仍然以耶鲁基金为例，通过选择一流的投资管理团队，采取增值策略，耶鲁基金私人股权投资从 1978 年到 2007 年近 30 年的年均收益率超过 30%。耶鲁基金的例子证明了成功的私人股权投资可以为组合带来高收益。耶鲁基金投资的风险投资基金和杠杆收购基金在经过风险水平调整后的收益都证明了私人股权投资可以成为投资者很好的选择。

另类资产类别的投资者若想获得成功，只能采取积极投资管理方式，并选择一流的投资经理。在选择合伙人时，一定要进行尽职调查，重点是调查负责组合的专人的品格和能力。总之，另类资产类别投资成功的最重要因素就是选择正确的合伙人。

第9章

资产类别管理

由于市场总是尽可能地对资产进行准确的定价，进行积极投资管理需要面对激烈的竞争。积极型基金经理投入大量金钱来利用市场上哪怕是瞬间的价格失效。积极投资管理要想获得成功不仅需要高超的技巧，也要有点运气。谨慎的投资者会优先考虑具有确定收益的低成本的被动投资策略，其次才考虑收益具有不确定性的高成本的积极投资策略。

高成本是积极投资策略成功的障碍。业绩只是略微高出基准收益的组合不能被称为成功的组合，因为组合的最终收益还要扣除管理费、交易成本以及交易对市场造成的影响。由于这些费用及成本的存在，相当大一部分投资有价证券的基金不能够超越市场指数的收益水平。如何克服积极投资管理的高成本是一个很难解决的问题。

但我们惊讶地发现，面对极其复杂、困难的投资环境，很多资产受托人忽略了成本问题，不约而同地选择积极投资策略。机构追求有吸引力、令人兴奋的（最终是代价沉重的）各种超越大盘的许诺，而忽略了平实可靠的被动管理方式。投资者没有仔细审视过去投资收益的驱动因素，而是简单地认为那些优异的历史业绩得益于敏锐的洞察和判断。

基金要战胜市场面临着难以逾越的障碍，所以审慎的投资者应该对积极策略持怀疑态度。假定市场定价合理，那么积极投资策略就无法保证获得风险调整后的超额收益。只有存在有力的证据证明某种投资策略确实有战胜市场的可能性时，投资者才能放弃被动投资策略。

采用积极投资策略的投资经理的价值体现在他们具有某些可以创造出合理预期的高收益的竞争优势上。这一竞争优势来源于投资经理的个人能力以及所属机构的投资风格。在对外部投资经理的选择上，投资者的目标是发现那些将委托机构的目标置于个人利益之上的人。只有精力充沛、头脑精明、信誉良好并且具有创业精神的专业人士所经营的独立的投资管理公司，才能将投资者和管理人的利益更好地结合在一起。因为资产受托人要将机构的资产和声誉都托付给外部管理公司，所以聘用外部投资顾问的重要性不仅仅局限于投资收益。

选择合适的投资管理公司仅仅是建立投资委托的第一步，投资者还需要与外部投资顾问经过认真谈判达成令双方都满意的交易条款。签订合约的根本目的是要建立一致的利益关系，以鼓励投资咨询机构按照投资者利益第一的原则开展业务活动。外部投资顾问的作为与投资者的预期之间的差距对投资机构本身构成了巨大的成本，也降低了投资业绩达到基本投资目标的可能性。

第一节　积极投资管理的游戏

追逐机会本身的乐趣会影响人们评估积极投资管理的机会时的客观性。投资活动好比一场游戏，既为人们带来精神鼓励，也为各种聚会场合提供丰富的谈资。凯恩斯曾把积极投资比作一场孩童的游戏："这就像我们小时候玩的击鼓传花或者抢椅子。当鼓声或者音乐停止的时候，花没有在自己手中或者坐到椅子上的人胜出，反之则被淘汰。虽然所有玩游戏的人都知道花的存在，或者都知道最终一定会有人没有椅子坐，但是大家还是可以玩得尽兴，乐此不疲。"[1] 因此，资产受托人必须保证积极投资管理策略能得到更高的预期收益，而不仅仅是让投资经理从工作中获得更多的满足感。

对积极投资管理进行评估的另一大误区是认为高收益完全得益于投资经理的智慧和勤奋努力。所有从事投资的人都敬仰成功，并把市场预言家奉若神明。他们认为出色的业绩一定源于投资技巧，而没有考虑到基金经理的一系列准确判断中也有运气的成分。反之，投资者也想当然地将失败的业绩归

---

[1]　Keynes, *General Theory*, 155-156.

咎于投资经理能力不足。这一认识误区的本质是没有将投资收益与风险水平联系起来。高收益很可能是基于高于市场的风险，低收益也许是由于低于市场的风险。投资界对高收益的原因和性质缺乏怀疑态度，造成了严重的推崇专家和盲目信任权威的现象。

乔·格兰维尔的案例

在所有可以影响市场的预言家中，乔·格兰维尔（Joe Granville）是最怪异的人物之一。在 20 世纪 70 年代末和 80 年代初，身为技术分析派一员的格兰维尔做出了一系列准确到令人难以置信的预言。1980 年 4 月 21 日，当市场位于两年内最低点位 759 点时，格兰维尔发出了买入信号。在随后三个月里，市场飙升至 1 000 点以上。1981 年 1 月，他认为市场将要下跌，于是引发了创纪录的抛盘。第二天，他的照片就被登上了《纽约时报》的头版，而《华盛顿邮报》的头条新闻报道："预言家引发歇斯底里的抛盘——市场在恐慌抛售中下跌。"格兰维尔预言自己将获得诺贝尔奖，因为他已经"解决了一个百年之谜，每次都能准确判断出市场的底部或顶部"。

乔·格兰维尔看似严谨的技术分析与他在生活中的怪诞举动形成了鲜明的对比。在日常生活中他经常穿着怪异的服装，做出各种被人认为不正常的举动，包括乔装打扮成摩西的模样来宣扬投资十戒，脱下裤子读股票报价，上台时出现在塞满收报机纸条的棺材里。

但这一切都没有影响追随者对他的忠诚。1981 年末，全球市场的普遍下跌又一次与他的预言相吻合。当时《巴伦周刊》（*Barron's*）的评论员罗达·布拉姆纳（Rhoda Bramner）这样写道："乔·格兰维尔在投资舞台上高视阔步，而市场则按着他的剧本上演了熊市。"[1]

然而，格兰维尔并没有预测到 1982 年市场的大逆转。继续坚持看空致使他的追随者错过了历史上最大牛市的开始阶段。命运仿佛并没有打算停止对他的捉弄，在 1987 年股市崩盘前格兰维尔转而"强烈看多"。结果在赫尔伯

---

[1] 关于格兰维尔的评论摘自 Rhonda Brammer, "10 Years After He Peaked, Will Joe Granville Rise Again?" *Barron's*, 24 August 1992.

特（Hulbert）1992 年的一期《金融摘要》（*Financial Digest*）中，根据对众多投资专栏进行的不记名的调查，乔·格兰维尔被评为最糟糕的预言家之一，在 12 年中按照他的投资建议损失竟高达 93%。

乔·格兰维尔在投资界的昙花一现证明了大多数投资者认为投资技巧能够带来高收益率的观点是错误的。事实上，他的技术分析不具备任何预测能力，但是很显然格兰维尔影响了市场，而且大多数人心甘情愿地受到愚弄，追随他那些荒谬的观点。

小镇妇女投资俱乐部的案例

20 世纪 90 年代早期，小镇妇女投资俱乐部（Beardstown Ladies）吸引了大众的注意。在 1983—1993 年的 10 年中，它的收益率达到创纪录的水平——超过标准普尔 500 指数年均收益率 8.5 个百分点。小镇妇女投资俱乐部不仅在投资上获得了巨大的成功，更是靠出版投资经验书籍大赚了一把。它很快就出版了第一本书《小镇妇女投资俱乐部之投资指南：我们如何超越股票市场而你如何能像我们一样》，销量超过了 80 万册。随后又推出了 4 本书：《小镇妇女投资俱乐部之选股指南》《小镇妇女投资俱乐部之消费与储蓄指南》《小镇妇女投资俱乐部之未来孵化计划》《超越华尔街》。除了出书，它的成员还四处演讲，制作录音带、录像带。所有的一切都建立在大众对其出色投资业绩的敬仰和追捧上。这些宣传没有引起过任何怀疑，因为在出色的业绩面前，任何分析都显得很苍白无力。

令人啼笑皆非的是，原来这一切不过是个失误。小镇妇女投资俱乐部没有丝毫的分析能力，甚至无法准确地计算自己的投资收益率。小镇妇女投资俱乐部的会计在用电脑程序计算业绩时，错把 2 年的平均业绩当成 10 年的平均业绩。而纠错过后，小镇妇女投资俱乐部的投资收益非常差劲。根据普华永道会计师事务所提供的数字，小镇妇女投资俱乐部的年均收益率仅有 9.1%，低于标准普尔 500 指数 5.8 个百分点，与此前公布的数据更是相差 14.3 个百分点。换句话说，这样的投资业绩根本不值一提。

从小镇妇女投资俱乐部事件中我们得到的教训是，投资者往往关注投资记录而忽略了它的真实性。由于市场对证券进行定价存在高度的有效性，所以一旦出现很高的收益率，首先应该归功于运气好，这样才能使投资者避免潜在损失。只有在投资经理能够讲出令人信服的、逻辑正确的投资理念时，投资者才可以考虑他们的积极投资管理策略。

吉姆·克莱默的案例

如果为投资界制定一个反面英雄谱，吉姆·克莱默（Jim Cramer）一定占有重要一席。克莱默手持哈佛大学法学院的文凭，却没有选择伸张正义的道路，而是在电视和各类媒体上向没有判断力的普通投资者提供无数完全不靠谱的投资建议。

克莱默在互联网泡沫时期俨然成为高科技股的"大忽悠"，也因此成名。他指出专业人士认为科技股估值已经高得离谱的观点"是不对的，普通投资者（大众）要比你们想象的聪明得多"。[①] 市场在 2000 年 1 月达到顶峰的时候，克莱默抛出了所谓的六条基本原理，可以保证"普通投资者战胜专业人士"，其中包括"买你自己喜欢的公司""只选贵的""买股票要跟着市场走，大家买什么，你就买什么"[②]，等等。这些建议中的每一条都给投资者带来了巨大的损失。

克莱默倒是从来不含糊其词。他曾经毫不掩饰对趋势/成长投资策略的偏爱，指出这些投资者"所购买的股票，既看到盈利又兼顾到趋势，因而不在乎股价。换句话说，只要好，不怕贵"。[③] 克莱默很显然不满足于在泡沫时期不负责任地推崇趋势投资策略，还直接向当时忍辱负重的价值投资经理开火。他曾说"对于价值/逆向操作的投资者，他们的一切价值的基础就是'否定'"，并指责价值投资者整体患上"失明症"，对所有与科技有关的东西一概视而不见。克莱默甚至直接讥讽股神巴菲特"宁要可口可乐，也不要微软，

---

① James J. Cramer, "The Bull Case of the Individual Investor," TheStreet.com, 28 January 2000.

② Ibid.

③ James J. Cramer, "Cramer the Contrarian Remains Unconvinced, Part 1," TheStreet.com, 14 February 2000.

这简直太可笑了"。①

2000 年 2 月，克莱默撰文指责价值型共同基金经理的傲慢，称"他们不仅告诉我们思科和雅虎有多么不好，而且仿佛在说只有他们才有资格确定该买什么，不该买什么"。克莱默还直接指出，持有烟草公司菲利普·莫里斯（Philip Morris）的基金经理将来要为自己的"玩忽职守"做出解释，还补充说"只有最差劲的基金经理才会买入可口可乐和百事可乐"。克莱默还劝告价值投资基金的基民们"赶紧用脚投票，炒掉这些基金经理"。②

市场给了克莱默一记响亮的耳光，就在他公开向价值型基金经理宣战后一年，可口可乐的股价上涨 10％，百事可乐上升 36％，而菲利普·莫里斯更是飙升 171％；被克莱默视为宝贝的思科下滑 57％，而雅虎更是重挫 84％。

克莱默 2000 年时明显看好思科和雅虎，而极度不看好菲利普·莫里斯和可口可乐，导致其追随者损失惨重，而他对杂货零售行业上市公司的观点，实实在在地毁灭了更多的价值。2000 年 2 月，克莱默认为："科技创新时代的来临为价值投资敲响了丧钟"。老牌的杂货业务提供商艾伯森（Albertson's）"正在面临一次根本模式的转变，而且随着在线购物的兴起，Urban Fetch、Kozmo、Webvan 等必将成为股票市场的新宠，艾伯森将面临重大打击"。③克莱默又一次毫不犹豫地把赌注押在了与互联网有关的公司上。

可就在克莱默预言 9 个月过后，Urban Fetch 停业破产；另一家公司 Kozmo 没有完成期待已久的上市计划（这在某种程度上减少了克莱默的追随者的损失），但踉踉跄跄坚持到 2000 年 4 月后，也终于画上了句号。被克莱默大吹特吹的 Webvan 在 2000 年 2 月市值曾一度达到 50 亿美元，但在 2001 年 7 月也宣告破产。而被克莱默判处"死刑"的艾伯森 2001 年营业收入达到 380 亿美元，利润为 5 亿美元。2006 年 5 月 30 日，艾伯森被一家名为"超值"（SuperValu）的公司收购。细心的人发现，从克莱默给出不利于艾伯森

---

① James J. Cramer, "Cramer the Contrarian Remains Unconvinced, Part 2," TheStreet. com, 14 February 2000.

② James J. Cramer, "Scrutinizing the Value Managers," TheStreet. com, 11 February 2000.

③ James J. Cramer, "Cramer the Contrarian Remains Unconvinced, Part 4," TheStreet. com, 14 February 2000.

的评级至其最终被收购，每年的收益率为 0.5%，超越了大盘（同期标准普尔
500 指数的收益率仅为 0.2%，纳斯达克指数的收益率则为－9.1%）。

尽管克莱默劣迹累累，最受瞩目的财经频道 CNBC 还是在 2005 年 3 月为
克莱默开办了一档名为《疯狂的金钱》（Mad Money）的栏目。克莱默在节目
中极尽能事地嘲讽严肃的投资过程。他戴着墨西哥式的宽边帽，要么故意将
椅子扔到一边，要么将玩具熊放在绞肉机中，要么斩首摇头娃娃。在这样的
自负无知和种种丑态之中，克莱默一共做出了多少股票推荐呢？上千个！
2007 年 8 月《巴伦周刊》曾经撰文指出：克莱默在此前 6 个月的时间里共推
荐了 3 458 只股票。文章得出的结论是："这位银幕股神推荐的股票根本没有
跑赢市场！不过也不难解释，每年推出 7 000 多只股票的人，怎么可能给投资
者带来可观的收益！?"但是这样令人失望和惊讶的业绩，竟然还发生在克莱
默每次推荐后都推动市场平均上涨 2% 之后。如果再算上交易费用和税费，
《巴伦周刊》对克莱默的收益评估还明显偏高！

不仅克莱默的选股能力（选几千只跑赢市场的股票的能力）受到质疑，
就连他本人也亲口承认在 20 世纪 90 年代末期掌管一只对冲基金时曾操纵股
市。2006 年 12 月 23 日，克莱默在接受《华尔街绝密》（Wall Street Confi-
dential）采访时亲口承认："当我的对冲基金表现欠佳时，我就会提前制造一
些市场活动，让市场按照我想要的方向走……而且这样做也花不了多少钱。"
在此次采访中，克莱默还详解了操纵个股股价的方法。[1]《巴伦周刊》的文章
中写道：克莱默后来又改口，称自己当时谈话的前提是"如果"，在现实生活
中发生的可能性很小。[2] 堂堂的克莱默可是哈佛大学最出名的校报《哈佛克里
姆森报》（Harvard Crimson）的主编，难道还需要补习虚拟语气的语法知
识吗？

无论是乔·格兰维尔、小镇妇女投资俱乐部，还是吉姆·克莱默，都证
明了市场参与者的一种普遍心态：将一时成功的人士神化，不假思索地全盘

[1] Thyra Mangan, "Comments of T. Mangan on S7-12-06," 28 March 2007: Sec. gov.
[2] Bill Alpert, "Shorting Cramer," *Barron's*, 20 August 2007: 25.

接受其投资策略。前两位已经从神坛上"走"了下来（我认为克莱默离这一天亦不远矣），这些应该足以提醒投资者要用怀疑的眼光去评估积极型投资管理机会。

第二节 外部顾问——个人品质特征

房地产界的投资者都了解这样一条定律：什么对成功投资最重要？第一是地段，第二和第三，还是地段。同理，积极型投资经理最需要关注哪三点？第一是人，第二和第三，还是人。没有比与高水平伙伴合作更加重要的了。

正直的人品是最重要的品质。道德是人类沟通交流的基础，聘请道德高尚的人做投资顾问，也可为投资成功增添几分把握。正直的人品可以缩小外聘咨询顾问与机构之间的利益鸿沟。

大学捐赠基金与外聘基金经理之间的利益存在着不可避免的分歧，其中比较突出的包括投资目标、投资时限、缴税情况以及种种业务风险。无论双方订立的合同条款多么周密，外聘基金经理都有机会谋取私利。如果这些基金经理道德品格高尚，就会降低利益冲突的严重性，因为正直的基金经理会在解决矛盾的过程中认真考虑机构及其客户的目标。

忠诚在投资管理中非常重要，因为忠诚意味着站在长期关系的角度做出所有投资决定。最理想的情形是，机构投资者和外聘基金经理之间相互依赖，结成合作伙伴，以建立长久的成功的投资关系。

忠诚一定是双向的。投资者应该为投资顾问提供条件，保证投资顾问在合理的时间框架内进行投资。解聘一位业绩不好的基金经理充其量只能是在投资季报上摆脱了一个令人感到尴尬的项目，但却难言合理；同理，一位咨询顾问仅仅为了更加低成本的融资而随意抛弃可靠的基金合伙人，也是非常短视的策略。

当然，相互忠诚并不意味着永远维持现状。资产受托人与外聘基金经理之间会因各种重要原因结束合作，但如果是由于一些微不足道的因素导致解除合作关系，不仅增加了成本，也对组合管理产生了负面影响。如果咨询顾问和机构投资者从一开始时就能够本着忠诚的态度，也会大大增加长期投资成功的可能性。

一流的基金经理是充满激情的，他们为了跑赢市场会达到一种近乎着魔的状态。杰出的投资者会竭尽所能去发掘投资机会，甚至是在其他投资者认为已经完满的情况下，他们也依然不满足。对他们来讲，市场充满了乐趣，而投资的目的也不是为了获利，而是为了人生的追求。

优秀的投资者看重风险。勤奋并不能够保证投资一定会成功，因为即使经过最认真的调研、缜密的计算而做出的投资决定，也要面对市场的考验。市场上有太多的因素超出了基金经理的掌控范围，所以即使最优秀的基金经理也只能在可以了解的范围内尽量将不确定性降到最低。经过充分研判的投资应该是风险最小的投资，正如耶鲁大学经济学家欧文·费雪所言："风险与人们掌握的知识成反比。"①

金钱自然为大部分投资经理提供了动力，投资成功给他们带来了财富。但是无论对基金经理个人还是对基金来讲，以收入最大化作为唯一目标都不会是最佳选择，这样的基金经理也不应成为投资者的最佳选择。仅仅关注利润意味着毫无节制地增大资产规模，并将最终导致基金经理采取紧盯大盘的操作策略，从而与有想象力的投资机会擦肩而过。真正优秀的基金经理会主动限制所管理资产的规模，不按照常理出牌，选择另类的投资品种，虽然为组合增加了风险，但也为超额投资收益埋下了伏笔。

巴菲特在 2007 年 3 月为伯克夏尔·哈撒韦寻找首席投资官即他的继任者时，曾经列出希望基金经理具备的品质：

> 选对人不是一项容易的任务。聪明的、投资记录出色的人并不难找，但是长期投资成功需要的不仅是聪明的头脑和近期的成绩。
>
> 随着时间的流逝，市场总会出现不同寻常甚至是很奇怪的事情。基金经理犯一个严重的错误也许意味着此前所有的成功被一笔勾销，所以需要我们寻找那些在骨子里就能够识别和规避重大风险的人，

---

① Irving Fisher, *The Rate of Interest. Its Nature*, *Determination and Relation to Economic Phenomena* (Macmillan Company, 1907): 217.

即使这样的风险从来没有出现过。投资策略中存在一些隐患，但是现在金融机构广泛采用的模型未能捕捉这些危险。

　　基金经理的脾气秉性也十分重要。是否能够独立思考，是否具备沉稳的性格，是否能够对个人和机构投资行为有深刻的理解，这些都对成功投资至关重要。我就亲眼见过很多头脑十分聪明的人缺乏这些优秀品质。

　　最后一个环节就是在招聘时要考虑我们将来能否留得住这些人才。在简历中加上伯克夏尔·哈撒韦这样一笔，会提升一个投资经理的市场价值。我们需要的是能够扎住根的人才，特别是当他/她在面临收入上更具诱惑力的选择时，会否选择继续留在伯克夏尔·哈撒韦。①

可见，就连巴菲特都担心他的同事会"跳槽"去寻找收入更高的机会。

对一家投资管理机构的主要负责人进行尽职调查，是遴选基金经理的重要部分。在商业和各种社交场合下对候选人进行观察，可以帮助判断一位投资专业人士是否具备成为良好投资伙伴的特质。通过候选人提供的证明人来了解他，可以对在尽职调查中获得的信息进行肯定或者否定。通过第三方渠道从侧面了解情况，包括与这些候选人过去和现在的同事、竞争对手等进行接触，可以对候选人的待人接物、道德品质等方面进行评估。

在竞争激烈的投资管理领域，只有一小部分基金经理可以带来超过费用的额外收益。这部分人选必然具备特殊的个人品质。只有好中的最好，才能带来真正的成功。

第三节　外部顾问——组织机构特征

只有优秀的人才有能力建立优秀的组织，这也印证了选择强有力的合伙人的重要性。但选择人才只是一个起点，再优秀的人才在组织混乱的机构中也难有用武之地，不得当的组织机制为能力施展设置了重重障碍。在充满多

---

① "Buffett's Job Description: 'They May Be Hard to Identify,'" *Wall Street Journal*, 28 April, 2007.

个备选机构的世界里，完全没有必要在组织结构方面迁就备选方。

有吸引力的投资管理机构鼓励投资决策以创造投资收益为目标，而不是为管理者创造管理费收入。在这一原则指导下的投资管理机构会表现为规模较小、有企业家精神和独立性。

一、规模和客户群

资产管理的规模多大合适？这要根据投资机会的特点而定，通常规模小一点比较好。如果是投资于美国国债和大盘股等高流动性证券，资金规模关系不大。当然，在这样的市场上也很难获得赚取超额投资收益的机会。积极投资管理策略比较适用于规模较小、流动性较差的市场，这就要求基金经理严格控制管理资产的规模。

如同对资产规模进行限制一样，对客户人数进行限制也会制约基金公司的增长。虽然可以通过邮件或专门的客户服务人员定期与客户沟通，但客户为了得到更多的信息，还是会花费投资经理的时间和精力。投资经理自然希望少与这样的客户打交道，而更多接触"省事"的客户，但这样做很可能会带来不良影响。首先，高质量客户在投资过程中有时会对投资过程提供有益的建议。其次，当公司出现合乎情理的业务下滑时，高质量客户可能会继续支持投资经理的投资活动。而不太成熟的客户所控制的资金则表现出不可靠性，他们总是在不同投资经理之间频繁转换，高买低卖，增加投资管理的不稳定性。

强大的客户群对投资顾问和客户都有好处。如果投资管理公司的某些客户不够强大，那么业绩下降时就可能引起客户撤走资金。这种资金的减少将直接损害其他客户的利益，比如在混合基金（commingled fund）中交易费用是由投资者共同分摊的，客户的离开还将间接导致基金公司士气下降。

相反，成熟的客户将在投资经理业绩下滑时仍然保持资金和精神上的支持。通过向业绩不好的投资经理提供增量资金，客户等待从未来市场的反转中获得更高的投资收益，而投资经理也会因客户的信任重拾信心。

二、创业精神

独立的小基金公司与那些提供各种服务的金融服务集团的大型子公司有

着截然相反的特质。适当的公司规模和合理的所有权结构将增加获得良好业绩的可能性。另外，以委托人的目标为出发点的小型公司在投资管理过程中总是处处体现创业精神。创业环境强调的是人，而官僚制度和组织结构都是第二位的。通过强调以人为本的原则，投资机构增加了成功的可能性。

在富有创业精神的企业中，决策权掌握在个人手中，所以选择有个人魅力的合作伙伴就成为首要任务。如风险投资家伦纳德·贝克（Leonard Baker）所说，杰出的人才是创业型企业运作良好的核心基础，因为他们"管理水平更高，更能随机应变，更易吸引其他优秀人才"。他对投资经理的建议包括"亲临实地、一丝不苟和寻根问底"。[①]

创业型资本主义是指整个行为过程，共由三部分组成：创新、所有权和适应性。每项特点都直指投资管理机构成功的核心。

1. 创新

经济学家熊彼特（Schumpeter）曾说过，创新者能"观察到随后被证明正确的事情"。[②] 投资顾问构建有远见的投资过程是成功的基础。通过选择非主流投资品种建仓才能获得超额收益，这些投资品种随后得到市场参与者的认同，并令普通的市场评论人士大为吃惊。丰厚的投资收益是优秀的投资经理洞察先机和真知灼见所带来的。没有创造性的、追随市场普遍观点的组合难以产生出人意料的投资收益。在市场效率的驱动下，随波逐流的组合只能获得平均化的投资收益水平。换言之，按保守观点建立的组合只能得到保守的收益，这绝非采取积极投资管理策略的投资经理期待的结果。

创新型公司会鼓励探索和尝试，并将偶尔的投资失败当作提高未来收益的必要"学费"。失败是成功之母，鼓励尝试和容忍错误的组织文化是优秀企业的共同特征。机构明确允许失败但同时尽可能降低它所带来的成本，这样就能创造出一个良好的环境从而使投资经理有可能建立起真正有创造性的高

---

① 关于创业型资本主义的讨论引自 Sutter Hill Ventures 的普通合伙人伦纳德·贝克写于 1997 年的一篇文章：Leonard Baker, "How Silicon Valley Works: Reflections on 25 Years in the Venture Capital Business," 1997.

② Joseph A. Schumpeter, *The Theory of Economic Development*, trans. Redvers Opie (Cambridge: Harvard University Press, 1934): 66.

质量的组合。

2. 所有权

财务上的所有权和主人翁精神有利于创造出色的业绩。优秀的投资管理公司一方面从金钱上奖励贡献，另一方面也会从心理上和思想上激励员工。让骨干持有公司的股份可以提升公司的稳定性，鼓励长期行为。精心设计的激励计划要求投资管理人员恪守职业准则，避免以收取管理费为导向，鼓励他们致力于产生投资业绩，提高主人翁意识。精神鼓励是对物质奖励的一个有力补充。通过让投资者认同管理者的投资决策过程，两者之间的利益就会结合起来。

3. 适应性

适应性意味着在选择过程中要扬长避短。在寻找潜在机会建立具有吸引力的组合的过程中，成功的投资者总是先知先觉。一旦确立想法，便将比例很高的资产投入进去，并逐渐取代信心不足的投资标的。当投资环境发生变化时，基金经理会根据新的现实情况改变组合的构成。适应性问题不仅会影响证券的选择，还会随着市场的演变而影响投资策略的选择。如果在某个领域不再存在市场错误定价的现象，那么这些富有适应性的经理就会去别的领域挖掘新的错误定价机会。无论是在战略上还是战术上，适应性都至关重要。

与创业型机构的灵活性针锋相对的是官僚主义。官僚化机构在重复性高、规律性强且变化缓慢的交易环境中可以体现效率。例如，官僚化机构强调过程控制，把人放在相对次要的位置。官僚化机构比较保守，通常循规蹈矩，服从一致观点，对失败倒是有一套快速而严厉的惩罚机制。由于首先要考虑安全性和避免分歧，官僚化机构对可能产生高收益率的投资机会产生系统性的排斥，因此，在不断变化的市场环境中官僚化机构的效率很低，甚至连积极投资管理中一些最基本的问题都无法应付。

大多数官僚化的资产受托人愿意将资产交给名牌投资经理，通过选择声誉良好的公司作为外部投资顾问减少职业风险。这些投资经理往往就职于那些从事程序化操作的大型公司，可以带来未必非常出色但稳定的投资收益，对胆小的客户来说，这些公司是一个安全的避风港。受人尊重的资产管理公司声誉良好，并运用它的声誉来吸引和维持客户。在流通证券市场上，知名度并不能为组合管理带来利益，它的作用只是在于提高客户的安全感。

令人放心的投资决策经常难以赢得高收益率，而令人不安的投资承诺却是投资成功的必要而非充分条件。由于具有创业精神的公司通常是新出现的、规模较小的公司，因而几乎没有历史记录可以参考。结果，由于投资策略没有固定的程式而是完全依赖个人能力，资产受托人无法通过公司品牌来预测投资收益。支持一个创业型团队比依赖名牌效应更需要勇气。事实上，拥有名牌投资机构履历的基金经理并不意味着一定会取得投资成功。

遗憾的是，很多曾经具有创业精神的机构或者合伙机构随着时间的推移和规模的扩大会逐渐演变为官僚化机构。根据熊彼特的创造性毁灭理论，当一个富有创业精神的小作坊式机构演变为一家大型企业时，当初得以创立的根本前提也被逐步破坏。在组织的发展过程中，环境的转变"不停地从内部更新着机构的经济结构，在不停地消除着旧结构的同时创造着新结构"。[1] 得到机构的认可反而会威胁到当初使公司富有活力的一些根本特点。随着时间的推移和规模的日益扩大，公司最初取得成功所依赖的创业激情将逐渐被消磨掉，公司也需要寻找新合伙人来取代一些老合伙人以获得更高的管理能力。熊彼特认为创造性毁灭是"资本主义的基本事实"，它也为投资管理机构带来了严峻的挑战。[2]

4. 游击队式投资

布莱克尼（Blakeney）管理公司的前普通合伙人迈尔斯·莫兰（Miles Morland）在一封信中阐述了他放弃与一家大型金融服务集团建立合资公司的原因，也道出了创业型投资管理组织优势的本质（注：布莱克尼主要在非洲和中东开展资产管理业务）：

> 我想我们的兼并不会实现……布莱克尼就像是一群游击队员。我们的成功在于我们能抓住那些对他人来说太小、太危险、太容易

---

① Joseph A. Schumpeter. *Capitalism*，*Socialism*，*and Democracy*（New York：Harper & Brothers，1950），83.

② Ibid.

带来损失的投资机会，但在我们看来那些机会中充满着工作的乐趣。我们只关心是否能够得到且完成任务而不用顾忌我们的后勤问题或者是否侵犯了谁的领域。而贵公司更像装备精良的正规部队，当然，由于您的努力，贵公司比其他美国大公司保留了更多的创业精神，但这就像说伞兵比坦克兵更富有创业精神一样。大公司天生需要纪律和等级，它们的垂直管理规模意味着当它们想要进入其他领域时要和该领域的其他大公司建立复杂的关系……

游击队员要并入正规军，必然会丧失其效率。布莱克尼中所有的专业投资经理都曾经在大公司中任职，现在他们都放弃了在正规军里的工作来到了游击队中。我们之所以不顾各种不利因素和你们进行谈判，是因为我们相信您的内心深处也是一名游击队员。但当我们自问这项交易是否能帮助自己做更多更好的业务，或者这样做能否使自己的生活更充满乐趣时，我们得到的答案并非肯定的，因为一切看上去都指向相反方向。这不是对贵公司或贵方雇员的批评。你们应该与你们一样的大公司进行合作。如果我们和你们进行合并，即使我们不用穿上正规制服，我们也将必须遵照你们制定的规则采取行动，而当我们进行业务竞争时，我们还要尊重你们已经存在的各种合作关系。与你们相比我们更像是偷牛的人，而非牧童，我们在津巴布韦、加纳和埃及进行闪电般的突袭时，你们的合伙人还在召开会议决定在哪里以及如何部署你们的大部队。当他们到达时看到的是一部分市场已经是我们的了……

我希望我们能够继续合作，这一切只是我个人对您表示尊敬的开始。我为没有及早意识到交易的方方面面而深感不安并愿意承担一切责备。最终我们也许会成为多数派而贵方成为少数派，但如果一群老鼠（多数）碰到了一只大象（少数），最后被一脚踩成肉泥的一定不是大象。

通过选择具有创业精神的投资经理，受托人可以提高投资成功的可能性。相对而言，官僚化金融服务机构的特点是规模大、产品丰富且程序性强，但在进行创新决策方面存在难以克服的缺陷。拥有优秀人才、能够准确定位的小型独立公司极有可能找到一条能够取得出色投资收益的与众不同的道路。

三、独立机构

如前文所述，选择业务专一、结构独立的投资机构可以提高投资者与投资经理利益的一致性。在服务项目多种多样的"金融超市"中，投资者的利益目标与投资经理的投资行为尤其容易出现严重冲突，原因就是在官僚作风严重的多元化组织中，有太多投资管理方式可供选择，反而容易出现问题。在这样的机构中，员工的流动要比独立的公司大得多。这一点不难理解，首先是利益分配问题。子公司的收入要交给母公司，母公司将一部分转化为利润和收益，另一部分作为子公司的奖金。这样的方式只会促使大公司旗下优秀的经理尽快自立门户，以完全享有自己努力的成果。"金融超市"的利润目标造成了子公司的不稳定，使客户和公司的利益发生分歧。造成员工流动速度快的另一个原因是对独立性的追求。优秀的投资人才希望能够在没有官僚制度干涉的情况下奋斗。任何自视高明的对投资流程的干涉，无论出于多么美好的愿望，无外乎会产生两种结果：一是投资收益不佳；二是刺激这些基金经理自立门户。留住人才的最重要方式还是赋予其主人翁地位，即让基金经理拥有部分股份，主人翁的工作热情和动力一定强于打工仔。拥有创业精神的小型独立公司能更好地将公司利益和客户利益结合起来。

投资的专一也有助于满足客户的目标。投资范围小意味着投资业绩与投资经理的利益密切相关，只有创造出优异的业绩，才能获得高额的奖励。比较而言，投资范围广的公司通常用稳赚的投资收益来抵消无法避免的、因错误投资策略而导致的投资损失，从而减少单个投资品种带来的损失。更糟糕的是，为了获得稳定的收入，大型"金融超市"的投资经理最终会使组合高度分散化，以模拟市场指数，虽然这样做可以使投资业绩勉强过关，但也难言优异。对任何投资者而言，应该希望看到的是投资经理把所有鸡蛋都放在一个篮子里，然后认真地看管。所以选择执行集中、专注型投资策略的经理，将提高投资成功的概率。

在追求收入的过程中，大型金融集团通常注重收入增长而忽略规模给投资业绩造成的影响。投资经理很快会意识到收入主要来自吸引新的资金流入，而不是创造出高额的投资收益。由于资产规模是投资业绩的大敌，在资产管理公司聚敛资产的同时，客户的利益受到了损害。

1. 资产管理公司上市产生的利益冲突

资产管理公司上市的行为会给客户带来一系列新的问题。即便资产管理公司没有上市，其目标与委托客户的目标也已经产生距离。一旦上市，随着外界流通股东的加盟，利益冲突会更加激化和复杂。矛盾最为突出的方面当属委托理财的客户与流通股股东之间的利益冲突。

堡垒投资集团的案例

一家独立的资产管理公司的招股说明书中应该写入上市行为对公司现有股东、客户以及未来潜在的股东等各方会产生的影响，但我们所看到的资料中很少直接涉及引入公众股东将产生的根本的利益冲突。作为一家未上市的资产管理公司，投资经理的职责是为客户及其委托的资产创造收益，而上市后，基金经理的职责中又加上了为流通股股东带来价值。这样难免造成委托客户与公众股东之间的利益冲突。

堡垒投资集团（Fortress Investment Group）的案例充分说明了上市资产管理公司会影响委托客户的利益。上市时公司管理的资产规模为 260 亿美元，业务涵盖私人股权、对冲基金以及上市交易的另类投资工具。在 2006 年 11 月的招股说明书中公司自豪地指出：关于分红问题，"我们与其他上市资产管理公司不同，我们将拿出很大一部分可分配收益按照季度分红发放给各位股东"[①]。这一部分很显然对股东有利，但对公司各种理财产品的投资者而言却是一个不小的负担。

分红资金最稳定的来源是向客户收取的管理费。因此，收费标准越高，资产规模越大，对流通股股东越有利；但对委托客户而言，高收费标准和大

---

① Fortress Investment Group LLC, Form S-1, 8 November 2006：4.

资产规模会拉低投资收益，使委托客户利益受损。更有甚者，委托客户支付的部分管理费不是用来犒劳辛辛苦苦做出投资决策的投资经理和高管，而是支付给完全不搭界的流通股股东。由此可见，分红问题凸显了投资委托客户与流通股股东的利益冲突。

也许是意识到了这个问题，堡垒投资集团的上市资料中专门写入一个章节，大标题为"我们为什么要上市"，小标题（具体理由）包括"人""永久性""资本""货币"。其中，"人"的理由为："通过上市，堡垒投资集团可以增强财务激励政策，留住现有员工，吸引未来人才。"[1] 但是我们注意到堡垒投资集团忽略了一个明显的事实，即流通股股东会分去本应发放给投资经理等雇员的激励薪酬。上市减少了薪酬总额，所以，堡垒投资集团的说法至少是言不由衷的。

关于通过上市打造"百年老店"（永久性）的理由也站不住脚，堡垒投资集团声称上市将带来更多的资本，但并没有明显证据显示投资者会更放心地将资产交给上市的资产管理公司。事实上，如果潜在客户希望得到更高的风险调整后的投资收益，更好的选择恰恰是未上市的资产管理公司。

至于"资本"和"货币"，堡垒投资集团声称上市计划可以为公司提供动力，开发更多的投资产品，为未来的战略收购提供资金。事实上随着资产规模和产品的扩张，真正受益的绝非购买堡垒基金的客户，而是公司的高管层和流通股股东。

堡垒投资集团上市的真正原因应该是"贪婪"。2006 年 12 月 18 日，在该公司上市前夕，5 位高管将手中 15% 的股份出售给日本的野村证券（Nomura），将 8.88 亿美元收入囊中。[2] 同时，从 2006 年 9 月 30 日至公司成功上市期间，公司发表公告称"向高管共支付 5.285 亿美元的薪酬"。[3] 就在这份公告的第 80 页，细心的读者还发现：在 IPO 前夕，"公司高管火速达成了一项 7.5 亿美元的贷款协议，用于此前的一项 1.75 亿美元的贷款的再融资，投资于堡垒投资

---

[1]　Fortress Investment Group LLC, Form S-1/A, 2 February 2007: 2.

[2]　Fortress Investment Group LLC, Form 10-K, 31 December 2006: 82-83.

[3]　Fortress, Form S-1/A, 62.

集团旗下现有和新发行的基金，以及向高管层一次性支付 2.5 亿美元的薪酬"。[①] 最后还附上一句复杂的法律语言："根据一项应收税款协议，未来可能会向高管层支付一笔数目不小的费用。"[②]

让我们来为高管们算笔账：出售给野村证券的股权收入 8.88 亿美元，IPO 前薪酬收入 5.285 亿美元，贷款后收入 2.5 亿美元，加在一起高达 16.665 亿美元。说实话，要想从厚厚一摞公开资料中找到这三项，不仅需要仔细阅读，而且要能够理解晦涩难懂的法律语言才可以。公司虽然在公告中用很直截了当的语言说明"我们为什么要上市"，但这约 17 亿美元惠及的高管对真正的原因（贪婪）却讳莫如深。

公司 IPO 让几位高管尝到了实实在在的甜头，却令普通员工和委托客户的利益受损。高管为了兑现上市承诺，先将收入切一部分给流通股股东，又将自己的股份和利益提前部分套现，留给下属的部分自然会少很多。可见，堡垒投资集团通过上市，在对流通股股东承诺创造价值的同时，没有完全履行资产受托的义务。总之，资产管理公司成为上市公司的本质，是以多数人的利益为代价，使少数几个人受益。

联合资产管理公司的案例

联合资产管理（United Asset Management，UAM）公司通过收购的方式发展成世界上最大的投资管理公司之一。公司经历的阶段也说明了外部持有股份的弊端。截至 1998 年底，联合资产管理公司共投资了 45 家子公司，管理资产超过 2 000 亿美元，公司资产规模很大，但经营策略却是根本错误的。

联合资产管理公司的客户包括很多知名的信誉度很高的公司，如阿凯迪恩（Acadian）资产管理公司和默里·约翰斯通（Murray Johnstone）公司。尽管联合资产管理公司历史业绩十分出色，基金经理的声誉也在不断提高，但继续实现超额收益的前景却不容乐观。由于过度强调市场营销以扩张管理

---

① Fortress Investment Group LLC，Form S-1/A，2 February 2007：106.

② Ibid.，15.

资产规模，联合资产管理公司抛弃了最宝贵的创业精神。联合资产管理公司还将大部分收入以分红形式发放给流通股股东，也大幅拉低了投资收益率。

联合资产管理公司 1997 年的年度合并报表出现了一个奇怪的现象，只列出下属各子公司的名称、地址和投资策略，而没有列出最重要的投资收益率指标。事实是 1997 年，客户撤出资金的净额达 160 亿美元，相当于年初资产的 9.4%，说明投资者对基金经理的收益水平不满意。这份含糊其词的业绩报表无法掩盖这样一个事实：基金经理当年的薪酬奖金来自新增资产，而不是来自高投资收益。

董事会主席诺顿·瑞莫（Norton Reamer）提出"公司将在 1998 年致力于提高客户现金净流入量"，以改变资产规模下降的局面。[1] 为达到这一目标，公司又提出了激励机制。"我们的中心任务是改善客户服务和业务能力，不断开发新产品，提高营销能力。"关于投资收益如何却只字未提。年报中还提出今后的收购活动将"集中于高增长潜力的公司"，而非最有可能带来高投资收益的公司。

联合资产管理公司没能借牛市之势提高客户现金净流入量。1998 年，旗下基金公司资产流失甚至达到 200 亿美元。联合资产管理公司宣布将继续坚持通过提高客户服务以增大管理资产的规模，同时宣布了几项计划以提高投资收益率。但随后的 1999 年公司业绩依然没有任何改观，在牛市中资产管理规模仅增长了 12 亿美元。投资收益为 225 亿美元，仅仅略高于 211 亿美元的客户资金流出量。[2]

2000 年 6 月 16 日，联合资产管理公司终于走上了穷途末路，将自己贱卖给了英国耆卫保险公司（Old Mutual）。《华尔街日报》的文章指出联合资产管理公司的售价仅为它的管理资产规模的 1.2%，处于 1%～5% 这一平均水平的下限，预示着"联合资产管理公司存在重组的可能性"。[3] 一位在伦敦工作的名叫特雷弗·莫斯（Trevor Moss）的分析师指出：联合资产管理公司当时

---

[1] United Asset Management，*United Asset Management Annual Report*，1997，2.

[2] 联合资产管理公司出售了一家下属子公司，导致其管理的资产规模减少了 2 亿美元。

[3] Sara Calian and Laura Saunders Egodigwe，"Old Mutual Agrees to Acquire Asset-Management Firm UAM," *Wall Street Journal*，20 June 2000.

管理资产的规模与五年前基本相同，而同期美国股票的市值增长了接近三倍。①

联合资产管理公司的失败由多种原因所致。外部持有股权的形式不可避免地对公司的文化产生了影响，特别是在一定程度上削弱了企业安身立命之本——创业精神。公司高管套现了股权之后，过去那种一心一意追求高收益率的行事作风便消失了。公司的生命力也随着股权的出售渐渐减弱了。股权变化后，基层投资经理的命运也面临变数。在联合资产管理公司的案例中，每一次收购后只有50%～70%的收入会留在公司，其他利润被用来向外部股东发放红利。这样，内部基金经理没有得到应有的报酬，公司员工的流动性进一步增加。对于大部分股权被外部股东持有的专业服务公司而言，其员工可以选择自立门户，在新的独立公司中占有更大股份。

几年后，2007年10月，收购方耆卫保险公司的CEO斯科特·鲍尔斯（Scott Powers）坦承外部股权的存在对资产管理公司的运作构成了严峻的挑战："我们也是花了很长时间才理顺了公司短期和长期的目标以及激励机制。"耆卫保险公司在收购联合资产管理公司五年后，才基本上将分享收入的机制转化为分享利润的机制，此举在根本上削弱了资产规模扩张的冲动。2007年，鲍尔斯又宣布了公司的长期目标是"将股权分配给我们的附属机构"。内部的基金管理者持有资产管理公司的股份使组织结构迈出了正确的一步，但这样的股权分享机制与内部持有100%股权的独立的投资机构还是有一定的差距。②

对于由外部股东控股的大型管理公司而言，高投资收益成为"不可能完成的任务"，因为外部股东和委托客户之间存在根本的利益分歧。管理资产规模越大对外部股东越有利，但对基金经理却存在着规模不经济（diseconomies of scale）的现象。随着资产规模的增大，投资的灵活性会减弱，可利用的投资机会减少，获取优异投资业绩的可能性降低。资深基金经理从所有者变为"高级打工仔"，企业文化受到影响，对投资者不利。外部股东带来的另一个

---

① Sara Calian and Laura Saunders Egodigwe, "Old Mutual Agrees to Acquire Asset-Management Firm UAM," *Wall Street Journal*, 20 June 2000.

② Douglas Appell, "Old Mutual Affiliates to Gain More Equity," *Pensions & Investments*, 16 October 2007.

弊端是利益分配变化导致的人才流失：由于必须对外部股东支付必要的收益，组合经理的薪水必然受到影响，导致优秀人才大量流失，进而造成投资者资产风险上升。总之，资产管理公司大量外部股权的存在对投资成功设置了不小的障碍。

2. 投资银行设立投资管理公司产生的利益冲突

金融行业充满着利益冲突，结构复杂的大型机构面临的问题更多。例如，投行经常设立自己的私人资产投资基金，并以能够获得专有的投资机会作为卖点。但是投行开展这项业务本身与客户利益之间存在着不可调和的内在冲突。例如，一个客户聘请投行作为顾问帮助出售一部分资产，该投行是否可以建议旗下基金去购买这部分资产？投行究竟应该为公司客户着想出高价购买该资产，还是为维护基金投资者的利益出低价购买？在这种情况下，很难获得公正的意见和公平的价格。

投行的利益冲突经常弥漫于并购的整个过程。有时，投行在担任卖方顾问的同时还为买方提供融资，这一双重身份使它们深陷利益冲突之中。根据《国际先驱论坛报》（*International Herald Tribune*）的报道，2007 年 8 月家得宝（Home Depot）公司聘请雷曼兄弟担任其出售下属部门 Home Depot Supply 的卖方顾问，而雷曼兄弟又直接为潜在的买方提供融资。由于当时次贷危机导致杠杆收购公司资金普遍紧张，雷曼兄弟趁势威逼买方就融资条款重新谈判，给雷曼兄弟更多好处。雷曼兄弟对买方施压的行为对买卖双方都很不利，构成了严重的利益冲突。[1] 最后，家得宝愤而将顾问业务交给了高盛，而雷曼兄弟在为买家提供融资的业务中如愿获得了更高的利润。同为卖方顾问和买方融资顾问，矛盾冲突难以调和。在杠杆收购中，这一冲突尤为明显。

摩根士丹利与伯灵顿工业公司的案例

投行通过向组合经理所投资的公司提供咨询和资本市场服务，可获取可观的报酬。1990 年 12 月 14 日，《华尔街日报》详细报道了摩根士丹利在投资

---

[1]　Andrew Ross Sorkin and Michael J. de la Merced, "Home Depot Said to Cut Price of Supply U-nit by $2 Billion," *International Herald Tribune*, 27 August 2007.

于伯灵顿工业（Burlington Industries）公司项目的过程中如何做到"肥水不流外人田"。

1987年，摩根士丹利旗下的杠杆收购基金利用杠杆以4 600万美元的股本收购了价值22亿美元的伯灵顿工业公司。在接下来的三年内，摩根士丹利从伯灵顿工业公司身上赚取了超过1.2亿美元的服务费，包括承销报酬和资产剥离业务的顾问费等。由于摩根士丹利控制了伯灵顿工业公司的董事会，因此对涉及融资和资产剥离的业务拥有绝对话语权，既非公平交易，也不受市场力量影响。伯灵顿工业公司非但没有因为这层关系沾光，反而所有的交易都按市价收费。更有甚者，摩根士丹利还额外安排伯灵顿工业公司进行了一系列本来不必要的交易，导致费用超出市场水平，结果损害了伯灵顿工业公司和摩根士丹利基金投资者的利益。当拥有基金的投行通过向基金所投资的公司收取顾问费获利时，基金投资者的利益受到直接损害，严重的利益冲突随之发生。

《华尔街日报》的记者乔治·安德斯（George Anders）撰文指出："这起案例对华尔街进军商业银行业务提出了严重的质疑。[1] 伯灵顿工业公司每次需要咨询时，摩根士丹利都计时收取费用，无论是承销高收益债券业务，还是资产剥离业务。"而投行从顾问业务中得到的收入要远高于摩根士丹利基金的投资者在伯灵顿工业公司股权交易当中的获利。所以无论股权投资者收益如何，投行都已经大赚特赚了。[2]

高盛和水街基金的案例

高盛在1990年设立水街基金（Water Street Corporate Recovery Fund），规模为7.83亿美元。这是一只集中投资于不良证券的基金，它的出现产生了更为广泛的利益冲突。高盛本希望这只基金能被视为破产公司的救星，然而事与愿违。

---

[1] George Anders, "Captive Client: Morgan Stanley Found a Gold Mine of Fees," *Wall Street Journal*, 14 December 1990, sec. A.

[2] Ibid.

　　冲突之一就是高盛投行一方面提供融资重组咨询业务，另一方面通过旗下基金实际上控制了这些问题严重的公司的证券。投行在从事咨询业务时通常通过"内部防火墙"避免客户提供的敏感数据被泄露给证券分析人员和交易商。之所以被称为"内部防火墙"，一种解释是由于交易完成后容易拆除，另一种解释是这样的防火墙本来就形同虚设。高盛的水街基金就是典型案例。高盛的合伙人米凯尔·萨洛瓦拉（Mikael Salovaara）同时管理水街基金并且向客户提供重组咨询业务，导致这两项业务的隔离墙完全消失，难怪其他公司的交易商经常开玩笑说"米凯尔的大脑中有一道'防火墙'"。[1]

　　水街基金投资于玩具制造商 Tonka 不良债券的案例充分诠释了错综复杂的利益冲突。水街基金曾经购买玩具制造商 Tonka 的大量不良债券。但是萨洛瓦拉一边不断增加 Tonka 不良债券的仓位，一边与同行竞争希望成为 Mattel 的顾问，协助其收购 Tonka 公司。如果如愿以偿，水街基金自然很容易得到有关 Tonka 债券价值和可售性等非公开信息，这对于其他垃圾债券投资者自然不公平，部分投资者甚至公开抗议并减少通过高盛进行的交易活动。[2]

　　最终 Tonka 决定接受孩之宝（Hasbro）公司的收购，但高盛怎能就此罢休。此时水街基金已经拥有 Tonka 一半以上的债券，购入价不到面值的50%。[3] 尽管 Tonka 董事会希望将公司出售给孩之宝，但高盛态度强硬，坚持要求收购方出更高价格收购公司债券。尽管这种做法在弱肉强食的不良债券市场上并没有掀起很大波澜，但一些客户提出高盛的行为违背了当初不参与任何敌意收购的声明。但最终高盛的战术奏效，水街基金在 Tonka 债券上获得了更高的收益。相应地，Tonka 和孩之宝的股东的收益减少了。高盛虽然得到了丰厚的投资收益，但却损害了把客户放在第一位的公司声誉。

　　利益冲突还体现在高盛的垃圾债券交易活动上。为了避免竞争，高盛规定其高收益债券交易部门不能进行水街基金感兴趣的高收益债券交易。本来通过高盛进行交易的客户就担心高盛利用信息优势，这样的限制意味着他们还要面临做市商无法提供交易的情况。

---

① *Wall Street Journal*，4 June 1991：6.

② Ibid.

③ Ibid.

高盛面临的利益冲突远不止 Tonka 这一例。根据《华尔街日报》1991 年 6 月 4 日的报道，在水街基金投资重组概念的 21 家公司中有 9 家当时或者曾经是高盛的客户。[①] 高盛的水街基金取得了不公平的竞争优势。

迫于舆论压力，高盛 1991 年 5 月提前几年结束了该基金。水街基金短暂的生命留给人们的是"骄人"的业绩以及关于利益冲突的深刻教训。

高盛和全球股票机遇基金的案例

2007 年 8 月，高盛旗下的对冲基金表现都非常糟糕。作为旗舰产品的全球 Alpha 基金（Global Alpha Fund）自年初以来的损失为 27%。[②] 另一只基金——北美股票机遇基金（North American Equity Opportunities Fund）在 7 个半月内也亏损了 25%。全球股票机遇基金（Global Equity Opportunities Fund）仅在 8 月的第二个星期就损失了 30%。[③] 由马克·卡哈特（Mark Carhart）和雷蒙德·伊凡诺夫斯基（Raymond Iwanowski）两人掌管的这三只基金在 8 个月内合计蒸发了 47 亿美元。

但是高盛几乎毫发未损。公司首席财务官（CFO）戴维·维尼亚（David Viniar）坦言："这其中高盛自己投资的比例非常小。"高盛只管从业绩一塌糊涂的基金中提取管理费，所有的损失都由投资者自己承担。而此时，看到了市场暴跌时的入市机会的高盛决定注资成为主要投资者。

随着股价的暴跌，高盛安排向全球股票机遇基金注入了 30 亿美元，其中 20 亿美元来自高盛自己。公司首席财务官维尼亚在分析师电话会议中这样解释："注资的举动对基金以及原有的投资者有利，这为他们充分利用市场机会提供了弹药。"事实上，高盛的注资用于防御策略。基金经理利用这些资金将基金的杠杆率由高得不负责任的 6 倍降低至仍然很高的（但更具防御性的）3.5 倍。[④]

①　*Wall Street Journal*，4 June 1991：6.

②　Jenny Strasburg and Katherine Burton，"Goldman Global Equity Fund Gets ＄3 Billion in Capital，"Bloomberg. com，13 August 2007.

③　Henny Sender，Kate Kelly and Gregory Zuckerman，"Goldman Wagers on Cash Infusion to Show Resolve，"*Wall Street Journal*，14 August 2007.

④　"GS—Goldman Sachs Conference Call，"Thomson StreetEvents，Final Transcript；13 August 2007：4-5.

　　高盛向基金注资的行为引来了不少质疑。如果真如高盛所言，这一举动可以惠及原有基金投资者，降低杠杆率，提供"弹药"，那么为何偏偏选择全球股票机遇基金？高盛对亏损严重的全球 Alpha 基金和北美股票机遇基金投资者的受托责任呢？对此高盛给出的解释是：另外两家基金的基金经理也在降低基金的风险和杠杆水平。那么投资者又要问，为何全球股票机遇基金可以利用现金注入以较低的成本来降低杠杆率，而其他两家被冷落的基金却要在市场如此不利的情况下出售资产？

　　同时高盛注资的时点也受到指责：既然高盛判断这是"很好的投资机会"，那么为何高盛将这个机会绝大部分只留给自己以及自己挑选的个别投资者？除高盛自己的 20 亿美元外，其余的 10 亿美元主要来自亿万富豪兼慈善家埃利·布劳德（Eli Broad）、美国史带投资集团（C. V. Starr）董事长兼首席执行官莫里斯·"汉克"·格林伯格（Maurice "Hank" Greenberg）以及投资基金佩里资本（Perry Capital）等。[①] 高盛作为全球股票机遇基金的资产受托人，难道不应该将这样的机会首先留给原有的投资者吗？

　　从另外一个角度来看，高盛向全球股票机遇基金注资的举动，其实损害了原有投资者的利益，而并非如其所宣扬的那样保护了投资者的利益。高盛以及个别经过高盛挑选的投资者出资 30 亿美元，实际上可以选择对自己有利的净值水平介入基金，对他们来讲这是一笔不错的交易。如果这 30 亿美元用于在市场上购买该基金中损失严重的证券品种，如此大规模买入必将推高市场价格，抬高高盛入市的成本。而把这 30 亿美元作为资产注入基金，不仅降低了杠杆率，也达到了低成本入市的目的。但这样的注资行为却稀释了原有投资者的仓位，摊薄了他们的利益。

　　最后，相对于全球股票机遇基金原有的投资者，高盛及其挑选的投资者获得了更优惠的待遇。在一次分析师会议上，高盛的总裁兼首席运营官加里·科亨（Gary Cohen）指出：公司的现金注入使高盛"和原有投资者处于同样的地位"。而事实上，后来注入的这些资金不需要支付管理费，基金收益超过 10% 的部分才提成，而且提成比例降为 10%。所以后续注资举动并非与

---

① *Wall Street Journal*，14 August 2007.

原有资金站在同一起跑线上，因此对原有投资者的利益构成了损害。

高盛选择注资的时点可谓非常恰当。据彭博社统计，在高盛向全球股票机遇基金注资后一周内，基金净值即飙升12％。截至9月20日，据美联社报道，在短短一个月的时间内高盛的这笔投资收益就达到了16％。从短期来看，高盛的收益相当可观。当然，全球股票机遇基金的投资者也从基金的反弹中获益，但是高盛后来的投资还是摊薄了他们的收益。高盛乘人之危地进入基金，残酷无情地侵占了原有基金投资者的利益。

尽管投资者和投资管理者的利益冲突不能完全避免，但若选择独立的投资管理公司，利益冲突会相对较小。投资者回避这些大型金融服务公司的分支和附属机构并不会失去选择投资管理公司的机会，实际上市场上的选择有很多。

第四节　投资管理报酬协议

合理的投资管理报酬协议对能否实现令投资者满意的业绩至关重要。投资者在选定独立投资管理公司后会面临评估（或协商）基金经理报酬的问题。决定报酬机制的因素之一是资产定价效率，因为被动管理有效定价的证券的基金经理与积极管理定价效率较低的证券的基金经理的报酬应该有所区别。交易条款中管理费率结构的方方面面都有可能导致投资者与投资管理公司之间的利益冲突，所以资产受托人应该仔细对待与外部基金经理签订的协议，特别留意当中载明的和隐含的激励条款。

一、共同投资

双方共同投资为解决资产受托人（代表资产所有者）与外部资产管理公司之间的矛盾提供了有力的手段。通过共同投资，资产管理者在某种程度上变成了所有者，不再单纯考虑自己代表的机构的利益。虽然无限期经营、享受免税的机构投资者（资产所有者）与有限期经营、需要纳税的资产管理者之间仍然存在着利益目标的不同，但共同投资的确可以使资产管理者牺牲客户利益以达到自私目的的可能性大大降低。

虽然共同投资比例无论大小都能够激发资产管理者的责任心，但资产管理者的投入比例越高，越能够激发其取得高水平投资收益率的专一态度。如果管理资产的规模太大，虽然手续费收入增加，但投资收益率的下降速度可能更快，这也意味着资产管理者的资产收益下降，这将直接促使资产管理者主动放弃吸引新的资本流量。由于限制投资规模造成的管理费减少可以清楚地计算，而因资产规模增长带来的收益下降的程度却是模糊的，因此，除了那些最富有的资产管理者外，大多数资产管理者倾向于选择增长资产规模的策略。但是，如果资产管理者进行高比例的共同投资，至少投资者能够从中读出投资管理机构以委托人利益为导向的价值取向。只有资产管理者对自己管理的基金有足够的把握才会愿意将自己的资产投入，这样也促使资产管理者与投资者建立共同的利益目标。

资产管理者的个人资产与投资者资本的充分结合可以使双方利益强有力地结合起来。虽然使资产管理者参与分享利润可以促使他们专注于资产委托人的目标，努力创造出卓越的投资收益，但如果协议只规定了共同分享盈利，而损失由投资者自行承担，只能刺激投资经理冒更大的风险。只有使投资管理机构进行大量的共同投资，制定有福同享、有难同当的协议，才能使投资经理更好地评估投资机会。共同投资的绝对数额不是最重要的，关键是资产管理者必须将个人财富的很大一部分投入，这样才能使资产管理者按照委托机构期望的方式，从投资者的角度行事。

共同投资将资产管理者的利益和资产委托机构的利益结合起来，提高了投资者的地位，但投资目标的差异依然存在。作为纳税人，资产管理者需要缴税，而以大学捐赠基金为例的机构投资者施行的是免税制，双方面临不同的税后收益水平。普通投资管理公司的投资期限一定小于大学捐赠基金之类的永久性机构。共同投资比例高的资产管理者对组合分散化的要求通常高于机构投资者，而机构投资者不希望组合过于分散化。总之，尽管资产管理者和机构投资者在纳税条件、投资期限以及风险承受能力等方面都存在差异，但共同投资是利大于弊的解决方案。

二、有价证券的投资管理报酬协议

在通常情况下，投资管理报酬协议主要取决于所管理资产的定价效率。被动管理的政府债券与积极管理的私人股权投资会采用不同的费率协议。管理定价相对有效的有价证券，会采用按资产规模收取固定比率管理费的方式；管理定价效率较低的资产，会采用按资产规模收取管理费加收益提成的方式。当然，这只是理想的报酬结构，实际情况会很复杂，投资者只能采取务实的方法，择优选择。

1. 被动投资管理策略

采取被动投资管理策略的投资经理与采取积极投资管理策略的投资经理面对的是完全不同的问题，特别是在基金规模方面，规模越大对积极投资越不利，而对指数基金经理而言却是越大越好。例如，指数基金只要投资者基数和投资规模足够大，就可以产生投资者进出基金的"无缝化"（交叉交易），即要求赎回的投资者数量与要求申购的投资者数量相对应，实现无成本进出基金。① 基金规模越大就越能提高与指数的同步程度，因为足够大的组合可以完全地复制市场整体组合，从而减少单个投资失误对组合过程的影响。经验表明，数十亿美元的基金进行指数化投资，与指数的偏差非常小。

巴克莱环球投资者基金（Barclays Global Investors，BGI）是全球最大的指数基金之一，提供复制各种指数的产品，以满足不同的投资群体。其中规模最大的标准普尔 500 指数基金，截至 2006 年底的规模为 1 270 亿美元，扣除费用前的十年年均收益率为 8.46％，同期标准普尔 500 指数的增长率为 8.42％。同期规模较小的债券基金（截至 2006 年底的规模为 16 亿美元）的年均收益率为 6.33％，相比之下，雷曼兄弟公司指数的年均收益率为 6.26％。

被动投资与大宗商品投资类似，因此报酬机制也应该类似。指数基金的经理需要与投资者自己内部被动管理的组合竞争，从而使大客户的管理费降

———————————

① 巴克莱环球投资者基金预计，其旗下标准普尔 500 指数基金有 60％～70％的交易为交叉交易。此类内部交易既不会造成市场冲击，也不会产生交易费用。

至只有两个基点（0.02%）的水平。① 通过选择被动策略来管理有效定价的资产，投资者期望以最小的成本取得可预估的收益。

有强有力的证据支持对所有的有价证券均采取被动投资管理策略，其中有两个因素尤其支持对债券组合进行被动投资管理。第一，为使固定收益资产类别发挥抵御通货紧缩风险的作用，投资者必须持有长期、信用等级高且不可赎回的债券，这意味着建立久期稳定的政府债券组合。第二，政府债券定价的高效性使积极的证券选择策略成本过高而且无效。所以，基于到期期限稳定的需要和积极证券选择无效的现实，债券组合管理应该实行被动管理。

相比债券组合而言，投资者建立国内股票组合具有更大的灵活性。但是寻找股票市场特别是大盘股错误定价的机会并非易事，所以很多投资者会倾向于指数化投资。指数化基金避免了高管理费和交易成本，使希望超越指数表现的积极管理基金面临不小的挑战。尽管实现风险调整后的超额收益有相当大的难度，大多数投资者还是愿意采用积极投资管理策略。

2. 积极投资管理策略

积极投资管理策略的投资者对相关管理费用水平相当关心，基金收费水平直接关系到投资收益能否超越大盘。有价证券的积极型投资经理一般按照资产规模的比例收取管理费。如果投资经理因创造高额投资收益吸引到更多投资，在自身收入增长的同时也让资产委托人满意，那么投资经理与资产委托人的利益不发生冲突。但如果投资经理明哲保身，采取贴近指数的操作以确保自己能够获得费用收入的同时又不会因业绩低劣而被驱逐出局，则投资经理与资产委托人之间将产生不可避免的利益冲突。更有甚者，投资经理可能会为了获得更多的管理费而追求资产规模的扩大。

由于管理费收入随着管理资产规模的增大而增长，因此，投资经理受到个人经济利益驱使，会发现吸引新的资金要比获得超额收益率容易得多。除

---

① 巴克莱环球投资者基金旗下的标准普尔 500 指数基金的收费模式如下：5 000 万美元以下管理费为 7 个基点，5 000 万美元至 1 亿美元管理费为 5 个基点，1 亿美元以上管理费为 2 个基点。一个基点为 0.01%。

了极个别外，投资经理都会不遗余力地进行营销活动，目的就是聚集尽可能多的资产。为了保证资产不流失，投资经理会构建类似市场基准的指数化组合以避免出现灾难性的投资收益水平，这样做的结果其实是丧失了获得高收益率的机会。对多数机构基金经理来说，投资管理充其量只能算是次要的考虑因素。

建立合理的投资管理报酬协议能够缓解投资管理中的许多内在冲突。合理的协议包括两个部分：补偿管理成本的基本报酬以及投资经理创造的增值收益中按比例提取的激励报酬。激励报酬是通过投资活动获得的超过市场基准水平收益的一部分。举例来讲，国内大盘股的投资经理会由于投资收益率高于标准普尔 500 指数而提取利润分成，而外国股票的投资经理会由于投资收益率超过摩根士丹利资本国际 EAFE 指数（Morgan Stanley Capital International EAFE Index）而得到利润分成。合理的投资管理报酬协议可以激励投资经理恪尽职守，虽然目前合理的协议在投资管理领域相当罕见。

遗憾的是，绝大多数有价证券基金经理采用基于资产规模的管理费模式，得到的结果是管理费随着市场力量引起的组合价值波动和资金进出而变化，基金经理本身的投资技巧起到的作用越来越小。尽管很多基金经理提出的投资管理报酬协议（特别是激励部分）看上去对投资者很有吸引力，实则不然，原因有三：第一，大部分有价证券基金的主要利润来源是基于资产规模的管理费收入，所以基金经理非常重视和依赖资产规模的增长。换句话说，尽管投资管理报酬协议中包含激励部分，但只要管理费的收费模式不改变，对基金经理行为更有影响力的就不是收益水平，而是资产规模。第二，基金经理提出的激励计划倾向于保护公司的既得现金流利益。基金经理不会按正常运营成本来决定最低收费标准，而是要确保即使在最平庸的业绩水平下公司也有连续的现金收入，从而变相保证公司在原有管理费模式下的利润率。第三，投资者在传统的完全基于资产规模的收费模式和以激励为主的收费模式之间做出选择时可能会产生认知偏差。投资者对积极型有价证券基金经理所抱有的收益预期可能会导致后一种收费模式的成本超过前者。虽然针对积极型基金经理的激励机制收费模式在理论上很有吸引力，但现实协议中的利益安排很难保证基金经理从投资者的角度出发。

无论是传统的与资产规模直接相关的收费模式，还是含有激励机制的收费模式，投资者都应该在协议谈判过程中尽量获取最低收费标准，不要轻信协议中的"对投资者最为有利"等语言。在公开讨论的股票投资管理费用协议的背后，通常隐含着"软佣金"支付安排，这种安排是一种惯用的回扣办法，其目的是通过侵害投资者的利益来为投资管理机构扩充现金流。

3. 软佣金

软佣金在美国由来已久，在 1975 年 5 月 1 日之前华尔街实行的是固定佣金制度，但是固定佣金的数额要远高于实际交易所需要的费用。迫于竞争压力，经纪商避免收取固定佣金，而是向其优惠客户返还一定的佣金，返还的佣金被称为"软佣金"。从本质上讲，软佣金是由经纪商返还给客户的交易回扣，用来购买与投资相关或无关的服务。

对投资者而言，无论多付出的这部分佣金用来支付何种服务，都必将减少投资收益。这部分收益直接从投资者腰包里掏出，并且以商品和服务的形式返还给投资管理公司，使其成为实际的直接受益者。因为这些服务本应该被算在投资管理公司的管理费之中，所谓的"软佣金"实则是变相地增加的管理费，换句话说，是华尔街侵占的投资者的利益。

老牌基金 T. Rowe Price 在 2004 年 3 月 1 日的一份相关信息披露中描述了软佣金的游戏。该信息披露显示："在特定情况下，投资者可能需要支付更高的经纪业务佣金，以此获得经纪业务和研究服务……其中可能包括购买电脑以及相关硬件的费用。我们同时会购买研究服务，如果以我们自己的能力进行这些研究，支出将大大增加。借助与我们进行经纪或交易业务的券商，这些支出将大大减少。"对软佣金政策隐晦的描述被淹没在这份资料的第 90 页和第 91 页，而对一份信息披露文件，读者通常不会读到这里。虽然基金这样的披露方式尽到了法律告知义务，但软佣金政策明显损害了投资者的利益。

1975 年 5 月 1 日后，美国证券交易委员会（SEC）取消了固定佣金制度，基金公司无法合理收取和操作软佣金，而改为由市场竞争决定佣金水平。私下进行的回扣交易可能消失，但是投资管理公司又怎肯将研究支出由投资者支付（从交易费用中）改为由自己支付（从管理费收入中）呢？为了保护自己的利益，投资管理行业奋力保证软佣金机制的继续存在。

华尔街的游说果然奏效。1975 年，国会为软佣金的应用创造了避风港，其依据是《1934 年证券交易法》第 28 节 e 条。国会屈从于华尔街的压力，曲解了一条原本旨在保护广大投资者利益的法律条款，指示证券交易委员会对软佣金的使用进行合理定义以使其合法化，明确允许基金管理公司损耗投资者的资产。软佣金存在的意义何在？为什么市场参与者会允许以高于实际交易所需费用的价格收取佣金，而后以产品和服务的形式返还给投资管理基金这一低效率的现象存在呢？原因就是这一过程相当不透明，投资管理公司可以从中获益。如果软佣金如管理费一样高度透明，也就不会存在了。

20 世纪 80 年代美国证券交易委员会重新审视软佣金问题，但结果不仅没有彻底摧毁其存在的基础，反而有助长软佣金之势。针对行业难以限制软佣金的现状，美国证券交易委员会在 1986 年的新闻稿中说对策是"应该对经纪和研究服务采取更广泛的定义"。言外之意是，在更广泛的"合理适用范围内"，软佣金完全可以摆脱束缚，随意使用。可见监管部门站在了投资管理机构一边，为其提供更大的保护伞，而忽略了投资者的利益。

美国证券交易委员会主席阿瑟·列维特（Arthur Levitt）在 1995 年 2 月 15 日《华尔街日报》的一篇文章中这样形容软佣金产生的利益冲突："软佣金安排会直接导致投资经理与客户之间产生利益冲突。比如，经理会让客户支付更高的佣金，或者使用客户账户进行频繁交易以实现软佣金。当投资经理为获得软佣金而直接与错误的经纪商进行交易时，软佣金安排可能造成劣质的交易。"[1]

为消除围绕经纪业务而产生的矛盾，1995 年 2 月美国证券交易委员会在《1940 年投资顾问法》（Investment Advisors Act of 1940）的基础上提出新法案，要求投资管理公司必须将佣金购买的服务项目公开。业绩报告应该列出在过去一年中获得佣金最多的前二十家经纪商，前三个纯交易经纪人，以及基金经理对每个经纪人的佣金总额，向经纪人支付的佣金的平均水平。这样

---

[1] Jeffrey Taylor, "SEC Wants Investment Managers to Tell Clients More About 'Soft Dollar' Services," *Wall Street Journal*, 15 February 1997, 5, 21.

的信息披露将使客户有机会评估软佣金服务的成本和收益，而投资管理公司也可以了解投资者是否希望限制使用此类服务。遗憾的是，自 1995 年至今该提案还没有带来任何实质性效果。

尽管美国证券交易委员会主席列维特对软佣金的使用表示担忧，但是 1998 年，美国证券交易委员会再次令共同基金投资者失望。根据 1998 年美国证券交易委员会的《调查报告》（Inspection Report），几乎所有的投资顾问都从经纪-交易商那里获得了除交易之外的产品和服务，而且他们使用客户的佣金支付这些产品和服务。软佣金产生了利益冲突：一方面基金需要获得研究服务；另一方面客户有权以最优惠的佣金率得到最好的交易服务。报告一一列举了滥用软佣金的事例，例如"用来购买本应由基金支付的房租和设备，用作通信费、员工工资、营销费用、法律顾问费、酒店住宿费以及租车费用等"，显然远远超出了"研究费用"的范畴。

面对行业普遍存在的软佣金造成的利益冲突和滥用现象，监管部门 1998 年的《调查报告》只是表示"再一次重申应该加强指导，保留相关记录，披露更多信息，鼓励加强公司内控"。全部是官方语言，投资者的利益依然没有得到保护。

尽管 1998 年的《调查报告》支持废除软佣金的使用，但美国证券交易委员会屈从于外界压力。监管部门无所作为的原因是利益集团游说，包括投资经理、华尔街公司以及证券分析师协会等，而普通投资者则没有利益代表，无法发出声音。自诩为"投资者保护神"的监管部门表示加强监管，保护投资者的利益，而实则对软佣金没有采取任何行动。一位批评人士指出，美国证券交易委员会只在那些一目了然、易于理解的问题上保护投资者的利益，而对那些不太显眼、复杂难懂的损害投资者利益的行为听之任之。

令投资者更加难以容忍的是软佣金没有花在刀刃上，而是向咨询机构支付完全没有必要的咨询费，用来换取咨询机构的好评。根据 1998 年美国证券交易委员会的报告，业绩分析服务成为"交易佣金中软佣金"开支的很大一部分。[1]

---

[1]　Jeffrey Taylor, "SEC Wants Investment Managers to Tell Clients More About 'Soft Dollar' Services," *Wall Street Journal*, 15 February 1997, 40.

很明显，所有称职的投资管理机构都应该建立适合本机构特点的机制，分析投资收益，评估投资得失。从咨询公司处购买业绩分析意味着牺牲客户的钱来填充咨询公司的金库。投资机构这样做的目的是使咨询机构在为潜在客户推荐基金经理时，会给出对该投资机构有利的评价。投资经理希望用客户的钱购买咨询公司无用的信息，以此换来"人情"以提高自身地位的做法实在无耻。

更有甚者，一些投资经理花钱一点都不心疼，购买多家咨询机构的业绩报告。美国证券交易委员会的研究表明：一家大型投资管理机构"提取了882 000美元的客户佣金，用于购买13家咨询公司的业绩分析报告"。根据《养老金和投资》（*Pensions and Investments*）的报告，资产规模达243亿美元的J&W Seligman基金管理公司曾经向七家咨询公司同时购买业绩报告，并利用客户的资产，通过软佣金进行支付。[①] 该机构向各家咨询公司共支付了310 789美元［其中，凯兰协会（Callan Associates）79 000美元，业绩评估协会（Evaluation Associates）100 000美元，弗兰克·罗素（Frank Russell）26 789美元，麦迪逊组合咨询公司（Madison Portfolio Consultants）17 500美元，SEI公司10 000美元，韦尔兹利（Wellesley）集团52 500美元，燕妮-比尔基（Yanni-Bilkey）投资咨询公司25 000美元］，这样做的效果无疑是使这家基金公司成为各家咨询机构推荐的热门基金。

除了"合法"地将软佣金用于提高在咨询和推荐中的排名外，有将近30%的投资经理将软佣金用于"非研究性的产品和服务"，包括办公室租赁、设备、营销、电话服务和工资支付。美国证券交易委员会认为："绝大多数用软佣金购买与研究无关的产品和服务的基金经理都没有向客户做出适当的披露。"[②] 除了将非法来源的收入用于合法的业务支出外，很多基金经理更是将客户资金转为私人使用，用于购买旅游、娱乐、电影票、豪华轿车、室内装潢、网站设计和建设、办公软硬件设施等。一家基金管理公司曾经以"地区研究"和"战略计划"的名义将软佣金通过由公司高管控制的多家公司进行一系列转账，用来支付高管家属到国外旅游的费用。虽然软佣金本身不构成

① Barry B. Burr, "Soft Dollar Managers Pay." (*Chicago*) *Pensions and Investments*, 10 August 1998, Editorial section, 10.

② SEC, Inspection Report, 3.

偷窃罪，但不透明的软佣金辅助了犯罪行为。

与软佣金有异曲同工之妙的还有指定经纪交易。在指定经纪业务中客户（投资者）指定通过特定的经纪公司进行交易，虽然需要支付高于市场平均水平的佣金，但其中一部分会以现金折扣或与投资相关的产品和服务的形式返还客户（投资者）。指定经纪交易有两大特点：一是采用这种交易形式的客户实际上是从没有采用指定经纪业务的客户身上获益；二是客户可以获得折扣或者享有正常渠道难以得到的产品和服务。

投资管理公司通常把很多客户的账户集中起来交易，各客户账户按比例承担交易成本。如果一个客户为了得到现金回扣要求通过指定的经纪公司进行交易，则相对其他客户产生了额外利润，并且有可能一直这样偷偷获利。不难看出，指定经纪交易存在的前提条件是隐蔽性，一旦被公开，其他客户自然会要求得到同等的待遇。

有些客户，尤其是一些政府和公司客户，因为无法直接从投资管理公司处获得回扣，有时便会采用指定经纪业务和软佣金，以此"拓宽"财源。

在劳工部软佣金和佣金问题工作组会议上，新泽西州投资部的前任主管公开承认他曾经使用软佣金支付必要的行政开支，这是由于他在新泽西州议会得不到足够的资金。这位官员还认为"对'研究活动'的解释应该扩大到包括差旅支出"。[①] 软佣金机制帮助新泽西州投资部突破了州立法院的限制，使投资运作违背了新泽西州选举代表的意愿。

2007 年 4 月，美国证券交易委员会主席克里斯托弗·考克斯（Christopher Cox）也加入了呼吁对软佣金进行改革的阵营。在一次对共同基金管理者的演讲中，他说道：

> 软佣金让基金经理们忽略了对投资者的义务，为了从研究机构和经纪商处获得好处而进行不适当的证券交易。软佣金都是投资者的真金白银，虽然在账面上并没有体现出来，但据估算，美国每年软佣金达到数十亿美元。

---

① Advisory Council on Employee Welfare and Benefit Plans, *Report of the Working Groups on Soft Dollars/Commission Recapture* (Washington D. C., 13 November 1997): 5, 21.

软佣金问题关系到基金的信息披露，投资者很难从公开信息中看出软佣金的去向，只有硬佣金以管理费的形式出现。很可能从表面上看投资者需要支付的管理费减少，而以软佣金形式存在的费用最终还是要由投资者买单。

软佣金的存在与投资机构"必须清晰地向投资者表述费用和成本"的法律义务相违背。《证券交易法》第 28 节 e 条取消了固定佣金，一直被视为为软佣金提供了法律庇护，但该条款的实际宗旨在于鼓励研究上的竞争，而绝非产生利益冲突、鼓励基金经理从佣金中直接获益、损害投资者的利益。①

同年 5 月，考克斯又呼吁取消或更改保护软佣金的法律条款，并指出在基金管理公司与经纪商之间达成的软佣金安排带来"隐性费用，造成利益冲突，违背了投资者的根本利益"。②

虽然美国证券交易委员会也试图为软佣金增加透明度，但为什么从来没有触及软佣金存在的根基？答案就是，经纪业务中强大的市场参与者都可以从软佣金交易中受益。作为第三方的软佣金产品和服务提供方也存在巨大的既得利益。而操作软佣金的投资管理公司更是将一部分投资管理成本转移给客户从而增加收入。

软佣金操作也有违合理的企业治理方式。无论是投资经理将软佣金支付给咨询公司，还是直接用来增加投资收入，都证明了公司治理的不透明性。基金经理通过虚构费用取得资源以帮助其他项目，这种方法偏离了投资者的本意。软佣金和指定经纪业务都应该被禁止。

三、另类资产类别的投资管理报酬协议

另类资产类别的投资管理报酬协议通常都含有利润提成条款。虽然有其局限性，但与普遍采用的有价证券的投资管理报酬协议相比，另类资产类别

---

① Sec. gov，Christopher Cox，"Speech by SEC Chairman：Address to the National Italian-American Foundation"（Washington，D. C.，31 May 2007）.

② Sec. gov，Christopher Cox，"Speech by SEC Chairman：Address to the Mutual Fund Directors Forum Seventh Annual Policy Conference"（New York City，13 April 2007）.

的协议更好地统一了基金经理和投资者的利益，因为利润提成使基金经理将精力集中在投资收益上。基金经理与投资者的共同投资也是两者利益一致性的重要推动力，基金经理与投资者分享收益、共担损失使基金经理注重投资的下行风险，而不是盲目冒险，从而消除了利润分成协议中基金经理只分享利润而不分担损失的担忧。

如果没有采取高比例的共同投资的形式，而是规定基金经理仅分享收益而不必承担风险，相当于鼓励基金经理用客户的资产进行冒险，以期获得类似期权的分红收入。这种"旱涝保收"的合约，就是普遍的代理问题的根源，基金经理自然注重个人目标而不去担心投资者是否获得相应的风险调整收益。

对利润提成的起点或者基准水平没有明确规定也会产生很多问题。如果将资本收益的 20% 作为投资经理的报酬，投资者相当于为市场上扬（而非基金经理可操控因素）向基金经理派发大大的红包。如果没有对投资者资金的机会成本进行合理评估，投资者获得出色的风险调整后收益的可能性不大。

另类资产类别的投资管理报酬协议由管理费（一般按组合价值或实收资本计算）和利润提成（一般按投资收益的一定比例计算）组成。理想的情况是，管理费刚好用于补偿基金进行投资的各种成本，而利润提成作为投资增值的一种激励机制。而实际情况经常是管理费超过了需要弥补的运营支出水平，成为基金的重要利润来源；而利润提成也远远大于实际的投资增值，基金经理获得的奖励（或惩罚）完全归功于市场因素，而非自身的操作水平。

1. 费用收入

一定的管理费收入弥补了投资管理机构的日常开支，使投资经理可以完成投资任务。投资机构的高管们的确应当得到合理的工资、敞亮的办公室以及构建和管理组合所需的足够的资金。理想的情况是：投资者与基金经理讨论投资机构运营所需的资金水平，制定足够的预算来满足这些要求。而实际情况是：随着基金规模的扩大而行业标准费率水平保持不变，基金经理可以通过扩大规模获得大量现金流。

除了管理费和利润提成外，私人股权基金（特别是杠杆收购基金）经理还会在交易完成时向投资者收取交易费用。这项收费直接损害了投资者的利益，而且可能促使投资机构进行没有意义的收购活动来增加收入，给其原本已经极其丰厚的管理费和利润提成收入继续"添砖加瓦"。这部分超过业务运营所需的费用在投资者与基金经理之间是此消彼长的关系，基金经理侵占了投资者的利益，也自然将注意力从获取投资收益转向赚取费用收入。

2. 利润提成

对投资增值部分进行分配的激励机制是激励基金经理的一个有力工具。公平而有效率的投资管理报酬协议将投资的增值部分在基金经理和投资者（资产委托人）之间进行分配。双方都有资格分享收益，因为基金经理的工作创造投资增值，而投资者的资本是交易存在的前提。基准收益率水平是指投资者资金的机会成本，超过这一水平意味着基金经理开始创造增加的价值。然而，遗憾的是，在私人股权投资领域，基准收益率相当罕见。资本一产生收益就给基金经理利润分成的做法是不合理的。只有当基金经理创造出超过资金机会成本的增值收益时才予以奖励，才能真正激励基金经理为投资者获得出色的风险调整后收益。

有一种非常不合理的投资管理报酬协议规定：投资者以扣除管理费之后的资本为基数，向基金经理支付利润提成。在这类私人股权投资协议中，投资者的资本账户余额会因支付管理费而下降。如果以此为基数计算收益，投资者实际上向基金经理多支付了利润提成，甚至很可能亏本向基金经理支付了利润提成。所以利润提成的底线最起码要保证投资者能够收回全部投入资本，基金经理在此基础上获得相应的激励收入。

为了体现公平性，投资管理报酬协议应该规定：投资者在基金经理参与利润提成前应该先达到一个硬性最低收益率，只对超过最低收益的部分进行提成。而基金经理经常推销的软性最低收益率方案允许基金经理在超过最低收益率后回过头来享受最低收益率以下部分的提成，这时最低收益率形同虚设，对投资者几乎没有价值（除非投资收益率低于最低收益率）。

确定适当的最低收益率是一个棘手的问题，因为流动性较差的市场往往缺少像标准普尔 500 指数那样的国内股票基准。以绝对收益策略为例，以一年期利率表示的资金成本可以作为最低收益率。由于从事绝对收益投资的经理通常持有短期头寸，因此采用短期利率衡量投资业绩就比较有效。在房地产业，由于预期收益介于债券（代表机构资金低风险的机会成本）和股票（代表高风险的机会成本）之间，因此最低收益率就由中期固定收益资产类别的收益率再加上一定水平的溢价构成。在建立新基金的时候，投资者和基金经理要根据市场条件来确定合理的最低收益率。比如，由于 20 世纪 90 年代以来利率持续下降，房地产投资的最低收益率随之下降。

绝对收益和房地产的投资管理报酬协议通常较为合理，而私人股权投资（风险投资和杠杆收购）的投资管理报酬协议对投资者的吸引力相对较差，投资经理可以从增值资本中提取 20％、25％或 30％作为分红，这样的机制完全没有考虑投资者的资金成本。投资经理参与利润提成前应该至少先扣除相当于货币市场利率的投资收益。如果根据私人股权资产的风险特征，应该将长期有价证券的收益率作为最低收益率，超越该基准才可进行利润提成。事实上，由于风险资本和杠杆收购的高风险性，应该采用长期股票收益率的相应倍数作为私人股权基金的基准收益水平，只有收益超过该基准水平，基金经理才能参与利润提成。

私人资本投资可采用经风险调整后的有价证券的收益率作为衡量基准，这样可以避免投资经理获得奖励或者惩罚是由于非可控因素。例如，在 20 世纪八九十年代的牛市中，市场估值整体上升的因素占到杠杆收购投资经理收益的 20％，所以此时合理的做法是将利润分成的收益门槛定为证券长期收益率再加上一定的溢价（共 15％左右）。

对另类资产的投资者来说，制定合理的利润分成机制面临很大的困难，因为现在市场存在供不应求的局面，即对一流的投资管理公司存在过度的需求，投资者没有能力影响投资管理报酬协议的标准条款，只能选择接受或放弃。在这种情况下也只能寄希望于从投资管理报酬协议的其他方面约束或激励投资经理从投资者的角度出发。

3. 绝对收益投资

在有价证券环境下经营的绝对收益投资经理一般允许投资者一定频次的申购和赎回。尽管投资协议一般严格限定了资金进出的规模和期限，但长期投资的投资者将面临其他投资者现金进出所形成的成本，而后进入的资金又摊薄了原有投资者的利益。通过购买参与现成的混合基金，新投资者加入了一个现成的组合，而不用支付建立头寸所需要的交易费用。资金撤出会导致同样的"搭便车"行为，撤资的投资者不用承担基金为其兑现而卖出资产的交易费用的全部，所产生的交易费用平摊到所有人身上。

更重要的问题是资金外流会干扰基金经理的投资策略。在 1998 年下半年的市场恐慌中，许多对冲基金经理都担心年末资金的撤离数量会高于平时的水平，这样就要大量变现资产。潜在的大规模资金撤出的威胁使基金经理进退两难。他们要随时满足基金赎回的要求，但在价格大跌的情形下出售资产会损害整个组合的收益状况。在市场不景气的时候基金经理自然要更多地考虑应付基金赎回，因此他们会以相对较低的价格出售资产以持有较多的现金，但这个结果对基金管理公司和长期投资者都不利。

要解决资金进、出"搭便车"的问题，基金经理必须向进、出的投资者合理地分摊成本。向进、出基金的投资者所收取的交易费用一定要支付给基金而不是基金管理者，这样才能真正抵消资金进、出给长期投资者带来的成本。只要能够计算出交易费用，基金经理就可以使成本分摊趋于公平。如果新投资者购买的资产与组合购买的资产在流动性等特征上相似，从而交易费用相当，那么简单地让新投资者与组合原有投资者共担成本也是公平的。较复杂的问题是如何分配较难预测的成本，特别是由于买卖低流动性资产而产生的较高的交易费用。较公平的做法是将新投资者的资金单独进行投资，再把所购得的相应资产以成本计入组合。个别投资者在要求退出时，应在独立账户中按投资比例得到整体组合的一部分，并独自承担清算产生的相应交易费用，不对组合的其他投资者产生影响。只有使进入和退出的投资者承担与各自行为相关的成本，才能避免对组合其他投资者的不公平待遇。更重要的是，这使组合经理在投资过程中不必顾虑非常规的退出要求，因为退出的投资者只是按其投资比例得到相应的净收益而已。

4. 私人股权投资

私人股权投资的基金经理专注于某一投资工具时对投资者最为有利，这样可以避免因管理多只不同种类、目标不一致的基金而造成不可避免的目标冲突。

例如，如果从事收购活动的公司同时投资股权和夹层债券（mezzanine debt）*，就会面临交易定价的问题。对夹层融资有利的定价水平会导致股权所有者收益降低，反之亦然。一些公司通过建立数量化的公式来确定夹层债券的定价问题。通过确定夹层债券的利息水平和美国国债利率之间的关系，以及事先规定债权人的股权参与条件（equity-kicker），基金经理希望能够避免相互对立的两方投资者在进行预期收益分配时所发生的冲突。

但是市场环境不断变化，各种投资工具的交易条款也不断变化，公式化方法注定无法反映不断变化的现实。如果公式的结果显示交易条款对夹层债券的投资者不利，则意味着基金经理没有履行自己的职责；如果公式表明结果要优于市场交易的条款，那么股票投资者就遭受了损失。事实上，管理一只有吸引力的夹层债券基金就意味着会牺牲股票投资者的利益，因为试图同时满足贷款人和股东的利益本质上就自相矛盾。在金融市场价格下跌时，双方阵营的对立会更加明显。如果股东希望贷款能够延期，基金经理就会发现自己处于不可调和的冲突中。债券持有人与股权所有者在利益关系上完全对立，基金经理无论如何出于好意，都无法解决这种进退两难的问题。如果投资的标的公司宣布破产，情况会更加糟糕，在这种零和博弈中，价值在股权和债权之间的分配成为直接的冲突。在建立和管理多只基金时，基金经理事实上是把不可调和的利益冲突汇聚在了一起。

在对多只基金的管理中，债权基金和股权基金的矛盾冲突是一个较为极端的例子，除此之外，还有很多其他的问题。尽管每只基金的发行文件上都将从事什么样的交易活动定义得非常清楚，但在实际操作中，管理多只基金的基金经理几乎每天都会面临一系列问题，例如某个交易放在哪只基金上去做以及时间和精力等资源的分配问题。因为其管理的不同基金代表的是不同投资者的利益，基金经理很难一碗水端平。

---

* 夹层债券，音译为麦则恩债券，夹层融资是指收益和风险介于企业债务资本和股权资本之间的资本形态，本质是长期无担保的债权类风险资本。当企业进行破产清算时，优先债务提供者首先得到清偿，其次是夹层资本提供者，最后是公司的股东。——译者注

基金经理在所管理基金以外的个人投资活动更需要格外引起投资者的关注。投资专业人士应当避免使用个人账户来做私人交易，哪怕只是规模很小或者与机构投资不相关的交易。投资者完全有权要求基金经理必须全心全意地为自己服务。基金经理全身心投入、管理单一基金是服务于客户需要的重要起点。

KKR 投资管理协议的案例

不公平的私人投资协议常常造成利益关系的不协调。1993 年著名的杠杆收购公司科尔伯格·克拉维斯·罗伯特基金管理公司（KKR）与有限合伙人签订了非同寻常的有限合伙协议，这个协议大大有利于基金管理人（普通合伙人）而极不利于出资人（有限合伙人）。按照惯例，KKR 根据协议获得 20% 的利润分成。但与众不同的是，KKR 的利润并不是把所有投资项目合并计算，而只是从所有盈利的交易总和中提取 20% 的利润，不计算投资损失。这就刺激了基金经理疯狂地投资高风险项目。KKR 可以对投资收益分红，但对投资损失却不用承担风险。这样的投资协议只能鼓励公司进行风险很大的活动，通过使用大量融资或经营杠杆来为普通合伙人创造类似于期权的盈利。

KKR 与有限合伙人的协议规定资产规模的 1.5% 为管理费，这也是进行杠杆收购基金业务的一般水平。管理费的本意是用于弥补基金经营成本，但由于该公司资产规模已经达到数十亿美元，因此管理费顺理成章地成为利润来源。KKR 并不满足于管理费收入，它还向投资者收取交易费用（完成交易）、监管费（管理组合和仓位）以及投资银行业务费用（在资本市场进行的后续业务的费用）。这些林林总总的费用加在一起凸显了普通合伙人（费用越多越好）和有限合伙人（费用越少越好）之间严重的利益冲突。与 KKR 的行为形成鲜明对比的是，美国著名投资家沃伦·巴菲特最初在他和合伙人所签订的协议中不收取管理费，因为他认为只有在他的合伙人盈利之后，他才可以谈盈利问题。[1]

---

[1] Roger Lowenstein, *Buffett: The Making of an American Capitalist* (New York: Random House, 1995), 62.

1995 年 8 月 KKR 收购布鲁诺（Bruno）公司的事件充分体现了利益冲突。这笔交易价值 12 亿美元，包括 2.5 亿美元的股本投资，所涉及的收购对象是总部位于密西西比州的连锁超市。KKR 收取了 1 500 万美元的收购交易费用，大大高于普通合伙人的投资额度。1997 年，KKR 又收取了 80 万美元的投资银行业务费，再加上此前协议规定的每年管理费 375 万美元和监管费 100 万美元。如此高额的费用换来的却是布鲁诺公司 1998 年 2 月按照《美国破产法》第 11 条申请破产，有限合伙人的全部投资皆化为乌有。

KKR 在布鲁诺公司投资中给我们的教训是，只有合理的投资管理报酬协议才有利于在普通合伙人和有限合伙人之间实现公平的利润分享和损失共担。如果资产管理者只享受收益，只能导致盲目冒险的投资。管理费收入应当刚好弥补管理成本，从而迫使资产管理者努力工作以取得更多的利润。超过基本管理成本的费用就意味着普通合伙人侵占了有限合伙人的利益。高额的管理费收入和类似期权的利润分配结构使得 KKR 在布鲁诺公司的交易中获得了非同寻常的利润，而有限合伙人在交易中的投资却被一笔勾销。

迫于各方压力，KKR 终于同意对此前的投资管理报酬协议进行修改，规定进行利润分配前先将收益和损失进行合计。1996 年 KKR 根据这样的管理报酬协议建立了一只当时规模领先的 57 亿美元的基金。虽然投资者预期能够从新规定中获益，但 KKR 的管理费收入依然居高不下，从而使普通合伙人继续盈利而无视有限合伙人的投资收益结果。

2006 年 KKR 的管理费收入充分诠释了管理费在将惊人的财富从有限合伙人处转移给普通合伙人的过程中所发挥的作用。根据 2007 年 KKR 上市时向美国证券交易委员会提供的资料，2006 年 KKR 仅监管费收入就达到 6 700 万美元，交易费用更是达到 2.73 亿美元。哈佛大学商学院教授乔希·勒纳预计，2006 年美国基金业仅管理费收入一项就可以达到 3.5 亿美元。[1] 其中，KKR 的 25 位高级管理人员的管理费收入达到 6.9 亿美元。这也就是说，KKR 的高管每天就是什么都不做，也可以从有限合伙人的投资中提取高额费用。

---

[1] Josh Lerner, "Discussion of 'The Economics of Private Equity Funds' by Metrick and Yasuda," Harvard University and NBER.

尽管 KKR 于 1996 年取消了对每笔交易分别收取业绩激励的条款，但投资者仍然在投资协议的制定过程中处于被动地位。投资经理固守"行业标准"，从本身利益出发，制定低风险、高收入的投资管理报酬协议，而不是合理的报酬协议。在合理的协议中，报酬的构成应该是仅够弥补经营成本的管理费加上超额收益部分的分红提成。由于大多数基金无法跑赢市场风险调整后的平均收益水平，如果根据合理的报酬协议，基金经理的收入会出现大幅下降。

现行的利润提成机制规定投资经理保证投资者保本后，才可以进行利润分成。如果做出改变，例如将市场平均风险调整后的收益水平规定为利润提成的基准水平，那么根据历史经验，绝大多数基金经理将没有机会（资格）获得利润分配。因为整个投资管理业获得的报酬远远超过他们实际上创造的价值，所以投资者旨在制定合理投资管理报酬协议的努力将面临很大的阻力。

投资者如果改变投资管理报酬协议就意味着要改变整个行业，因为单个投资管理公司的妥协将带来潜在的不稳定因素。如果一家私人股权投资基金建立了一个合理的投资管理报酬协议，整个公司员工的收入都会大幅低于行业平均水平。公司员工为了追求更高的收入，就会投奔执行传统的分配模式的私人股权基金，而这家勇于"第一个吃螃蟹"的私人股权基金只能留住那些实在没有其他选择的员工。

当前私人股权基金领域的投资管理报酬协议条款中的不公平现象有愈演愈烈之势。几十亿美元规模的基金每年将会产生几千万美元的纯费用收入，远远超出正常基金经营的支出水平。在上升通道的行情中，收购基金的利润分红可高达 20％，但基金管理者只字不提这样的收益水平是在高杠杆资本结构下取得的。扣除费用成本、利润分红和风险调整成本之后，大多数杠杆收购基金仅产生很少的超额收益。

前面讲到的是杠杆收购基金，目前风险投资的收费标准也面临同样的问题。过去，风险投资可划分为三个档次：首先是以 KPCB 为代表的金字塔顶端能获得 30％的利润提成；其次是少数几家优异的公司能得到 25％的提成；

最后是行业平均水平 20%。20 世纪 90 年代后期互联网的崛起使得很多平庸的风险投资者一夜成名，被视为投资天才，利润提成水平也从 20% 上升到 25%，甚至 30%。虽然的确有几家公司物有所值，但多数公司只是借着东风提高自己的提成比例，它们常常引用"我们也是随行就市"或者"出于竞争，迫不得已"。尽管随后市场情况出现变化，风险投资的收益率一降再降，但是分红比例却没有出现下调。这种"只能上不能下"的趋势显然不利于维护投资者的利益。

沃顿商学院的两名学者安德鲁·迈特里克（Andrew Metrick）和安田绫子（Ayako Yasuda）对管理费在基金收入中的比例进行了研究，结果令投资者感到惊讶。他们统计了 1992—2006 年间运作的 238 只基金，得到的结论是"60% 的收入来自固定收入，与基金的业绩无关"。[①] 基金的大部分收入来自管理费用收入，该研究结论直指私人股权投资基金的合伙关系构架的弊端。

哈佛大学商学院的教授迈克尔·詹森（Michael Jensen）开创了私人股权投资理论的先河，他在 2007 年 9 月接受《纽约时报》记者格雷琴·摩根森（Gretchen Morgenson）的专访时，也指出私人股权投资基金报酬体制存在严重问题。他指出私人股权投资公司对客户收取了过多的费用，"我可以非常肯定地说，这些费用迟早有一天会影响投资管理公司盈利模式的持续性，高额的管理费直接导致了投资者与管理者利益的分化，而且已经到了非常严重的地步。业内人士现在只是目光短浅地看到管理费作为增加固定营业收入的渠道，而忽略了盈利模式的本质"[②]。如此看来，私人股权投资者应该选择小型、有创业精神的基金，这些基金无法将管理费作为收入的重要来源，只有为投资者赚取更多利润并从中提成才符合其利益目标。

5. 弱市图变

投资者对投资管理报酬协议的谈判能力受到行业惯例等各方面的限制，也许只有市场行情走弱可以成为提高议价能力的最好机会。20 世纪 90 年代初，房地产行业出现了一个可以进行这样的变革的机会。很多房地产的机构

---

① Andrew Metrick and Ayako Yasuda, "The Economics of Private Equity Funds" (9 September 2007), University of Pennsylvania, The Wharton School, Department of Finance.

② Gretchen Morgenson, "It's Just a Matter of Equity," *New York Times*, 16 September 2007.

投资者经历了 80 年代的投机热潮后遭遇了严重损失，几乎完全撤出市场。只有极少数长期资金致力于寻找市场崩溃之后的生机，同时蕴含对市场普遍不合理交易协议的纠正机会。

20 世纪 80 年代是大型房地产投资基金的年代，像 AEW、科普利（Copley）、海特曼（Heitman）、JMB、喇沙（LaSalle）、RREEF 和 TCW 这样的公司，通过收取交易费用、管理费和处置费等大赚特赚。这些顾问公司完全注重管理费收入，努力维护和增加管理费现金流，而忽略为客户赢得投资收益。

JMB 公司的"费用金矿"的案例

总部位于芝加哥的 JMB 公司是 20 世纪 80 年代一家典型的依靠管理费和交易费用的房地产投资顾问公司。该公司以三个合伙人姓氏的首字母组成，罗伯特·朱迪尔森（Robert Judelson）、朱迪·马尔金（Judd Malkin）和尼尔·布卢姆（Neil Bluhm）。这家公司贪得无厌地按客户资产的公允价值收取高额费用，即使在 20 世纪 90 年代房地产市场崩溃、组合价值严重缩水的情况下，管理费仍照收不误。

JMB 公司的贪婪表现为向客户收取名目繁多的费用。1986 年 7 月，公司以 2 200 万美元的代价购买了佛罗里达州的阿吉尔（Argyle）广场，作为旗下混合基金——捐赠基金和基金会房地产基金（JMB Ⅱ）——组合的一部分。靠着 1 240 万美元的抵押贷款，这栋房地产为 JMB 公司创造了相当于交易总额的 1.25%、相当于股本投资的将近 2.3% 的管理费。

到 1992 年，该资产价值下跌至其抵押贷款价值之下。地产资产的主要租户折扣百货商店 Zayre's 的迁走严重影响了这一地产的未来现金流。但是 JMB 公司没有将这一地产交给贷款人，而是仍然在账面上持有这项股本为零的资产，并继续以收购价格总值的 1.25% 向投资者收取费用。在现金收益只有 1.1% 的情况下（息后和费前），该地产 1.25% 的费用已经超过了它的收入。更令投资者愤怒的是，为了掩盖损失，JMB 公司用属于其他资产投资者的现金流来弥补差额，以保证公司可以继续收取费用。尽管投资者不停地要求处理该地产并停止以组合现金流来支付费用，但 JMB 公司在经济不景气的时期仍然维持着该百货中心的地产，吸食投资者日益萎缩的资产。

1987 年，JMB 公司完成了号称该公司历史上最大的房地产投资——位于加拿大的名为"凯迪拉克美景"的地产，该地产成为公司各种费用收入的"金矿"。[①] JMB 公司延续了按照资产交易总值提取一定比例费用的一贯做法。该交易总额为 68 亿加元，JMB 公司收取了 1％的初始费用，相当于从 20 亿加元的股本投资中提取了 3.4％的费用。该交易还包括部分已经签订销售协议的资产，大约价值 5.6 亿加元，这使得 JMB 公司因此可以获得 560 万加元的手续费收入。也就是说，在投资者利益没有丝毫变化的情况下，JMB 公司通过出售刚刚购买的资产又收取了 560 万加元的手续费。

JMB 公司仍然按照资产的总市场价值提取每年 0.5％的管理费（相当于资产初始规模的 1.7％），按管理现金流量和资本收入每年提取 1.75％的分红，按总交易额每年提取 1％的处置费（公司在投资协议中还特别注明，总交易额包括债务，唯恐投资者忘记）。

除了初始费用、管理费、分红和处置费处，JMB 公司还有权按市场价格向投资者提供地产管理、租赁、保险经纪和其他相关的服务。JMB 公司显然不满足于收取这些费用，于是在合约中规定：如果投资者收益率超过 9％，公司将提取利润的 15％作为提成。

20 世纪 90 年代初房地产市场的萧条使 JMB 公司及"凯迪拉克美景"的共同投资者遭受了严重的损失。这笔投资不仅支付价格过高，而且杠杆比例也过高。尽管 1992 年得到一笔 7 亿加元的追加注资，但到 1994 年底，当初 27 亿加元的股权价值只剩下 20％～25％。在投资者（美国加利福尼亚州、马萨诸塞州、伊利诺伊州和艾奥瓦州的养老基金）账户不断缩水时，JMB 公司依旧获得可观的管理费。

加拿大房地产投资的惨败终于令投资者震怒到了极点。为了缓解紧张关系，JMB 公司主动将每年 3 000 万美元的收费降低到 2 500 万美元，同时说明这是用于弥补"凯迪拉克美景"的投资顾问服务，而不是弥补投资者！公司合伙人之一朱迪·马尔金甚至大言不惭地说："即使我削减一半的费用，对他

---

① *Wall Street Journal*，15 July 1992.

们的投资收益也没有多少改观。"①

"凯迪拉克美景"地产由于债务过高，现金流量过少，于 1994 年 12 月向加拿大法院申请破产保护。尽管公司破产、投资者损失惨重，JMB 公司没有忘记借此机会大捞一笔，要求赔偿 2.25 亿加元，其中 1.8 亿加元是 JMB 公司预计未来向"凯迪拉克美景"提供咨询的费用收入。最终，1995 年，JMB 公司得到了 2 250 万美元的补偿。

虽然对"凯迪拉克美景"等项目的投资非常失败，但依然不能阻止 JMB 公司的合伙人成立新的基金。1997 年，尼尔·布卢姆成立新基金沃尔顿街资本（Walton Street Capital）。截至 2007 年，该基金已经吸引了 35 亿美元的资金。合伙人之一尼尔·布卢姆敛财和创收的能力使其成为 2006 年福布斯美国 400 人富豪榜的第 215 位。②

JMB 公司属于靠收取手续费赚钱的最典型范例，但在 20 世纪 80 年代，这样的例子并不少见，大多数房地产基金管理公司都把注意力放在收取费用上，而不是注重投资收益。20 世纪 90 年代初，希望寻找房地产投资机会的机构面对的是一大批投资管理报酬结构存在根本性缺陷的不可信任的投资顾问公司。幸而随着市场行情急转直下，几乎所有的资本都撤离地产市场，这种状况给那些希望借弱市进场的投资者带来了很大的谈判筹码。

20 世纪 90 年代初，缺少资金的局面使投资者摆脱了资金供大于求造成的投资机构绝对主导的状况，投资者终于有机会与房地产基金经理站在平等的位置上磋商投资管理报酬协议。投资者要求管理费只能用来弥补基金管理的必要支出，而不应当成为利润的来源；而且在抽取利润提成之前，投资收益应该与合理的基准水平相比较，超过基准水平才可以进行提成。在共同投资方面，如果房地产基金的投资经理有足够多的个人财富，共同投资数额应该达到数千万美元，甚至可以超过有限合伙人（投资者）的资金投入。如果房地产基金的投资经理没有足够多的个人财富，合伙企业可以向其贷款，总之

---

① *Wall Street Journal*，15 July 1992.

② "The 400 Richest Americans：＃215 Neil Gary Bluhm，" Forbes.com，21 September 2006.

一定要保证相当比例的共同投资。

20 世纪 90 年代初的资本匮乏使投资者抓住了难得的机会来改进房地产投资管理报酬协议。20 世纪 80 年代，各项管理费是投资管理机构的主要收入来源，90 年代情况终于发生了转变，从代理制度向主体参与制度的转变促使投资者和基金经理的利益趋于一致。

20 世纪 90 年代中后期，资金陆续回到房地产市场，投资者辛苦争取的公平的投资管理报酬协议面临走回头路的风险，但很多基金经理决定继续走以投资收益为出发点的道路。除去单纯的经济因素，这些基金经理认为适当的投资管理报酬协议和交易结构的确能够达到双赢的目的，而客户的忠诚是促使基金经理继续采用该协议的重要因素。房地产市场的变革对机构交易条款发生的长远变化做出了巨大的贡献。

第五节　结　论

市场的有效性为采用积极投资管理策略的投资者制造了不小的障碍，很多投资者的收益率无法超越市场平均水平。尽管战胜市场有一定难度，而且要付出高额的成本，但受托人经常接受积极型基金经理的说辞，将投资成功归结为技巧（而不是运气），而且没有对收益水平进行风险调整。尽管积极投资管理策略存在诸多问题，市场参与者对于积极投资管理策略所带来的惊险刺激趋之若鹜，这就是积极投资管理策略占据市场主导地位、规模一再扩大、几乎为全球机构投资者所追捧的原因所在。

审慎的投资者应该对任何积极投资管理策略都保持适当且必要的怀疑态度，先假设基金经理是缺乏投资技巧的。对于简单的历史数据应进行仔细的推敲，提醒自己运气在成功的投资记录中占很大比例。只有把资金交给确实在某个方面有突出优势且在竞争最激烈的市场上能获得出色收益的基金经理，投资者才能在积极管理的"游戏"中获胜。

选择适当的资产管理者对受托人来说是最大的挑战。对大学捐赠基金等机构投资者而言，能否选择最合适的外部投资经理直接决定了组合的收益，其中最重要的因素是职业道德、智力水平以及精神面貌。外部经理不仅决定投资收益，还关系到机构投资者的信誉和公共形象，这些都促使受托人在挑选经理的过程中应提出非常高的标准。

合适的组织结构能保证机构投资者与外部经理在利益上的协调，从而也能对投资计划的成功起到重要作用。独立的投资经理在精心构建的激励机制下会寻找最好的投资机会来创造出风险调整后的高额收益率，并将机构目标置于个人目标之上。周密的投资协议配上灵活的机构会大大增大成功的可能性，但如果由错误的人进行操作，再好的投资协议也是徒然。

创业型公司在市场变动中更有可能获得成功并最终取得出色的投资收益。但所有公司都蕴含老化的风险，即随着时间的流逝和规模的扩大，创业精神逐渐消退，资产规模对业绩反而构成阻碍。因此，受托人必须避免选择老化的投资机构，要不断发掘新生力量。

在投资管理的各个方面，投资管理报酬协议对投资经理的行为和投资收益的分配、损失的分担都起着至关重要的作用。合理的报酬协议条款应该鼓励投资经理像资产所有者一样进行投资，更加注重投资收益，而非获取管理费等固定收费收入。

普遍执行的投资管理报酬协议使决定投资经理收入的因素超出了他们的控制范围。在牛市中证券组合的升值和基金资产的增长使经理得到高额管理费和利润分红，而在熊市中，基金的表现受到过度惩罚，而这些可能与投资管理活动并无直接关系。在有价证券或私人证券等的投资管理报酬协议中，投资经理的收入随市场波动而波动，结果他们的收入并没有与所创造的投资增值结合起来。

根据资产规模而定的投资管理报酬协议没有考虑到投资经理是否为投资者带来资产增值。由于规模决定收入，投资经理不再关注投资收益，而会采取保守的操作策略，避免出现大的损失导致资金流失。普遍采用的低效的投资管理报酬协议没有做到公平地分配投资收益和损失，造成投资经理即使没有达到市场平均的风险调整后收益，也可以获取高额的收入。

适当的投资管理报酬协议会鼓励投资经理站在资产所有者的角度进行投

资，在追求收益的同时尽可能避免损失。协调投资者与投资经理利益的最关键之处是在制定投资管理报酬协议的过程中要注意结构性因素，例如投资工具的特性、管理费、激励机制，以及投资经理共同投资的比例等。只有通过签订合理的协议鼓励投资经理追求高水平的风险调整后组合收益，投资者才有可能获得令人满意的投资结果。

　　希望通过实行积极投资管理策略来战胜市场的投资者面临巨大的障碍：首先，大部分流通证券具有有效定价的特性；其次，大部分另类投资工具面临高费用负担等。只有在构架合理的机构中，并且由高素质的人员进行管理，积极投资管理才有可能创造投资增值。积极投资管理需要选对人，搭好架，耐心耕耘，一个都不能少。

第 10 章

投资步骤

建立与基本投资信条高度一致的组合需要有严谨的投资流程来保证。这样构建的组合才能保证投资政策的正确性，避免有害无益的择时操作，并能够建立健康的投资者与投资管理人的关系。在构建组合的过程中，最关键的一项抉择在于：究竟是成为一个有能力发掘高水准的积极型基金经理的组织机构，还是采取求稳策略，侧重发展低成本的被动投资工具？如果选择走积极管理的道路，相当于选择了更加广泛的资产类别，而且有可能产生超越市场基准水平的收益率。但积极投资管理策略需要投入大量的资源，不具备相应资源支持的机构面临的将是令人失望的投资收益，机会属于那些有准备的投资者。

投资管理的两个重要的信条——逆向思维和长期行为——在捐赠基金的管理中真正贯彻起来难度很大，因为规模较大的机构是在用一些人（投资委员会成员）去监督另外一些人（投资管理人），难免受到共识行为的影响。团体管理机制总是阻止逆向思维，青睐短期行为。拥有捐赠基金的机构面临的最大挑战就是建立鼓励长期投资以及独立逆向思维的管理框架。

凯恩斯在《就业、利息和货币通论》中描述过团体投资决策的困难："不论基金是由谁来管理，是投资委员会、董事会还是银行，最终一定是那些长期投资者才能为大众造福，而他们也是最易遭受批评的一群人。他们的本质决定了，在一般人眼中，他们一定是行为古怪、不守规矩还有一些冒险的。如果他们获得成功，无非是因为'撞'对了；如果在短期内他们失败了，也不会博得任何同情。这就是世俗的哲理：宁可循规蹈矩地失败，也不要独树一帜地成功。"[1] 团体决策框架对机构提出的挑战就是如何做到在实施适度监

---

[1] Keynes，*General Theory*，157-158.

管的同时，鼓励"行为古怪、不守规矩、有一些冒险的"投资操作。

第一节　积极管理还是被动管理

也许，投资者之间最大的区别就在于能否做出高质量的积极投资决策。高水平的积极型投资者不仅能够在广泛的资产类别选择中游刃有余，而且能够很好地把握多样化的组合机会，制定出跑赢大盘的策略并很好地贯彻实施，提高组合的收益。积极型投资者最有机会构建收益高、风险低的组合。

制定出高效的积极投资策略的最保险的一条道路就是"选对人"——组建一支全心全意为投资基金利益服务的高素质资产受托人队伍，再由这支队伍动用一切必要的资源去寻找能够使投资增值的基金经理。建立专门的资产受托人团队非常重要，因为这样可以减轻基金管理行业内普遍存在的代理人冲突问题，资产受托人本身就是机构利益的守护者。

对于那些缺乏必要的资源进行积极投资的投资者，比较明智的方法是以被动的方式管理较广泛的可流通证券类别，包括国内股票、国外发达市场股票、新兴市场股票、房地产投资信托基金、美国国债、通货膨胀保值债券（TIPS）等。投资领域竞争异常激烈，所以希望跑赢市场但又没有做足功课的投资者难免受到惩罚。在资源不足的情况下，理性的投资者应该选择低成本的被动投资工具。[①]

投资于绝对收益、实物资产、私人股权等资产类别，只有采取积极投资策略，才能获得有吸引力的风险调整后收益。这些资产类别不具备被动管理的投资途径，积极投资对获得可接受的收益至关重要。同时，这三个资产类别的管理费标准高，都是根据资产规模收取管理费外加利润提成，这就为成功投资设置了一道很高的门槛，跨不过去的投资者会摔得很惨。如此高的收费标准意味着一般的收益率水平无法让资金提供方得到满意的风险调整后的投资收益。投资者需要通过一系列定量和定性相结合的方法寻找有成功潜质

---

① 关于这方面的具体内容请参见我在 2005 年出版的新书《非凡的成功》，这本书关注的焦点就是缺乏资源的个人投资者如何选择积极投资方式。

的基金经理。总之，对绝对收益、实物资产和私人股权这三个资产类别的投资的成功要素就是高质量的积极管理。

高素质的管理团队不仅可以有效地运用范围更广的资产类别，而且能够在定价相对有效的可流通证券市场上获得超越市场的业绩。虽然低成本的被动管理为积极管理设置了较难超越的基准，但勤奋研究加上足够长的投资时限，一流的投资人士还是有机会获得超越被动管理的积极投资收益的。

积极管理对投资机构的架构设置和投资管理过程都有很高的要求。人员齐整、投资委员会督导得当的机构能够更好地利用各个资产类别以及市场错误定价的投资机会。而不具备相应资源的机构的明智选择是采用被动投资策略。总之，积极管理还是被动管理，这是一个很重要的问题，而且是贯穿组合管理过程各个环节的一项不可避免的选择。

第二节　运行环境

为了构建高质量的积极管理的组合，投资机构需要有一个强大的投资团队，并由一个有效运转的投资委员会来监督。有效的投资委员会应该对组合进行适度的监督，而不是干涉投资管理人员的具体操作。投资委员会召开会议的次数每年应该限制在四次，这样既可以避免投资委员会成员过度地干预日常的组合管理，又可以保证投资管理人员得到适当的督导。投资委员会应该决定投资的性质和方向，而不应不假思索地把决策权全然交给投资管理人员。投资委员会在基金管理公司中的作用应该相当于其他行业的公司董事会。

一、投资委员会

投资委员会具有约束投资管理过程的职能。投资委员会成员通过对投资建议进行全面深刻的审查，可以督促投资管理人员给出经过更加认真思考的投资建议。投资委员会不应该轻易否定投资管理人员的建议，因为如果投资委员会经常拒绝或修改投资建议，投资管理人员在管理组合时就会感到放不开手脚。当市场出现机会时，具体投资的规模需要进行商讨，并上报投资委员会，通过后才可以落实操作。如果投资委员会几次三番都没有通过投资建议，投资管理人员在业内的声誉也会受损。但是投资委员会也绝不能成为摆设，高效的投资委员会应该通过讨论投资建议，对未来投资的性质和方向起到引导作用。有效的组合管理需要取得好的平衡，既尊重投资委员会的绝对权威，又赋予投资管理人员应有的责任。

在投资委员会不开会的时候，投资委员会成员也应该向投资管理人员提供对以往操作的反馈以及对未来战略的建议。双方充分的交流可以提高投资委员会沟通的质量，从而改进投资决策。

关于投资委员会成员的构成与资质，首先，投资委员会成员应该具备良好的判断力，虽然对成员的背景没有特别的要求，但是成员对金融市场的深刻理解可以为监督投资过程加分。如果投资委员会成员全部是投资方面的专家，有时也会造成危险，因为投资委员会的任务是管理整体的投资过程，而不是具体的组合。有些投资委员会引入成功的企业家作为成员，他们虽然能够带来有价值的见解，但也往往难以克服"奖励成功、惩罚失败"的思维，而这种已经根深蒂固的办事作风会将组合推向追涨杀跌的策略，从而失去获得逆向投资策略的收益机会。投资委员会成员应该将自己定位为过程监督者和投资管理人员的支持者，而非具体组合的管理者。

二、投资管理人员

投资管理人员是组合管理流程的驱动力量，无论是决定资产配置、基金支出等政策，还是管理具体组合或者挑选基金经理等事务，都需要严格的过程约束以及充分的理由。在这一过程中投资管理人员不能隐瞒事实，无论是现有的还是潜在的弱点都需要经过全面的阐述和探讨。任何不诚实的行为对投资过程都可能是致命的。

如果没有严谨的流程来保证投资建议得到清晰的阐述，投资决策就会变得不规范甚至轻率。例如，在进行资产配置决策时，投资管理人员必须基于严谨的逻辑分析框架，才有可能做出有依据的投资建议。投资管理人员在考察投资机会时，对投资机会的各个层面的严格评估和对外部投资负责人的尽职调查，是决定是否投资的前提。

以书面形式提交投资建议是交流投资思想的很有效的方式。投资管理人员通过起草投资建议可以发现逻辑的错误或知识的盲点，而且由于意识到同事和投资委员会成员会阅读投资建议，投资管理人员将力求做到论点清晰、论据充分、论证严谨。通过书面形式对投资逻辑进行全面阐述也可以使投资委员会成员在开会前就对该建议有全面了解，从而提高投资委员会的讨论的质量。

投资决策小组应该由3～4人组成。因为随着参与决策人数的增加，势必会增加妥协和"共识"思维的可能性。如果投资管理人员较多，则应该分成若干个决策小组，分别管理不同的资产类别。这种方式既保留了小团体决策的优势，又解决了组合管理日益复杂、资产规模不断增长的问题。

新人的加入为投资机构不断注入新的血液，他们的活力、热情特别是看待问题的新颖角度能防止腐化风气的滋生和蔓延。关于新人的培训，建议采取"以老带新"的方式。这是一种双赢的做法，因为它体现了"在实践中成长""教学相长"的原则。耶鲁大学著名经济学家詹姆斯·托宾曾经说过："到处都是我学习的机会，我从我的学生身上就学到了不少东西，比如清楚明了地向他们阐述某一想法对我来说也是一种学习方式。"如果机构组织架构合理，新员工就能够尽快发挥作用。鼓励包括新人在内的个人勇于承担责任，可以提高投资业绩和员工满意度。

三、机构特征

优秀的投资管理团队有许多共同的特征。什么最重要？人才！1987年10月，时任高盛公司高管的汉克·鲍尔森（Hank Paulson）在耶鲁大学管理学院发表演讲时提出了自己的观点。怎样才可以吸引高素质的人才？机构一定要向以下几个方向努力：投资理念超前，有全球化视野，新老员工之间体现良师益友的关系，敢于赋予新人责任。

所谓投资理念超前意味着投资机构先人一步，便可以在更广的范围内利用市场机会。通过关注另类资产类别，投资机构可以有更多的机会来建立满足自身需要的组合。提前一步考虑所谓主流以外的投资机会，可以帮助投资机构发现下一个市场热点，一旦所有市场参与者都意识到，即便再有价值的投资机会也会变成毁灭财富的机会。如果在对投资经理进行评估的过程中也能够做到理念超前，投资机构就可以寻找到更富激情和极具吸引力的合作伙伴。只有超越主流，才能增加在竞争中的胜算。

全球化视野有利于增加对投资机会的理解和把握，为狭窄的国内市场提供有价值的参照系。除了改进投资者的整体决策框架外，全球化视野还可以增加投资机会，提高成功的概率。但我们需要意识到，随着投资机会的增加，失败的可能性也随之增加。从事海外投资要承担较高的风险，因为可获得的信息量和对市场的理解深度都无法与国内市场相比。

新员工培训可以采用"传、帮、带"的做法。就投资管理而言，吸收理解的最好方式是边学边体会。学术知识仅仅是基础，有抱负的新人通过"做学徒"，会从经验丰富的"师傅"那里学到日常操作和投资思路。

在团队建设中，尽早让新员工承担责任对机构是个不小的挑战，但也是将团队优势发扬光大的最好机会。将关键的投资原则传授给新员工不仅可以增强资深员工的影响力，扩大组织机构的影响范围，而且可以增强所有员工的成就感。此外，新员工培训能够加强员工对机构核心投资理念的认可。

机构和个人都可以受益于鲍尔森提出的机构成功模式：理念处于领先地位，有全球化视野，给予年轻人机会，成为他们的良师益友。投资机构的成功还要再加一个维度，即不走寻常路，对市场有独到见解。很多机构表现中庸是因为它们本身就选择了中庸的道路。

不走寻常路，或者说独立思考，对投资成功特别是做出明智的投资决策至关重要，其反面必然是循规蹈矩和官僚作风。例如在寻找投资经理时，所谓标准的做法可能将几乎所有有独到见解的候选者都排除在外。官僚作风严重的机构要求候选人填写复杂的应聘表，提供大量的详细信息。也许这一申请过程本身就已经让有潜质的候选者望而却步。在应聘表中，通常最低标准包括历史业绩、管理资产规模、工作年限等。这样的层层筛选得到的只能是那些循规蹈矩、缺乏想象力以至最终无功无过的投资经理。虽然官僚式投资的收益少得可怜，但基金经理的饭碗却端得很稳，因为每一个投资决策都有一大堆文件提供"支持"。官僚作风严重的机构缺乏想象力和勇气去走不寻常路，而敢走不寻常路却是一个投资项目取得成功的关键。

对机构和投资经理个人而言，自知之明对能否做出有效决策也非常重要。充分了解并利用自身优势可以极大地提高投资业绩；而认识到劣势并对其加以处理，往往在组合管理中被忽略。总之，实事求是地评估优点和不足，可以提高成功的概率，降低失败的概率。

坦诚公开地探讨和分析以往的成败同样可以提高决策水平。理解过去的失败，可以避免重蹈覆辙；分析以前的成功，则可以获得打开未来成功之门的钥匙。但一定要注意避免产生互相指责的氛围，因为那样只会压制投资经理承担风险的意愿。换句话说，成功的投资文化应该允许投资经理因尝试而犯错，但不是犯同样的错误。

当投资经理认识到进行创新尝试即使失败也不足以威胁其职业生涯时，他们便会乐意承担风险。这种失败代价较低的氛围可以鼓励探索行为，而所有推陈出新的投资尝试一定会存在这样或那样的缺点。

以耶鲁大学投资团队为例，在过去的二十年中这个团队创造了惊人的收益，而其实每一次重要的创新性投资，无论是绝对收益、房地产、森林、石油与天然气，还是杠杆收购、风险投资、国际私人股权投资、国内与国外股票市场积极投资等，这些尝试过程中并不是所有基金经理都能够一炮打响，但他们还是得到了耶鲁大学投资团队的力挺，也终于成就了耶鲁大学的成功。超常规的投资行为对投资的成功是必要的，虽然也可能遭遇失败，但鼓励探索却是投资成功的必要前提。

同事之间的关系对于构建和保持成功的投资环境也非常重要。孤独的逆向投资者在成功到来之前会频受市场打击，这时同事的支持和鼓励显得尤为宝贵，有助于坚定对高风险的投资机会的信心。

成功的投资者通常不按照主流模式操作。在鼓励从众心理的机构环境中，要追求高收益的投资机会，就需要强有力的英明领导者。否则，决策过程就沦落为官僚式的程序，投资结果也就可想而知。领导者应该建立决策框架，鼓励那些非同寻常甚至有些争议的思路，这样才能为成功的投资打下良好的基础。

第三节　组织结构

近年来，以大学捐赠基金为例的非营利投资机构的管理发生了巨大的变化。几十年前，资产受托人会在固定召开的季度会议上选择具体的证券品种。由于组合的构成很简单，因此，即使全面评估也只需几个小时。由投资领域权威人士组成的财务委员会，经常会在具体证券的选择上直接贡献他们的知识。

20 世纪六七十年代，标准的组合管理仅涉及数量很少的外部投资经理，他们通常采取比较均衡的配置，对资产委托人提出的要求和需要资产委托人管理的问题也相对简单。投资委员会成员不再跟踪具体证券，只对数量有限的外部投资管理机构进行监督和评估。评估过程相对轻松，因为投资标的都是投资委员会成员和基金管理人员熟悉的品种，而且都集中在国内市场。

近年来，随着资产类别的复杂化以及相应的专业投资经理数量的增加，对基金管理人员和资产受托人也提出了更高的要求。但日益复杂的不仅仅是投资领域，投资委员会成员还需要解决非营利投资机构特有的越来越突出的问题，这些问题迫使许多机构在投资管理中投入大量的时间和精力。

大学捐赠基金的结构框架很难跟上外界变化的脚步。很多机构由于历史原因，在资产管理上投入的人力严重不足，在某些学校甚至会出现仅由学校的财务主管每周只抽出一部分时间打理高达上亿美元的捐赠资产的情况。这种因小失大的做法竟然并不少见。其实对于资产规模为 5 亿美元的捐赠资产来说，每年哪怕仅增加 1% 的投资收益就意味着 500 万美元的增值。打造一支高素质的投资队伍所需要的成本与创造的高收益相比，简直就是小巫见大巫。

对于非营利机构而言，最大的挑战就是吸引并留住专业的投资人才。比起在私有机构的高收入，非营利领域的薪酬水平要低得多。一方面是非营利机构的薪酬标准本来就比市场行情要低，而另一方面，私有投资机构的报酬本来就比其他行业要高，所以非营利投资机构提供的薪酬与私有投资机构相比差距悬殊，人才问题始终面临压力。

独立的资产管理公司

为了解决大学捐赠基金的薪酬问题，许多大学建立了独立的资产管理公司。这种组织形式的根本问题在于：如果将资产管理公司当作与外界投资机构一样的实体，就忽略了其为学校服务的本质。为大学管理捐赠资产，除了需要考虑投资政策，还要考虑支出政策，为学校的财务管理服务。往往需要全盘考虑投资政策与支出政策，所以，如果成立独立的资产管理公司，将两者的决策权分开，就很难达到将捐赠资产用于最佳用途的目的。

捐赠资产的管理机构只有真正地融入高等院校的组织架构，才能从根本上解决问题。增加捐赠基金管理人员与学校其他部门之间的沟通互动，可以提高投资管理人员讨论支出政策时的说服力。大学里有很多这样的渠道：请捐赠基金经理授课，构建组合时听取教职人员的意见，捐赠基金经理与负责制订学校发展规划的部门进行沟通，对非投资性质的财务问题献计献策，等等。这些做法不仅可以增加投资部门对学校整体的贡献，也在相关过程中增强了捐赠基金经理的职业成就感。

具有讽刺意味的是，建立独立的资产管理公司虽然可以提高薪酬，但并没有从根本上解决问题，有时反而使矛盾加剧。独立后基金管理人员对高校的归属感减弱，或者说他们的精神收入减少了，那么这部分就需要用钞票来弥补。如此一来，反而使投资管理公司与高校其他部门的紧张关系进一步加剧。

斯坦福资产管理公司的案例

2006 年闹得沸沸扬扬的斯坦福资产管理公司的案例向我们讲述了大学捐赠基金面对的薪酬问题。20 世纪 90 年代，斯坦福大学捐赠基金管理机构彻底从校园分离出去，同时在心理上也远离了校园。这支投资队伍将工作地点选在世界上最贵的地段之一——风险投资的"麦加圣地"、有"西海岸华尔街"之称的沙丘路（Sand Hill Road），毗邻美国最大的风险投资基金 KPCB。在最初的 10 年中，在劳里·霍格兰（Laurie Hoagland）强有力的带领下，斯坦福资产管理公司一直保持不错的收益。2000 年 9 月，曾任投行罗伯逊·斯蒂芬斯（Robertson Stephens）前任首席执行官的迈克·麦卡弗里（Mike Mc-Caffrey）接管了斯坦福资产管理公司。由于有此前打下的良好基础，再加上麦卡弗里的有效管理，斯坦福大学的资产组合平稳地渡过了 2000 年 3 月互联网泡沫破灭后的黑暗。

但是麦卡弗里发现很难解决大学捐赠基金作为非营利机构在薪酬方面的诸多限制，他手下的这些精英难以抵御外界（私人领域）抛来的橄榄枝。于是麦卡弗里想尽一切办法提高员工待遇，提高留任比例。他还想到要用斯坦福资产管理公司的"金字招牌"吸引外部的投资，拓宽收入渠道，提高员工待遇。

麦卡弗里将这项计划上报斯坦福大学董事会，这项很激进的计划最初得到了投资委员会成员以及部分个人和机构投资者的支持。但在最后关头，麦卡弗里判定校方对他的计划并不十分热衷，该计划就此搁置。

在得到一位关键人物的支持后，麦卡弗里决定与这个人合伙自立门户。这个人就是比尔·盖茨的创业伙伴、微软的另一位元老保尔·艾伦（Paul Allen）。艾伦本打算将很大一部分个人资产交由斯坦福资产管理公司管理。计划搁浅后，两人投资成立了马克纳资本管理（Makena Capital Management）公司，并力邀斯坦福基金管理团队的两位高管加盟，此举直接破坏了斯坦福资产管理公司的管理层。艾伦将自己的 15 亿美元交给马克纳资本管理公司打理，这使得这家刚刚起步的资产管理公司一上马就达到 70 亿美元的资产规模。这对于一家刚起步的公司而言已经是不错的成绩了。

斯坦福资产管理公司的高管挂冠而去凸显了诸多棘手的问题，其中最难以解决的就是双重的企业文化。与其他的大学捐赠基金相比，斯坦福大学捐赠基金少了些非营利机构的色彩，而更加倾向于投行里薪酬高于一切的行事风格。所以斯坦福资产管理公司的员工不完全认同这家公司成立的初衷，即在为这所世界一流学府提供资金支持的同时个人也获得不错的薪酬。相反，这些精英投资管理人仅仅是冲着钱而来。因此，当精神收入下降时，那些心里想着华尔街薪酬的人员不够稳定也就不足为怪了。

只有稳定的、有凝聚力的队伍才能确保整个投资过程的成功，这不仅意味着组合管理的连贯性，而且包括成员认可机构的使命，愿意作为其中的一分子共同努力。斯坦福资产管理公司没有能够使旗下的员工认同捐赠基金和学校整体的宗旨和使命，所以付出了沉重的代价。

教育机构不需要建立独立的投资管理公司也能解决薪酬问题。机构可以对薪酬政策做出修改，向投资管理人员提供有竞争力的合理薪酬，包括使用激励薪酬，这样就不必建立一家独立的法人实体，使资产管理部门完全从学校分离出去。尽管在大学内部各部门之间进行平衡有一定困难，但这样做可以减少把投资管理部门完全分离出去所带来的问题。

如前文所述，为大学的投资管理人士单独制定薪酬体系是建立独立的资产管理公司的一个原因，除此之外，改善治理结构是另一个原因。随着投资品种的日渐增多、结构的日渐复杂，对监督投资运作的资产受托人的要求也随之提高。因此，如果建立独立的资产管理公司，大学在选择捐赠资产受托人时就能从外部得到更多的选择。

尽管如此，即使不建立独立的投资管理公司，治理问题也能得到解决。耶鲁基金这三十年来的经验证明了这一点。自 1975 年成立以来，耶鲁基金投资委员会一直聘请外部顾问协助治理。这些专家在投资过程中提出了很多宝贵的见解，这样也就没有必要建立独立的投资管理公司来吸引管理人才。同时，外部顾问在耶鲁基金投资委员会任职，使耶鲁基金有机会近距离了解外面的公司治理方面的人才，有几位耶鲁基金投资委员会成员因此被聘为大学的治理董事。

由于私有机构与非营利机构之间存在很大不同，随之产生的治理和薪酬问题也难以避免，建立合理的治理机制和薪酬制度也面临一定的困难。虽然建立独立的公司来管理捐赠基金可以解决部分治理问题和薪酬问题，但随之出现的办公地点的分离以及工作人员心理上的疏离感将对高等院校造成更加严重的损失。在学校的框架下更容易从根本上解决问题，同时也更符合高等院校的需要。

第四节　使用中介机构

有些机构选择了积极管理的道路，但是不愿投入所需的时间、精力和资源，于是就希望通过使用基金的基金（fund of funds）或聘请外部顾问的方式走一条捷径。令人遗憾的是，使用外部顾问（而非内部投资团队）并没有带来预期的效果，原因很简单，这些基金的基金或者投资顾问的利益与机构投资者的利益并非完全一致。

资产受托人和外部经理之间经常沟通、对市场达成一致的深入理解是投资成功的最重要基础。使用基金的基金或咨询公司相当于在资产受托人和投资决策者之间设置了一个信息的滤网。由于对外部投资经理的具体操作和市场缺乏直接、全面的了解，投资者只能根据不可靠的甚至是谬误的业绩评估数据来判定外部基金管理人的能力。由于使用基金的基金或聘请外部顾问会造成投资经理和资产受托人之间的信息不对称，因此需要三思而后行。

一、基金的基金

基金的基金提供帮助资产受托人进行投资决策的服务。基金的基金认为通过聚集资产（通常是来自不太成熟的投资者）取得规模经济可以使它们用机构投资者的方式管理资金。基金的基金包括涵盖多个资产类别的"一站式"服务机构和专门投资特定市场领域的公司，几乎覆盖每一个能够想象到的资产类别。

通过提供全面的服务包括经理挑选和专业监督，基金的基金认为它们可以使规模较小的投资者有机会利用复杂的投资策略；规模较大的机构则希望借助基金的基金进入原本不太熟悉的市场。

尽管想象中聘用基金的基金好处多多，但在投资经理和投资者之间的信息不对称会带来很多风险。尽管基金的基金向投资者进行信息披露，但透明度越来越差。客户不能或不愿去了解投资经理的基本状况，只能依赖业绩表现评估投资策略。当投资业绩不理想时，客户究竟应该将责任归咎于基金的基金还是具体的投资经理？

若投资业绩不好，聘用基金的基金的好处就无从谈起。要了解业绩不佳的原因，资产受托人需要对具体的投资管理机构进行调查，而资产受托人通常又不愿这么做。这样一来，由于对基金的基金挑选的投资经理缺乏充分了解，客户主要基于业绩来做出申购和赎回的决定，因此面临高买低卖的风险。

投资者一定要选用职业素养和道德标准都符合要求的投资经理。授权中间机构挑选投资经理是有风险的。即使享有盛誉的大型基金的基金也有判断失误的情况。几年前，一家资产规模达数十亿美元的大型基金的基金推出了一项私人股权投资工具，并推荐了一位候选人来管理该油气项目。但大家惊愕地发现，这位候选人除了不具备直接相关经验外，还曾因贩毒和虐待妻子被捕入狱。

绝大多数正常的投资者都不会考虑这样一位候选人。没有人愿意冒险与不仅缺乏经验甚至有过犯罪前科的人建立投资关系。

那么是什么原因令基金的基金极力推荐这位不合要求而且可疑的投资经理呢？答案可能有许多，但有一点很明显：基金的基金存在的价值在于突破常规，推荐大多数人没有意识到的明日之星。

所以最终的结果是：该基金的基金不仅决定任命这位曾有贩毒经历的投资经理参与该项目的管理，而且将整个能源基金全部交给他掌管。生命短暂，我们没有时间在一位人生经历复杂、有犯罪前科的基金经理身上押下一大笔赌注，毕竟这个世界上还有无数更加出色的人士可以选择。

帕洛马合伙企业（Paloma Partners）是一家管理几十亿美元资产的大型基金的基金，该基金的基金聘用约翰·缪黑伦（John Mulheren）和他的巴佛罗合伙企业（Buffalo Partners）管理一个风险套利组合。缪黑伦是个怎样的人呢？1988 年 2 月，他车载一把土匪专用的、口径为 0.233 毫米的以色列加尔利（Galil）突击步枪、一把口径为 9 毫米半的自动手枪、一把口径为 0.357 毫米的 Magnum 手枪、一把口径为 12 毫米的手握式猎枪和 300 发子弹企图谋杀伊凡·波斯基（Ivan Boesky），幸亏他的妻子及时通知新泽西州警察，才避免了悲剧的发生。①

———————————

① James B. Stewart, *Den of Thieves* (New York: Touchstone, 1992): 421.

但是由于这家基金的基金拒绝向客户透露其签约的投资机构和投资经理的任何信息，许多投资者只能被蒙在鼓里。后来当客户得知此事，质问该机构的择人标准时，该机构的回答是："当他按时服药（用于治疗精神病）时，他是一位伟大的投资家。"

在投资管理过程中增加中间机构这一环节不仅降低了透明度，而且为资产受托人的判断加大了难度。如果不经过中间机构，资产受托人是直接依赖他人的判断来做投资决策，经过中间机构后变为依赖另一个人对第三个人的投资决策做判断。虽然上面两则事例属于极端情况，但也体现出使用中间机构来做投资决策的风险。中间环节越多，最终结果离投资者的初衷就越远。

除了透明度低、权责不清晰等问题外，基金的基金的另一大问题就是收费标准过高。由于投资经理收取的管理费和交易费本来就很高，许多积极型投资产品难以产生风险调整后的超额收益，而基金的基金产品的投资经理再多收一层费用，可谓"雪上加霜"，也进一步降低了跑赢市场的可能性。

此外，基金的基金还面临逆向选择的困境，投资经理一般都倾向于与资金提供方直接打交道。由于基金的基金并不拥有其所代表的资金，资金的灵活度和可依赖度都不高。高水平的投资经理有能力直接挑选自己的客户群，这也是基金的基金不能吸引一流投资管理公司的一大原因。

但投资经理对基金的基金的"怨言"一般不会挑明，以防有一天会需要基金的基金的资金来救命，虽然这样的资金来源很不稳定。[1] 然而，2006 年，全球著名风险投资公司红杉资本（Sequoia Capital）公开表示将不再考虑将基金的基金作为其投资者，红杉资本的行动公开暴露了基金的基金在逆向选择上的困境。

2006 年，美国全国大专院校行政事务官员理事会（NACUBO）对捐赠基金的调查结果也表明基金的基金没有起到实际作用。[2] 截至 2006 年 6 月 30 日，规模在 10 亿美元以上的大型捐赠基金旗下的对冲基金的收益率为 11%，而规模在 2 500 万～5 000 万美元之间的小型捐赠基金旗下的对冲基金的收益

[1]　*Private Equity Analyst*，August 2006：32.

[2]　TIAA-CREF，2006 NACUBO Endowment Study，www. nacubo. org.

率为 8.2%。两者之间的差距是由哪些因素造成的？罪魁祸首很可能就是基金的基金。因为大型捐赠基金中只有 2.7% 与基金的基金合作，而 47% 的小型捐赠基金都是通过基金的基金管理的。不难看出使用基金的基金与收益率较低之间必然有某种联系。

其他学术机构也对基金的基金带来较差收益水平这一问题进行了研究并提供了证据。哈佛大学的勒纳和王宛（Wan Wong，音译）、麻省理工学院的肖尔进行了相关研究。在其文章《聪明的机构与愚蠢的选择：破解有限合伙人投资收益之谜》（Smart Institutions，Foolish Choices?：The Limited Partner Performance Puzzle）中，作者对不同的投资者所选择的私人股权基金的收益率进行了分析。结论是捐赠基金选择的私人股权基金是整体表现最好的，平均的内部收益率（IRR）为 20%。与之相比，基金的基金选择的私人股权基金的内部收益率仅为 −2%。[①] 该项学术研究的结论验证了投资者的直觉，理性的投资者应该回避基金的基金，理由是透明度不高，投资决策判断涉及的层面过多，收费标准很高，缺乏与一流投资经理合作的能力。

二、咨询公司

为了弥补内部资源的相对不足，许多机构将咨询公司引入投资决策过程。有不少资产受托人认为，利用高素质的外部机构帮助打理复杂的组合是明智的选择，但事实上咨询公司往往表现平平。

咨询公司为将自身利润最大化，常用的手段是向尽可能多的客户提供几乎相同的建议。但是，在投资世界中，这种不量体裁衣的做法（即没有按照客户的特定风险和收益偏好提出建议）效果多半不会好。对客户来讲，只能寄希望于合作的咨询公司不将自身利润最大化作为唯一的目标，而是考虑客户的需求。

咨询公司一般代表保守的投资观点，给出的建议也相对安全。有名气的咨询公司一般在投资委员会面前都表现得相当老到，使投资委员会相信它可

---

① Josh Lerner，Antoinette Schoar，and Wan Wong，"Smart Institutions，Foolish Choices?：The Limited Partner Performance Puzzle，" Harvard University，National Bureau of Economic Research，and MIT（2005）：15-16.

以放心地把投资决策交给它们。

有些咨询公司也会负责帮助客户挑选投资管理公司为其打理资产，但是咨询公司提供的名单往往不是最佳选择。原因很简单，咨询顾问为了保住自己的饭碗，不会去推荐刚刚起步的投资管理公司，因为这会为客户带来组织和投资方面的双重风险。更何况咨询顾问也希望从一切可能的角度"摊薄"挖掘和监控投资管理公司的成本，所以咨询公司推荐给客户的多数是已经站稳脚跟的投资管理机构，因为它们有资格（即使没有能力）管理大规模资产；而客户的最终选择也多是架构庞大、收费很高的投资管理集团，而不是运作灵活、以提高投资收益为第一目标的初创公司。

对资产受托人（咨询公司的客户）来讲，更加不利的因素是两者之间的利益冲突。咨询公司出于自身利益的考虑，不希望客户发展独立的能力，而希望客户一直依赖其提供咨询服务。在极端情况下，咨询顾问甚至向客户推荐表面上从客户利益出发、实际上完全是为了赚取咨询费的项目。例如，有些私人股权的咨询顾问，也被称为"看门人"，会向完全没有操作此类项目的能力的客户推荐直接共同投资项目。试问：如果客户连挑选合伙人这样的决策都需要帮忙，那么又怎么可能做出更加复杂的直接投资决策呢？如果项目正式启动，投资公司就确保了在整个项目周期内提供包括合作伙伴选择、共同投资建议和投资过程监督在内的一条龙服务，获得相应的咨询收入。

现在咨询行业出现了新的令人担忧的现象，很多咨询公司开始向客户提供基金的基金服务。这样做使咨询公司与客户之间出现了不可调和的利益冲突，因此咨询公司丧失了向客户推荐其他资产管理机构的中立性。很显然，咨询公司还是为了自身的利益，而基金的基金的弊端前文已经进行了详尽的论述，这样一来二去，客户得到的建议的质量就可想而知了。

下面是一位前咨询顾问对咨询行业问题一针见血的概括：

> 95%的投资机构依赖咨询顾问每年一次帮助它们进行基金经理的"海选"（花费在 18 000 美元左右），海选的负责人通常有四年从业经验。投资机构挑选的候选人通常过去三年的投资业绩都很出色（它们怎么可能会挑选过去三年业绩不好的基金经理呢？），而且这些

基金经理收取的费用在行业内属于标准水平。这件事情在捐赠基金和基金会管理行业年复一年地发生着，从来没有中断过。当然，这样一年一次的短暂接触不可能产生深入的了解。于是，在基金经理表现连续两年不尽如人意后，投资机构就会解雇这些基金经理。

咨询顾问出于自身利益考虑，不会推荐管理资产规模较小的基金经理，因为他们不能带来规模经济。即使有一位非常出色的基金经理，但是如果管理资产规模只有 5 000 万～1 亿美元，那么由于"不够分量"，也不会引起咨询顾问的强烈兴趣。所以，咨询顾问最终只会找那些大型基金公司的经理，收费水平也一定要达标才行。

咨询顾问表面看上去是资产受托人与外部投资经理之间的联结纽带，实则不然。由于咨询公司自身的利益与客户的目标之间存在差距，因此，咨询公司很难符合客户对其的预期。尽管咨询公司能够提供一条捷径，使投资者不必自己进行复杂的投资运作，但捷径往往未必能够到达目的地。

第五节　投资决策过程

合理的投资决策过程应该对投资委员会与投资管理团队在投资过程中遇到的各类问题分别有所侧重并着力解决。查理·埃利斯（Charley Ellis）针对组合管理过程中遇到的各种问题构建了一个有用的框架，共分三个层次：政策决策侧重长期目标，体现投资程序的基本构架；战略决策代表中期目标，使长期政策决策适应当前的市场机会以及机构的实际情况；战术（交易）决策是政策和战略的短期应用。

埃利斯在《败中求胜》（*Winning the Loser's Game*）一书中感叹决策者们将精力过度集中在战术（交易）决策上，而忽视了看似平淡实则强大的政策决策。[①] 而事实证明，成功的投资都是建立在以正确的政策决策为核心的决策程序上的。

---

① Ellis，*Successful Investing*.

一、聚焦政策决策（资产配置目标）

资产配置目标的制定就属于政策性决策，既是投资决策过程的核心环节，也是组合管理的最重要因素，决定着基金最终的表现以及基金的性质。资产受托人的最重要的任务就是建立以资产配置（政策决策）为基础的决策框架。没有约束力强的、严谨的资产配置决策过程，也就谈不上有效的组合管理。

对资产配置的讨论通常在投资机构的年会上进行，这也需要投资管理人积极地"做好功课"，在年度会议召开前，将拟提交讨论的议题向投资委员会进行简要的说明。投资委员会主席应该鼓励投资委员会成员对与这些议题相关的话题提出建议，供投资管理人一起思考。这一过程如果组织得当，将为审慎的投资决策打下良好的基础。

这里需要强调的是，资产配置目标应当每年评估一次且仅此一次。这样做有两个重要原因：一是通过在一年只有一次的年会上集中讨论政策性决策，可以使最重要的决策同时得到投资委员会和投资管理团队的重视。二是将对政策性决策的讨论限制在一年仅此一次的会议上，可以避免在市场极度低迷或极度繁荣时，投资机构随波逐流，做出不审慎的资产配置决策。

案例：1987 年股市暴跌中的耶鲁基金

1987 年 10 月，美国股市暴跌，所有机构投资者的决策程序都面临压力和挑战，耶鲁基金也不例外。自 1975 年投资委员会成立以来，耶鲁基金一直保持季度例会的传统，但在 1987 年末和 1988 年初，还是针对股市暴跌破例召开了两次特别会议。虽然会议召开时，股价已经较上一次季度例会（1987 年 6 月）明显走低，而债券价格明显升高，但这次会议上讨论的问题却是是否要减少股票仓位，增加债券持有量。

到 10 月末时，耶鲁基金严格按照既定方针，在股市崩盘后进行了再平衡操作，卖出数千万美元的债券，用所得资金买入股票。这样的操作在 1987 年末市场低迷之际实在显得有些冒险。其他机构不仅听任股票仓位随大盘同步减少，而且在 11 月和 12 月进一步将股票仓位主动减少。减仓的操作与当时的市场氛围很"搭调"，当时就连《纽约时报》每周的图表也直接将 1987 年的股价与 1929—1932 年的大萧条相提并论。

耶鲁基金的逆势操作在投资委员会内部也引起了争论，甚至遭到了言辞激烈的指责。在一份书面的会议纪要中，一位投资委员会成员指出耶鲁基金的资产配置目标"非常激进"，甚至"已经激进过了头"，他认为短期内股市的走势将会非常弱，如此冒险的股票仓位，如果押对了"也不应该得到赞扬"，而如果押错了，"就准备下地狱吧"。他认为，"根据过去 6 个月市场的表现，股市长期投资前景已经受损"，所以"对预期收益的假设已经过于乐观"，"无论短期还是长期都应该降低股票的仓位"。另一位喜欢技术分析的投资委员会成员也提出："历史波动率的加大会减少股票的相对吸引力。"[1] 距离上一次讨论资产配置政策仅仅 4 个月的时间，投资委员会成员就将原假设基础几近推翻，这使耶鲁基金面临策略根本性调整的风险。

经过一轮轮唇枪舌剑，耶鲁基金投资委员会最终决定维持此前制定的资产配置目标，这使耶鲁基金在股市崩盘后通过再平衡操作取得了相当可观的收益。但是，整个争论过程还是说明：在危机时刻，过于频繁地重审资产配置目标（政策决策）反而暗藏更大风险。尽管在 1987 年股灾中，耶鲁基金违反惯例，在年会以外的场合讨论资产配置目标，但所幸投资委员会严格执行既定方针的决定保证了一项有效的投资策略即使在困难的情况下也没有半途而废。

回过头来看，耶鲁基金投资委员会成员的行为没有留下任何"后遗症"，但是，如果改换一下市场轨迹，投资委员会成员的态度就会对耶鲁基金的管理人员造成非常严重的不利影响。特别是会议纪要里某些成员含有"秋后算账"意味的言语，可能会为随后的资产配置埋下隐患。如果当时市场未在短期内恢复，直接进行再平衡操作的基金管理人员的职业生涯很可能就会受到非常严重的打击。

---

[1] 1987 年的股市崩盘是一个 20 个标准差的事件。对波动性的回顾性估计自然会提高数期，因为它包含了自 1987 年 10 月起的异常数据。

二、战略决策与战术决策

如前所述，投资过程中重中之重的资产配置决策是通过年会进行的。此外，每年召开的其他会议将负责做出其他重要的战略决策。例如，每财年过后的组合评估例会，主要是对组合的整体表现和每个资产类别的表现进行评估。会议主要是结合当时的市场情况，对每个资产类别进行深入的分析，以找到影响重要投资机会的各种因素，包括将每个资产类别与基准指数进行比较。通过对每个资产类别的市值大小、行业分布和风格特点与基准水平进行比较，投资委员会站在回顾过去和展望未来的角度，对组合管理进行评估。每一位进行主动投资的外部投资经理都会收到一份"成绩单"，里面不仅包括投资业绩，而且会分析业绩数据、过程的透明度、收费结构以及共同投资的比例等。分析组合战略的优势和不足有利于改进组合的管理。总而言之，这样的组合评估将起到两个方面作用：评估前期业绩，制订未来战略计划。

另外两次季度例会通常关注某个主题，例如深入分析特定的资产类别。这样将某个资产类别放在"显微镜"下的观察方式，使投资委员会成员和基金管理人员能够对特定资产类别的各个方面进行评估，包括不同规模、行业、风格对组合的影响。其中一个颇为创新和有效的做法是对被解雇的外部基金经理进行评估。通过将被解雇的基金经理与相对应的基准指标和组合的实际业绩进行深入比较和分析，可以对解雇决定有更加深入的理解，而许多投资机构与基金经理"一刀两断"后通常忽视这些后续工作。

此类对个别资产类别进行讨论的例会可以使外部投资经理参与进来，与内部的投资管理人员和投资委员会成员讨论共同关注的市场热点话题。这样的场合不是外部投资经理的"选美比赛"，而是创造他们与投资委员会成员面对面交流的机会，良好的互动将为投资决策增加价值。我们不鼓励参会人员预先填写类似"资产类别评估表"之类的东西，而是最好能够安排一系列讨论，使受托人与外部投资经理可以就各资产类别面临的机会和挑战坦诚地交流意见。

在某些情况下，投资委员会例会讨论的市场话题会横跨不同资产类别。比如，20 世纪 80 年代末的存贷危机就涉及私人股权、房地产以及绝对收益等领域。而 90 年代末的互联网投资狂热也影响到流通股票、私人股权以及绝对收益等领域。针对市场出现热点现象进行集中讨论，可以使该机构追求更具吸引力的策略，提前规避隐藏的风险。

综上所述，高效的机构投资者一定会关注长期政策目标，并将资产配置评估作为机构年度会议的最重要议程。而每财年后的例会有利于对组合与基金业绩进行全面的评估，给过去的表现"打分"，以便查漏补缺，将来取得更好的成绩。中间的两次季度例会则是对个别资产类别以及市场热点机会的深入分析和探讨。长期坚持流程不仅可以为有效的投资决策构建良好的框架，而且可以避免投资委员会成员和基金管理人员因一时冲动而酿成大错。

第六节　投资决策中的挑战

运转高效的捐赠基金的投资决策过程应该鼓励长期投资，但很多机构往往只是借长期投资之名而行短期投资之实。机构投资者的投资期限越来越短可能与人类本性有密切关系：好了伤疤忘了疼，追求及时的满足，以及在激烈竞争中的求胜心理。

另外还有一点也不容忽视。由于人类的本性是希望自己的贡献能够得到肯定，所以投资委员会成员和基金管理人员都希望在组合上留下自己的"印记"，这样也就埋下了隐患：如果基金或者组合的投资时限超过了基金经理或者投资委员会的任期，出现问题的概率将会加大。处理这一问题有两种解决方案：第一，对于永续资产（例如大学捐赠基金）的管理，一定要明确认识机构投资时限与个人任职期限的"断层"，并在投资决策过程中考虑这个因素；第二，保持管理层的连续性不失为实用的解决方案。

追求短期策略的投资者很快会发现，市场太有效了，很少有轻松获利的机会。即使基金经理发现了瞬间的市场错误定价机会，在短期获利后，也必须马上找到新的获利机会。在这样的策略下，基金经理只能疲于应付。利用短期策略创造价值成功的概率小，而风险则很高。追求短期策略的基金经理面对每个季度的排名压力，所利用的错误定价机会也必须在短期内得到纠正才能显示收益，这使得他们的投资机会受限，为追求长期策略的投资者创造了机会。

真正的长期投资策略极大地扩展了投资范围和机会，使长期投资者能够从短期投资者的非理性投资行为中获利。但长期投资通常意味着较高的内在风险，所以机构也一定要建立相应的应对机制。

一、短期思维

现在市场上有很多短期投资者，甚至很多基金经理也青睐 3～6 个月就能够体现投资收益的品种。由于担心排名"垫底"，基金经理纷纷采取贴近指数的操作策略。退而求其次的策略加上高额的交易费，这样的基金业绩平平也就不难理解了。

大学捐赠基金管理领域也存在着短期投资充斥市场的现象。一年一度的投资表现评比反映了（抑或催生了？）"赛马心态"（horse race mentality）。投资委员会成员、校友以及所有教职员工，都对捐赠基金的业绩表现特别是在同行中的排序位次寄予厚望。也许若在校际球赛的赛场上很难战胜老对手，在大学捐赠基金投资的比较中胜出也不失为一种安慰。随着排名的火药味越来越浓，一年一度的业绩排名还不足以满足大家的胃口，剑桥协会每个季度都会对大学捐赠基金组合的投资业绩进行排名。很明显，这种对长期资产三个月的表现进行追踪的做法本身也在引导一种错误的思维方式，即短期结果至上。

业绩排名的压力使得一些捐赠基金采取了非常极端（甚至有些荒诞）的做法，例如虚报捐赠基金的价值，以未扣减费用的收益来替代实际收益等。虽然虚报业绩的具体数字很难准确得知，但有为数不少的基金都参与其中。剑桥协会在最近一次捐赠基金投资收益调查中给出了 8% 这样一个数字，即有 8% 的基金公布的是扣除费用前的收益。[①] 这样做对投资者又有什么用处呢？从大学预算角度讲，只有净收益的数据才有意义，因为大学只能将扣除费用

---

① 数据来自剑桥协会 2005 年的投资收益调查。

后的收益用来支持各项工作的运作。从投资者的角度讲，只有净收益与基准水平进行比较所产生的增值才有意义。如果找不到其他合理的理由，大学捐赠基金虚报业绩的做法只能解释为希望在一年一度的业绩比赛中获得优势。

二、基于共识的投资行为

与共同基金贴近指数的操作策略类似，捐赠基金的基金经理在进行资产配置时也会参照同类机构的投资政策。如果与同行的共识相差过多，基金经理或许会被认为过于标新立异。如果一家机构因采取非常规操作而失败，除投资政策被废止外，基金管理人员也可能因此丢掉饭碗；相反，如果机构运用标准的组合，失败后投资政策可能也会被废止，但基金经理至少可以保住工作，尽管可能会不愉快。

大学捐赠基金操作时"左顾右盼"似乎有其合理的一面。高等学府之间存在着激烈的竞争，争优秀教师、生源、行政管理人员和财务支持这些都离不开财力的支持。捐赠基金的规模有助于确立这家学府在竞争中的地位，因为捐赠基金不仅直接提供财力支持，而且间接地为学校获得声誉资本。如果一所大学的捐赠基金因为采取与其他大学明显不同的投资政策而导致投资失败，那么学校不仅面临直接"降级"的风险，损失资金，而且会直接影响到捐赠人的热情和信心。当然，反过来，如果这样独树一帜的投资政策奏效，那么捐赠基金将为学校迎来财务和名誉的双丰收。捐赠基金的受托人通常都是厌恶风险的人，他们往往宁可循规蹈矩地失败，也不愿面对打破传统取得成功过程中的不确定性。

但是无论参照同行的做法多么情有可原，如果每一个市场参与者都过度地追求资产配置的一致性，行业的改变会非常困难。在极端情况下，每个基金经理都由于担心与同行的差异而紧盯着别人的组合，反而忽视了构建组合的最合理和根本的原则，即忽视了构建适合自己的组合架构，而是盲目地复制了其他机构的资产组合。

三、逆向投资的机会与风险

组合经理的态度决定了组合的最终命运。这里需要指出的是，成功的投资运作与其他商业运作存在明显差异，那些被视为标杆的企业管理技巧在投资领域也许并没有用武之地。很多商业领域的成功都是依靠复制成功，将资源向优势领域集中。如果一个产品获得成功，那么进行更多的投入基本上可以获得更大的成功和更多的收益。同样，让失败的项目"壮士断臂"可以控制损失，优化资源配置。

投资恰恰相反，很多成功的投资源于逆向思维。对待成功者，一定要用怀疑的眼光。对已经成功的投资策略要么缩量，要么彻底摒弃。相反，对待失败者，一定要怀有信心，越是不受追捧的策略，越要考虑大力支持。

逆向投资并不意味着让投资者一味地逢低买入，但越是不被看好的投资，越要对基本面进行认真的分析。此时认真做功课一来可以为建仓找到充足的理由，二来在受到市场质疑时可以增强信心，不为所动。逆向投资一定不能急功近利。事实上，从短线来看，逆向投资会看上去很傻，因为已经低估的资产很有可能进一步走低，从而使真正的逆向投资者完全与市场不同步。

逆向投资需要一个相对较小的决策团体。因为如果决策团体过大，一致性思维便会逐渐主导决策过程。行为学研究中有一个术语叫作群体思维（group think），讲的就是绝大多数人都渴望达成"共识"，为此他们宁可接受明显错误的决策。

逆向的长期投资在任何情况下都会面临严峻甚至是不可逾越的挑战，特别是在面对基金管理人、投资委员会成员以及董事会时。所以建立鼓励超常思维的决策框架是资产受托人的重要任务。

但是，克服从众心理本身并不能保证投资的成功。一味地追求独特的投资政策很有可能置组合于不必要的、没有收益的风险之中。虽然鼓励另辟蹊径可以提高投资成功的可能性，但如果没有一套完善的投资原则来约束，投资者也会面临很大的风险。下面就是这样两则失败的案例。

案例：纽约大学的债券之痛

在某些情况下，即便基金管理人员完全从机构的利益角度出发，没有任何私心杂念，也有可能由于过度追求非主流的投资策略而导致经济和名誉的严重损失。纽约大学捐赠基金过去二十年的表现为我们注解了错误的投资策略可以带来多么大的损失。

20 世纪 70 年代末 80 年代初，考虑到学校财务状况的恶化及股票市场的风险，纽约大学捐赠基金确定的资产配置方案为 66％投资于债券、30％投资于股票、4％投资于其他资产。[①] 这种做法与其他大学捐赠基金明显不同，纽约大学捐赠基金的债券比例是行业平均值的 2 倍，而股票比例则只有行业平均值的一半。

1981—1982 年，股票市场处于低谷，纽约大学捐赠基金将股票的比例从 33％的低位进一步降到 7％，将债券的比例从 62％的高位进一步调高到 90％。关于资产配置的公开报告显示：一直到 1985 年，纽约大学捐赠基金的债券比例都在 90％以上，而股票比例维持在个位数，甚至一度跌到只占基金资产的 3％。从 1985 年直至 20 世纪 90 年代初，纽约大学捐赠基金的年报不再提供组合配置的信息，但是可以确定这种不同寻常的组合结构一直延续。1995 年再度公开的组合情况为：债券占到 86％，股票占到 9％，债券比例依然高居不下。从 1997 年开始，该基金才逐渐将资金由集中投向固定收益类证券转移到具有较高收益的其他资产上。

所以，只能遗憾地讲，由债券主导的纽约大学捐赠基金在有史以来最大的牛市中几乎完全成为旁观者。在从 1978 年至 1998 年的 20 年中，有 16 年股票的收益都超过了债券，而且每年平均高出 6％。只有 1987 年的股灾是个例外，当时固定收益战略显示出优越性，基金董事会主席拉里·蒂施（Larry Tisch）在年度投资委员会会议上甚至得到了所有人起立鼓掌的礼遇。可惜这种欢呼仅维持了很短的时间，市场便迅速发生逆转。1987 年末，标准普尔 500 指数较年初上涨 5.2％。所以，即使在包括历史上最严重股灾之一的短短 12 个月的时间里，纽约大学捐赠基金所采取的策略也并不明智。

随着牛市的到来，纽约大学捐赠基金中股票仓位过低的问题日益突出，

---

① New York University, *New York University Financial Report*，1977 - 1997，20 vols.（New York：New York University，1977 - 1997）；New York University, *New York University Annual Report*，1977 - 1985，9 vols.（New York：New York University，1977 - 1985）.

但蒂施先生不以为然，他认为"火车已经出站"，没有必要追赶。① 这样的认识和操作也大大提高了该基金的机会成本。从 1982 年到 1998 年，各大院校捐赠基金平均增长了近 8 倍，而纽约大学却只增长了 4.6 倍。② 哪怕纽约大学捐赠基金只取得平均业绩水平，1998 年的资产规模也应该比其实际的 13 亿美元要高出近 10 亿美元。

从 20 世纪 90 年代末期开始，纽约大学开始降低对固定收益类资产的过度配置，开始将资产重心慢慢转向国内和国外的股票市场和绝对收益投资。但是纽约大学基金对债券的依赖依然过重，2005 年组合信息显示：纽约大学依然从未涉足过私人股权和实物资产这两个重要资产类别。纽约大学捐赠基金由于没有理解其投资长期性与股票投资之间的本质联系，遭受了长久的损失，即使不是永久的。

案例：波士顿大学与生物制药公司塞拉根的"苦恋"

波士顿大学捐赠基金对塞拉根（Seragen）公司的投资，同样采取了与众不同的操作策略，对大学的财务构成了另外一种类型的严重损失。这笔投资由前任校长约翰·西尔伯（John Silber）亲自操刀，错就错在对单笔风险极高的投资赌注过大，波士顿大学捐赠基金对单单这一家生物制药公司的投资一度达到 9 000 万美元。③

1986 年，在一次讲座上，波士顿大学校长西尔伯最早接触到塞拉根公司的"毒素溶解剂"并产生了浓厚的兴趣。当时大学的一位科学家约翰·R. 墨菲（John R. Murphy）博士就这项新技术进行了讲解。墨菲本人正是塞拉根公司的创立者。1987 年，波士顿大学从 1.75 亿美元的捐赠基金中拿出 2 500 万美元投到塞拉根公司，并从一家挪威制药公司手中购买了该公司的控制权。

① Roger Lowenstein，"How Larry Tisch and NYU Missed the Bull Market's Run，" *Wall Street Journal*，16 October 1997.

② NACUBO 捐赠财富指数反映了参与年度调查的机构的总体捐赠市场价值的年度平均变化。财富的逐年变化包括投资收益、赠与和支出的影响。

③ David Barboza，"Loving a Stock，Not Wisely But Too Well." *New York Times*，20 September 1998，sec. 3.

在随后几年中，通过加大股权投资、对运营提供支持和购买资产等一些操作，波士顿大学捐赠基金对塞拉根公司的投资已经从"过度"到了"不负责任"的程度。巨额投资换来了波士顿大学捐赠基金对塞拉根公司董事会的控制权，西尔伯被指定为董事会成员。

波士顿大学捐赠基金这种过度集中投资的方式引起了马萨诸塞州总检察长的关注，并催促波士顿大学通过将塞拉根公司上市以稀释股权。尽管 1992 年和 1993 年的股票发行筹集了超过 5 000 万美元的资金，但是塞拉根公司"烧钱"的速度显然超过了现金流入的速度。到 1996 年，该公司的累计亏损已达到 2 亿美元，创始人墨菲博士黯然离开，并承认"经营出现了问题"。

作为一家生物制药公司，塞拉根公司在科研领域取得了一系列成功，但财务问题依然没有缓解。公司股票于 1997 年 9 月在纳斯达克市场上被摘牌。该股的股价从 1992 年 4 月上市时的每股 12 美元增长到 1993 年 1 月的最高 15 美元，摘牌时仅为 0.625 美元。此时波士顿大学捐赠基金的投资也仅剩下 500 多万美元。

为了挽回局面，波士顿大学在 1997 年 12 月再度向塞拉根公司注资 500 万美元，用于购买亏损资产，并且从大学的经营预算中继续提取资金支持塞拉根公司。也许是以金钱换时间的策略起到了作用，1998 年 8 月，波士顿大学捐赠基金将塞拉根公司出售给里甘药业（Ligand Pharmaceuticals），这才得以脱身。根据《纽约时报》1998 年 9 月 20 日的报道，波士顿大学捐赠基金的这项投资最终仅收回 840 万美元，损失超过 90%。如果波士顿大学捐赠基金进行分散的股票投资，不仅可以避免投资于塞拉根公司的灾难性损失，甚至可以从股票仓位中获得上千万美元的升值空间。

具有讽刺意味的是，校长西尔伯对塞拉根公司的研发水平的积极评价确实有理有据。该公司的主打产品——英特尔鲁金 2 号（Interleukin 2）于 1999 年 2 月获得了美国食品和药物管理局（FDA）的批准。但该药物的商业成功对波士顿大学来说来得太迟了，对公司股东而言代价也过于昂贵。由于波士顿大学捐赠基金已经将塞拉根公司移交给里甘药业，在其中的经济利益已大幅减少。

波士顿大学捐赠基金对这家生物制药公司的投资违反了投资的基本原则，有很大的赌博成分，对委托人的利益造成了严重的损失。其实这里面还有个小插曲。波士顿大学当年错失了投资亚历山大·格拉汉姆·贝尔（Alexander Graham Bell）的重要发明——电话，此后便一直憋足了劲，在发现塞拉根公司以后，它便顺理成章地认为自己找到了第二个贝尔。该基金上上下下，特别是校长西尔伯都希望借助这家生物制药公司改写历史，在基金组合的历史上留下重重的一笔[①]，所以才会进行如此高风险和集中的投资。很遗憾的是，再美妙的投资故事也只有在事后才能变得清晰。明智的投资者无论如何都应该避免过大的赌注。而资产受托人应该时刻牢记其义务，构建合理分散的组合。

上述两家大学捐赠基金进行逆向投资的驱动力不是基本面分析，而是希望在组合表现上体现自己的影响，因此都给永续管理的资产组合带来了非常严重的损失。纽约大学由于过于希望把握资产类别表现相互转换的时机而错过了史上最牛牛市的获利机会。波士顿大学由于孤注一掷而遭受了巨大的直接损失并承受了更大的机会成本。负责任的资产受托人对机构或客户最好的服务体现为遵守基本的投资原则，避免为满足个人偏好而设定投资政策。

第七节　业绩评估

业绩评估是指资产受托人对基金经理或者投资顾问的业绩进行评估的过程。资产受托人与投资顾问之间的关系将对组合的价值产生影响，有效管理两者之间的关系将能使组合大幅增值。只有双方相互信任和理解，客户才会在有把握的情况下积极支持基金经理进行逆向投资操作。而如果相互之间缺乏良好的关系，基金经理的工作将面临风险，客户也可能冒险做出不合时宜的入资或撤资决定，因高买低卖对组合的价值造成损失。

组合管理是否成功取决于客户对投资顾问决策过程的了解程度。如果客户缺乏对投资顾问投资原则的充分了解，就只能根据过往的业绩做出入资或

---

① *New York Times*，20 September 1998.

撤资决定，而这样做非常不明智。而如果资产受托人也追逐短期业绩，必然会对业绩表现好的基金经理追加投资，一旦这些基金经理运气转差，受托人必定很失望。如果受托人出于逆向投资的考虑，力挺业绩表现不好的基金经理，但基金经理的投资技能的确不够高超，其业绩将维持在低水平，那么投资者的收益也不会提高。所以正确判断基金经理的业绩出色是由于运气好，还是由于的确水平高超，这一定要建立在对基金经理的投资方式全面理解的基础上。

资产受托人为了增加对基金经理的了解，需要对业绩进行持续评估，并采用定性和定量相结合的评估方式。定性因素中最重要的一点是判断基金投资负责人的专业素养和做事态度，这也是决定一家投资机构是否能够做到卓越的最重要因素。其他定性因素还包括负责人是否坚守投资原则、机构结构是否合理等。同时受托人与基金经理及外部投资顾问之间定期会面也是重要的评估途径。

投资收益的数据是业绩评估过程中的一项硬指标。投资者通过将基金经理的收益率与市场基准以及积极型基金经理的基准进行比较，评估其投资的成败。这里需要注意的是，明智的投资者在考量收益率时，还要考量与此收益相关的风险。

不难理解定量分析方法在业绩评估中的重要地位，因为它可以把复杂的组合构建简化为精准的数据。但也正是业绩数据清晰的特点使许多投资者过分强调了硬性的量化工具，从而忽略了软性的定性因素。所以资产受托人面临的挑战之一是如何在评估过程中平衡定量和定性因素。

并不是所有的投资策略都适用于每家机构，理性的资产受托人应该对组合加以限制，选择透明度高、便于充分理解的投资策略，使基金经理的特长与机构的偏好特征相吻合。对于外部聘请的投资顾问，虽然投资者不必完全了解其投资过程的细节，但必须全面了解组合策略。如果做不到这一点，资产受托人只能被动地监控投资业绩，面临被误导的风险。

管理与外部基金经理的关系（投资关系管理）也要结合定性和定量的评估方法，并持续进行监控。业绩好坏本身并不足以成为留任或者解聘基金经理的理由。如果外部合作伙伴的主要投资管理人员、投资理念或组织结构发生变化，导致双方合作的根基产生动摇，那么，即使有再出色的业绩，资产受托人也应该果断结束合作关系。如果业绩不佳，但基金组织架构合理，投资方法得当，投资管理人员素质高，成功投资的关键因素依然成立，双方关系应该继续维系。换言之，对业绩背后原因的调查可以为客户的投资监管提供深度的视角，而业绩不佳这一事实本身不应该对良好的投资关系管理构成实质性的威胁。

一、定性因素

如同聘用基金经理时最看重的应该是人，在业绩评估过程中，定性因素也应该起到主导作用。如果仅仅留下业绩好的基金经理，解雇业绩不好的基金经理，那么事情就太简单了。所以定量的业绩数据只能作为评估过程的一部分，更加难以评估的定性因素才是关键所在。

在投资关系管理过程中，对相关人员在投资过程中进行全方位、多角度的立体监督是定性评估的核心要素。短期问题涉及基金经理或投资顾问的热情、动机和职业道德。也就是说，资产受托人应该通过监督基金经理对工作的投入程度，及时发现他们工作热情减退或责任心下降的信号。长期问题主要是投资机构决策权的交接。

1. 投资机构决策权的交接

虽然细致周密的计划可以提高管理层更替时顺利交接的可能性，但这一过程，特别是对规模较小的机构而言，往往构成严峻的挑战。与大基金相比，小基金的管理者的可替代性要小很多。在大基金的管理中，制度（尽管有些官僚成分）起主导作用，而在小基金中人为因素更加突出，因此小基金高管层的退休会给基金带来很大的不确定性。将责任转交给年轻管理者势必改变公司的特征，有些甚至是根本性的特征，因为新的决策者会带来他们对市场特有的看法。总之，基金经理个人魅力越大，这一"棒"传起来难度也越大。

也有例外，一些风险投资领域的漂亮的权力交接不仅帮助这些公司确立并保持了领先地位，而且很好地建立了品牌价值，在同行中贴上了"优质合伙人"的标签，其中包括早期的风险投资公司苏特·希尔（Sutter Hill，成立于 1962 年）、格雷洛克（Greylock，1965）、美菲尔德（Mayfield，1969）、文洛克（Venrock，1969）、红杉资本（1972）以及 KPCB（1972）。但可惜的是，在私人股权投资领域以外，很少有规模较小的投资公司屹立不倒的成功案例，问题多出在"没接好棒"。一些公司随着发展壮大，放弃了投资目标而改为追求资产规模的积累；还有一些公司随着个别关键人物的隐退，公司直接由盛转衰。也许过多地依赖个别明星基金经理本身就为"传好棒"（将成功的投资技巧传给接班人）设置了过高的障碍。无论如何，对投资管理者精力、责任心和工作热情的评估应该始终作为一种非常重要的定性评估方式。

2. 资产管理公司的独立性

如果一家资产管理公司将自己出售，投资者一定要在第一时间对这一事件和这家资产管理公司进行评估。因为通常在规模较小的独立公司中，负责投资决策的管理者的经济利益与投资成败直接对等或者相关。出售的行为使等式两边发生了重大变化。

资产管理公司将自己出售后，新的所有者关注的重心不再是创造更高的投资收益，而是如何通过降低投资仓位和风险来保存资产，如何通过增加市场销售活动来增加客户的净现金流量，如何通过增加产品类型使收入多样化等。随着公司投资战略丧失连贯性，资产管理人员的工作热情也随之减退。已经出售股权的前任股东显然有其他的人生追求；他们一手提拔起来的有才华的年轻人也可能步其后尘借机离开去创造自己的财富；选择留下的，要么能力平平，要么暂时委曲求全。总之，资产管理公司的出售对于客户没有任何好处。

对于成功的资产管理公司的资深合伙人而言，是否出售股权确实是一个两难的选择。出售股权的积极意义体现在，一笔可观的收益终于得以变现。而不利的一面则在于，出售股权为公司未来发展埋下了隐患。

如果资深合伙人决定不出售公司，则无法使自己的利益最大化。如果他们将股权分给自己的接班人，就意味着年轻的管理层以优惠的价格获得了股权，这不仅体现了资深合伙人高尚的品格，也使得公司得以作为独立的实体继续存在。然而，这种局面可以维持吗？不一定，因为新的股权所有者总有一天会面临与前辈一样的两难选择。

3. 投资方式转变

如果说将公司股权出售是亮起"红灯"，需要投资者跟踪评估，那么基金经理投资方式的转变可以看作"黄灯"频闪，也应该引起投资者的警觉。在通常情况下，管理资产的增加会带来投资方式的改变。一般规律是：第一，随着资产规模的增大，小盘股的基金经理会逐渐增持大公司股票，强调分散投资，而对小盘股的关注度逐渐降低。第二，一些靠选股起家的对冲基金也逐渐开始与宏观面博弈，因为规模的增大使得它们不得不开拓范围更广（机会更多）、程度更深、流动性更强的市场。

无论哪种类型的基金经理，都有贴近基准指数操作的动力。与指数贴近的组合虽然只能保证获得市场平均收益率，但至少可以保住"饭碗"。所以，如果价值型基金经理开始买入市场热捧的成长性股票，那么投资者就需要对此予以关注甚至提出质疑了。

业绩不佳也会导致投资方式的改变，基金经理往往不惜冒更大的风险，希望能够"咸鱼翻身"。有些基金经理甚至出于绝望，将大量资产置于更大的损失风险之下，以期弥补已有的损失。

法斯巴赫兄弟的案例

有时，糟糕的业绩会导致投资者的策略发生剧烈的转变，但突兀的转型往往不会产生理想的效果。下面是一则"空翻多"的失败的案例。法斯巴赫兄弟（Feshbach Brothers）投资公司（简称"法斯巴赫兄弟"）在 20 世纪 80 年代以超高的投资收益率和备受争议的卖空技巧一夜成名。它以哈伯德（L. Ron Hubbard）的心理学理论作为投资策略的基础，投资目标直指被高估的、即将暴跌的公司。法斯巴赫兄弟用尽一切办法做空，从传统的证券分析到聘请私人侦探调查上市公司的诈骗活动。据传，法斯巴赫兄弟不仅经常利用舆论来操纵自己卖空的股票，而且当无法通过合法渠道做空时，它便采用裸卖空的方式赚取暴利。可是令人惊讶的是，许多投资者对这种屡触"红线"、备受争议的行为视而不见，其中也包括罗素信托公司（Frank Russell Trust Company）。面对法斯巴赫兄弟突出的业绩表现，投资者纷纷将大量资金委托其经营，公司资产规模的总额在 1990 年顶峰时达到 10 亿美元。

但是 20 世纪 90 年代初，法斯巴赫兄弟的"魔法"失灵了。大牛市的到来自然令做空策略黯然失色，甚至使做空者面临灾难性后果。仅 1991 年，法斯巴赫兄弟的资产就损失了 55%，法斯巴赫兄弟决定转型。

1993 年，卖空者大卫·洛克（David Rocker）称，法斯巴赫兄弟"公开表示不再做空而改为主打小盘成长股的投资策略"。世界上最出名的（事实上也是最臭名昭著的）空头突然转变立场，在媒体和投资者中引起了轩然大波。一直到 1998 年，法斯巴赫兄弟都坚持采用传统的多头战略，但资产管理规模仅为 5 000 万美元，不足鼎盛时期的 5%。随后的投资收益也没有出现明显的改观。截至 2007 年 12 月 31 日，法斯巴赫兄弟对外宣布的仓位不足 6 000 万美元。

也有一些基金经理成功转型的案例，关键词是适应能力。如果基金经理只关注一种类型的投资机会，如同坐上了过山车，只能跟着趋势上上下下。为了改变这种被动局面，明智的基金经理应该在自己的能力范围内学会适时调整策略，以在最广的范围内利用机会。比如，许多绝对收益的基金经理最初一定从并购案例中寻找套利机会；但是重组和破产的分析评估会用到相似的分析技巧和法律知识，于是绝对收益的基金经理利用这些优势进军不良证券市场。这些投资标的的基本面相关度很高，基金经理在操作时也能做到驾轻就熟。如果并购进行顺利，风险套利投资占据组合的重要位置。当经济状况不佳时，投资领域违约事件频繁发生，这时，投资管理公司就相应提高不良证券的投资比例。面对难以克服的市场周期性，那些适应性强的基金经理比专攻一种类型投资机会的基金经理更能应对自如。

投资机构或基金经理可以在保留"强项"的基础上循序渐进地开发"副项"。这种做法可以提高组合收益，对基金经理和客户是"双赢"。我们提醒大家注意的是，投资方式根本性的改变会对客户资产构成威胁，必须引起资产受托人的重视并采取相应措施。

4. 定期会面

基金经理与投资者之间的定期会面是投资关系管理中另一项很重要的工具。通过会面，投资者可以对现有投资过程提出挑战并激发基金经理新的想法。开诚布公的讨论有利于及早解决问题。投资者与基金经理面对面坐下来深入探讨投资问题，效果要远胜于通信和电话等其他方式。

投资者对基金经理要尽询问之责，但不要干预。投资者不要跨越基金经理和客户之间的界限干扰投资决策，例如催促基金经理建仓，或抱怨具体的投资操作不当。挑战基金经理的思考过程或鼓励逆向思维都有助于成功处理与基金经理的关系。

基金经理有义务坦诚地与投资者讨论投资理念、策略以及具体操作。基金投资的完全透明化是投资者理解投资过程的基础。有时，基金经理出于交易和仓位保密的考虑，会出现拒绝提供信息的情况。但如果基金经理不信任投资者（或潜在客户）而拒绝透露组合信息，投资者也应该据此拒绝与该基金经理合作。投资者只有在充分理解基金经理的操作策略和组合信息时，才会在基金业绩不佳、处于困境时保持对基金经理的信心，并支持其进行逆向操作。

基金经理与投资者在会面时还应该对基金公司的有关制度和事项进行讨论，帮助投资者对公司的现在和未来做出判断。不同的制度会从不同的方面体现甚至决定投资机构的特点。投资者需要了解这方面的信息，而机构也应该主动与投资者进行沟通。例如，薪酬制度影响主要投资管理人员的工作动力甚至去留；接班计划反映了现任高管层的态度，可以帮助投资者提前了解未来高管层的一些情况。对于基金管理公司来讲，与投资者讨论这些敏感信息，可以增强投资者的信任和信心，在投资遇到困难时，更易获得投资者的支持。

投资关系管理中另外一个非常重要的环节就是对基金经理持续进行尽职调查。虽然正式程度不如招聘过程中的尽职调查，但持续进行的调查可以使投资者对基金经理的业务能力有更深入的了解。投资者还可以利用适当机会与第三方讨论基金经理的业务操作和道德标准等，不断了解外部基金经理的投资特色。

投资者与基金经理之间的日常交流也是投资关系管理的重要工具，它为定性评估提供了依据。投资者一定要对基金经理的投资逻辑进行持续的监控，对任何积极投资管理一定要保持理性的怀疑态度。

在投资关系管理中，对人、策略和组织结构的定性评估是核心因素。明智的投资者还会经常"回头看"，回顾当初聘任基金经理的决定是否正确，检查起初的假设和基金经理后来的表现是否一致。在基金管理公司的状况发生变化后，及时的评估尤为重要，谨慎的投资者要再次考虑该公司是否依然符合要求。

二、定量因素

跑赢基准指数是基金经理重要的目标。流动性强的成熟市场具备一系列完善的基准指数。例如，美国证券市场的各种宽基指数，包括标准普尔 500 指数、罗素 3 000 指数和威尔希尔 5 000 指数。所谓基准指数代表的是一种被动的投资方式，即忠实复制该资产类别的市场表现。积极型基金经理所做的努力就是使自己的净收益（收益扣除费用后）高于市场基准指数，从而实现资产增值。

与流通的证券品种相比，流动性差的资产类别没有明确的市场基准指数可用来作为衡量标准。私人股权投资的标的非常广泛，从上市公司的分支机构到家族企业，再到破产企业等。而从定义来看，流动性差的资产本身就不会有基准指数，因为所谓可以被动管理的基准指数存在的环境一定是流动性强的成熟市场。

那么市场上的私人股权投资的基准收益水平如何确定呢？惯例是使用可流通证券基准指数的"衍生"值，比如明确指出在标准普尔 500 指数的基础上加 500 个基点，或者隐含地使用 12％的实际收益率（可能是根据 7％的股票市场预期实际收益率加上 500 个基点的溢价水平）。

资产受托人应该为聘用的基金经理选取适当的被动投资的基准指数以对其表现进行评估。基准指数应该涵盖积极型基金经理可以从市场选择的所有投资机会。市场流动性越高，基准指数就越完善，这可谓一个讽刺，因为高流动性的市场最不可能创造出值得衡量的超额收益。为低效市场或某些细分市场制定基准指数会比较困难。但总而言之，基准指数应该作为评估基金经理业绩的重要定量因素。

1. 选择专业化的基准指数

市场上名目繁多的专业化指数为各种类型的策略提供了精确的衡量标准。这些基准指数早已不局限于标准的风格和市值指数，还包括了一些很另类的指数，所以即使非常奇特的组合策略，也能找到适合自己的那一款指数。[①]

专业化指数可以提供宽基指数所不能提供的信息，为投资者带来更有价值的视角。以 2003 年小盘股基金收益为例，当年的中数收益率达到 45.7%，超过标准普尔 500 指数 17 个百分点。乍看上去非常出色，但这一水平比被动投资的小盘股基准指数低 1.5 个百分点。所以通过将小盘股基金的中数收益与小盘股基准指数比较，才能让投资者对小盘股积极型基金经理的表现有更加清楚的认识。[②]

有时使用专业化指数时要小心。例如，20 世纪 90 年代，价值型基金经理一般都跑输价值型投资的基准指数。在截至 1997 年 12 月 31 日的 5 年中，80% 的积极型价值投资基金都跑输了价值型投资基准指数，一时间，被动型组合风光无限。[③]

为什么会出现这种情况呢？原来由机械方法产生的价值型基准指数覆盖的是低市净率（price-to-book ratio）和低市盈率（price-to-earnings ratio）的股票，其中包括了大量不具有吸引力甚至面临退市风险的公司，而这些公司恰恰是积极型基金经理积极回避的。如果价值型股票走势强劲，那么积极型基金经理一定会跑输被动型组合，因为市场会对那些由机械方法产生的高风险基金组合给予更高收益。只有市场显现重大压力时，积极型价值基金的优势才能显现出来。

理性的投资者一定要选择适当的基准指数来评估基金经理的投资策略。

---

①　例如彭博社就有足球指数（Football Index），用于衡量在英国经营足球俱乐部的公司的表现。

②　数据来源于罗素/梅隆和彭博社。

③　PIPER：Pensions & Investments' Performance Evaluation Report（PIPER），*Managed Accounts Report*，December 31, 2007：Quarter End（New York：Pensions & Investments，1997）.

前面的两个案例告诉我们：将小盘股基金经理的表现与标准普尔 500 指数的整体收益率进行比较很容易被误导；而将积极管理的价值股的表现与所谓由价值股组成的基准指数的表现相比较也会给投资者带来错误的认识。所以一方面要强调使用专业化指数作为参照物，另一方面又要充分理解积极型管理组合与被动型基准指数之间的风险差异。

2. 同行比较

同行比较提供了另外一种评估业绩的量化方法。虽然个别资产类别的表现逊于基准指数，但几乎每个资产类别中都包括这样一群基金经理，他们之间的业绩可以相互比较。

存活者偏差和回填偏差在进行同行比较时会产生重要影响，特别是在低效的资产类别中。对私人股权投资和绝对收益投资而言，被动投资的基准指数意义不大，在这种情况下，同行比较的作用会更加突出。在这两个资产类别之间，存活者偏差和回填偏差对绝对收益影响更大，而对私人股权投资的影响相对较小。

3. 风险调整

在业绩评估的过程中，根据风险水平调整收益被当成是次要考虑。关于市场风险，基金经理只有在为不佳的投资业绩辩解时才会提及："我们虽然收益低于市场，但我们所承受的风险也在市场平均水平之下。"也许，缺少风险量化指标是基金经理以风险为借口替自己辩解的原因之一。

最常见的风险衡量指标是收益的标准差，但它很难准确地量度资产受托人所关注的风险。简单地分析收益在历史上的波动性对了解特定投资策略的风险的价值有限。重要的是投资的基本面风险，而非证券价格波动。在当今世界，证券价格总是过度波动，掩盖了真实的投资风险。尽管有它的局限性，价格波动率的历史数据仍被作为对风险进行测量的应用最为广泛的量化指标。

诺贝尔奖获得者威廉·夏普（William Sharpe）创造了一个用于衡量风险与收益之间关系的分析工具。通过对高于（或低于）无风险收益率的收益率的评估，夏普比率着重于衡量投资者接受风险时所希望获得的超额收益。将超额收益除以收益的标准差后得到的这个比率，量化了每个单位风险所产生的超额收益。夏普比率也存在着与其他对波动性历史数据进行测量的指标相同的缺陷。

派杰美国政府证券基金的案例

派杰美国政府证券基金（Piper Jaffrey American Government Fund，AGF）是一只抵押债券基金。如表 10-1 所示，截至 1993 年底，AGF 在过去 5 年的平均收益率是 19.3%，比短期国债高出 13.7%。AGF 的超额收益部分相对应的波动率（风险水平）为 8.8%，所以夏普比率为 1.6，即每单位风险得到 1.6 单位的超额收益。

表 10-1 债券基金比较

(1989—1995 年间抵押贷款支持证券的收益情况)

		收益率 （%）	超额收益率 （%）	风险 （%）	夏普比率
截至 1993 年底的 5 年平均	AGF	19.3	13.7	8.8	1.6
	所罗门兄弟 抵押贷款指数	11.2	5.5	3.5	1.6
截至 1994 年底的 1 年	AGF	−28.8	−32.7	14.9	−2.2
	所罗门兄弟 抵押贷款指数	−1.4	−5.3	4.0	−1.4
截至 1994 年底的 5 年平均	AGF	8.5	3.7	12.3	0.3
	所罗门兄弟 抵押贷款指数	7.8	3.0	3.5	0.9
截至 1995 年底的 1 年	AGF	25.9	20.3	5.8	3.5
	所罗门兄弟 抵押贷款指数	16.8	11.1	3.2	3.5
截至 1995 年底的 5 年平均	AGF	11.3	7.0	12.2	0.6
	所罗门兄弟 抵押贷款指数	8.9	4.6	3.3	1.4

资料来源：Bloomberg and Yale Investments Office.

从表面上看，AGF 得到的 19.3% 的收益率远高于同类的所罗门兄弟抵押贷款指数（Solomon Brothers Mortgage Index）。所罗门兄弟抵押贷款指数的收益率仅为 11.2%，但波动率要小得多。所以尽管所罗门兄弟抵押贷款指数只有 5.5% 的超额收益，但其夏普比率与 AGF 基本相同。换句话说，AGF 的高收益率是通过加大风险得来的，而不是风险调整后真正的高额收益。可见，夏普比率使二者之间的比较更为公平。

夏普比率也有其局限性，它虽然反映了风险与收益的历史关系，但这些量化的历史指标不能反映数据以外的基本面风险。如果投资者完全依据这些回溯数据，而忽视与过去市场明显不同的未来的情况，则很可能做出错误的决定。

例如，1994 年债市崩盘，AGF 损失高达 29%，风险水平接近 15%。而所罗门兄弟抵押贷款指数的表现要好得多，收益率为 -1.4%，风险水平为 4%。1994 年 AGF 的夏普比率为 -2.2，所罗门兄弟抵押贷款指数的夏普比率为 -1.4。

对 AGF 而言，虽然采用的是同样的操作策略，但是由于 1994 年市场行情发生巨大变化，导致截至 1993 年底与截至 1994 年底的 5 年平均年收益率水平、风险水平以及夏普比率出现明显变化：收益率由 19.3% 降至 8.5%，风险水平由 8.8% 升到 12.3%，突然之间，两位数的收益和一位数的风险变成了一位数的收益和两位数的风险。

夏普比率更加糟糕。截至 1994 年 12 月 31 日，在 12.3% 的风险水平下，AGF 的 5 年平均年收益率为 8.5%，超额收益率为 3.7%，夏普比率为 0.3，而一年前夏普比率还高达 1.6。由于市场情况发生了剧烈变化，原本有效的策略仅仅一年后就成为低收益、高风险的策略。

与 AGF 形成对比的是，在截至 1994 年 12 月 31 日的 5 年中，所罗门兄弟抵押贷款指数的平均年收益率为 7.8%，超额收益率为 3%，风险水平为 3.5%。虽然也面临 1994 年恶化的市场环境，所罗门兄弟抵押贷款指数的夏普比率维持在 0.9，远远好于 AGF 的 0.3 的水平。

将风险量化的方法（如夏普比率）的确可以帮助投资者严谨地分析和评估投资机会与风险，但一旦市场出现特殊情况，历史数据的局限性便会显现出来。根据 1993 年底的数据，在过去的 5 年中，AGF 和所罗门兄弟抵押贷款指数的夏普比率相同，表明风险收益率也大致相同。但到 1994 年底情况就完全不同了。从夏普比率来看，所罗门兄弟抵押贷款指数基金比 AGF 更具吸引力，而之后的实际情况却不是这样。

在 AGF 的案例中，如果投资者完全依靠历史数据和风险水平数据进行投资，则很可能完全没有"踏准"时点。1993 年末，投资者看到的是高收益和堪比指数的风险收益有效性，总之有很多买入的理由；而 1994 年末，糟糕的业绩收益以及相对指数的低劣表现等所有数据应该都表明卖出是最好的选择。而事实上，1995 年基金的收益率高达 25.9%，夏普比率与所罗门兄弟抵押贷款指数相同（尽管截至 1995 年底的 5 年平均年收益率依然不高）。

投资者如何才能够避免在 1993 年和 1994 年间做出高买低卖的错误决策呢？唯一的方法就是对基金的基本面，即带来收益的投资活动的本质情况有所了解。基于历史数据来做出投资决策的投资者过度关注过去，而忽略未来。预测未来固然很有挑战，但了解决定基本面的各项因素的发展趋势，才能大大提高投资成功的概率。例如，了解 AGF 的投资者就会知道，1993 年的出色表现中杠杆功不可没，并可能预料到其在 1994 年市场情况下的暴跌。

对各项收益进行风险调整非常重要，但如果把一切都化简为一个精确的数字并不能反映问题的实质。谨慎的投资者面对科学的数据也决不应忽视认真的解读。

4. 收益率

最基本的衡量收益率的方法有金额加权法和时间加权法。金额加权收益率或内部收益率（internal rate of return，IRR）评估的是投资规模和投资时点对投资收益的影响。内部收益率适用于考量那些能控制现金流的投资经理，例如私人股权投资者，他们能够决定投资的时机和数额。

时间加权收益率考虑的是一系列周期性收益，而不考虑某一时点上基金的规模。时间加权收益率适用于不能控制现金流决策的基金经理。例如对流通证券基金经理来讲，决定入资和撤资的是投资者。

案例：罗森堡机构股票管理基金的附加值

罗森堡机构股票管理基金（Rosenberg Institutional Equity Management，RIEM）的核心股权产品很好地说明了运用金额加权法和时间加权法评估收益率产生的差别。如表 10 - 2 所示，RIEM 起步时资金量很少，而与标准普尔 500 指数相比的超额收益率很高。按照投资管理业的一般规律，出色的业绩会吸引来更多的资金。在 1990 年顶峰时，RIEM 的资金规模曾超过 81 亿美元。但庞大的资金规模使灵活性降低，对投资构成了障碍，又或许是因为运气不好，RIEM 此后业绩一路下滑，收益低于平均水平。

表 10 - 2　RIEM 没有为客户创造价值

（1985—1997 年组合的收益率和增加值）

日期 （截至各年底）	核心股票资产 （百万美元）	超额收益率 （RIEM 收益减去标准普尔 500 指数收益，%）	增加值 （百万美元）
1985	188	6.2	12
1986	1 037	−0.4	−4
1987	2 037	6.6	134
1988	4 222	−0.6	−23
1989	8 020	−4.8	−386
1990	8 157	−3.7	−304
1991	6 608	−0.8	−52
1992	3 692	3.9	143
1993	3 692	1.1	42
1994	1 838	−1.0	−19
1995	2 225	0.8	17
1996	2 023	−2.9	−58
1997	1 644	1.2	20

资料来源：Nelson's Directory of Investment Managers，1985 - 1997.

　　尽管 RIEM 组合的业绩出现大幅波动，但采用时间加权法显示业绩一直较为可观。截至 1997 年底，此前 12 年间 RIEM 的核心股票组合的平均收益率为 17.3%，比标准普尔 500 指数高出 30 个基点。

　　而采用金额加权法（内部收益率）统计出的业绩则明显要差很多。RIEM 组合的平均内部收益率为 11.8%，等量的资金如果投到同期标准普尔 500 指

数上，相应的内部收益率为 13.1%。换句话说，在核心组合的存续期内，该
基金的投资者每年相对于市场损失 1.3%，机会成本大约为 5 亿美元。

在对流通证券基金进行业绩评估时，时间加权法和金额加权法都适用。
时间加权法反映的是投资经理的投资水平，而金额加权法反映的则是投资者
的现金流择时能力。在对私人股权投资进行评估时则最好采用金额加权法，
因为这种投资方式完全由私人股权投资者控制现金流。

成功的基金管理应该是科学和艺术的结合，是定性评估和定量评估的平
衡。资产受托人在评估基金业绩和基金经理的工作时既要运用精确的定量数
据，也决不能因此忽视不易直接测量的定性因素。成功的投资关系管理应该
将定性因素放在首位，数据固然重要，但只是起辅助作用。

三、业绩评估的运用

业绩评估通常在聘用、解聘基金经理和确定基金规模等关键环节使用，
在这一过程中选定的时间框架是关键变量。对业绩评估结论运用得当可能会
大幅提高收益率，而错误的运用则使财富受损。

在进行业绩评估时采用的适宜时间框架视资产类别及所管理风格而定。
信息反馈机制的时间跨度因投资周期不同而长短不一。货币市场投资的信息
反馈速度很快，因为资产无论成功与否都在短短的几个月内到期。所以，受
托人手中有大量的数据资料。不幸的是，在高度有效的货币市场上，利用这
些信息创造价值的机会微乎其微。

私人股权投资是另外一个极端。由于投资持续期可以长达十年，从而迫
使受托人在得到有关投资活动的实质性信息反馈之前，必须做出保留或解雇
现有投资经理的决定。私人投资的长周期性使得投资者在做出聘用或解雇决
定时所关注的因素并非短期投资业绩。

在货币市场和私人股权投资两个极端之间，众多其他资产类别的业绩评
估时间框架的确定值得仔细研究。反馈机制应该与投资经理的投资时限相对
应。投资时限越短，评估基金经理水平所需的时间就越少。在有价证券领域，

高周转率说明投资时限相对短期化，相应地，对基金经理的评价也日益短期化。200％的周转率对应平均 6 个月的持有期；相反，20％的周转率对应 5 年的平均持有期，对这种低周转率的投资策略的评估需要很长的时间，使投资经理的策略有充足的时间产生效果。在私人投资领域，评估投资经理的时限要更长。

虽然通过组合周转率得到的平均持有时间可以帮助我们在合理的最小时间框架内评估基金经理的业绩，但是市场的作用力容易让投资者只能"雾里看花"。多年来，小盘股相对于大盘股、价值股相对于成长股的相对优势总是在不断轮换，因此，在评估基金经理的业绩时，选用合适的基准指数并拉长评估的时间期限便尤为重要。真正严谨的投资者不会让自己在"千钧一发"的时刻做出决定，而是尽量使评估时间与基金经理的工作周期相吻合。

业绩评估最终决定了资产受托人对外部投资经理的信心。重新评估与投资经理的关系会让受托人处于尴尬的境地，因为理性的投资者一般尽量与投资顾问保持长期的业务关系。质疑当初的聘用决定或者对现有关系进行重估会引起双方的不悦。资产受托人应该寻求长期稳定的投资关系，即使在考虑中断关系时也是如此。

投资者对个别投资经理的信心也会影响配置给其所负责的组合的资产规模，受到青睐的投资经理会得到更多的资金。因此，投资经理账户规模的变化也可以反映投资者对其操作能力的判断。当然，除了信心这一重要因素外，投资者向各位投资经理配置资金时还要综合考虑其他因素，如所用策略的吸引力、同类基金经理的数量等。尽管如此，业绩评估依然在资产配置中发挥决定性作用。

投资者在完整了解投资经理的投资方法后，可以通过再平衡操作来进行增值。如果投资经理管理的资金规模符合投资者的偏好，那么，最近的业绩评估最好被投资者看作追加或撤出资金的一个次要参考指标。即使是经验最丰富的投资经理也有表现不佳的时期，很可能出现建仓后表现与预期相反的情况。如果此时最初的投资逻辑依然成立，那么向暂时不受市场追捧的投资经理（及其策略）追加资金，等于把握住更有吸引力的投资机会；投资经理面对这样的信任票，特别是在经历连续欠佳的业绩后，通常反败为胜的概率更大。

另一种情况则是，在经历一段时间超预期的表现之后，投资者应当考虑缩小表现好的投资经理的投资规模，因为现在的超预期很可能是市场力量与投资经理能力的共同结果。将表现优异的投资经理账户上的资金转移到目前表现不佳的投资经理账户上去，可以持续地提高投资收益。投资经理希望看到资金不断流入自己管理的账户，特别是当自己的策略在市场上表现不佳时，谁也不会希望看到资金抽逃的现象。还有一个耐人寻味的现象：当业绩表现不佳时，基金经理往往将之归结为市场情况不好，而将优良的业绩全部归功于投资技术和策略成功。

从投资者的角度出发，无论何时，都应该避免频繁资金进出产生的高成本。在撤出资金时要尤为谨慎，因为撤资产生的交易成本将降低组合的收益率。我们提倡的是基金的再平衡操作，即将资金用于支持表现不佳的基金经理而抽离表现超预期的基金经理。这样操作是出于必要的风险控制的目的，同时还可以将资产重新配置的成本控制在很低水平。

解聘基金经理

解聘基金经理一般出于以下两个原因。第一，最初的聘用就是一个错误。无论招聘阶段的尽职调查多么彻底，投资者与受聘基金经理相处得如何只有在实际投资过程开始后才能知道。在投资过程中不断对当初聘任基金经理的假设进行重估，可以使投资者不断了解基金经理的投资过程，结果要么证明当初聘任基金经理的正确性，要么暴露出当时假设的不足。第二种可能解聘基金经理的情形是基金管理公司的人员、理念和结构发生了重大变化。

对于聘请外部基金经理的投资者，解聘不满意的基金经理是难度最大的问题。因为这件事总归会让人感到不快，所以许多投资者宁可维持现状并用各种理由来证明这样做的合理性，以此来避开解聘这一棘手的问题。

优秀的投资者在对基金经理进行评估时，应该以冷静甚至近乎冷酷的方式运用各种分析手段。一旦评估结果表明当初聘任基金经理是个错误的决定或者环境变化导致基金经理不再合适，投资者必须马上开始行动。投资者不妨问问自己："如果从头再来，我今天还会聘用他吗?"如果回答是"不会"，那么就需要认真考虑解聘的问题了。

第八节　内部控制

后台操作是一种经常被忽略但却非常重要的风险来源。多数机构基金经理不会关注操作过程中的风险，而仅将注意力集中在组合管理和战略制定上。只有当出现重大经营失误时，内控问题才会引起大家的重视，但往往为时已晚。

捐赠基金同时面临内控风险和外控风险。内控风险存在于基金总部的日常组合管理中。如果所有资产都由基金内部管理，投资者面临的仅是内控问题，常规的稽核就可以检查投资支持系统的有效性和完整性。外控风险存在于外部投资经理的操作环节，常规稽核很难直接覆盖，因此需要借助专业机构的力量。链条上最弱的一环决定链条的强度，为了保证机构操作过程的顺畅，无论是内部操作，还是外部操作，都需要细心的检查和监督。

内控的缺陷往往是事故发生的土壤，千里之堤，溃于蚁穴，看上去不起眼的问题，有一天也会引发巨大的灾难性事件。内控缺位还会诱发欺骗和渎职行为，导致巨大的损失。要想避免酿成苦果，就必须事先进行周全的规划。令人遗憾的是，往往只有在重大损失发生后，机构才会重视这些看似普通的日常操作。

所以，投资机构应该定期针对操作过程进行独立、全面、深入的外部评估。对于不是很复杂的组合，内外稽核人员合作审计就可以对基本问题例如有价证券组合的妥善保管等全面把关。而复杂的组合管理加大了工作的难度，一般的通才型稽核人员难以胜任，需要术业有专攻的专门人士参与，这样才能使评估做到真正的全面。

尽管由一流事务所进行的审计构筑了内控风险的第一道防线，但在当今投资管理世界中，对组合操作来说，日常的年审已经不足以解决问题。由专家团队进行的非常规、无限制的稽核可以为机构提供关于风险的战略性建议，在解决现行问题的同时防患于未然。

案例：耶鲁大学进行的特别审计

特别审计是指聘请专业的审计人员在没有任何限制的情况下对投资机构的操作环节进行独立的评估。特别审计过程本身会为监督过程带来全新的视角，会启发投资管理人对已经习以为常的操作步骤进行自审，在专业人士的帮助下找出改进的方法。各方都公认的最佳操作流程和做法将成为现行工作的标杆以及未来努力的方向。

自 1990 年以来，耶鲁基金已经两次聘请普华永道会计师事务所、一次聘请德勤会计师事务所对其投资情况进行彻底的评估。每一次评估都提供了很多有价值的反馈信息。第一次评估时，普华永道会计师事务所发现证券借出业务（融券业务）存在明显的风险。由于证券借出业务全部由耶鲁基金内部管理，耶鲁基金随即进行重新评估。得到的结论是市场出现了结构性变化，使得这类投资项目从风险收益比角度来看已经不再具有吸引力，于是耶鲁基金果断地终止了证券借出业务。此后不久，考曼基金的证券借出业务遭受了严重损失，这时大家才意识到耶鲁基金的先见之明。[①]

普华永道会计师事务所第二次审计得到的结论是，尽管耶鲁基金对外部投资顾问的后台操作的监督已经达到业内的最高水平，但仍有提高的空间。在行业内，对外部投资顾问的审计只能算作内部审计的简化版，但对大学捐赠基金而言，外部投资经理的作用和地位比其他类型基金要高得多，所以对其操作风险的控制在一定程度上决定整个基金风险控制体系的完善性，捐赠基金的风险水平也取决于这些有时只是被粗略评估的外部基金的操作。

普华永道会计师事务所的结论是，要"内""外"一起抓，耶鲁基金完全可以在业内重新"定义"风险控制的标准。一定要做到全面具体，包括监管

---

① 耶鲁基金的融券业务，与考曼基金相比，采取了更加保守的"配期"策略。即出借证券的到期周期与抵押金再投资的周期几乎相同。这样意味着耶鲁基金的收益率面临投资的利差风险。通过这一次普华永道会计师事务所的调查，耶鲁基金得出这样的结论：利差太窄，不应继续进行融券业务。而考曼基金却相信这样的利差可以带来高收益并为此承担了巨大的风险。详见第 6 章。

合规、内部操作、会计和交易系统、法律和稽核的专业支持，以及价值、风险、衍生工具、软佣金等多方面的评估政策。值得一提的是，在合规层面，耶鲁基金的做法是：通过对外部投资顾问的风险控制评估，将某些基金经理投资操作过程中的成功案例推而广之，介绍给其他基金经理，从而提高整个捐赠基金组合的风险控制水平。耶鲁基金将对外部投资顾问的风险控制提高到与内部基金经理同等重要的水平，不仅获得了重要的信息，也促使基金经理在后台操作方面投入更多的时间和精力。

第九节　结　论

投资者能力的重要"分水岭"是看其是否有能力和资源做出高质量的积极投资决策。积极管理使投资技巧有了用武之地，特别是在绝对收益、实物资产和私人股权投资上，这些资产类别只有进行积极管理才有可能获得可以接受的收益；在国内和国外股票市场上，积极管理也可能带来超越市场基准水平的收益。反过来讲，如果缺乏积极投资管理的技巧，谨慎的投资者只能选择被动管理的有价证券。但即便这样，也好过那些不具备能力和资源但依然抱着侥幸心理进行积极管理的投资者，他们所做的只能是为技巧高的投资者提供赚大钱的机会。

约束力强的决策框架是投资成功的必要前提。在这个框架下，投资管理人员和投资委员会成员各司其职，投资管理人员是投资决策过程的主导者，而投资委员会成员负责进行有效的监督。如果没有严格的投资步骤、全面的投资分析、严格的政策落实，组合操作就变成了"跟着潮流走"。在如此激烈的竞争环境下，如果研究逻辑不够连贯，又趋向市场共识，那么获得高收益的可能性微乎其微。

高效的投资步骤可以起到"求同存异"的效果，缩小投资者与组合管理者的利益差异。机构资产受托人希望在其任职期间创造良好业绩，而基金经理则寻求工作保障，两者的目标均与机构的长期目标存在差异。机构只有将投资部门融入整体组织架构，才有可能保证机构的利益被置于个人利益之上（例如对大学而言，最好的做法是将大学捐赠基金与其他教学和职能部门更好地融合）。

投资咨询机构和基金的基金等作为中间机构，相当于在投资过程中增加了一道程序，但这道增加的程序并没有增加收益，反而起到侵蚀收益的作用。那些没有与中间机构产生瓜葛的投资机构反倒可以集中资源和力量取得更好的收益。

投资机构的决策文化应该鼓励逆向思维和长期行为，这对决策成功意义重大。要尽量减轻短期业绩（如季度排名）压力，鼓励基金经理做出一些暂时不受欢迎的投资决策，并对不可避免的失误持宽容态度，这样，"被解放了的"基金经理才能在宽松的环境下创立组合，并积极利用逆向投资策略和短期投资者拱手相让的投资机会，提高投资成功的概率。

长期投资成功要求在正确投资原则的基础上采取个性化的逆向投资行为。合理的决策构架能够克服团体决策的弊端，鼓励基金经理经深思熟虑后承担风险。设计周密、有效的投资管理过程是投资计划成功的关键。

明智的机构投资者在管理与内部基金经理及外部投资顾问的关系（投资关系管理）时，通常会采用量化分析（硬性）和定性分析（软性）相结合的评估方法。定性分析将人的因素放在组合决策的核心位置，是对基金经理进行评估的重要因素。定性考量因素包括投资人员的素质、投资理念的说服力以及组织构架的特征。定期的面对面交流也是对基金经理进行评估与监督的重要工具。

量化的业绩评估手段包括组合收益、市场基准以及积极管理型基金经理的其他收益率数据。但过分依赖看似精确的数据常常会导致错误的投资决策。只注重数据的投资者会在业绩连续表现优异时买入，而在业绩连续表现不佳时匆忙赎回，这样的高买低卖操作难免遭受损失。

机构投资者与外部投资顾问之间透明、坦诚的关系也非常重要。经常性的直接交流使投资者能够更好地利用市场机会。在价格下跌时，充分理解并认可基金经理投资思路的客户会及时追加投资帮助基金经理补仓。而在没有合适投资机会的情况下，基金经理应当主动将资金退还给客户。不过，这样的情况也只有当客户和基金经理之间存在高度信任和信心时才会发生。

业绩评估对资产配置决策至关重要，因为评估结果，即关于基金经理能力的判断，将直接影响投资机构（投资者）对基金经理的信心。如果投资机构对业绩表现不佳的基金经理有信心，就应该不离不弃，力挺基金经理进行逆向操作；而如果没有信心，恐怕还是应该"当断则断"。

固定收益类别中的莠草

在不能为组合创造价值的各个资产类别中，除美国国债以外的固定收益类别是最主要的一个。在固定收益资产类别中，虽然无违约风险、不可赎回、享有美国政府完全信用担保的美国国债在组合中扮演最基本的角色、赋予组合价值并使其有别于其他组合，但是，投资级公司债券、高收益债券、外国债券和资产支持证券包含诸多缺点，因此不能把它们纳入精心构建的组合中。在固定收益资产类别中，非核心资产占据一大部分。许多市场参与者将资产配置到公司债券和房屋抵押贷款支持证券中，寄希望于在不承担额外风险的同时创造出增量收益。投资者要理解固定收益资产类别中各种投资品种的缺点，特别是理解这些品种能否发挥固定收益资产类别在组合中应当发挥的作用，从而有助于做出合理的组合决策。

第一节　国内公司债券

公司债券持有人是举债公司的贷款人。在公司的资本结构中，债务的级别高于股权，因此，公司债券面临的基本面风险比公司股票小。由于债券的风险低于股票，因此，固定收益投资者的预期收益低于股票投资者。然而遗憾的是，债券有许多缺点，包括信用风险、流动性差和可赎回特点。即使投资者因这些缺点得到了合理的补偿，敏锐的投资者仍会发现，由于公司债券具有信用风险和可赎回特点，它无法在组合中发挥固定收益资产类别本该发挥的分散化作用。

一、信用风险

信用风险是指公司可能无法及时、足额还债付息的风险。标准普尔和穆迪等评级机构发布公司债券的评级，评估公司履行承诺的可能性。在评估债券发行人的偿付能力时，最重要的因素是支持债务的股本大小以及可用于支付利息的现金流量。投资级债券的评级从最高的 AAA 级（借款人信誉最好）到 BBB 级。BB 级及以下是高收益债券或"垃圾债券"。债券的评级越低，其信用风险越大，具有的类似股票的特征也越多。

在穆迪的评级体系中，AAA 级债券是指"质量最好、投资风险最低"的债券，其利息支付"有保障"、本金"安全"。AA 级债券是指"从各种标准来看质量都很高"的债券，A 级债券"有许多有利的投资特征"。在投资级债券中，最低的 BBB 级债券"目前"足够安全，但是"缺乏出色的投资特征"。①尽管对 BBB 级债券的评价略显负面，但是整体而言，穆迪为投资级债券的投资描述了光明的前景。

然而遗憾的是，从公司债券投资者的角度来看，最高级别的 AAA 级债券的信用质量不可能上升而只可能下降。有时，持有人的债券质量下降，不过仍然属于投资级。有时，持有人的债券质量一路下滑，最终被驱逐到垃圾债券中，成为"堕落天使"。在少数情况下，AAA 级债券能够维持评级，但是，无论如何它都不可能被提高评级。

公司债券购买者面临种种问题，IBM 的债券就是一个明显的例子。在 20 世纪 70 年代末之前，IBM 没有发行任何长期债券，因为在这之前，公司的现金绰绰有余。1979 年秋，IBM 预计需要进行外部融资，于是发行了 10 亿美元债券，此次债券发行的规模创公司债券史上之最。IBM 债券获得了 AAA 评级，而且投资者对其定价相当高，这导致其与美国国债之间的利差很低，而且投资者低估了赎回选择权和偿债基金等条款对发行人的价值。由于投资者高度重视 IBM 债券的"稀缺价值"，经赎回选择权调整后，公司借款利率竟然低于美国国债利率。就信用评级而言，IBM 的债券只可能下降，不可能

---

① Marie Nelson, "Debt Ratings," *Moody's Investors Service*, 23 July 2003.

上升。28 年后，IBM 优先级债券的评级降至 A 级，辜负了评级机构最初对公司信用质量的评价以及投资者的热情与厚望。

20 世纪六七十年代，当 IBM 高速发展、不断创造现金时，债券投资者没有机会向 IBM 贷款。等到 20 世纪八九十年代，IBM 需要大量现金时，投资者开始考虑向 IBM 提供资金。事实上，随着 IBM 不断成熟，外部融资需求增加，信用质量也逐渐下滑。

与 IBM 信用质量逐步下滑相比，有的公司信用质量急剧恶化。2002 年 4 月初，通信公司世通的优先级债券被穆迪评为 A 级，属于投资级债券阵营。4 月 23 日，由于世通公司面临企业客户需求减少以及会计问题的双重困扰，穆迪下调该公司债券评级至 BBB 级，仅比垃圾债券高一级。两周多后的 5 月 9 日，即在公司首席执行官伯纳德·埃贝斯辞职后不久，穆迪再次下调该公司债券评级至垃圾债券级别——BB 级。据彭博社报道，世通公司因此臭名昭著，成为"历史上被调降至垃圾债券级别的最大债务人"。[1]

令世通公司的债权人更感失望的是，公司的信用状况继续急速恶化。2002 年 6 月 20 日，穆迪将世通公司的优先级债券评级进一步下调至 B 级，表明该公司的部分债务可能推迟支付利息。一周后，穆迪再次将该公司债券评级下调至 C 级，认为其具有"高度投机"属性。到 7 月 15 日，该公司的 230 亿美元债券出现违约。最终，7 月 21 日，世通公司申请破产，成为历史上最大的公司破产案，超过 1 000 亿美元的资产在法庭挂牌拍卖。

在短短不到三个月的时间内，世通公司从一家信用评级为 A、"有足够能力还本付息"的公司走上了破产之路，其债券持有人只能无奈地望着这起被穆迪描述为"创纪录的违约案"中数十亿美元的价值灰飞烟灭。[2]

在世通公司最后的日子里，其 2008 年 5 月到期、利率为 6.75% 的优先级债券的价格从被穆迪下调评级之前的 82.34 美元暴跌到公司破产时的 12.50 美元。公司股东的状况更为糟糕。从被穆迪下调评级之前到宣布破产日，公司股价从 5.98 美元暴跌至 14 美分。如果分别从公司债券和股票的历史最高

[1] "WorldCom's Credit Rating Sliced to Junk by Moody's," *Bloomberg*，9 May 2002.

[2] Sharon Ou and David T. Hamilton, "Moody's Dollar Volume-Weighted Default Rates," *Moody's Investors Service*，March 2003.

价位算起，股东的境况更为凄惨。2002 年 1 月 8 日公司优先级债券价格达到 104.07 美元的历史高位，到宣布破产日其价值缩水 88.0%；1999 年 6 月 21 日公司股价为 61.99 美元，达历史高点，到公司破产日其价值缩水 99.8%。

很明显，就单只证券而言，世通公司的破产给股票持有人带来的损失要比债券持有人大，这符合股票风险高于债券的道理。但是，与债券组合的持有人相比，股票组合的持有人能更快地从世通公司的破产中恢复元气。这种说法貌似自相矛盾，但是其原因是：一个由股票构成的组合能够很好地消化吸收个别股票的损失，因为组合中其他股票的价格可能上涨两倍、三倍、四倍甚至更多，不仅能弥补个别股票的损失，还能创造收益。而相比之下，高质量债券大幅升值的可能性微乎其微。在债券收益的负偏态分布中，左侧尾部会给债券持有人带来巨大损失。

在上文中，IBM 近三十年来偿债付息的能力逐步下滑、世通公司信用状况在短期内崩溃的例子反映了整个公司债券市场的大趋势。近年来，在公司债券中，被下调评级的数量远远超过被上调评级的数量，结果债券持有人必须逆风前进。在截至 2006 年 12 月 31 日的 20 年内，被穆迪下调评级的债券共计 6 907 只，上调评级的共计 4 087 只。单是在过去十年中，信用质量恶化的债券价值共计 70 030 亿美元，信用质量改善的债券价值共计 39 310 亿美元。[①]

过去 20 年中公司信用状况普遍下滑的部分原因是：美国公司不停地增加对杠杆的运用。1987 年 6 月 30 日，标准普尔 500 指数成分公司的负债/权益比为 0.6，也就是说，在这些公司中，每一美元的股本对应 60 美分的债务。随着杠杆运用的日益盛行，到 1997 年 6 月 30 日，这一比率升至 0.90。到 2007 年 6 月，标准普尔 500 指数成分公司的负债/权益比升至 1.03，这意味着，债务水平超过股本 3%。随着公司借款不断增多，债权人的安全性降低。

毫无疑问，债务水平上升也给公司利润表带来了压力。下面我们来看一看可供支付利息的现金流与公司利息费用的比率。1987 年 6 月 30 日，标准普尔 500 指数成分公司每一美元利息费用对应 4.70 美元现金流。到 2007 年 6 月 30 日，这一比率降至每一美元利息费用对应 3.80 美元现金流，这意味着公司

---

① 来自穆迪的数据。

支付利息的能力大幅下降。很明显，随着现金流与固定债务费用的比率降低，债券持有人的安全性也相应降低。

从资产负债表和利润表中，我们可以得出同样的结论。在过去的 20 年中，公司的资产负债率显著提高，表明公司的信用状况恶化；同期，公司的现金流偿债能力比率（cash flow coverage ratio）也大幅下滑，表明公司财务健康状况下滑。在这两个因素的共同作用下，评级机构下调债券评级的数量超过上调评级的数量。

除了基本面因素外，发债公司的性质也是评级机构下调债券评级数量超过上调评级数量的原因之一。通常，发债公司主要是成熟公司。相对而言，更年轻的、成长更快速的公司在发债公司群体中占比较小，在很多情况下是因为这些公司无须进行外部融资。投资者无法购买微软公司的债券，因为这家公司根本不用去债券市场融资。但是，他们可以购买福特汽车公司（Ford Motor Company）的债券，因为这家公司需要进行大量的外部融资。如果发债公司中不包括快速成长、产生现金流的公司，却包括更加成熟、消耗现金流的公司，那么债券投资者恐怕只能预期信用质量恶化而非改善。不管原因如何，如果历史可以指引未来，那么债券投资者可以预期，未来关于公司信用状况的噩耗将多于喜讯。

二、流动性

与美国国债这一世界上广度最广、深度最深、流动性最好的资产类别相比，公司债券的流动性黯然失色。大多数公司债券通常交易不够频繁，因为许多投资者买入后便将其放在一边，采取"买入并持有"策略。

而实际上，债券投资者很重视流动性。我们来比较一下美国国债和私营出口融资公司（Private Export Funding Corporation，PEFCO）的债券。尽管这两种债券都享有美国政府的完全信用担保，私营出口融资公司债券的流动性不及美国国债，其交易价格相对较低，年均收益率高出可比到期期限的美国国债多达 0.6%。两者的收益率差异完全来自市场对流动性支付的价值。大多数公司债券的流动性更接近私营出口融资公司的债券，而非国债。这表明，缺乏流动性是公司债券与政府债券收益率存在差异的主要原因。

三、可赎回性

对投资者而言，公司债券的可赎回性是一个苦恼。公司发行债券时通常包含赎回条款，允许发债人在某个日期之后以固定价格赎回债券。如此一来，当利率下降时，公司可以赎回高于市场利率的现有债券，以较低的利率发行新债券取代旧债券，以此来节省利息费用。

公司债券持有人面临的境况是"反正都是我输"。在利率下降时，投资者目前持有的高利息债券将会被以固定价格赎回，从而蒙受损失。在利率上升时，投资者目前持有债券的利息显得较低，相对市场而言遭受损失。在利率上升或下降时，由于可赎回债券的利益机制不对称，结果总是发债公司受益，债券投资者遭受损失。

基于公司债券赎回条款内在的不对称性，我们不禁要探询发债公司和投资者的相对市场力量和成熟度。为什么许多债券中包含赎回条款？为什么债券中很少包含卖出选择权[①]？假如债券中含有卖出选择权，当利率上升导致债券价格下降时，投资者就可以把已经缩水的债券以固定价格卖回给发债公司。产生这一不对称性的根源无疑是，发债公司对市场的了解和领悟远远胜于认识有限的投资者。

一个事实是：在固定收益市场上，分析师的水平、成熟度要比股票分析师逊色，尽管固定收益分析师的任务比股票分析师更加复杂。公司债券投资者不仅需要熟悉固定收益市场本身的复杂性，而且要了解股票估值中涉及的全部问题。在评估一家公司是否有偿债能力时，必须了解公司股本的支撑能力，因此，债券分析师需要全面评估公司的股票价格。具有讽刺意味的是，由于成功的股票分析师的薪酬远远超出成功的固定收益分析师，因此，证券人才都纷纷涌向股票分析这一相对更容易的工作。

---

① 卖出选择权（put option）的持有人可以在特定时期内以固定价格卖出债券。如果债券中包含卖出选择权，购买人将有权根据债券契约中的规定在特定时期内以固定价格将债券卖回给发债公司。

四、负偏态分布的收益

除上述风险外，公司债券投资者还面临另外一个风险。公司债券的预期收益呈负偏态分布。在持有的债券到期时，最好的结果是定期收到公司支付的利息以及到期偿还的本金。最差的结果是公司违约给投资者造成不可挽回的损失。由于债券的上行空间有限、下行空间巨大，这种不对称的收益分布使投资者处于不利地位。

投资者持有期较短时也会面对同样的收益分布问题。由于债券的本金到期时可以偿还或者公司执行赎回条款时可以提前偿还，债券的升值空间有限。预期偿还本金的日期越近，这种价值衰减效应（dampening effect）就越大。在公司信用状况恶化时，债券的价值衰减将加剧。在公司前景恶化时，债券价格将下滑，因为此时债券的风险升高，投资者要求更高的收益。在最糟糕的情况下，在公司违约时，债券投资者血本无归。因此，不管是否持有债券至到期日，投资者面临的都是负偏态分布的收益，其上行空间有限、下行空间巨大，丝毫不具有吸引力。

大多数投资者都喜欢正偏态分布的收益。积极型股票投资者偏爱这样的股票：其下行空间有限，因为可以得到确定的资产价值支持；而且上行空间无限，因为可以预期公司经营状况会得到改善。在这种情况下，投资者保本的概率很大，而且获得大量收益的概率也很大。毫无疑问，正偏态分布的预期收益远胜于负偏态分布的预期收益，这对固定收益投资者而言是又一挑战。

五、利益的一致性

股票持有人和债券持有人之间存在利益的鸿沟。若债务融资成本降低，股东将获利；若债务融资成本提高，股东将受损。考虑到公司管理层服务于股东利益，债券持有人要提高警惕。

下面我们来考察一个公司实体的企业价值。分析师在评估公司价值时，要么评估资产负债表的左侧，要么评估右侧。资产负债表的左侧是资产，其价值难以评估。比如，福特汽车公司五花八门的设施的公允市场价值应该是多少呢？其举世闻名的品牌的公允价值应该是多少呢？当想到要对公司资产负债表左侧的各项资产逐一进行价值评估时，即便是最勤奋的分析师也会踟蹰不前。

相对而言，资产负债表右侧的负债更容易进行价值评估。将公司债券的市场价值和公司股票的市场价值相加便可以得出公司的企业价值。企业价值反映的是投资者要购买整个公司时需要支付的价格。如果投资者以市场价格购买公司所有的股票、债券和其他所有债务，那么他便拥有了整个公司。（而且不再负债！）

从上述对公司债券和股票的讨论中，我们可以得出一条基本的公司财务原理：公司的价值与其资本结构无关。因为投资者完全可以再造公司的财务结构，公司的企业价值肯定与其融资结构无关。例如，投资者可以收购公司债券，去除杠杆，从而消除公司杠杆的影响。相反，投资者也可以通过借款买入公司股票，由无到有地产生杠杆。既然投资者不用依赖公司行为便可以去除或产生杠杆，那么，公司的企业价值必定独立于其资本结构。[①]

通过对企业价值的讨论，我们可以清晰地看出股票持有人利益和债券持有人利益之间此消彼长的关系。企业价值是债务价值和股权价值之和，公司股东在减少债权人利益时自己将受益，因此，股票持有人能够以债券持有人的损失为代价获利。

由于公司管理层利益与股东利益一致，债券持有人会发现自己与公司管理层处于对立地位。因为意识到依靠公司管理层来保护贷款人的利益并不可靠，债券投资者与公司签订复杂的合同、契约来迫使发债公司满足债券持有人的利益。然而遗憾的是，即使最能干的律师订立的合同也不足以按照债券持有人的意愿来影响公司行为，特别是当期望的行动与管理层的经济利益相悖时。

有时，财富被公然地从债券持有人处转移到股票持有人处。例如，当公司经历杠杆收购或者杠杆化资本重组时，公司的债务水平将大幅增加。债务水平

---

① 如果公司因信用良好或税收优势而可以以有利的条件进行债务融资，那么加大公司资产负债表的杠杆可以提高公司价值。

增加将提高现有贷款人的风险，直接导致现有债务的价值下降。1989 年，私人股权投资公司 KKR 杠杆并购雷诺兹-纳贝斯克（RJR Nabisco）的案例清晰表明：当公司债务水平膨胀时，债券持有人将遭受巨大的痛苦。在雷诺兹-纳贝斯克公司的投标大战中，随着买家的出价不断飙升到离谱的程度，未来的债务负担也随之大幅上升。在并购之前，雷诺兹-纳贝斯克的债务总计不到 120 亿美元，在并购之后，固定债务超过 350 亿美元，令人瞠目结舌。公司资本结构发生巨大变化的直接后果是，在并购前已持有债券的持有人大约损失 10 亿美元，股东却得到了 100 亿美元的横财。债权人损失的金钱直接进了公司股东的腰包。

有时，公司管理层采取更为隐蔽的方法来损害债券持有人的利益。公司管理层试图用尽可能低的成本、按照最灵活的条款借款，从而损害债券持有人的利益。除了努力以最低的成本借款外，债券发行人还可能在合约中加入价格对自己有利的赎回条款或者结构对自己有利的偿债基金条款。公司管理层在执行赎回条款时，债券持有人利益将受损、股东将获利。此外，公司在契约条款的谈判中，会为管理层争取尽量大的运作空间，其中包括允许管理层灵活采取可能会损及债券持有人利益的行动。

公司管理层在损害债券持有人利益时面临的"紧箍咒"是，管理层希望未来能够继续在债券市场上融资。如果公司接二连三地公然损害债券持有人的利益，公司未来借款时可能难以获得有利的条件。不过，由于最令债券持有人愤怒的交易——杠杆收购和杠杆化资本重组——发生的频率并不高，这样，当公司需要再次借款融资时，市场已经淡忘不愉快的经历了。相比之下，管理层采取更为隐蔽的方式从债券持有人那里"偷钱"的行为鲜为人注意。总而言之，由于和管理层处于对立地位，债券持有人的利益容易受到损害。

六、市场特征

截至 2006 年 12 月 31 日，投资级公司债券的市场价值总计 1.7 万亿美元，到期收益率为 5.7%，未来公司信用质量变化有可能导致预测的收益率降低，平均到期期限和久期分别为 10.1 年和 6.1 年。[①]

---

　　① 来自雷曼兄弟的数据。

七、小结

许多投资者购买公司债券，希望能够获得高于美国国债的增量收益，同时又不会面临额外风险。但是，公司债券投资者面临信用风险、流动性风险和赎回风险。如果这些风险能够得到合理补偿，债券收益率相对于美国国债的利率享有足够的溢价，那么公司债券也可以在投资者的组合中享有一席之地。但遗憾的是，在正常情况下，投资者因公司债券的缺点而得到的补偿微乎其微。结果，由于信用风险、流动性风险和赎回风险不利于公司债券持有人，超额收益只不过是海市蜃楼，投资者到头来空欢喜一场。

公司债券投资者面临诸多不利因素。首先，相对于债券持有人，公司管理层与股票投资者的利益更趋一致。此外，债券的收益呈负偏态分布，上行空间有限，而下行空间巨大。

固定收益资产类别是投资者的避风港，因此，把它包含在充分分散化的组合中是合理的。遗憾的是，由于具有信用风险和期权性风险，在发生金融危机或通货紧缩时，公司债券无力保护组合。在经济困难时期，公司偿债付息的能力下降，导致债券价格下滑。在因投资者纷纷追逐高质量资产或者通货紧缩导致利率下滑时，债券赎回条款的价值凸显，公司向投资者赎回高息债券的概率也升高。明智的投资者要避免投资于公司债券，因为其信用风险和赎回风险导致其虽属于固定收益资产类别，但难以抵御金融危机或经济困难。

历史收益数据证实，投资者在接受公司债券内在的各种风险时获得的补偿是不够的。在截至 2006 年 12 月 31 日的十年内，雷曼兄弟报告美国国债年均收益率为 6.0％，投资级公司债券为 6.5％。虽然具体指数的市场特征有所差异、具体某个时期对收益有所影响，上述比较不够严谨，但是，国债和公司债券之间平均每年 0.5％的收益率差异不足以补偿公司债券投资者面临的违约风险、流动性风险和期权性风险。相比之下，美国政府债券是更好的选择。

第二节　高收益债券

一、概述

高收益债券是指未能满足蓝筹标准、评级处于投资级以下的公司债券，又称垃圾债券。在垃圾债券中，最高评级是 BB 级。在穆迪的评级体系中，BB 级债券"有投机因素""未来发展前景不明朗"，稍低一级的 B 级债券"缺乏有利的投资特征"，CCC 级债券"信用状况差"，CC 级债券"具有高度的投机性"，评级最低的 C 级债券"未来可获得任何实质投资价值的希望极为渺茫"。[①]

高收益债券也具有高级别公司债券的种种不利特征，而且有过之而无不及。垃圾债券市场的信用风险水平远远超过投资级债券市场；流动性极差，信用评级最低的垃圾债券只能通过预约交易；由于存在赎回风险，垃圾债券的持有人也面临"硬币的反面和正面都是我输"的境况，而且状况更加糟糕。

在利率下降的环境中，投资级债券和垃圾债券的持有人均面临赎回风险。在利率降低时，债券发行人可能会以固定价格赎回债券，并且以更低的成本发行新债券。由此可见，对高质量公司债券和垃圾债券的持有人而言，在利率变动时，他们面临的赎回风险性质类似。

由于垃圾债券的可赎回特征，在利率下降时，持有人可能会失去债券，除此之外，在公司信用状况改善时，持有人可能也难以受益。垃圾债券购买者的一个目标是：识别前景将会得到改善的公司，这样公司的偿债付息能力将会得以提高，评级机构将会调高评级，债券的市场价格也会上涨。但是，由于存在固定价格赎回条款，垃圾债券投资者从公司信用状况改善中获利的空间受到制约，这是股票持有人通过牺牲债券持有人的利益获利的又一种方法。

[①]　Nelson，"Debt Ratings，"*Moody's Investors Service*.

美国包装公司的案例

下面我们来看一看美国包装公司（Packaging Corporation of America，PCA）2009 年 4 月 1 日到期、利率为 9.625％ 的 B 系列优先级次级债投资者的经历。美国包装公司是一家高度负债的硬纸板和瓦楞纸板生产商，1994 年 4 月首次发行上述债券，其票面利率高出具有可比到期期限的美国国债大约 500 个基点，评级为 B 级中最低一档。按照穆迪的评级标准，B 级意味着"债券在较长期限内偿债付息或者遵守合约中其他条款的把握很小"。[1] 美国包装公司债券的购买者无疑寄希望于公司前景将得到改善，这样，公司持续履行合约条款的可能性将会提高而非降低。也许，投资者预期未来公司基本面将会好转，或者债券市场将出现牛市，或者两者兼有。

通过发行上述债券，美国包装公司募集资金超过 5.30 亿美元，用以帮助私人股权投资公司麦迪逊•迪尔伯恩（Madison Dearborn）杠杆收购天纳克（Tenneco）公司的包装业务。由于这笔交易的高杠杆特征，美国包装公司的债券评级自然落在了 B 级。在 1999 年第二季度发行债券时，美国包装公司净负债为 16.39 亿美元，其负债/权益比为 4.9。

2000 年 1 月，在长达 20 年的股票牛市行将见顶之际，美国包装公司首次公开发行股票（IPO）。本次募股由高盛公司承销，发行量为 4 625 万股，每股发行价为 12 美元，共募集资金 5.55 亿美元。公司 2009 年 4 月 1 日到期、利率为 9.625％ 的债券评级仍然为 B，价格接近面值。

美国包装公司 IPO 后不久，投资者翘首企盼的信用状况改善终于出现了。2000 年第二季度，公司净负债下滑至 12.71 亿美元，负债/权益比降至 2.2。2000 年 4 月，穆迪将公司优先级次级债的评级从 B 级中的最低档 B3 上调至中档 B2。2000 年 9 月，随着公司喜讯频传，穆迪上调上述债券评级至 B 级中的最高档 B1。在短短 18 个月内，公司优先级次级债的质量大幅改善。

美国包装公司的财务状况延续了良好的势头。到 2001 年第三季度，公司已经偿还了大量外部借款，尚未偿付的负债降至 7.51 亿美元，负债/权益比

---

[1] Nelson, "Debt Ratings," *Moody's Investors Service*.

降至 1.1。在意识到美国包装公司的信用状况得到改善后，穆迪上调公司的优先级次级债券评级至 BB 级的中档。至此，公司的债券从 B 级的"履约把握小"上升至 BB 级的"状况具有不确定性"。

到 2003 年第二季度，债券持有人面临的状况在 2000 年 1 月的基础上继续得到改善。在这个时期内，美国包装公司的净负债从 12.92 亿美元降至 6.07 亿美元，负债/权益比从 2.4 降至 0.9。对垃圾债券持有人而言，公司的信用基本面大幅改善。

美国包装公司削减债务规模后，剩余未偿还债券的信用状况得到改善，2009 年 4 月 1 日到期、利率为 9.625％ 的债券从中受益。除此之外，利率大幅下降也使该债券受益。2000 年 1 月，10 年期美国国债的利率为 6.7％。到 2003 年 6 月，10 年期国债的利率折半，大幅降至 3.3％。在债券市场大幅回暖、公司信用状况急速改善的双重作用下，到 2003 年 6 月，美国包装公司 2009 年 4 月 1 日到期、利率为 9.625％ 的债券的价格从 2000 年初的接近面值大幅飙升至大约 108 美元。

然而遗憾的是，对债券持有人而言，2009 年 4 月 1 日到期、利率为 9.625％ 的债券中的赎回条款限制了其上涨空间。按照合约规定，到 2004 年 4 月 1 日，公司有权以 104.81 美元的固定价格赎回发行在外的债券。由于公司信用状况改善、利率下降，投资者几乎可以肯定美国包装公司届时定将行使赎回权、以更低的利率成本进行再融资。因此，2003 年年中打算购买该债券的投资者意识到，到 2004 年 4 月"愚人节"那一天他们肯定会失去债券，这限制了他们愿意为公司债券支付的合理价格。

事实上，美国包装公司 2009 年 4 月 1 日到期、利率为 9.625％ 的债券的持有人不必等到 2004 年 4 月再放弃债券。2003 年 6 月 23 日，公司发出邀约，宣布以 110.24 美元的价格回购公司债券，这一价位大约高出回购前市场价格 2 个百分点。公司选择于 2003 年 7 月 21 日以 110.24 美元的价格回购公司债券而非等到 2004 年 4 月 1 日以更低的价格（104.81 美元）赎回，其主要原因是：由于公司信用状况改善、市场利率下降，公司继续保留发行在外债券的成本显得过高。回购结果很成功，99.3％ 的持有人将债券卖给了公司。

美国包装公司通过发行新债券来偿还 2009 年 4 月 1 日到期、利率为 9.625％的债券，新债券的利率大幅降低，5 年期的利率为 4.5％，10 年期的利率为 5.9％。由于新债券票面利息大幅下降，美国包装公司节省了数千万美元的利息费用。这两批新债券取消了固定价格赎回条款，因为垃圾债券投资者坚决要求公司堵上这道便宜门以亡羊补牢。

从美国包装公司债券的投资者的角度来看，接受公司的回购能够使收益最大化。从公司的票面利息、回购价和赎回价来看，如果投资者持有债券到赎回日，他们的预期收益仅略高于具有可比到期期限的国债 60～65 个基点。持有 2009 年 4 月 1 日到期、利率为 9.625％的债券的理性投资者别无选择，只能在回购日将债券卖给公司。

对美国包装公司优先级次级债券的持有人而言，赎回条款代价沉重。2003 年 6 月，债券交易价格在 108.2～108.6 美元的区间内窄幅震荡，平均价大约为 108.4 美元。考虑到当时利率降低、公司信用状况不断改善，如果 2009 年 4 月 1 日到期、利率为 9.625％的债券不含赎回条款，其价格本可以超过 125 美元。公司固定价格赎回条款大幅降低了垃圾债券持有人的潜在收益。

尽管存在赎回条款的削弱性效应，美国包装公司利率为 9.625％的债券的持有人仍然获得了丰厚的持有期收益。由于利率不断降低、公司信用状况不断改善，从 2000 年 1 月 28 日公司 IPO 到 2003 年 7 月 21 日公司完成债券回购，垃圾债券投资者的收益率为 49.2％。对垃圾债券而言，恐怕没有比这更好的状况和收益了。

那么，美国包装公司垃圾债券的收益率与其他密切相关的投资品种相比又如何呢？很明显，具有可比到期期限的美国国债的持有期收益率为 45.8％，因为政府债券不可赎回，投资者得以充分分享债券市场牛市的盛宴。相比之下，美国包装公司的债券持有人在三年半的持有期内获得的 3.4％的超额收益率根本难以补偿较高的信用风险。经风险调整后，美国国债的收益率大幅高于美国包装公司垃圾债券的收益率。

同期，美国包装公司的股票投资者通常可获取更满意的收益。与债券市场的强劲表现形成鲜明对比的是，股票市场持续低迷。从美国包装公司在股市史上最大泡沫行将见顶之际进行 IPO 之日起，到公司债券回购日，标准普尔 500 指数累计下跌了 24.3%。不过，美国包装公司股票逆势而行，到 2003 年 7 月 21 日，其股价从 2000 年 1 月初 12.00 美元的发行价涨到 18.05 美元，持有期收益率为 50.4%。由此可见，即使在股市表现最差、债券市场表现最好时，美国包装公司的股票持有人的收益率也仍然超越债券持有人。

回过头来看，美国包装公司股票投资者卓越的收益是可以预期的。垃圾债券信用状况的改善必然意味着用来支持公司固定债务的股本增加，而股价上涨是增加股本的途径之一。由于信用状况改善通常伴随着股价上涨，因此，投资者最好投资于股票而非债券，股票的上涨空间无限，而债券的升值潜力受到限制。

但是，在信用状况恶化时，相对于股票投资者，垃圾债券投资者的优势微乎其微。回想一下，1999 年，美国包装公司首发 2009 年 4 月 1 日到期、利率为 9.625% 的债券时，其评级为 B 级中的最低档，"维持合约条款的把握很小"，非常不稳定。公司的信用状况如果恶化，债券持有人和股票持有人均将遭殃。

垃圾债券投资者无论如何都无法获胜。在基本面改善时，股票收益超越债券收益。在利率下降时，经风险调整后，不可赎回债券的收益优于可赎回的公司债券。在基本面恶化时，垃圾债券投资者和股票投资者一起遭殃。明智的投资者要避免投资于高收益固定收益资产类别，避免面对这种"横竖都不赢"的局面。

二、利益的一致性

与投资级债券持有人相比，垃圾债券持有人面临的利益不一致问题更为突出。对于最初为高质量债券、随后成为"堕落天使"掉进垃圾债券阵营的债券而言，信用质量下降对应着公司股本价值下滑。在处于困境时，公司管理层通常努力避免股本被进一步吞噬，他们常用的工具是提高收入、削减成本。很明显，降低利息费用或者通过其他手段降低债务成本是公司管理层改善股本状况的最为重要的手段。"堕落天使"债券的持有人会发现，他们的利益与公司管理层的利益不一致。

对于新发行的垃圾债券而言，特别是那些用于为杠杆收购或者杠杆化资本重组交易提供融资的债券，持有人面临的公司管理层有更强的动机采取对他们不利的行动。那些头脑精明、以股东利益为导向的金融工程师有无数种工具来快速大量增加股权价值，在他们努力限制债务成本的同时，债券持有人获得的收益减少。

三、市场特征

截至 2006 年 12 月 31 日，高收益公司债券的市场价值共计 6 570 亿美元，到期收益率为 7.9%，市场平均到期期限为 7.9 年，平均久期为 4.4 年。

四、小结

与高级别公司债券投资者相比，垃圾债券投资者面临的各种风险因素均有过之而无不及，因此，垃圾债券是一种不佳的投资选择。在追求风险调整后的高额收益时，垃圾债券投资者面临的信用风险更高、流动性更差、赎回风险更大。由于垃圾债券的融资成本相对较高，追求公司股价提升的管理层有更强的动力通过降低债券价值来提升公司股东的利益。

在抵御金融危机或通货紧缩方面，垃圾债券的作用甚至不及投资级债券。在危机时期，那些承诺增量收益的因素——信用风险、流动性风险和赎回风险——会导致垃圾债券持有人引火烧身，垃圾债券保护组合的能力也无从谈起。

近年来垃圾债券投资者的经历证实，持有高负债公司的债券是不明智的。在截至 2006 年 12 月 31 日的十年内，雷曼兄弟高收益指数的年均收益率为 6.6%，同期美国国债的年均收益率为 6.0%，投资级公司债券的年均收益率为 6.5%。尽管指数的结构性差别（主要是久期的差别）使上述比较不尽完美，但是，一个一清二楚的事实是，垃圾债券持有人面临的风险巨大，获得的增量收益却微乎其微。

第三节　资产支持证券

一、概述

资产支持证券是指依靠各种各样的基础资产（支持证券的资产）来为持有人提供现金流和还款保障的固定收益投资工具。资产支持证券中最常用的资产是房屋抵押贷款，不过，银行家运用各种各样的资产作为资产支持证券的抵押品，从信用卡应收款到商业租赁支付再到汽车融资债务，一应俱全。

发行人发行资产支持证券是为了将资产移出资产负债表并且获得低成本融资，资产支持证券的金融架构高度精密。因此，购买者面临强大的交易对方。

比如，房屋抵押贷款支持证券是将房屋所有者所需支付的抵押贷款传递给证券持有人的金融工具。当利率变化时，房屋抵押贷款支持证券的价格变化对投资者不具有吸引力。当利率下降时，房屋所有者可以通过再融资提前偿还抵押贷款。提前偿还高利息抵押贷款对借款人有利，但是房屋抵押贷款支持证券持有人的利益将会受损，因为持有人将无法继续收到一系列高额利息。类似地，当利率上涨时，房屋所有者通常只偿付规定的最低本金和利息还款额。在低息环境中，房屋抵押贷款支持证券持有人将失去高收益资产，而在高息环境中，他们却只能持有低收益资产。

房屋抵押贷款支持证券的期限总是与投资者的意愿相悖。当投资者希望期限延长时，它总是缩短；当投资者希望期限缩短时，它总是延长。作为补偿，持有人享有收益率溢价。但是，这种溢价究竟是否足以补偿房屋抵押贷款支持证券中复杂的选择权呢？这一问题极其难以回答。华尔街的股市分析高手使用复杂的计算模型来确定房屋抵押贷款支持证券的公允价值。有些模型能够发挥作用，有些无效。如果连金融工程师都难以弄明白选择权的合理定价，那么普通的个人投资者又有多大可能搞清楚呢？

期权性风险比信用风险更难评估。在面对含有信用风险的固定收益投资工具时，明智的投资者会以怀疑的眼光看待债券收益率，因为他们知道如果公司债券被下调评级或者公司违约，那么他们将会损失部分收益。但是，在面对含有较高期权性风险的固定收益投资工具时，普通的投资者根本没有线索去判断应该从声明的收益率中扣减多少作为期权性风险的成本。事实上，许多专业人士都难以理解固定收益投资工具中复杂的选择权的内因外果。

派珀资本投资经理沃斯·布伦金的案例

20世纪90年代初，位于明尼阿波利斯市的派珀资本（Piper Capital）公司的固定收益投资专家沃斯·布伦金（Worth Bruntjen）因成功管理房屋抵押贷款支持证券而声名鹊起。由于业绩出色，布伦金吸引了大量机构投资者和个人投资者的资金。

布伦金负责管理派杰美国政府证券基金（AGF），该基金是面向个人投资者的房屋抵押贷款债券投资工具。由于当时处于债券市场大牛市，而且该基金的组合对利率变化高度敏感，在截至1993年12月31日的5年内，该基金的年均收益率高达19.3%，大幅高出所罗门兄弟抵押贷款指数11.2%的年均收益率。由于布伦金业绩出众，晨星公司在年度基金经理评选中提名了这位"有远见的引领者"。[1]

公开记录显示，布伦金管理的机构客户账户中包括佛罗里达州。事实上，佛罗里达州对本该保守运营的资金采取了不合理的投资策略，它将资产从业绩糟糕的基金经理中撤出，投入到已经超越大盘的基金经理中。由于布伦金业绩出众，到1994年1月，佛罗里达州投资于布伦金账户的资金已超过4.30亿美元，是该州投资于布伦金的最大竞争对手的资金规模的两倍多。[2]

布伦金这样解释他的投资策略："我们买入的是政府机构发行的债券，利率高于30年期债券，但平均持有期只有3～5年。"[3] 他投资的所谓"政府机

---

① Andrew Bary, "Paying the Piper," *Barron's Chicopee* 74, no. 15 (1994); Morningstar, *Morningstar Closed-End Funds* 10, no. 7 (March 1994).

② Bary, "Paying the Piper," *Barron's Chicopee*.

③ Jeffrey M. Laderman and Gary Weiss, "The Yield Game," *Business Week*, 6 December 1993.

构发行的债券"包括抵押贷款衍生品等只在牛市中表现良好的债券。尽管如此，布伦金对其策略的这种"稳赚不赔"的解释俘获了许多投资者。在1994年初之前，他所管理的资产规模一直在快速增长。

然而，对固定收益投资者而言，1993年秋天债券牛市见顶，10年期美国国债收益率创下5.3％的26年低点。然而在短短几个月后，1994年5月，债券市场急剧下跌导致10年期美国国债收益率飙升至7.4％。《华尔街日报》如此描述1994年春天抵押贷款证券市场的崩溃："抵押贷款衍生品市场的'伤亡'人数日渐增加，投资者和交易员纷纷退出市场，导致债券价格下跌，需求蒸发，从而形成恶性循环。"[1] 债券市场的熊市导致布伦金的投资策略也寿终正寝。

1994年，布伦金管理的美国政府证券基金的个人投资者的损失高达29％。相比之下，所罗门兄弟抵押贷款指数的损失仅为1.4％。从1月到9月，布伦金管理的佛罗里达州账户累计损失9 000万美元，这一结果对本该保守投资的运营资金而言根本无法接受。佛罗里达州感到非常气馁，宣布将从布伦金账户中撤出将近1.2亿美元资金。由此可见，在布伦金管理的基金中，机构客户和个人投资者均遭受了亏损。

债券市场的"大屠杀"给了布伦金的投资策略致命一击。由于这位抵押贷款证券专家"大量投资于诸如逆向浮动利率债券（inverse floating-rate bond）和纯本金分割证券（principal-only strips）等高波动性的衍生品"，当利率上升时，基金的表现更接近30年期长期债券，而非他在策略说明中所宣称的短期债券。[2] 在利率不断上升的环境中，组合对利率的敏感度升高，结果导致布伦金的投资者亏损累累。

沃斯·布伦金，晨星公司眼中的"有远见者"，未能理解他自己的投资策略的风险；派珀资本公司内布伦金的上司没能理解他的策略的风险；佛罗里达州的成熟投资者未能理解他的策略的风险；共同基金咨询公司晨星也未能理解他的投资策略的风险。由此可见，要理解并评估抵押贷款相关证券是多

---

[1]　Laura Jereski，"Mortgage Derivatives Claim Victims Big and Small," *Wall Street Journal*，20 April 1994.

[2]　Bary，"Paying the Piper," *Barron's Chicopee*.

么的复杂。因此，投资者要避免接触抵押贷款投资工具内在有害的选择权。

佛罗里达州愚不可及的次贷投资的案例

佛罗里达州显然未能真正吸取派珀资本投资惨败的教训，2007 年，该州再次因短期组合操作失误而蒙羞。这次，因投资于高度结构化的低质量、次级贷款投资工具，佛罗里达州地方政府投资基金（Local Government Investment Pool，LGIP）业绩极其黯淡。

2007 年第三季度末，在投资灾难发生之前，该基金规模共计 273 亿美元，含有 2 168 个账户，由 995 个来自地方政府的参与者持有。[①] 用佛罗里达州管理委员会（SBA）的话说，该基金旨在"为参与者提供稳定的收益，强调安全性和本金的流动性"。[②]

然而，佛罗里达州地方政府投资基金背弃了保守投资的使命，而是采取收益追逐策略，《彭博市场》（Bloomberg Markets）称其"比大多数州更激进"。2007 年 10 月，该基金的收益率为 5.63%，代表了"美国公募基金最高收益率"。[③] 在接下来的 11 月，该基金报告的收益略显失色，市场到处传言地方政府投资基金投资减值。为了应对这一局面，佛罗里达州 11 月 9 日发表公告《次级抵押贷款危机和州管理委员会投资最新情况通报》。该公告从第 11 页起开始阐述关于地方政府投资基金的尖锐问题，但是仍然用极其乐观的语调评论道："我们很高兴地报告，州管理委员会的短期组合均未在次级房屋抵押贷款中持有直接敞口。"但这不过是"换汤不换药"。不久，地方政府投资基金的参与者便发现，间接敞口可能带来的危害丝毫不亚于直接敞口。

由于担忧基金所投资的债券将被下调评级甚至发生违约，地方政府投资基金的参与者纷纷开始撤出资金，最终赎回金额高达 120 亿美元，占基金总资产的 46%。为了亡羊补牢，基金 11 月 29 日宣布暂停赎回。这家曾经规模最大、收益率最高的基金如今已支离破碎。[④]

---

① "Local Government Investment Pool Newsletter," SBA Florida, Q3 2007：4.
② Ibid.，1.
③ David Evans，"Peddling Tainted Debt to Florida," *Bloomberg Markets*，February 2008.
④ Ibid.

佛罗里达州聘请贝莱德（BlackRock）公司来处理混乱局面。贝莱德公司将地方政府投资基金分为主次两只基金，基金 A 和基金 B，前者大约为 120 亿美元，后者大约为 20 亿美元。基金 B 中含有五花八门的垃圾债券，包括由 KKR 大西洋基金信托和 KKR 太平洋基金信托（由杠杆收购公司 KKR 出资成立）、埃克森（Axon）金融基金（由杠杆收购公司 TPG 出资成立）和欧迪莫（Ottimo）基金（在开曼群岛注册）等金融公司发行的结构化债券。除了由资产支持的商业票据，基金 B 中还有大量由 Countrywide Bank 发行的存款证（CD），该银行发行的存款证因含有"巨大的"信用风险而被下调评级。

基金 A 中包含的是高质量资产。在暂停赎回几周后，从 12 月 6 日开始，基金 A 允许参与者限量赎回，旋即参与者便赎回将近 20 亿美元。至此，佛罗里达州的短期基金组合变得一塌糊涂。起初，该州重蹈在派珀资本公司投资的覆辙，激进地追逐收益而置风险于不顾。然后，该州再次犯错，允许参与者挤兑，以平价向先行一步的赎回者支付 120 亿美元，而将剩余已减值的资产留给后来的赎回者。佛罗里达州真该仔细反思其投资管理方法了。

很明显，许多投资者没有能力理解抵押贷款支持证券中的选择权。从整个组合的角度来看，在房屋抵押贷款支持证券中，含有选择权或信用风险的证券无力帮助投资者抵御通货紧缩和金融危机。房屋所有者拥有的提前支付选择权类似于公司债券的赎回条款。如果因通货紧缩或金融危机导致利率下降，抵押贷款支持证券的持有人可能失去投资，同时也失去抵御不利经济环境的能力。类似地，在抵押贷款发生违约时（通常在经济困难时期），固定收益资产类别抵御危机的功能也被破坏。

二、利益的一致性

资产支持证券持有人的对立方是有价证券投资领域最精明的金融工程师。即便在最理想的情况下，资产支持证券投资者买入新出炉的证券时也要降低收益预期，因为发行人使用结构复杂的债券的目的是降低公司举债的成本。在差的情况下，复杂的资产支持证券缺乏透明度，致使投资者无法理解投资头寸的内在本质。在极端情况下，资产支持证券"舍简求繁"背后的本质用意会给组合带来严重的损害。

三、市场特征

截至 2006 年 12 月 31 日，资产支持证券的市场价值共计 1 050 亿美元，到期收益率为 5.3%，市场平均到期期限为 3.2 年，平均久期为 2.8 年。[①]

四、小结

资产支持证券的设计高度运用金融工程方法。常识告诉我们，华尔街创造的产品结构越复杂，投资者就越要远离它们。有时，复杂证券的创造者和发行人都不能准确地把握这些证券在各种不同的环境中如何表现，那么，非专业的投资者又有多大可能理解它们呢？

许多房屋抵押贷款支持证券得到了政府支持的企业（GSE）的支持，因此，投资者便假设这些证券的风险低。但是，投资者的假设错在两个地方。首先，房屋抵押贷款支持证券的信用风险可能比市场参与者假设的大。其次，政府支持企业的存在导致投资者麻痹大意，从而掩盖了高深莫测的选择权敞口的巨大风险。因此，投资者要提高警惕。

和其他类型的固定收益类证券一样，资产支持证券的发行人也寻求低成本融资。发行人的低成本融资对投资者而言意味着低收益。低收益和高复杂性结合起来，投资者利益将受损。

和固定收益市场的其他细分市场类似，资产支持证券的投资者并未因接受信用风险和赎回风险而得到收益。在截至 2006 年 12 月 31 日的十年内，雷曼兄弟资产支持证券指数的年均收益率为 6.0%，基本和雷曼兄弟美国国债指数 6.0% 的年均收益率相同。和前文中其他债券指数收益率的比较类似，上述比较并未考虑指数构成方面的差异。尽管如此，我们仍可以从中看出，在过去的十年中，在追求风险调整后的超额收益方面，资产支持证券的投资者并未取得成功。

---

① 来自雷曼兄弟的数据。

第四节　外国债券

就资产规模而言，以外币计价的债券市场规模庞大，仅略小于以美元计价的债券的总市值。但是，尽管规模庞大，外国债券对美国投资者的价值却微乎其微。

我们先来对比具有类似到期期限、类似信用质量的美元计价债券和其他外币计价债券。由于各国货币状况不同，这两种债券承诺的利率可能不同。投资者可以预期，由于不同国家利率不同、经济状况不同，投资收益可能不同。但是，如果投资者在远期市场上卖出足量的外币来套保预期将从外国债券中收到的每一笔利息和本金的现金流，那么以美元计价的债券产生的美元现金流将与以外币计价的债券经套保后产生的美元现金流完全匹配。换句话说，未经套保的外国债券相当于美元债券和一些外汇敞口。

外汇本身并不能提供任何预期收益。一些市场玩家在所谓的宏观策略中根据汇率波动进行投机。比如，在外国债券共同基金这种投资工具中，有时投资经理会对外汇进行投机。基于宏观经济的外汇投机不是一个可靠的超额收益来源，因为影响经济状况的整体因素和影响汇率变动的具体因素过于复杂，投资者难以预测。明智的投资者要避免外汇投机。

在组合中，外汇敞口可以进一步分散组合风险。虽然外汇敞口不产生预期收益，但是由于外汇波动和其他各个资产类别之间的波动缺乏完全相关性，因此可以降低组合风险。即便如此，投资者也不应通过持有外国债券来获得外汇敞口，而应通过持有预期能够带来卓越收益的资产类别，即外国股票。

既然外汇头寸本身的预期收益为零，那么，外国债券投资者的预期收益与美元债券的收益类似。但是，未经套保的外国债券并不能像美国国债那样帮助投资者抵御金融危机或通货紧缩。在市场遭受创伤时，投资者无从知晓汇率将对外国债券的价值有何影响。由于外国债券的汇兑损益具有较高的不确定性，投资者如果寄希望于通过固定收益资产类别来分散组合风险，就要避免使用未经套保的外国债券。

一、利益的一致性

国内国债持有者可以预期政府将公平待之。与发债公司和公司债权人之间内在的对立关系不同，政府没有理由得罪它的公民。如果投资者购买的外国债券主要由发债国本国公民持有，那么投资者将能从发债国和它的本国公民的利益一致性中受益。

但是，如果外国政府发行的债券主要由其他国家的投资者持有，那么利益的一致性就可能会被破坏。事实上，如果政治考虑超越了契约义务，外国政府债券的外部持有人所遭受的后果可能比不良公司债券持有人所遭受的后果更为严重。在国际政治因素被卷入之后，外国债券持有人将可能会遭殃。

二、市场特征

截至 2006 年 12 月 31 日，美国持有的外国债券总计 14.5 万亿美元，其中 9.2 万亿美元为外国政府债券，1.9 万亿美元为投资级外国公司债券。以外币计价的高收益公司债券总计只有 1 140 亿美元，表明该市场相对不成熟。

以外币计价的政府债券的到期收益率为 3.2%，平均到期期限为 8.2 年，久期为 6.2 年。以外币计价的投资级公司债券的承诺收益率为 4.3%，平均到期期限为 7.0 年，久期为 5.3 年。

三、小结

以外币计价的债券和国内债券一样具有预期收益低的缺点，但是不具有国内固定收益类证券分散化的优点。充分套保的外国债券和美国债券类似，但是前者的缺点是更为复杂而且在套保过程中投资者需要支付成本。未经套保的外国债券的投资者相当于持有美国债券的敞口和（也许不必要的）外汇敞口。在结构合理的组合中，以外币计价的债券不能发挥任何作用。

第五节　固定收益资产 2007 年的收益更新

从上述各节小结的各种固定收益类证券的收益数据中我们可以看出，经风险调整后，国债的收益似乎最为出色。不过，上述收益比较并非绝对公正合理，因为在 10 年的考察期内存在久期的差异。

在截至 2006 年 12 月 31 日的 10 年内，国内公司债券和高收益债券相对于国债的超额收益不足以补偿它们的流动性风险、信用风险和赎回风险。而资产支持证券的收益实际上低于美国国债。尽管资产支持证券的久期短可以部分解释其收益差的原因，但是经久期调整后，相对于美国国债投资者，资产支持证券投资者所获得的补偿依然不足。

自 2007 年下半年开始，次贷危机爆发，美国国债的优越性再次彰显。如表 A - 1 所示，从截至 2006 年的 10 年和截至 2007 年的 10 年来看，国债的收益率变动很小。相比之下，公司债券的收益率下滑 56 个基点，仅高于国债收益率 5 个基点。高收益债券的收益率年均下滑 108 个基点，低于国债收益率整整 40 个基点。类似地，资产支持证券的年均收益率下滑 52 个基点，相对于国债收益率的差距扩大至 48 个基点。

表 A - 1　国债战胜了其他风险更高的资产

	截至 12 月 31 日的固定收益指数的 10 年收益率		指数久期（年）
	2006 年（%）	2007 年（%）	2007 年 12 月 31 日
美国国债	5.97	5.91	5.2
国内公司债券	6.52	5.96	6.3
高收益债券	6.59	5.51	4.6
资产支持证券	5.95	5.43	3.4

资料来源：Lehman Brothers.

2007 年次贷危机的教训之一是：在截至 2007 年 12 月 31 日的一年内，含有流动性风险、信用风险和赎回风险缺点的债券表现不及国债。教训之二是：在 2007 年下半年次贷危机爆发后，国内公司债券、高收益债券和资产支持证券开始表现疲软。当投资者最需要债券头寸的保护时，除国债外，其他债券都令人大失所望。

第六节 结 论

在固定收益市场中，许多证券都缺乏类似于无违约风险、享有美国政府完全信用担保的国债的分散化功能。包括信用风险、赎回选择权、流动性风险和外汇敞口在内的诸种因素限制了投资级公司债券、高收益债券、资产支持证券和外国债券的吸引力。明智的投资者要避免相信那些诱人的"无风险"承诺，不要幻想在忽略增量风险的同时获得增量收益。

致 谢

我非常感谢以下人士：

卡丽·阿比尔高（Carrie Abildgaard），我的助手。她非常称职地帮助我把脑海里的想法和潦草的初稿转化成这本书现在的样子。她快乐的天性把写书的痛苦过程变成了愉快的体验。

伦纳德·贝克（Leonard Baker），我的榜样。他通过对我们投资政策的每个方面不断地质询、分析和辩论，迫使我竭尽所能地完善耶鲁基金的投资流程，最终使我感到乐在其中。

比尔·布雷纳德（Bill Brainard），我的老师。他在日常工作和生活中的言行展现出了无人能及的榜样作用，令我明白怎样才能做一个好的大学公民。

查尔斯·埃利斯（Charles Ellis），我的投资委员会主席。他的加入和贡献为耶鲁基金的投资流程增色。他所主导的投资决议总是通俗易懂又充满智慧。

里克·莱文（Rick Levin），我的领导者。他为耶鲁大学和耶鲁大学的投资做出了如此之多的贡献，尤其是创造了一个鼓励并要求我们追求卓越的环境。

梅格恩·麦克马洪（Meghan McMahon），我生活和精神上的伴侣。她的长期支持不可思议地使我做到了既脚踏实地又充满灵感。

迪安·高桥（Dean Takahashi），我的同事和朋友。他促使我和耶鲁基金的整个投资团队全力追求做人和做事的最高标准。

大卫·F. 史文森

关键术语中英文对照

英文	中文
A	
Absolute return	绝对收益
Active management	积极投资管理
Agency issue	代理问题
Alternative asset class	另类资产类别，非传统资产类别
Arbitrage	套利
Arbitrage pricing theory（APT）	套利定价理论（模型）
Asset allocation	资产配置，资产分配
Asset class	资产类别
B	
Bankruptcy	破产
Base compensation	基本工资
Beat the market	超越大盘
Benchmark	业界基准
Bottom-up	由微观到宏观，自下而上的
C	
Call option	赎回选择权，买方期权，看涨期权
Call risk	赎回风险

Capital asset pricing model（CAPM）　资本资产定价模型

Cash collateral　　　　　　　　　现金抵押，现金担保

Co-investment　　　　　　　　　　共同投资

Completeness fund　　　　　　　　完整基金

Concentrated portfolio　　　　　　集中的组合

Consensus-driven behavior　　　　（投资决策中的）求同行为

Consumer stock　　　　　　　　　消费品公司股票

Contrarian investing　　　　　　　逆向投资

Convertible　　　　　　　　　　　可转换（证券）

Corporate bond　　　　　　　　　公司债券

Corporate profitability　　　　　　公司盈利能力

Correlation　　　　　　　　　　　相关性

Correlation matrix　　　　　　　　相关性矩阵

Covariance　　　　　　　　　　　协方差

Credit risk　　　　　　　　　　　信用风险

Currency exposure　　　　　　　　外汇敞口

Custodian bank　　　　　　　　　资金托管银行

Cyclical stock　　　　　　　　　　周期性股票

D

Day-trading　　　　　　　　　　　短线炒作；买入当日卖出或卖出当日
　　　　　　　　　　　　　　　　　买入的交易方式

Deal fee　　　　　　　　　　　　交易费用

Deal structure　　　　　　　　　　交易结构

Debt　　　　　　　　　　　　　　债务

Deflation　　　　　　　　　　　　通货紧缩

Derivative　　　　　　　　　　　衍生品

Diseconomy of scale	规模不经济
Distressed securities	不良证券
Diversification	分散化投资
Divestiture	出售（公司的分支机构），剥离
Dividend	股利
Dollar-weighted return	金额加权收益
Domestic bond	（美国）国内债券
Domestic equity	（美国）国内股票
Due diligence	尽职调查
Duration	久期，持续期

E

Efficient Frontier	有效边界
Efficient markets hypothesis	有效市场假说
Emerging market	新兴市场
Endowment management	捐赠基金管理
Equity	股权
Equity bias	股权偏好
Event-driven investing	事件驱动型投资（策略）
Excess return（alpha）	超额收益（α）
Exposure	敞口

F

Fair value	公平价值，公允价值
Federal Reserve	（美国）联邦储备系统
Fiduciary	（资产）受托人
Financial structure	财务结构
Financial engineering	金融工程

Fixed income	固定收益类证券
Flight to quality	追求（资产）质量风潮
Foreign bond	外国债券
Foreign equity	外国股票
Forward currency market	远期外汇市场
Forward-looking investment	前瞻性投资
Foundation	基金会，财团基金
Franchise value	品牌价值，特许经营权价值
Frequency of rebalancing	再平衡的频率
Fund of funds	基金的基金
Fundamental analysis	基本面分析
Future contract	期货合约

G

Generalist	通才
Global asset allocation	全球资产配置
Gold	黄金
Governance issue	（公司）治理问题
Government bond	政府债券
Growth strategy	成长型投资策略
Growth stock	成长型股票

H

Hard hurdle	硬性最低收益率，硬门槛
Hedge fund	对冲基金
Hedging	对冲，保值
Higher Education Price Index	高等教育价格指数
Hurdle rate	门槛收益率

I

Illiquid asset	非流动性资产
Illiquidity	非流动性
Index fund	指数基金
Index	指数
Integrity	品行
Interest rate risk	利率风险
Intermediary	中介，中间机构
Internal control	内部控制
Internal rate of return	内部收益率
Investment advisor	投资顾问
Investment bank	投资银行
Investment committee	投资委员会
Investment management	投资管理
Investment manager	投资经理，基金经理
Investment philosophy	投资哲学，投资理念
Investment process	投资程序，投资流程

J

| Junk bond | 垃圾债券，高收益债券 |

L

Large-capitalization stock	大盘股
Leverage	杠杆（效应）
Leveraged buyout	杠杆收购
Liquidity	流动性
Long/short	多头/空头

M

Management buyout	管理层收购
Management fee	管理费
Market efficiency	市场（定价）效率
Market timing	择时，市场时机掌握
Market volatility	市场波动幅度
Marketable securities	有价证券
Mean-variance optimization model	均值-方差最优化模型
Merger arbitrage	并购套利
Mezzanine finance	夹层融资
Momentum strategy	动量投资策略
Money manager	投资经理
Money market investment	货币市场投资
Monte Carlo simulation	蒙特卡洛模拟
Morningstar	晨星公司
Mortgage derivative	抵押贷款衍生品
Mortgage-backed securities	抵押贷款支持证券
Mutual fund	共同基金

N

Nontraditional asset	非传统资产类别

O

Off-the-run treasury bond	已发行的政府债券
On-the-run treasury bond	新发行的政府债券
Overweight	超权重配置，超配

P

Passive management	被动投资管理

Pension funds	养老基金
Performance assessment	业绩评估
Policy asset allocation target	政策性资产配置目标
Portfolio	组合，投资组合，资产组合
Portfolio management	组合管理
Position	头寸
Price-to-book ratio	价格-账面价值比，市净率
Private allocation	非公开市场的资产配置
Private equity	私人股权
Private equity investment	私人股权投资
Private market	非公开市场

Q

Qualitative analysis	定性分析
Quantitative analysis	定量分析，量化分析

R

Real estate	房地产
Real Estate Investment Trust (REIT)	房地产投资信托
Rebalancing	再平衡
Research analyst	投资分析员
Residual risk	残差风险
Return	收益，回报，收益率，回报率
Risk	风险
Risk adjusted return	风险调整后收益
Risk arbitrage	风险套利

S

S&P 500	标准普尔 500 指数

Securities and Exchange Commission （美国）证券交易委员会

Security lending	证券出借
Security selection	证券选择
Shareholder	股东
Sharpe ratio	夏普比率
Short interest	做空头寸
Short selling	做空
Short squeeze	轧空
Small-capitalization stock	小盘股
Sovereign debt	主权债务
Speculation	投机
Spending policy	（基金）支出政策
Spending rate	（基金）支出比率
Start-up company	初创公司
Stock option	股票期权
Subordinated debt	非优先债务
Survivorship bias	存活者偏差，幸存偏差

T

Target spending rate	目标支出比率
Technical analysis	技术分析
Time horizon of investor	投资时限
Tobin's q	托宾的 q 值
Top-down	宏观到微观，自上而下的
Treasury bill	短期国债
Trustee	托管人
Turnover	换手率，流动率

关键术语注释

absolute return（绝对收益）：指收益独立于市场大盘的绝对涨跌的投资工具。耶鲁基金是美国第一个设立绝对收益资产类别的机构投资者，其所引进的"绝对受益"这一资产类别现在为大多数机构投资者所接受。

active management（积极投资管理）：相对于指数投资的被动投资管理而言。强调基金管理者通过积极投资的形式来获得超过相应的指数基准的收益。

agency issue（代理问题）：本书所讲的代理问题主要是法人治理问题在基金管理中的体现。代理问题产生的根源在于现代投资中不可避免的所有者和管理者的分离。

arbitrage pricing theory（APT）（套利定价理论）：这是继资本资产定价模型（CAPM）之后金融理论研究的另一重大突破。该理论由麻省理工学院的著名经济学家斯蒂芬·罗斯于 1976 年发明。不同于 CAPM，APT 认为股票价格是由多个风险变量决定的。基本上讲，如果我们能确认市场上的系统性风险因素（利率、通货膨胀、工业总产量变化等），那么股票的预期收益应和它的系统性风险成正比，否则市场上将存在套利机会。时至今日，APT 在学术界和投资界还被热烈讨论，它彻底改变了华尔街对学术界的印象。不同于CAPM，APT 并没有指明哪些经济因素是系统因素，从而保留了很大的灵活性，并给研究者和投资者留下了很大的挑战。

call risk（赎回风险）：指债券发行人在债券到期日前按预先规定的价格赎回债券，从而导致债券投资者收益降低的风险。债券的赎回通常发生在利率下降（债券价格上升）的情况下，这样债券发行人可以通过发行新的利率较低的债券来以新还旧、降低融资成本，但债券投资者往往因此蒙受损失。

capital asset pricing model（CAPM）（资本资产定价模型）：这是由美国著名经济学家威廉·夏普等人提出并发展的资产定价理论，在现代投资理论中占有重要地位。CAPM 假定股票的预期收益是一个随机变量。在定价有效的市场上，股票的预期收益和它的系统性风险成正比，而其系统性风险等于它对市场指数（market index）变化的敏感度（β）。非系统性风险由于可以通过分散化而抵消，从而不应得到收益。

CAPM 可以用公式表示：

股票预期收益率＝无风险利率＋β×风险溢价

风险溢价＝股票市场预期收益率－无风险利率

due diligence（尽职调查）：在本书中，尽职调查是指投资者在投资前对投资目标所进行的充分、适度、合理的调查研究。这一概念在企业并购中也广泛运用且具有重要地位。在企业并购中，尽职调查主要包括对收购对象的公司结构、财务状况、产品与技术、人力资源、市场营销、顾客服务等方面的充分、适度、合理的调查，目的在于发现交易的潜在风险，以此为据决定并购交易是否可行，并对有关风险采取相应的应对措施。

duration（久期）：久期又称持续期，这个术语最早是由麦考利在 1938 年提出的。麦考利创造了一个公式来衡量债券的平均经济生命，换句话说，久期反映的是要收回债券预期现金流的现值所必需的年数。它是以债券的预期现金流现值所占比例为权变量来求现金流量时间的平均值而得到的，它大致反映了债券价格对利率变化的敏感程度。比如对于久期为 10 年的债券，当市场利率下降 1‰时，其价格大体会上升 10％。因此，希望减少价格波动的投资者应该选择久期较短的债券；而预期市场利率下降的投资者则应该选择久期长的债券。

efficient frontier（有效边界）：根据证券的均值-方差分析（mean-variance analysis），证券之间的相关性使证券组合的风险小于证券个体风险的总和。对于每一个给定的风险水平，我们都可以构建一个有效边界来得到最大的预期收益，将这些在给定风险下收益最大的点连接起来，就得到了有效边界，它描述了投资者可以选择的所有最佳组合。

efficient markets hypothesis（有效市场假说）：有效市场假说认为在任何时刻，证券价格均会完全反映所有可以得到的信息。根据信息来源的不同，有效市场假说有三种不同形式：一是市场弱有效性（weak form efficiency），指所有过去的证券价格及其所反映的信息都已体现在现在的价格之中。换句话说，技术分析和图表分析不能预测证券价格。二是市场半强有效性（semi-strong form efficiency），指任何可以通过公共渠道获得的信息都已体现在证券价格之中。换句话说，基本面分析也不能预测证券价格。三是市场强有效性（strong form efficiency），指任何的信息，包括内部信息，都已完全反映在市场价格中。因而，证券市场充分及时反映了所有信息，预期收益率只和系统性风险有关。有效市场假说是由尤金·法马（Eugene F. Fama）在20世纪60年代总结和阐述的。通过多年的研究，人们发现上述假说并不完全正确。真正的市场介于有效与无效之间，其有效性取决于证券监管能力、会计制度、市场交易机制、资金流量、投资者的专业水平和竞争程度等。在一个运行完善和竞争激烈的金融市场上，有效市场假说指出了预测证券价格的困难程度。

excess return（alpha）[超额收益（α）]：综合调整系统性风险以后的超额收益。α 广泛应用于 CAPM 和 APT 世界中。

fiduciary [（资产）受托人]：这是一个很重要的关于资产受托及资产管理人的概念。指代表资产的最终受益者并以其受益最大化为唯一目标的资产托管人。资产受托人对最终受益人的诚信（fiduciary）责任主要包括忠诚责任（duty of loyalty）和勤勉责任（duty to exercise reasonable care）。这在美国的法律系统中称为谨慎人规则（prudent man rule；men of prudence, character and intelligence）。

flight to quality [追求（资产）质量风潮]：投资者将资金从风险较高的资产转移到风险较低的高质量资产上，或将投资资金由风险高的市场（如新兴市场）转入风险较低的市场（如美国）的行为，一般发生在金融市场不稳定或政治风险加大的情况下，结果可能导致投资级（BBB）以下的公司融资成本大幅攀升，加剧金融市场的动荡。20世纪90年代末期亚洲金融危机时即如此。

growth strategy（成长型投资策略）：这是一种基于经济增长和公司收益扩大的投资方式。在经济复苏阶段或产业变革时期这种投资方式会很有效。

momentum strategy（动量投资策略）：这是一种基于股票过去价格增长的投资方式。它认为过去的价格增长还会继续，因而是对市场弱有效性的否定。这种投资方式在市场飙升时十分有效，但在市场突然转向时面临巨大风险。

value investing（价值型投资）：一种基于股票内在价值的投资方式。它根据市盈率、市净率和红利等指标来选择市场价格低于内在价值的股票。一般而言，这种投资方式需要很强的耐心，因为价值的实现可能会很缓慢。研究表明，价值型投资的长期收益率高于市场平均收益率，因而是一种有效的投资方式。

hurdle rate（门槛收益率）：投资者对一项投资所要求的最低收益率。如果收益率低于这一要求的收益水平，投资者不应予以投资。

internal rate of return（内部收益率）：即使得投资的净现值（NPV）为零的折现率。

management buyout（管理层收购）：这是私人资本资产类别的一种，主要指投资于美国的一些管理层和内部员工一起收购的公司。

mezzanine finance（夹层融资）：在风险投资中，指在首次公开上市（IPO）前的最后一轮私募融资。在一些固定收益债务工具中，指优先级次级债券。

Monte Carlo simulation（蒙特卡洛模拟）：蒙特卡洛模拟是一种在风险分析、金融预测等方面颇具影响力的模拟分析工具，它通过利用计算机随机产生输入变量值来模拟可能的结果。蒙特卡洛模拟的名字来源于摩纳哥的蒙特卡洛市，因为当地最主要的景观就是赌场，而蒙特卡洛模拟中变量的值的随机产生与赌博结果很相似：比如投骰子，你知道可能的点数是哪些，但却不知道具体每次发生的是什么。在蒙特卡洛模拟中，分析者预先规定变量的分布特征，然后由计算机在该前提下随机产生变量值，并计算出可能的结果。

Morningstar（晨星公司）：美国最主要的投资数据处理和研究机构之一，

为投资者提供专业的股票和基金分析，其基金评级（最高为五星）被广泛引用，颇有影响。公司网址为：http://www.morningstar.com。

private equity（私人股权）：非上市公开交易的股权。通常意义上也包括风险投资。

real estate investment trust（REIT）（房地产投资信托）：房地产投资工具中的一种。最早为利用美国税法关于房地产投资中收益返还股东可以免税的规定所设立的专门从事房地产投资的基金。像开放式基金一样，REIT 也可以在股市上交易。

Sharpe ratio（夏普比率）：由著名经济学家威廉·夏普所创立的一个衡量风险调整后收益的比率，等于组合的收益与无风险收益（如国债收益）的差除以组合的标准差。

Tobin's q（托宾的 q 值）：托宾所发明的衡量市场价值评估的比值。分子为替换值也即市值。分母为原值也即会计值。托宾的 q 值越高，市场评估整体价格就越高。

图书在版编目（CIP）数据

机构投资的创新之路：修订版 /（美）大卫·F. 史文森著；张磊等译. --北京：中国人民大学出版社，2021.1

书名原文：Pioneering Portfolio Management：An Unconventional Approach to Institutional Investment（Fully Revised and Updated）

ISBN 978-7-300-28555-9

Ⅰ.①机… Ⅱ.①大… ②张… Ⅲ.①金融机构-金融投资-研究 Ⅳ.①F830.59

中国版本图书馆 CIP 数据核字（2020）第 183434 号

机构投资的创新之路（修订版）
大卫·F. 史文森 著
张 磊 杨巧智 梁宇峰 张惠娜 杨 娜 译
Jigou Touzi de Chuangxin zhi Lu

出版发行	中国人民大学出版社	
社 址	北京中关村大街 31 号	**邮政编码** 100080
电 话	010－62511242（总编室）	010－62511770（质管部）
	010－82501766（邮购部）	010－62514148（门市部）
	010－62515195（发行公司）	010－62515275（盗版举报）
网 址	http://www.crup.com.cn	
经 销	新华书店	
印 刷	北京联兴盛业印刷股份有限公司	
开 本	720 mm×1000 mm 1/16	**版 次** 2021 年 1 月第 1 版
印 张	25.5 插页 5	**印 次** 2025 年 2 月第 7 次印刷
字 数	371 000	**定 价** 98.00 元